Anton Schmoll

Vertriebsoptimierung im Firmenkundengeschäft

Anton Schmoll

Vertriebsoptimierung im Firmenkundengeschäft

Lösungen für nachhaltige Ertragssteigerung

Bibliografische Information Der Deutschen Bibliothek
Die Deutsche Bibliothek verzeichnet diese Publikation in der Deutschen Nationalbibliografie;
detaillierte bibliografische Daten sind im Internet über <http://dnb.ddb.de> abrufbar.

1. Auflage März 2006

© Copyright der Originalausgabe:
MANZ'sche Verlags- und Universitätsbuchhandlung GmbH
Wien 2006
Lektorat: Barbara Kern

© Copyright der Lizenzausgabe:
Betriebswirtschaftlicher Verlag Dr. Th. Gabler | GWV Fachverlage GmbH
Wiesbaden 2006

Der Gabler Verlag ist ein Unternehmen von Springer Science+Business Media.
www.gabler.de

Das Werk einschließlich aller seiner Teile ist urheberrechtlich geschützt. Jede Verwertung außerhalb der engen Grenzen des Urheberrechtsgesetzes ist ohne Zustimmung des Verlags unzulässig und strafbar. Das gilt insbesondere für Vervielfältigungen, Übersetzungen, Mikroverfilmungen und die Einspeicherung und Verarbeitung in elektronischen Systemen.

Die Wiedergabe von Gebrauchsnamen, Handelsnamen, Warenbezeichnungen usw. in diesem Werk berechtigt auch ohne besondere Kennzeichnung nicht zu der Annahme, dass solche Namen im Sinne der Warenzeichen- und Markenschutz-Gesetzgebung als frei zu betrachten wären und daher von jedermann benutzt werden dürften.

Umschlaggestaltung: Nina Faber de.sign, Wiesbaden
Druck und buchbinderische Verarbeitung: MANZ CROSSMEDIA, 1051 Wien
Gedruckt auf säurefreiem und chlorfrei gebleichtem Papier
Printed in Austria

ISBN 3-8349-0221-7

Vorwort

Das Firmenkundengeschäft der Banken ist im Umbruch – aber auch im Aufbruch. Gestiegene Ansprüche der Firmenkunden, neue Technologien, zunehmend härter werdender Wettbewerb sowie Margenverfall stellen die Banken vor die Herausforderung, ihre Vertriebskonzeption den geänderten Rahmenbedingungen anzupassen. Dabei ergeben sich neue Chancen, die Rentabilität im Firmenkundengeschäft signifikant zu steigern.

Die letzten Jahre waren sehr stark von nach innen gerichteten Aktivitäten wie Kostensenkung, Risikomanagement sowie der Anpassung der Geschäftsprozesse an Basel II usw. geprägt. Mittlerweile erkennt man, dass es einer Intensivierung der vertrieblichen Aktivitäten bedarf, um das Geschäft mit den mittelständischen Firmenkunden ertragreicher zu gestalten. Denn: Der Wettbewerb am Firmenkundenmarkt wird im Vertrieb gewonnen!

Die Steigerung der Vertriebskraft mithilfe von gezielter Identifizierung und Realisierung der vorhandenen Ertragspotenziale hat daher oberste Priorität. Professionelle und systematische Marktbearbeitung bildet die Basis für eine signifikante Erhöhung der Vertriebsleistungen.

Neue Strategien im Firmenkundengeschäft sind aber nur dann wirksam, wenn sie sich in konkreten Vertriebsaktivitäten niederschlagen. So müssen die Vertriebsorganisation sowie die Vertriebssteuerungssysteme der Reorganisation des Firmenkundenvertriebs entsprechen. Durch ein konsequentes Vertriebscontrolling soll sichergestellt werden, dass die vorhandenen Vertriebsressourcen tatsächlich den strategischen Prioritäten entsprechen. Eine wesentliche Maßnahme zur Steigerung der Vertriebskraft besteht in der Strukturierung des Vertriebsprozesses, um die Cross Selling-Quote deutlich zu steigern.

Nicht zuletzt ist der Erfolg am Markt auch von den im Firmenkundenvertrieb handelnden Menschen abhängig. Nur engagierte und motivierte Vertriebsmitarbeiter sind in der Lage, die herausfordernden Ziele tatsächlich zu erreichen.

Dieses Handbuch soll Sie bei der systematischen Entwicklung der hier skizzierten Erfolgsfaktoren und der erfolgreichen Umsetzung am Markt unterstützen: Es bietet eine in sich geschlossene, praktisch anwendbare Vertriebskonzeption mit zahlreichen Beispielen, Instrumenten und Checklisten.

Um einen umfassenden Überblick über die Vielfalt der in der Bankpraxis anzutreffenden Vertriebsansätze zu geben habe ich neben eigenen Erfahrungen auch die Einsichten zusammengefasst, die ich als Trainer bei zahlreichen Bankseminaren gewinnen konnte. Viele Gespräche mit Fachkollegen und Freunden aus österreichischen sowie deutschen Kreditinstituten unterschiedlicher Größe und aus verschiedenen Sektoren haben den Inhalt bereichert. Damit bietet dieses Buch dem Leser gleichsam einen „grenz- und sektorübergreifenden Erfahrungsaustausch".

Ermöglicht wurde dies durch die Bereitschaft vieler Kolleginnen und Kollegen zu anregenden Diskussionen und einem intensiven Erfahrungsaustausch. Neben der Kooperationsbereitschaft vieler Vertriebsführungskräfte der Erste Bank gilt mein Dank vor allem den Experten aus anderen Banken für ihre stete Gesprächsbereitschaft und für ihre Offenheit, mit der sie mir – und damit den Lesern – ihre Erfahrungen zugänglich machten.

Für dieses Entgegenkommen danke ich sehr herzlich

Uli Bernsteiner
Steiermärkische Bank und Sparkassen AG

Vorst.-Dir. Dr. Rainer Borns
Österreichischer Genossenschaftsverband

Gen.-Bev. Cornelia Buchta-Noack
Volksbank Weinheim eG

Prok. Frank Bührer
Volksbank Pforzheim eG

Doreen Chinnow
Hamburger Sparkasse

Dipl.-Vw. Thorsten Dehne
Bundesverband der Deutschen Volksbanken und Raiffeisenbanken

Prok. Eduard Genser
Kärntner Sparkasse AG

Prok. Gaston Giefing
Raiffeisenlandesbank Niederösterreich-Wien

Karin-Brigitte Göbel
Mitglied des Vorstandes, Taunus Sparkasse

Thomas Grunwald
Deutscher Sparkassen- und Giroverband

Dir. Gerald Gutmayer
Allgemeine Sparkasse Oberösterreich Bank AG

Manfred Kiss
Österreichischer Genossenschaftsverband

Dr. Rainer Kunadt
Sprecher des Vorstandes Volksbank Pforzheim eG

Dir. Georg Lixenfeld
Kreissparkasse Köln

Gerd Rucker
Steiermärkische Bank und Sparkassen AG

Fritz Schäfer
Mitglied des Vorstandes, Volksbank Pforzheim eG

Carsten Schlegel
Kreissparkasse Köln

Prok. Jürgen Trautmann
Volksbank Weinheim eG

Für die Durchsicht des Manuskripts sowie für kritisch-konstruktives Feedback und wertvolle Anregungen gilt mein besonderer Dank *Mag. Manuela Eder* (Investkredit Bank AG), *Dr. Sabine Homann-Wenig* (Genossenschaftsverband Bayern e. V.) sowie *Dipl.-Kfm. Joachim Schlüter* (Hamburger Sparkasse).

Dank sagen möchte ich an dieser Stelle auch den Lektorinnen der „Vertriebsoptimierung", *Karin Janssen* vom GABLER-Verlag und *Barbara Kern* vom MANZ-Verlag. Sie brachten nicht nur Geduld beim Redigieren des Manuskripts auf, sondern gingen auch mit großem Geschick an dessen Gestaltung. Dank gesagt sei schließlich auch *Mag. Heinz Korntner*, der dieses Projekt von Anbeginn an in gewohnter Professionalität wieder begleitet hat.

Es liegt nun an Ihnen, die hier beschriebenen Methoden an das eigene Institut anzupassen und so in der Praxis einzusetzen, dass Sie Ihre angestrebten Ziele im Firmenkundengeschäft erreichen!

Viel Erfolg wünscht Ihnen

Wien, im März 2006

Ihr Anton Schmoll

> Das Werk „Vertriebsoptimierung" markiert eine über zwanzig Jahre währende Kooperation mit dem MANZ-Verlag, die von Anbeginn durch eine enge Zusammenarbeit mit dem geschäftsführenden Gesellschafter, Dkfm. Franz Stein, geprägt war. In dieser Zeit entstanden nicht nur 16 Buchprojekte, sondern die anfängliche Autor/Verleger-Beziehung entwickelte sich zu einer persönlichen Freundschaft. Im November 2005 ist Franz Stein völlig unerwartet verstorben. Als Ausdruck meiner Verbundenheit und meines Dankes widme ich das vorliegende Werk dieser großen Verlegerpersönlichkeit.

Inhaltsverzeichnis

I. RAHMENBEDINGUNGEN DES FIRMENKUNDENGESCHÄFTS 11
   1. Das Firmenkundengeschäft im Umbruch 13
      1.1 Geänderte Rahmenbedingungen für mittelständische
           Unternehmen 13
      1.2 Veränderungsprozesse im Bankenumfeld 16
      1.3 Das Firmenkundengeschäft – ein „Wertvernichter"? 19
   2. Strategien zur Rentabilitätssteigerung 23
      2.1 Kostenmanagement 24
      2.2 Risikomanagement 25
      2.3 Vertriebsmanagement 25
      2.4 Ertragsmanagement 26
   3. Der Vertrieb als entscheidender Erfolgsfaktor 26
      3.1 Die „Renaissance des Vertriebs" 26
      3.2 Verbesserungen im Vertrieb sind notwendig 29
      3.3 Neuausrichtung des Vertriebs hin zu neuer Effizienz 30
      3.4 Erfolgsfaktoren im Firmenkundenvertrieb 31

II. STRATEGISCHE GRUNDLAGEN DES VERTRIEBSMANAGEMENTS 39
   1. Strategisches Vertriebsmanagement 41
      1.1 Strategisches Management auf der Geschäftsfeldebene 41
      1.2 Der Strategieprozess im Firmenkundengeschäft 42
   2. Bankexterne Umfeldanalyse 47
      2.1 Marktpotenzialanalyse 47
      2.2 Kundenzufriedenheitsanalyse 52
      2.3 Konkurrenzanalyse 61
   3. Bankinterne Kundensegmentierung 62
      3.1 Ziele der Kundensegmentierung 62
      3.2 Segmentierungskriterien 64
      3.3 Die ABC-Analyse: Ausgang für die Grobsegmentierung ... 66
      3.4 Potenzialorientierte Feinsegmentierung 66
      3.5 Der EDV-gestützte „Quickcheck" 71
      3.6 Konsequenzen für das Vertriebsmanagement 72
   4. Strategische Vertriebssteuerung: Balanced Scorecard 75
      4.1 Das Grundkonzept der Balanced Scorecard 75
      4.2 Die vier Perspektiven im Firmenkundenvertrieb 76
   5. Aktives Verkaufen 78
      5.1 Systematik der Vertriebsstrategien 78
      5.2 Ertragssteigerung durch gezieltes Cross Selling 79
      5.3 Ganzheitlicher Betreuungsansatz 82
      5.4 Neue Bedarfsfelder der Firmenkunden erschließen 84
      5.5 Konsequenzen für einen optimierten Vertriebsprozess 92

III. VERTRIEBSORGANISATION 97

1. Anforderungen an die Vertriebsorganisation 99
2. Vertriebsstruktur 100
   - 2.1 Firmenkundenbetreuung innerhalb des Filialvertriebs 101
   - 2.2 Eigener Vertriebsweg: Betreuungs-Center für Firmenkunden 102
   - 2.3 Die Betreuungs-Center in der Vertriebsorganisation 104
   - 2.4 Mobiler Vertrieb 107
3. Führungskräfte im Vertrieb 109
   - 3.1 Charakteristik der Leitungsfunktionen 109
   - 3.2 Verantwortungsbereiche des Vertriebsmanagers 110
   - 3.3 Aufgabenspektrum des Vertriebsmanagers 111
4. Zusammenarbeit zwischen Vertriebsmanagern und vertriebsnahen Organisationseinheiten 116
   - 4.1 Das Beziehungsgeflecht des Vertriebsmanagers in der Organisation 116
   - 4.2 Vertriebsnahe Stabstellen 117
   - 4.3 Ansatzpunkte für verbesserte Zusammenarbeit 118
5. Der Firmenkundenbetreuer 122
   - 5.1 Drehscheibe zum Markt 122
   - 5.2 Aufgaben des Firmenkundenbetreuers 123
   - 5.3 Anforderungsprofil des Firmenkundenbetreuers 127
   - 5.4 Schlussfolgerungen für das Vertriebsmanagement 131
6. Aktives Ressourcenmanagement 132
   - 6.1 Zeitprofil der Firmenkundenbetreuer 132
   - 6.2 Erhöhung der Nettovertriebszeit als Ziel 134
   - 6.3 Ansätze zur Kapazitätserhöhung für den Vertrieb 135

IV. VERTRIEBSSTEUERUNG, VERTRIEBSCONTROLLING 145

1. Integrierte Vertriebssteuerung 147
2. Zielvereinbarungen als Steuerungsinstrument 149
   - 2.1 Bedeutung von Zielen 149
   - 2.2 Kriterien für das Formulieren von Zielen 150
   - 2.3 Quantitative Zielvereinbarungen 151
   - 2.4 Qualitative Zielvereinbarungen 151
3. Die Steuerung der Vertriebsaktivitäten 153
   - 3.1 Das Ziel: Die Effizienz im Vertrieb steigern 153
   - 3.2 Betreuungsstandards und Betreuungsintensitäten festlegen 154
   - 3.3 Terminsteuerung und Kontaktmanagement 158
   - 3.4 Unterstützung durch „To do-Listen" 159
4. Aufgabenbereiche im Vertriebscontrolling 160
   - 4.1 Drei Funktionen des Vertriebscontrollings 160
   - 4.2 Vertriebsreporting 162
   - 4.3 Vertriebskennzahlen als Instrumente des Vertriebscontrollings ... 164

5. Aktivitätencontrolling 165
6. Ergebniscontrolling 169
   6.1 Transparentes Ergebnisinformationssystem als Basis der Ertragsorientierung 169
   6.2 Objekte des Ergebniscontrollings – Der Ergebniswürfel 170
   6.3 Deckungsbeitragsrechnung – zentrales Steuerungsinstrument 172
7. Die Steuerung der Kundenbeziehungen 173
   7.1 Produktvorkalkulation 173
   7.2 Kundenkalkulation 180
   7.3 Steuerung des Firmenkunden-Portfolios 183
8. Steuerung der Vertriebseinheiten 185
   8.1 Steuerung der Firmenkunden-Center 185
   8.2 Ergebnisorientierte Steuerung der Firmenkundenbetreuer 186
9. Praxisbeispiele für wirkungsvolle IT-Unterstützung im Vertrieb 197
   9.1 Das Programm „Kundenportfoliomanager" 197
   9.2 Das „KundenBeraterSystem" des Volksbankensektors 202
   9.3 Das System „Vertriebsdimensionen" der Raiffeisenlandesbank Niederösterreich-Wien AG 213

V. VERTRIEBSPROZESS 225
1. Den Vertriebsprozess optimieren 227
2. Die neun Schritte im Vertriebsprozess 229
   2.1 Intensivierungsziele 229
   2.2 Auswahl der Intensivierungskunden 230
   2.3 Kontaktaufnahme: Die Initiative ergreifen 233
   2.4 Gesprächsvorbereitung 234
   2.5 Gezielte Suche nach Verkaufsideen: Bedürfnis- und Potenzialanalyse 237
   2.6 Das kundenorientierte Beratungs- und Verkaufsgespräch 256
   2.7 Konsequente Gesprächsdokumentation 259
   2.8 Nachbetreuung: After Sales-Service 263
   2.9 Vertriebs-Controlling 265
3. Strukturierte Beratungshilfen 265
   3.1 „Business Check" 266
   3.2 Verkaufssystem „BBS" 271
   3.3 „UnternehmerDialog" 277
   3.4 „VR-FinanzPlan Mittelstand" 282
4. Rating im Vertrieb 288
   4.1 Rating – Basis für eine neue Qualität der Kundenbeziehung 288
   4.2 Ratingberatung als Bankdienstleistung 289
   4.3 Ratinggespräch 292
   4.4 Rating – Chance für Cross Selling 296
5. Das Akquisitionskonzept 299
   5.1 Elemente des Akquisitionssystems 299
   5.2 Systematische Vorgehensweise in der Akquisition 300

5.3 Akquisitionsplanung	303
5.4 Akquisitionsdatenbank	306

VI. FÜHREN IM VERTRIEB 311

1. Der Vertriebsmanager als Führungskraft	313
1.1 Grundlagen	313
1.2 Die Rolle der Führungskraft bei der Entwicklung der Verkaufskultur	319
2. Coaching im Verkauf	321
2.1 Coaching – was ist das?	321
2.2 Direktes Führen im Verkauf	322
2.3 Feed-back richtig einsetzen	325
2.4 Verkaufsschulung	328
3. Mitarbeitergespräche als Coachingelement	331
3.1 Zielvereinbarungsgespräch	331
3.2 Mitarbeiter-Orientierungsgespräch	336
4. Sales Meeting	340
4.1 Ziele von Sales Meetings	340
4.2 Verkaufsleistung gemeinsam steigern	341
4.3 Sitzungen effizient gestalten	343
4.4 Sitzungsmoderation	344
5. Leistungsorientierte Vergütung	345
5.1 Leistungsorientierte Entlohnung als Teil des Anreizsystems	345
5.2 Anforderungen an eine leistungsorientierte Vergütung	346
5.3 Praxisbeispiel aus dem Sparkassensektor	347
5.4 Praxisbeispiel aus dem Genossenschaftssektor	349
Literaturverzeichnis	353
Stichwortverzeichnis	365

Rahmenbedingungen des Firmenkundengeschäfts

*„Im Fluss muss man sich bewegen
sonst treibt man zurück"*

1. Das Firmenkundengeschäft im Umbruch
   1.1 Geänderte Rahmenbedingungen für mittelständische Unternehmen
   1.2 Veränderungsprozesse im Bankenumfeld
   1.3 Das Firmenkundengeschäft – ein „Wertevernichter"?
2. Strategien zur Rentabilitätssteigerung
   2.1 Kostenmanagement
   2.2 Risikomanagement
   2.3 Vertriebsmanagement
   2.4 Ertragsmanagement
3. Der Vertrieb als entscheidender Erfolgsfaktor
   3.1 Die „Renaissance des Vertriebs"
   3.2 Verbesserungen im Vertrieb sind notwendig
   3.3 Neuausrichtung des Vertriebs hin zu neuer Effizienz
   3.4 Erfolgsfaktoren im Firmenkundenvertrieb

1. Das Firmenkundengeschäft im Umbruch

Seit Mitte der 1990er-Jahre befindet sich das Firmenkundengeschäft der Banken in einer Umbruchphase. Dieser Wandel ist vielschichtig und hat für die Kunde-Bank-Beziehung unmittelbare Auswirkungen. Eine Vielzahl von Einflussfaktoren im
- wirtschaftlichen
- ökologischen
- technologischen und
- ordnungspolitischen Umfeld

hat in den letzten Jahren zu *grundlegenden Veränderungen* der Rahmenbedingungen des Firmenkundengeschäfts geführt. Wandel bedeutet immer, sich auf neue Gegebenheiten einstellen zu müssen und zwingt die Betriebe zu kontinuierlicher Anpassung, um ihre Wettbewerbsfähigkeit zu erhalten.

Im folgenden Abschnitt werden jene Einflussfaktoren skizziert, die für die Strategie im mittelständischen Firmenkundengeschäft von besonderer Bedeutung sind.

1.1 Geänderte Rahmenbedingungen für mittelständische Unternehmen

Internationaler Wettbewerb

Die Schaffung des europäischen Binnenmarktes sowie die EU-Erweiterung führten zu neuen *Marktdimensionen*. Für etliche mittelständische Unternehmen sind internationale, grenzüberschreitende Aktivitäten bereits Realität, die Mehrzahl bereitet sich jedoch noch „auf den Sprung nach Europa" vor. Vor allem von der „Ostöffnung" wird eine Wachstumsdynamik erwartet, die auch dem Mittelstand neue *Absatzmärkte* eröffnet.

Umgekehrt führt diese Globalisierung der Güterströme auch zu einer Internationalisierung des *Wettbewerbs*: Ausländische Konkurrenten werden in die heimischen Märkte eindringen. Die am Inlandsmarkt bisher etablierten Unternehmen müssen sich dann gegenüber neuen Anbietern behaupten. Neben der zunehmenden wirtschaftlichen Integration führt auch die Einführung des *Euros* zu mehr Markttransparenz.

Technologische und ökologische Herausforderungen

Zur Stärkung der Konkurrenzfähigkeit ist es erforderlich, internationale *Qualitätsnormen* zu erfüllen. Auch für mittelständische Betriebe werden daher ein gezieltes Qualitätsmanagement sowie die technologische Schlagkraft immer wichtiger. Einen umfassenden Veränderungsprozess durchlaufen die gewerblichen *Fertigungstechniken*. So haben beispielsweise die so genannten „C-Techniken" (CAD – Computer Aided Design oder CAM – Computer Aided Manufactoring) in den Produktionsprozess der Klein- und Mittelbetriebe Einzug gefunden.

Gleichzeitig führt die zunehmende ökologische Sensibilisierung zu immer mehr Auflagen im Bereich des *Umweltschutzes*. Altlastensanierung, Luftreinhaltung, Abfall- sowie Abwasserbereinigung sind nur einige Schlagworte, die im betrieblichen Produktionsprozess berücksichtigt werden müssen. Die mit den neuen Fertigungstechniken und Umweltschutzauflagen verbundenen Investitionen führen zu einem erhöhten Kapitalbedarf.

Eigenheiten der Finanzwirtschaft in mittelständischen Unternehmen

Banken messen naturgemäß dem Finanzbereich der mittelständischen Unternehmen, der durch die Nutzung verschiedener Finanzierungsquellen sowie durch das Finanzmanagement und Finanzierungsverhalten charakterisiert ist, große Bedeutung zu.[1]

Ein wesentliches finanzwirtschaftliches Merkmal der mittelständischen Firmenkunden ist deren *fehlende Emissionsfähigkeit*. Da sie keinen Zugang zum organisierten Kapitalmarkt haben, steht ihnen nur ein begrenztes Spektrum der externen Eigenkapitalbeschaffung zur Verfügung. Im Bereich der Innenfinanzierung bildet demnach die Selbstfinanzierung (Gewinnthesaurierung) nach wie vor eine wichtige Finanzierungsquelle, wobei zu beachten ist, dass die private Sphäre (Lebensunterhalt der Familie) und die betriebliche Sphäre oftmals eng miteinander verbunden sind.

Ein nicht zu unterschätzendes Finanzierungsproblem der mittelständischen Unternehmen ist ihre *geringe Eigenkapitalausstattung*. So liegt die Eigenkapitalquote (Anteil des Eigenkapitals an der Bilanzsumme) des Mittelstandes in Deutschland zwischen 14% und 22% während sie sich in Österreich je nach Wirtschaftssparte zwischen 5% und 18% bewegt.[2]

Angesichts dieser Eigenkapitalknappheit hat daher die *Fremdfinanzierung* die Eigenfinanzierung weit überflügelt. Dabei ist die wichtigste Form der Fremdfinanzierung nach wie vor die *Kreditaufnahme* bei Kreditinstituten wie die Abbildung 1 zeigt:

	Überziehungsrahmen	Bankkredite	Leasing	Factoring	Subventionen	Eigenkapitalgeber
Österreich	42	65	39	6	8	1
Deutschland	47	66	43	2	7	5
EU-Gesamt	50	46	39	11	9	9

Anteil der KMU in %, die die jeweilige Finanzierungsmöglichkeit nutzen.

Abbildung 1: Inanspruchnahme von Instrumenten der Außenfinanzierung durch mittelständische Unternehmen
(Quelle: KMU-Umfrage 2001/Exco & Grant Thorton)

Unternehmensinsolvenzen

Die Veränderungen der wirtschaftlichen Rahmenbedingungen sowie die schwache Konjunkturentwicklung der letzten Jahre haben zu einer generellen *Erhöhung der unternehmerischen Risiken* geführt. Eine hohe Zahl von Unternehmensinsolvenzen sowohl in Österreich als auch in Deutschland sind ein sichtbares Zeichen des Strukturwandels[2].

	Unternehmensinsolvenzen	
	Österreich	Deutschland
1995	4.994	22.344
1996	5.698	25.530
1997	5.053	27.474
1998	4.816	27.828
1999	5.860	26.620
2000	5.340	27.930
2001	5.178	32.390
2002	5.281	37.620
2003	5.643	39.470
2004	6.318	39.600
2005	7.056	37.500

Abbildung 2: Entwicklung der Unternehmensinsolvenzen in Österreich und Deutschland

Rating: Eine neue Basis der Kunde-Bank-Beziehung

Wesentliche Veränderungen für das Finanzmanagement der mittelständischen Firmenkunden ergeben sich schließlich durch die Vorgaben von „Basel II". Ein zentrales Element bildet dabei das Rating, mit dem die Bonitätsanalyse genauer und *differenzierter* erfolgt als in der Vergangenheit.

Auf Grund des bedeutenden Stellenwerts der Kreditfinanzierung erlangt das Thema „Rating" für die mittelständische Wirtschaft eine zentrale Bedeutung bei der Kreditaufnahme. Dies erfordert vor allem ein geändertes Verhalten der Unternehmer: An Stelle einer zurückhaltenden Informationspolitik muss nun ein offenes Informationsverhalten treten. Die für das Rating erforderlichen Informationen, Daten und Unterlagen sind zeitgerecht bereitzustellen und so aufzubereiten, dass sich die Bank ein aktuelles Bild über die Unternehmenssituation machen kann. Nicht nur das Kreditgeschäft, sondern die *gesamte Kunde-Bank-Beziehung* hat durch den Ratingprozess eine neue Dimension erreicht:

- Das Rating ist die Grundlage für die Kreditentscheidung.
- Das Rating ist die Basis für die Konditionengestaltung.
- Das Rating wird zu einem wesentlichen Bestandteil der Geschäftsbeziehung zwischen Unternehmen und Bank.

1.2 Veränderungsprozesse im Bankenumfeld

Veränderte Ansprüche der Kunden

Mit den veränderten wirtschaftlichen Rahmenbedingungen für die mittelständischen Unternehmen haben sich auch deren Ansprüche gegenüber den Banken geändert. Fehlerfreie Abwicklung der Bankgeschäfte (z.B. Zahlungsverkehr), rasche Kreditentscheidungen, kompetente Finanzierungsberatung usw. werden als gegeben vorausgesetzt. (Sie bilden gleichsam *„die Pflicht"* bei der Firmenkundenbetreuung.)

Um die heute immer komplexer werdenden Aufgaben der Unternehmensführung und die neuen Herausforderungen zu bewältigen, benötigen die mittelständischen Unternehmer verstärkt einen professionellen Partner, der sie dabei unterstützt. Die Erwartungen und Ansprüche der Firmenkunden an die Bank sind daher spürbar gestiegen und führen zu einem erweiterten Leistungsbedarf im Firmenkundengeschäft. Gleichzeitig ergeben sich dadurch ein erweitertes Anforderungsprofil an die Firmenkundenbetreuer sowie neue Anforderungen an die Bearbeitungsprozesse innerhalb der Bank.

Gestiegene Risikokosten

Auf Grund ihrer Funktion als wichtiger Kapitalgeber der mittelständischen Wirtschaft sind die Kreditinstitute vom erhöhten Insolvenzrisiko unmittelbar betroffen. Dies wird auch im *Bewertungsergebnis* deutlich sichtbar. Es umfasst die Bewertung der Risiken einer Bank aus ihrem operativen Geschäft wie z.B. Abschreibungen auf Wertpapiere oder auf Forderungen aus Krediten. Ein Blick in die Bankbilanzen der letzten zehn Jahre zeigt, dass die Risikokosten deutlich angestiegen sind, wobei die Kreditausfälle die Hauptursachen dieser Entwicklung sind.[4] Im Zeitraum 2001–2004 zehrten beispielsweise die dafür erforderlichen Wertberichtigungen mehr als 50% des Teilbetriebsergebnisses der (deutschen) Banken auf.[5]

Rückläufige Zinsmargen

Gleichzeitig mit dem Anstieg der Risikokosten sind die Zinsüberschüsse im Firmenkundengeschäft zurückgegangen. Ursachen für die seit Mitte der 1990er-Jahre kontinuierlich sinkenden Margen sind unter anderem darin zu suchen, dass die mittelständischen Firmenkunden immer besser informiert sind und daher gegenüber den Banken preisbewusster agieren. Gleichzeitig ist diese negative Entwicklung der Zinsspanne auch sichtbares Zeichen der verschärften Wettbewerbsintensität in diesem Marktsegment. So wies beispielsweise das Zinsergebnis (Zinsüberschuss in % der DBS) der deutschen Kreditinstitute im Jahre 2004 nur einen durchschnittlichen Wert von 1,18% aus.[6]

Dieser Margenverfall führte schließlich dazu, dass die *Profitabilität des Kreditgeschäfts* oftmals nicht ausreichte, um die mit dieser Sparte verbundenen Bearbeitungs-, Kapital- und Risikokosten zu decken.

Basel II – ein „Kraftakt" für die Banken

Wesentliche Herausforderungen für die Gestaltung des Firmenkundengeschäfts ergeben sich aus den Auswirkungen des neuen Baseler Abkommens („Basel II"), das unter anderem die Richtlinien zur Eigenkapitalhinterlegung festlegt. Die pauschale Eigenkapitalunterlegung („Basel I") wird ab 2007 durch eine differenzierte Eigenkapitalunterlegung für Kreditrisiken abgelöst und beendet damit die vielfach übliche Quersubventionierung von schlechten durch gute Bonitäten im Kreditportfolio.

Eine der wohl wichtigsten Neuerungen ist dabei die verpflichtende Anwendung eines *Bonitätsratings* zur Risikomessung. Dabei wird die Risikogewichtung für die Aktiva zukünftig in Abhängigkeit vom bankinternen Ratingsystem ermittelt. Diese und andere Vorschriften stellen deutlich *höhere Anforderungen an das Risikomanagement* einer Bank. Die Verpflichtung zur risikoadäquaten Eigenmittelhinterlegung führt dazu, dass das *Kapital bei den Banken* nun einen Engpassfaktor darstellt, der einer gezielten Steuerung bedarf. Die Höhe des Eigenkapitals bestimmt das Volumen der Kredite, die die Banken an die mittelständische Wirtschaft vergeben können und ist damit zu einer zentralen Bestimmungsgröße für das Kreditgeschäft geworden. Gleichzeitig führt die oftmals hohe *Kapitalbindung* im Kreditgeschäft zu einer verringerten Profitabilität dieses Geschäftsbereiches.[7]

Eine weitere Herausforderung für das Bankmanagement stellen die Kosten dar, die mit der Umsetzung der „drei Säulen" von Basel II (Mindestkapitalanforderungen, aufsichtliches Überprüfungsverfahren und Marktdisziplin) verbunden sind. Durch die Entwicklung der erforderlichen Instrumente, durch Schulungen und erhöhten IT- sowie Verwaltungsaufwand werden sich die Sach- und Personalkosten der Banken weiter erhöhen, ohne dass dadurch unmittelbar höhere Erträge lukriert werden.[8] (In diesem Zusammenhang müssen auch die durch die „Mindestanforderungen für das Kreditgeschäft" resultierenden Kosteneffekte genannt werden.)

Informationstechnologie

Die bankbetriebliche Leistungserstellung ist im Wesentlichen ein *Informationssteuerungs- und -verarbeitungsprozess*. So gut wie alles, was Banken bearbeiten, ist Information im weitesten Sinn – mit den Elementen „Kunde" und „Geld" als Mittelpunkt. Daher wird die Bankenlandschaft wie kaum eine andere Dienstleistungsbranche von der *Informationstechnologie (IT)* geprägt.

Der Stellenwert der Informationsverarbeitung zeigt sich bereits in dem hohen Ausmaß, in dem sie den Wertschöpfungsprozess unterstützt: von der Akquisition (Neukundenidentifikation, Ansprache, Angebotserstellung), über die Beratung (Rechentools, Beispiele), die Bonitätsanalyse im Kreditgeschäft (Rating, Credit

Scoring), den Kaufabschluss (Vertragsgestaltung) bis hin zur physischen Abwicklung der Geschäftsvorfälle (Zahlungsverkehr, Buchen, Speichern). Neben diesen operativen Geschäftsprozessen sind auch die dispositiven Managementprozesse wie Bankplanung, Gesamtbanksteuerung oder Controlling ohne IT-Unterstützung unvorstellbar. Die IT bildet somit das tragende Fundament der Bankdienstleistungen und des Bankmanagements. So ist es nicht verwunderlich, dass heute die IT-Kosten einschließlich des damit verbundenen kontinuierlichen Schulungsaufwandes in der Kostenstruktur der Banken zu einem wesentlichen Posten geworden sind.

Die geradezu revolutionäre Entwicklung der Informations- und Kommunikationstechnologie hat auch zu einem tief greifenden Strukturwandel im Bankenvertrieb geführt: „SB-Banking", „Telefon-Banking", „Mobile Banking", „Online-Banking" bis hin zum „Cyberbanking" sind nur einige Schlagworte, die das moderne *Multi-Channel-Banking* kennzeichnen.[9]

Wurde das Internet von den Banken ursprünglich als Informations- und Servicekanal benutzt, stellt es heute bereits einen wichtigen Vertriebskanal dar. Die aus der zunehmenden Verbreitung des Internet resultierenden Herausforderungen für den Firmenkundenvertrieb spiegeln sich auch in den Bedürfnissen der mittelständischen Firmenkunden wider. Es ist empirisch bewiesen, dass sich rund zwei Drittel der befragten Unternehmen vorstellen können, ihre Bankgeschäfte über Internet abzuwickeln, wobei die Bereiche Zahlungsverkehr, Geldanlage und Brokerage dominieren.[10]

Neben dem Verkehr mit den Banken wird das *Internet* von den Unternehmen auch zunehmend für deren unmittelbare Verkaufsaktivitäten herangezogen. Das Internet ist zum Marktplatz geworden. E-Commerce, E-Business sowie Elektronische Marktplätze bilden somit neue Dimensionen im Firmenkundengeschäft.[11] Neben diversen Zahlungsverkehrsleistungen können Banken den Marktplatzteilnehmern mit innovativen Dienstleistungen wie Bill Presentment, digitale Signatur usw. echten Mehrwert anbieten.

Die Optimierung des Firmenkundenvertriebs, d.h. die effiziente Gestaltung der Vertriebsprozesse sowie die Vertriebssteuerung und das Vertriebscontrolling erfordern heute einen hochleistungsfähigen IT-Support. So benötigen die Firmenkundenbetreuer beispielsweise *„realtime"* alle Informationen über sämtliche getätigte Transaktionen sowie aktuelle Daten, die ihnen die Beurteilung der Ausschöpfung des Kundenpotenzials erlauben. Die über Jahre hinweg gesammelten Daten über die Geschäftsbeziehungen und Informationen über sämtliche Aktivitäten mit Firmenkunden sind die Basis für funktionelles *Customer Relationship Management (CRM)*.[12]

Diese wenigen Faktoren zeigen bereits deutlich, wie sehr die Qualität der Informations- und Kommunikationstechnologie in der Bank zu einem Wettbewerbsfaktor im Firmenkundenvertrieb geworden ist. Investitionen in die IT-Infrastruktur sind somit ein entscheidender Schlüssel zum Erfolg am Markt.

1.3 Das Firmenkundengeschäft – ein „Wertvernichter"?

Das *traditionelle Firmenkundengeschäft* der Sparkassen und Genossenschaftsbanken war lange durch das klassische Kreditgeschäft gekennzeichnet, wobei der Geschäftserfolg sehr oft am Volumenswachstum gemessen wurde. Auch die Ertragsstruktur war vielfach vom Kreditgeschäft geprägt. So erwirtschafteten manche Kreditinstitute deutlich mehr als die Hälfte ihrer Gesamterträge aus dem Kreditgeschäft.[13] Auf Grund der bereits aufgezeigten Ursachen ist diese Sparte auf Stand-alone-Basis (d.h. ohne weitere Zusatzgeschäfte) allerdings oftmals nicht kostendeckend.

Die in den letzten Jahren häufig verwendete Bezeichnung „*Wertfalle*" ist deutlicher Ausdruck für die gravierenden Ertragsprobleme des traditionellen Firmenkundengeschäfts.

Die gedankliche Basis für die Abgrenzung zwischen Wert generierenden und Wert vernichtenden Geschäften ist der „*Shareholder-Value-Ansatz*". Vereinfacht formuliert geht es dabei darum, die verfügbaren Finanzmittel in jene Geschäftsbereiche zu investieren, die eine Rendite erzielen, die über den Kapitalkosten liegt.[14] Eine *rentabilitätsorientierte Gesamtbanksteuerung* erfordert daher die Aufgliederung der Bank in klar abgegrenzte Geschäftseinheiten, für die der Beitrag zum Gesamtbankergebnis separat ermittelt wird. In diesem Sinn bildet auch das *Firmenkundengeschäft* ein eigenes *strategisches Geschäftsfeld*.

Die zentrale Frage aus Sicht der Gesamtbanksteuerung lautet daher: Welches Geschäftsfeld liefert welchen Beitrag zur Erreichung der vorgegebenen Zielgröße?

Dabei wird der Wertbeitrag eines Geschäftsfeldes üblicherweise mit Kennzahlen ausgedrückt, die den Ertrag ins Verhältnis zum eingesetzten Kapital setzen (z.B. RoE – Return on Equity[15]). Voraussetzung für die Ermittlung des Geschäftsfelderfolges ist eine Ergebnismessung auf Basis einer *Geschäftsbereichsrechnung*[16] („Kundengruppen-Bilanz"). Denn erst durch die eindeutige, bereichsbezogene Zuordnung aller Erträge sowie die kostenrechnerische Erfassung der Inanspruchnahme der Ressourcen werden die wirtschaftlichen Konsequenzen transparent.

Das Ergebnis des Geschäftsfeldes „Firmenkunden" ist somit die Differenz zwischen sämtlichen Erlösen und Kosten und zeigt, was mit dieser Kundengruppe erwirtschaftet wurde. Bei diesem Rechenwerk, das auch die Grundlage für die Geschäftsfeldplanung bildet, handelt es sich im Wesentlichen um eine stufenweise *Deckungsbeitragsrechnung* mit dem in Abbildung 3 dargestellten Aufbau.

	Konditionsbeitrag Aktiv
+	Konditionsbeitrag Passiv
=	**Deckungsbeitrag 1**
+	Provisionen
+	Sonstiger betrieblicher Erfolg
=	**Deckungsbeitrag 2**
–	Vertriebsproduktkosten
–	Zentrale Produktkosten
=	**Deckungsbeitrag 3**
–	Standardrisikovorsorge
=	**Deckungsbeitrag 4**
–	Gewinnbedarf
=	**Deckungsbeitrag 5**
–	Vertriebsfixkosten
=	**Deckungsbeitrag 6**
–	General Overhead
	Ausgleich Kostenrechung
	Risikoausgleich
=	**Deckungsbeitrag 7**
	Eingesetztes Eigenkapital
	Return on Equity

Abbildung 3: Beispiel für eine Geschäftsbereichsrechnung

Die Abbildung macht deutlich, dass zur wirtschaftlichen Beurteilung des Firmenkundengeschäfts neben den Bruttoerträgen (Zins- und Provisionsergebnis) und den Betriebs- und Risikokosten auch die Komponente *„Eigenkapitalkosten"* von großer Bedeutung ist. Nicht zuletzt durch die von Basel II geforderte differenzierte Eigenmittelunterlegung wird dieser Aspekt noch mehr Stellenwert erhalten. Die Zuordnung des Eigenkapitals der Bank auf die verschiedenen strategischen Geschäftsfelder zeigt, dass das Firmenkundengeschäft bisher signifikant mehr Kapital gebunden hat als andere Geschäftsbereiche (z.B. Privatkundengeschäft, Handel).[17]

Eine Zusammenfassung dieser Überlegungen führt zu dem Schluss, dass das traditionelle Firmenkundengeschäft (isoliert betrachtet) in der Vergangenheit häufig nur eine sehr geringe Rentabilität für das in dieses Geschäft eingesetzte Kapital erzielte, die unter den geschäftpolitisch notwendigen Erfordernissen liegt.

Dadurch ist das einstige „Aushängeschild" vieler Banken in Misskredit geraten. Wegen der fehlenden Profitabilität wurde das Firmenkundengeschäft zu der bereits erwähnten „Wertfalle" stigmatisiert und an der Wende zum neuen Jahrtausend die Frage gestellt:[18]

„Das Firmenkundengeschäft – Wertvernichter der Banken?"

Die Folge dieser Entwicklung war, dass vor allem die Großbanken die Kreditengagements an Unternehmen zurückgenommen und etliche sich gänzlich aus dem Firmenkundengeschäft zurückgezogen haben. Seit kurzer Zeit ist hier allerdings eine Trendumkehr festzustellen, d.h. auch größere Banken wenden sich – allerdings selektiv – wieder dem mittelständischen Firmenkundengeschäft zu.

Für regional tätige Kreditinstitute (z.B. Sparkassen, Genossenschaftsbanken) konnte dieser „Ausstieg aus dem Firmenkundengeschäft" jedoch niemals eine realistische Option darstellen. Ihr Tätigkeitsgebiet ist auf die jeweilige Region begrenzt und sie sind mit der örtlichen Wirtschaft eng verbunden. Dies zeigt sich nicht zuletzt darin, dass das mit der mittelständischen Wirtschaft erzielte Geschäftsvolumen und die daraus resultierenden Erträge in den Jahresabschlüssen von Regionalbanken einen hohen Stellenwert einnehmen. Neben der Erfüllung ihres Gründungsauftrages müssen diese Institute auch beachten, dass mittelständische Firmenkunden in ihrem Markt oft auch wichtige Multiplikatoren und Meinungsbildner sind.

Somit zählt das Geschäft mit den mittelständischen Firmenkunden nach wie vor zum *Kerngeschäft* der Sparkassen und Genossenschaftsbanken, was von diesen auch in ihren Geschäftsberichten sowie gegenüber der Öffentlichkeit immer betont wird.

Die skizzierten Veränderungsprozesse zeigen eines sehr deutlich: Eine Fortführung der bisherigen Geschäftsstrategien ist nicht mehr möglich. Die problematische Risiko- und Ertragssituation stellt das Bankmanagement vor *die Herausforderung* das Firmenkundengeschäft den veränderten Rahmenbedingungen anzupassen.

Erforderlich sind *neue Geschäftsmodelle,* die sich insbesondere am Spannungsfeld „Risiko- und Ertragsziele" orientieren und Antworten auf folgende Fragen liefern müssen:

▶ Wie soll die strategische Neupositionierung des Firmenkundengeschäfts aussehen?
▶ Durch welche Ansätze kann die Rentabilität des Firmenkundengeschäfts signifikant gesteigert werden?
▶ Welche Maßnahmen müssen ergriffen werden, um das Firmenkundengeschäft vom „Wertvernichter" wieder zum „Werttreiber" zu transformieren?

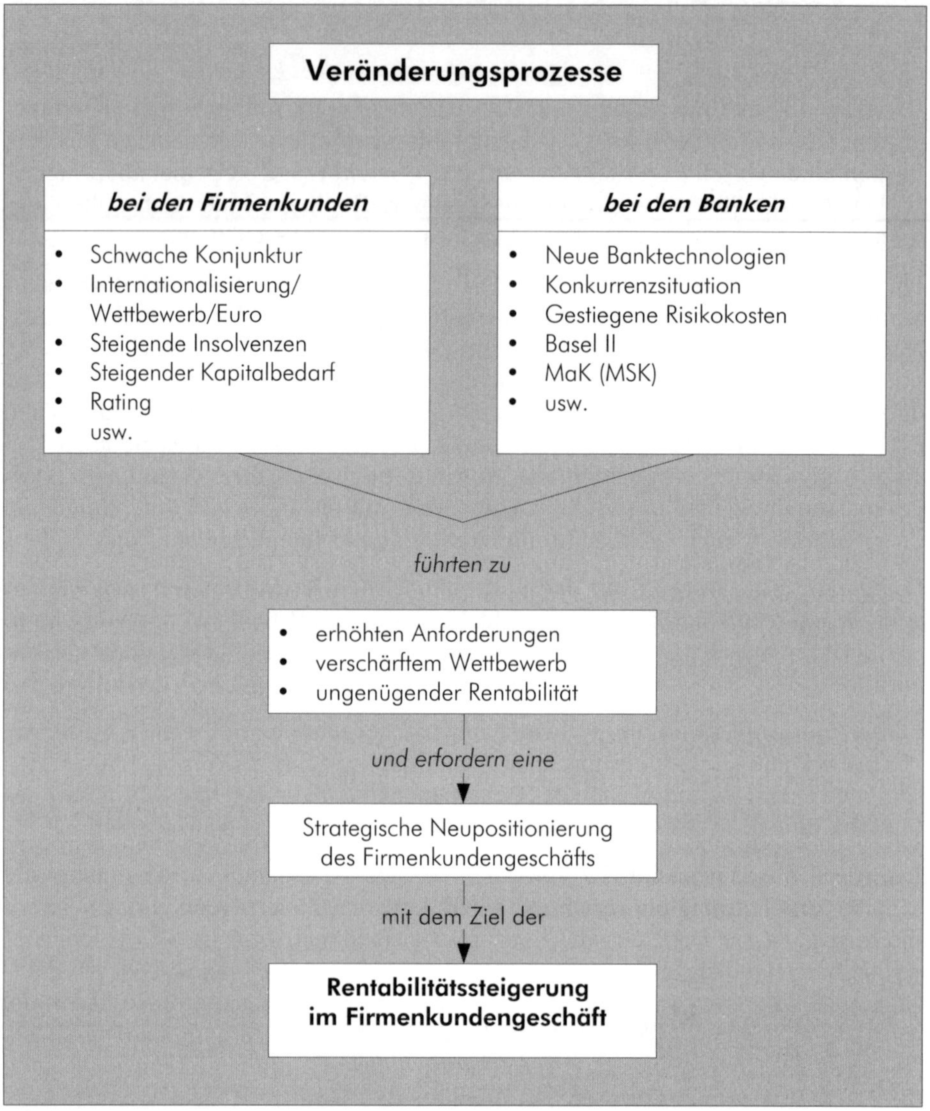

Veränderungsprozesse

bei den Firmenkunden

- Schwache Konjunktur
- Internationalisierung/ Wettbewerb/Euro
- Steigende Insolvenzen
- Steigender Kapitalbedarf
- Rating
- usw.

bei den Banken

- Neue Banktechnologien
- Konkurrenzsituation
- Gestiegene Risikokosten
- Basel II
- MaK (MSK)
- usw.

führten zu

- erhöhten Anforderungen
- verschärftem Wettbewerb
- ungenügender Rentabilität

und erfordern eine

Strategische Neupositionierung des Firmenkundengeschäfts

mit dem Ziel der

Rentabilitätssteigerung im Firmenkundengeschäft

Abbildung 4: Herausforderungen für das Firmenkundengeschäft

2. Strategien zur Rentabilitätssteigerung

„Patentrezepte" bzw. den „Königsweg zum Erfolg" gibt es nicht. Vielmehr ist ein *Bündel* von Lösungsansätzen erforderlich, das dann an die individuelle Geschäftspolitik der einzelnen Bank angepasst werden muss. Der in Abbildung 3 dargestellte schematische Überblick hat bereits die rentabilitätsbeeinflussenden Determinanten im Firmenkundengeschäft deutlich gemacht:

- Das Marktergebnis
- Das Risikoergebnis
- Das Produktivitätsergebnis

Diese Bereiche stellen gleichzeitig jene Ansatzpunkte dar, die eine Wertgenerierung im Firmenkundengeschäft ermöglichen. Konkret ergeben sich daraus vier Hebel zur Rentabilitätssteigerung:[19]
- Das Geschäftsergebnis (Aktiv-, Passiv- und Dienstleistungsgeschäft)
- Die am Markt erzielten Konditionen (Zins-, Provisionssätze)
- Die Betriebskosten (Personal-, Sachkosten)
- Die Risikokosten (Forderungsverluste)

Das Geschäftsmodell eines erfolgreichen Firmenkundengeschäftes kann – bildlich gesprochen – mit dem Aufbau eines Tempels verglichen werden: Das Fundament bildet der Markt mit den handelnden Personen – den Firmenkunden und den Firmenkundenbetreuern. Darauf werden die vier „Säulen" Ertragsmanagement, Kostenmanagement, Vertriebsmanagement und Risikomanagement errichtet (siehe Abbildung 5). Die konsequente Umsetzung der damit verbundenen Maßnahmen wird zu nachhaltig positiven Ergebnissen, d.h. zu einem profitablen Firmenkundengeschäft führen. Wichtig ist in diesem Zusammenhang das Erkennen, dass diese Handlungsfelder nicht isoliert nebeneinander stehen. Erst deren logische Verzahnung, d.h. nur eine *ganzheitliche Betrachtungsweise* führt zum Erfolg.

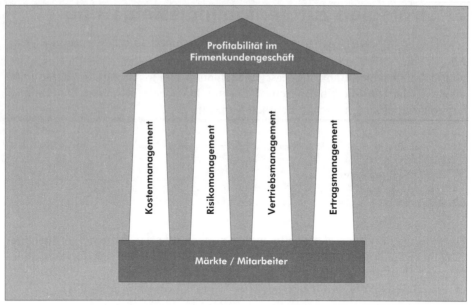

Abbildung 5: Erfolgsstrategien im Firmenkundengeschäft

2.1 Kostenmanagement

Die Leistungserbringung im Firmenkundengeschäft muss produktiver gestaltet werden, wobei unter *Kostengesichtspunkten* der Optimierung der (bankinternen) Geschäftsprozesse verstärkte Aufmerksamkeit geschenkt werden muss. Dabei hat sich die Gestaltung der Wertschöpfungskette neben den differenzierten Kundenbedürfnissen stets auch an Effizienzkriterien orientieren. Das bedeutet beispielsweise ein Abrücken von einer uniformen Produktpolitik. Während für *größere Firmenkunden* individuelle Lösungspakete erarbeitet werden, ist die Angebotspalette für *kleinere Firmenkunden* durch ein Portfolio mit *standardisierten* Produkten gekennzeichnet.[20] Dies führt nicht nur zu einem geringeren Beratungsbedarf, sondern ermöglicht auch einfachere Abwicklungsprozesse mit rascheren Durchlaufzeiten.

Auf Grund des nach wie vor hohen Stellenwertes der Kreditfinanzierung im mittelständischen Firmenkundengeschäft bildet die Straffung des *Kreditprozesses* einen zentralen Hebel des Produktivitätsmanagements. Vor allem in größeren Instituten sind bei der Kreditberatung, Kreditbearbeitung, Kreditprüfung und Kreditentscheidung unterschiedliche Organisationseinheiten tätig. Das bringt in der Praxis nicht nur eine Reihe von Schnittstellenproblemen (und manchmal auch eine lange Bearbeitungsdauer) mit sich, sondern führt auch zu einer komplexen und kostenintensiven Kreditinfrastruktur. Die Bedeutung diese Kostenblocks zeigen empirische Untersuchungen, denen zufolge die *Kreditprozesskosten* je nach Kundensegment zwischen 0,6 % und 3,4 % des Kreditvolumens ausmachen.[21] Ansatzpunkte zur Reduzierung dieser Kosten bestehen in der Rationalisierung der Kreditvergabe- und

Kreditbearbeitungsprozesse sowie in einer weit gehenden Nutzung von IT-gestützten Systemen zur Bonitätsbeurteilung (z.B. EDV-gestützten Ratingverfahren). Darüber hinaus ist auch die Formulierung und konsequente Umsetzung verbindlicher interner Qualitätsstandards für die Kreditbearbeitung erforderlich.

2.2 Risikomanagement

Wie gezeigt wurde, ist das Geschäft mit den mittelständischen Firmenkunden in den letzten Jahren nicht nur anspruchsvoller und differenzierter, sondern auch risikoreicher geworden. Die dadurch anfallenden *Risikokosten* stellen neben den Wert-, Betriebs- und Eigenkapitalkosten einen zentralen Kostenfaktor eines Kreditinstituts dar. Fragen des *Kreditrisikomanagements*[22] haben somit im Firmenkundengeschäft nach wie vor große Aktualität.

Dabei kann es nicht das Ziel sein, Risiken um jeden Preis zu vermeiden bzw. auszuschalten – das wäre praxisfremd. Gefordert sind: eine bewusste Auseinandersetzung mit dem Kreditrisiko und ein effizientes Instrumentarium zur Risikosteuerung und Risikokontrolle. Nicht zuletzt durch „Basel II" stehen die Kreditinstitute vor der Herausforderung, ihr Kreditrisikomanagement den neuen Eigenkapitalrichtlinien anzupassen.[23] Die Ratingsysteme zur Erfassung quantitativer und qualitativer Risikofaktoren ermöglichen eine transparente und nachvollziehbare Risikoklassifizierung und bilden damit eine wesentliche Voraussetzung für ein zielgerichtetes *Kreditportfoliomanagement*.

Neben den verfeinerten Instrumenten der Bonitätsanalyse zum Zeitpunkt der Kreditvergabe bedarf es auch eines entsprechenden Instrumentariums bei der laufenden *Kreditüberwachung*. IT-gestützte *Frühwarnsysteme*[24] sollen Bonitätsverschlechterungen (bzw. potenzielle Ausfallsgefahren) so rechtzeitig signalisieren, dass noch entsprechende Vorlaufzeiten für Maßnahmen zur Gegensteuerung gegeben sind.

Für die Bearbeitung von *Problemkrediten* sind im Sinne der MAK (bzw. MSK) entsprechende organisatorische Vorkehrungen zu treffen. Das Ziel der Betreuung dieser gefährdeten Kreditengagements ist es, durch bestimmte Sanierungsmaßnahmen eine Verbesserung der Risikosituation herbeizuführen.

2.3 Vertriebsmanagement

Die bisher aufgezeigten Ansätze zur Verbesserung der Rentabilitätssituation konzentrierten sich vorrangig auf Kosten und Risiken. Rationalisierungsmaßnahmen, Kostensenkungsprogramme sowie Risikomanagement bildeten die zentralen Themen in der zweiten Hälfte der Neunzigerjahre. Mittlerweile ist allerdings klar geworden, dass Kostenreduzierung allein nicht ausreicht, um die Ergebnisse im Firmenkundengeschäft signifikant zu verbessern – vielmehr bedarf es *zusätzlicher Erträge*, um die Zukunft des mittelständischen Firmenkundengeschäfts auf eine solide Basis zu stellen.

Das erfordert eine professionellere und systematischere Marktbearbeitung. Basis dazu ist die *strategische Neuausrichtung des Vertriebes* mit dem Ziel, die Vertriebsleistung signifikant zu steigern. Die mit der Neupositionierung des Firmenkundenvertriebes verbundenen Fragestellungen bilden die zentralen Themen dieses Buches.

2.4 Ertragsmanagement

Ein weiterer Hebel zur Steigerung der Profitabilität des Firmenkundengeschäftes besteht darin, die konsequente *Ertragsorientierung* als Handlungsmaxime im Alltag fest zu verankern. Neben der Entwicklung einer unternehmerischen Grundeinstellung auf breiter Basis bei den Kundenbetreuern bedarf es auch entsprechender Steuerungsinstrumente.

Mit Hilfe aussagefähiger Ergebnisinformationssysteme (z.B. Kunden-, Produktkalkulation) muss die Rentabilität einer Geschäftsbeziehung transparent dargestellt werden können. Neben der Messung der Einzelkundenprofitabilität muss es möglich sein, mit Hilfe einer *Vorkalkulation* das Ergebnis eines Produktabschlusses noch vor Vertragsabschluss zu ermitteln. So muss ein Firmenkundenbetreuer beispielsweise wissen, welchen Deckungsbeitrag ein bevorstehendes Geschäft mit welchen Konditionen erwirtschaftet.[25]

In diesem Zusammenhang wird es vielfach notwendig sein, auch die *Preispolitik* im Firmenkundengeschäft zu überdenken. Künftig ist verstärkt darauf zu achten, dass unterschiedliche Bonitäten und unterschiedliche Betreuungsintensitäten auch *differenzierte Konditionen* nach sich ziehen müssen.[26] Die Notwendigkeit einer Neuausrichtung der Preisstrategie ergibt sich auch durch das Regelwerk von „Basel II", das ein *risikoadäquates Pricing* fordert. Klares Ziel der Preispolitik muss es sein, das Firmenkreditgeschäft an den institutsindividuellen Ertragserwartungen nach Prozess-, Risiko- und Eigenkapitalkosten zu messen.[27] Diese Parameter werden auch in einem wettbewerbsintensiven Markt den Maßstab bilden. Dabei darf auch die Bepreisung von Beratungsleistungen kein Tabuthema darstellen.

3. Der Vertrieb als entscheidender Erfolgsfaktor

3.1 Die „Renaissance des Vertriebs"

Die schwierigen Rahmenbedingungen des Firmenkundengeschäfts erfordern neue Vorgehensweisen bei der Marktbearbeitung. Neben „Lean Banking" und ausgefeilten Risikostrategien stellt die nun wieder feststellbare *verstärkte Konzentration auf den Markt eine* logische strategische Weiterentwicklung dar. Der *Vertrieb* als wichtiger Stellhebel zur Strategienumsetzung ist in der Prioritätenskala der geschäftspolitischen Schwerpunkte wieder nach oben gerückt – das heißt, in der Bankenlandschaft ist gleichsam eine „Renaissance des Vertriebs" zu beobachten. In den Banken besinnt man sich wieder darauf, dass erst durch den Vertrieb jene Erträge erwirtschaftet werden, die die Existenz der Bank sichern. *Rainer Kunadt* und *Rainer Borns* bringen es auf den Punkt, wenn sie treffend formulieren:[28]

> *„Der Vertrieb stellt das Kernstück der Bank dar."*
> *„Der Vertrieb ist das Herz einer Bank."*

Und des weiteren stellt *Kunadt* fest: „Aus dem vertrieblichen Erfolg ergeben sich alle anderen wichtigen Faktoren wie Controlling, Kostenmanagement, Risikomanagement und vieles mehr."

In diesem Zusammenhang sei auf die Ergebnisse der *„European Banking Study 2004"* (*zeb/rolfes.schierenbeck.associates*) verwiesen, die zu folgendem Schluss kommt: „Dabei wird der Erfolg der Vertriebsbank zukünftig noch stärker die Ergebnissituation der Kreditinstitute beeinflussen."[29] Auch die Studie des Frauenhofer Instituts für Arbeitswirtschaft und Organisation (IAO) über *„Banken im Aufbruch"* ergab, dass *„die Optimierung kundennaher Prozesse"* bei den befragen Instituten als der wichtigste Projektschwerpunkt für die Jahre 2003/2004 definiert wurde.[30] Bei der Frage nach den wichtigsten Innovationsfeldern wird der hohe Stellenwert des Vertriebs ebenfalls deutlich: Rund 63 % der befragen Institute beschäftigten sich mit der *Gestaltung neuer Vertriebsprozesse.*[31] (Siehe Abbildung 6.)

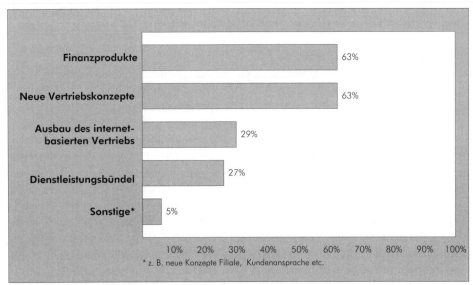

Abbildung 6: Schwerpunkte für geplante Innovation
(Quelle: Frauenhofer-Institut für Arbeitswirtschaft und Organisation)

Dieser neue Stellenwert des Vertriebs zeigt sich schließlich auch darin, dass die großen dezentralen Sektoren in Deutschland und Österreich in den letzten Jahren umfassende Projekte initiiert haben, um die Vertriebsleistung in den Sparkassen und Genossenschaftsbanken zu erhöhen:

„BVR Vertriebsinitiativprogramm"
Vom Bundesverband der Deutschen Volks- und Raiffeisenbanken (BVR) wurde 2003 das „*BVR-Vertriebsinitiativprogramm*"[32] entwickelt. Es ergänzt die Palette der vertriebsunterstützenden Leistungen, die der BVR im Rahmen der gemeinsamen Sektorstrategie „Bündelung der Kräfte" für die Genossenschaftsbanken entwickelt hat. Definierte Qualitätsstandards im Vertriebsprozess sollen den Volks- und Raiffeisenbanken Orientierung geben, um ihren Vertriebsprozess zu analysieren und gegebenenfalls Schwachstellen aufzuzeigen. „Mit der Optimierung des Vertriebssystems und des Vertriebsmanagements sollen Verkaufserfolge dauerhaft gesichert und Erträge nachhaltig gesteigert werden."

„Sparkasse 2010 – fit für die Zukunft"
Im Herbst 2002 hat die Deutsche Sparkassenorganisation unter dem Titel „*Sparkassen-Strategie 2010*"[33] ihre Grundsatzstrategie beschlossen. Darin werden drei strategische Leitlinien sowie die daraus resultierenden Handlungsfelder festgelegt. Ein wesentliches Ziel besteht darin, „die Vertriebskraft deutlich zu stärken" sowie das „Ertragspotenzial der Sparkassen-Finanzgruppe auszuschöpfen". Neben einer Straffung der Betriebsabläufe wird die Optimierung des Vertriebs durch die Schaffung von *Kompetenz-Center* mit Spezialisten-Know-how erreicht.

„Volksbanken-Marktoffensive"
Ein Beispiel für eine sektorweite Strategie im österreichischen Genossenschaftswesen ist die „*Volksbanken-Marktoffensive*"[34]. Die Grundlagen für diese Vertriebsstrategie wurden im Jahr 2001 erarbeitet und orientieren sich an der von dieser Bankengruppe propagierten „*Strategie der Kundenpartnerschaft*". Der österreichische Genossenschaftsverband (ÖGV) „sieht es als Ziel an, die Volksbanken auf ihrem Weg zu einer modernen schlagkräftigen vertriebsorientierten Bank zu unterstützen."[35] Zur Unterstützung der Volksbanken bei der Umsetzung der Marktoffensive wurde die *Beratungseinheit „Volksbanken-Beratung"* aufgebaut.

Das „MCM-Projekt" der österreichischen Sparkassen
Um für die österreichische Sparkassengruppe eine einheitliche Vertriebsstrategie zu entwickeln, wurde unter Federführung der Erste Bank (als Leadbank der Sparkassen) mit Beginn 2001 ein umfassendes Projekt mit der Bezeichnung „*Multi Channel Management („MCM")* gestartet.[36] Während die ersten zwei Jahre der Projektarbeit gewidmet waren, in die mehr als 200 Mitarbeiter aus der gesamten Sparkassenorganisation involviert waren, begann ab 2003 die Umsetzungsphase. Diese österreichweit eingesetzte Vertriebskonzeption soll einen wichtigen Beitrag zur nachhaltigen Sicherung der Wettbewerbsfähigkeit der gesamten Sparkassengruppe leisten.

So unterschiedlich diese Projekte von ihrem Ansatz auch erscheinen mögen – die strategischen *Ziele* sind sehr ähnlich: Durch die Neupositionierung des Vertriebes soll eine fokussierte und ergebnisorientierte Marktbearbeitung erreicht werden.

Als weiteres Zeichen dieser „neuen" Vertriebsorientierung kann gewertet werden, dass sich erfolgreiche Kreditinstitute bewusst als *„Vertriebsbank"* bzw. *„Vertriebssparkasse"* bezeichnen.[37] Auch auf die *bankinterne Organisation* hat diese Neupositionierung Auswirkungen: In Analogie zu den Elementen der bankbetrieblichen Wertschöpfungskette wird heute in der Regel zwischen den Bereichen „Vertriebsbank", „Produktionsbank" und „Steuerungsbank" unterschieden.[38]

Diese Überlegungen zeigen eines ganz deutlich: Der Vertrieb wird auch im *Firmenkundengeschäft* zu einem zentralen Erfolgsfaktor. Die aus den Veränderungsprozessen im Bankenumfeld resultierenden neuen Herausforderungen werden zu einem effizienten Vertrieb führen müssen, der sowohl für die Firmenkunden als auch für die Bank einen spürbaren Mehrwert schafft. Die Gestaltung der Vertriebsprozesse beziehungsweise der Zugang zum Kunden werden zum entscheidenden Wettbewerbsinstrument und den Wettbewerb am Firmenkundenmarkt wesentlich prägen.

Im Kern bedeutet dies:

Der Wettbewerb am Firmenkundenmarkt wird im Vertrieb gewonnen.

3.2 Verbesserungen im Vertrieb sind notwendig

Das *Erkennen* der Bedeutung eines professionellen Vertriebsmanagements ist die eine Seite der Medaille – die Umsetzung in die Praxis die andere. Im Unterschied zum Privatkundengeschäft, wo in den oben beschriebenen Projekten bereits seit einigen Jahren intensiv eine Auseinandersetzung mit den Konsequenzen des Vertriebsstrukturwandels erfolgt, ist dies für das *Firmenkundengeschäft* erst ansatzweise der Fall. So kommt beispielsweise *Krauß* in seiner Studie über die zentralen Veränderungsprozesse im Firmenkundengeschäft auf folgende Problemfelder:[39]

Problemfelder	Anteil %
Vertriebliche Ausrichtung verbesserungswürdig	55,4
Ressourcenbindende Wertberichtigungen	55,4
Können nur reagieren (Bring-Geschäft dominiert)	31,1
Fehlendes Konzept für einheitliche Marktbearbeitung	27,0
Keine Steuerung der Betreuungskapazitäten möglich	21,6

Abbildung 7: Probleme der Banken im Firmenkundenvertrieb

Auch die von der Unternehmensberatungsgesellschaft *zeb/rolfes.schierenbeck. associates* durchgeführte *„Firmenkundenstudie 2004"* ergab, dass der Vertrieb eine wesentliche Schwachstelle im mittelständischen Firmenkundengeschäft darstellt. Vorhandene Ertragspotenziale bleiben ungenutzt, weil die Banken noch viel *Nachholbedarf bei der Vertriebsorientierung* im Firmenkundengeschäft haben.[40]

Dem Firmenkundenvertrieb nach traditionellem Muster haftet vor allem der Mangel an, dass

- eine durchgängige, systematische Marktbearbeitung nur in Ansätzen vorhanden ist
- der Vertriebsprozess vielfach unstrukturiert (und oftmals nicht mit der nötigen Konsequenz) abläuft
- der Ergebnisbeitrag des Firmenkundengeschäfts insgesamt sowie die Ergebnisse der Einzelkundenbeziehungen nicht oder nur unzureichend transparent sind
- die Firmenkundenbetreuer teilweise mit den „falschen Kunden" (d.h. ertragsschwachen) beschäftigt sind
- die aktive Kundenansprache noch unterrepräsentiert ist, d.h. das Bringgeschäft dominiert
- die vorhandenen Geschäftspotenziale im Kundenstamm zu wenig erkannt und daher noch zu wenig genutzt werden
- ein gezieltes „Cross Selling" noch kaum funktioniert
- das zinsabhängige Kreditgeschäft nach wie vor dominiert und noch nicht genug Dienstleistungserträge generiert werden
- der für Verkaufsaktivitäten zur Verfügung stehende Zeitanteil ungenügend ist
- der Ressourcen- und Aktivitätensteuerung nur unzureichend Beachtung geschenkt wird
- ein aussagefähiges Vertriebscontrolling oftmals nur ansatzweise vorhanden ist
- die Vertriebsorientierung („Vertriebskultur") bzw. das verkäuferische Denken zu dürftig ausgeprägt ist.

3.3 Neuausrichtung des Vertriebs hin zu neuer Effizienz

Die genannten Schwachstellen zeigen deutlich, dass es im Firmenkundenvertrieb noch erhebliche Verbesserungspotenziale gibt. Um die Rentabilität im Firmenkundengeschäft zu steigern bedarf es daher einer strategischen *Neuausrichtung des Vertriebes.* Erforderlich ist eine neue Qualität des Vertriebs, um die verfügbaren Ressourcen zielgerichtet einzusetzen und die Vertriebsaktivitäten spürbar zu intensivieren. Dabei lassen sich folgende Handlungsfelder bzw. Schwerpunkte ableiten:

▶ Im Mittelpunkt aller Überlegungen müssen die *Firmenkunden* mit ihren (differenzierten) Bedürfnissen und Erwartungen an die Bank stehen.

▶ Der Firmenkundenmarkt ist mit zielorientierten *Vertriebsstrategien* (Kundensegmentierung, Beratungskonzeption, differenzierte Betreuungsintensitäten usw.) aktiv und konsequenter zu bearbeiten.
▶ Die *ganzheitliche Kundenbetreuung* sowie eine *verbesserte Systematik des Vertriebsprozesses* sollen zu einem ertragsorientierten Cross Selling beitragen, wobei die Steigerung der Provisions- und Dienstleistungserträge einen Schwerpunkt bildet.
▶ Die Leistungserbringung muss effizienter erfolgen (Optimierung der Wertschöpfungskette).
▶ Durch den Einsatz moderner *Vertriebstechnologien* soll einerseits der Beratungs- und Betreuungsprozess sowie die Potenzialanalyse (Erkennen von Verkaufssignalen) durch IT unterstützt werden.
▶ Zentraler Erfolgsmaßstab sind die Erträge aus den einzelnen Geschäftsbeziehungen, sodass die *Ertragsorientierung* mit einem aussagekräftigen Ergebnisinformationssystem zu unterstützen ist.
▶ Um das aktive Verkaufen zu forcieren, sind eine stringente *Vertriebssteuerung* und ein konsequentes *Vertriebscontrolling* zu etablieren.
▶ Den gestiegenen fachlichen und persönlichen Anforderungen an die *Firmenkundenbetreuer* muss durch entsprechende Entwicklungs- und Coachingmaßnahmen Rechnung getragen werden.

3.4 Erfolgsfaktoren im Firmenkundenvertrieb

Zweifelsohne wurden in den letzten Jahren auch im Firmenkundengeschäft Anstrengungen zur aktiven Marktbearbeitung unternommen. Vielfach waren es aber lediglich Einzelmaßnahmen, sodass in vielen Banken noch immer *eine geschlossene Vertriebskonzeption* fehlt.

Die zentralen Fragen, die in diesem Zusammenhang zu stellen sind, lauten:
- Was zeichnet eine erfolgreiche Vertriebsbank aus?
- Was macht ein professionelles Vertriebsmanagement aus?
- Was sind die wesentlichen Erfolgsfaktoren im Vertrieb?

Fragen, die auf den ersten Blick gar nicht so einfach zu beantworten sind. Hängt doch die konkrete Gestaltung des Vertriebskonzeptes von verschiedenen wirtschaftlichen Rahmenbedingungen und der spezifischen Situation einer Bank ab. Bei Entscheidungen über die Vertriebskonzeption sind beispielsweise folgende Faktoren zu berücksichtigen:
– Größe der Bank
– Regionales Einzugsgebiet,
– Zielmärkte/Zielgruppen,
– Konkurrenzsituation,
– Geschäftspolitik,
– Kundenstruktur,
– Art und Anzahl der Standorte
– Mitarbeiteranzahl/Mitarbeiterqualifikation,

- Produktsortiment/Leistungsangebot,
- Stand der Banktechnologie.

Auf Grund dieser unterschiedlichen Einflussgrößen ist es nicht verwunderlich, dass in der Praxis heute eine große Vielfalt an Vertriebsansätzen anzutreffen ist. Es kann daher nicht das erfolgreiche Vertriebssystem schlechthin geben, sondern ein der jeweiligen *Marktstrategie entsprechendes Konzept*.

Von diesen Faktoren unabhängig sind jedoch die grundsätzlichen „Bausteine", die für eine optimale Marktausschöpfung notwendig sind. Dabei ist zu beachtent: Erst durch das *Zusammenspiel* der verschiedenen Elemente wird der optimale Vertriebserfolg erreicht. Es ist wie bei einem Mosaik, das auch mehr ist als ein wahllos zusammen gewürfelter Haufen von Steinchen. Erst durch das sinnvolle Aneinanderfügen der verschiedenfarbigen Mosaiksteine ergibt sich ein vollendetes Bild.

Ein Vertriebskonzept ist tatsächlich eine solche „bunte Vielfalt". Das soll auch mit dem Begriff *„Vertriebs-System"* zum Ausdruck gebracht werden. Das hier vorgestellte Vertriebskonzept ist ein System mit bestimmten Elementen („Bausteinen"), zwischen denen vielfältige Beziehungen stehen.

Dies zu erkennen ist Herausforderung und Schwierigkeit zugleich. Denn sehr oft ist in der Praxis zu beobachten, dass Banken Probleme damit haben, die einzelnen Elemente zu erkennen und sie sinnvoll zu einer *ganzheitlichen* Vertriebskonzeption zu verbinden. Um dieser Schwierigkeit zu begegnen, bietet die Abbildung 8 einen Überblick über das Gesamtsystem des Firmenkundenvertriebs, das sich in der Praxis bewährt hat.

Kundensegmentierung
Verkaufen, Beraten und Betreuen wird immer teurer. Die personellen und zeitlichen Ressourcen sind daher auf die ertragsmäßig interessanten Kundenbeziehungen zu fokussieren. Dazu bedarf es einer Kundensegmentierung, die sich neben dem bisherigen Geschäftsumfang in erster Linie an den Ertragspotenzialen orientiert.

Vertriebsorganisation
Eine weitere Voraussetzung für eine zielorientierte Umsetzung der Vertriebsstrategie ist die Aufbauorganisation im Vertrieb. Das generelle Ziel bei der Festlegung der *Vertriebsstruktur* ist die optimale, ertragsorientierte Ausrichtung der Vertriebsressourcen an den Markt- und Kundenerfordernissen. Somit geht es hier einerseits um die Schaffung einer adäquaten organisatorischen Basis für den Firmenkundenvertrieb sowie um klare Schnittstellenregelungen sowohl zwischen den Markt- und Marktfolgebereichen, als auch zwischen dem Firmenkundenbetreuer und den von Fall zu Fall einzubindenden Spezialisten.

Vertriebsprozess
Mit der effizienten Gestaltung des Vertriebsprozesses soll eine möglichst qualitäts- und *ertragsorientierte Wertschöpfungskette* im Firmenkundengeschäft sichergestellt

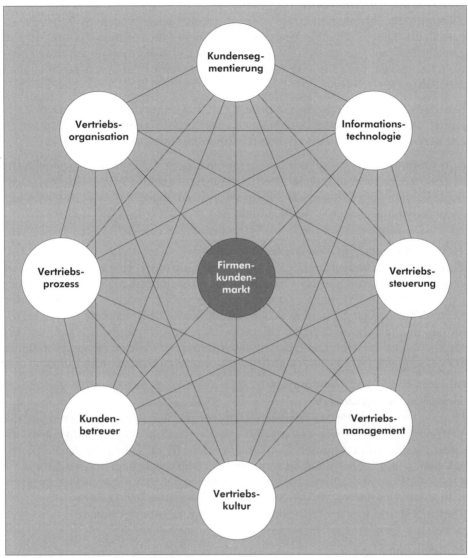

Abbildung 8: Elemente des Vertriebssystems

werden. Für die *Steigerung der Vertriebsleistung* müssen gegenwärtige und zukünftige Geschäftspotenziale systematisch aufgespürt werden. Durch ganzheitliche Betreuung (Privat- und Unternehmenssphäre) sowie durch aktives Verkaufen gilt es, die *Cross Selling-Quoten* sowie die erzielten Deckungsbeiträge bei mittelständischen Firmenkunden signifikant zu steigern.

Informationstechnologie

Zielgerichtete Informationen sind der „Rohstoff" eines effizienten Vertriebsmanagements. Die Informationsbasis für die gezielte Potenzialausschöpfung ist das *Kunden-Informationssystem*, das einen Überblick über die vielfältigen Kundenbeziehungen sowie über die von einem Firmenkunden in Anspruch genommenen Bankleistungen liefert.

Die „Messlatte" einer ertragsorientierten Vertriebssteuerung bildet der Deckungsbeitrag der Gesamtkundenbeziehung, sodass eine aussagekräftige *Deckungsbeitragsrechnung* zu einem unverzichtbaren Steuerungsinstrument wird.

Eine wesentliche Unterstützung bei der Optimierung des Vertriebsprozesses bieten IT-gestützte Kundenbetreuungs- und Beratungsprogramme *(CRM-Tools)*. Neben der systematischen Erfassung sämtlicher Kundenkontakte und der elektronischen Terminsteuerung liefern sie auch automatisch generierte Verkaufsansätze.

Vertriebssteuerung/Vertriebscontrolling

Eine nachhaltige Steigerung der Vertriebsleistung erfordert eine konsequente *Steuerung aller Vertriebsaktivitäten*. Im Sinne eines Regelkreismodells geht es hier um einen integrierten Planungs-, Kontroll- und Aktivitätenprozess zur Lenkung der Vertriebsressourcen. Steuerung durch die Führungskräfte im Vertrieb bedeutet somit auf die Vertriebsmitarbeiter so einzuwirken, dass sie tatsächlich ziel- und ertragsorientiert handeln. Die laufende Überprüfung der Zielerreichung soll durch ein konsequentes *Aktivitäten- und Ergebniscontrolling* sichergestellt werden.

Vertriebsmanagement

Um den Vertrieb im Firmenkundengeschäft entsprechend zu positionieren und die Vertriebsleistung signifikant zu steigern, muss Vertriebsmanagement als eigenständige Aufgabe definiert werden. Die Verantwortung für die Steuerung der Vertriebsaktivitäten im Hinblick auf die Erreichung der Marktziele liegt bei den *Führungskräften im Vertrieb*. Zahlreiche empirische Studien belegen, wie sehr Führungsverhalten und der Führungsstil den Vertriebserfolg beeinflussen. Daher wird auch das Thema „Coaching im Vertrieb" immer mehr an Bedeutung gewinnen.

Kundenbetreuer

„Banking is people" gilt auch in Zeiten des elektronischen Vertriebs. Die Qualität der Beziehungen zum Kunden bestimmt somit die Leistungsqualität der Bank. Die Mitarbeiter im Kundenkontakt bilden die *Drehscheibe zum Markt* und sind die zentralen Präferenzträger. In seinem Betreuer erlebt der mittelständische Unternehmer die Bank; d.h. „der Firmenkundenbetreuer ist die Bank" – und damit ein entscheidender Erfolgsfaktor im Vertrieb.

Vertriebskultur

Der Erfolg am Markt hängt wesentlich davon ab, inwieweit es gelingt, die in Strategien und Zahlen fassbaren „hard facts" mit den „soft facts" der Vertriebskultur zu einem leistungsfähigen Ganzen zu verbinden. *Markt- und Kundenorientierung* müssen die zentralen Wertvorstellungen in der Gesamtbank sein. „Kundenorientierung" als Leitlinie richtet sich aber nicht nur an die Kundenbetreuer, sondern an alle Stellen des Instituts – quasi nach dem Motto: „Die Verkaufsabteilung ist nicht die ganze Firma – aber die ganze Firma sollte wie eine Verkaufsabteilung sein."

Konkrete Tipps und Anregungen für die Gestaltung dieser Handlungsfelder zu geben, ist das Ziel dieses Buches. Die Umsetzung dieser Erfolgsfaktoren soll schließlich zu einem effizienten Vertrieb im Firmenkundengeschäft führen, der sowohl für die Firmenkunden als auch für die Banken einen Mehrwert schafft. Diese Vertriebsoptimierung bildet somit eine wesentliche Voraussetzung dafür, dass die in der Fachzeitschrift „Bankinformation" im Jahre 2005 publizierte Überschrift Realität wird: [41]

„Das profitable Firmenkundengeschäft kehrt zurück."

Anmerkungen

1 Hinsichtlich des Finanzmanagements in mittelständischen Unternehmen vgl. die Ausführungen bei *Evers:* Kredite für Kleinunternehmen, S. 25 f.
2 Vgl. beispielsweise *Brockmann/Hommel:* Jenseits des Kredits, S. 15; *Bonitz/Ostermann:* Ratingvorbereitung, S. 255 f.
3 Vgl. *Paul/Stein:* Unternehmensfinanzierung, S. 26 Quelle der Insolvenzstatistik für Deutschland: Creditreform Wirtschafts- und Konjunkturforschung; siehe hierzu auch die Abbildung in: BVR (Hrsg.): Rating als Chance, 4. Aufl., Berlin 2005, S. 11 Quelle der Insolvenzstatistik für Österreich: Kreditschutzverband von 1870 (www.ksv.at)
4 Vgl. *Krauß:* Veränderungsprozesse, S. 107; *Mussil:* Kreditportfoliosteuerung, S. 209: „Kreditrisiko stellt bei den meisten Banken mit Abstand das größte Einzelrisiko dar und ist deshalb der wesentliche Risikotreiber (durchschnittlich ca. 80 % des gesamten Risikokapitals)."
5 Quelle: Deutsche Bundesbank, vgl. *Paul/Stein:* Unternehmensfinanzierung, S. 27: „In 2000 wurde sogar fast 60 % des Teilbetriebsergebnisses durch Wertberichtigungen aufgezehrt, der weitaus größte Teil betraf dabei das inländische Kreditgeschäft." siehe auch *Renker:* Relationship Marketing, S. 58 *Rolfes:* Firmenkundengeschäft, S. 141
6 Quelle: Deutsche Bundesbank; *Rolfes,* Firmenkundengeschäft, S. 141
7 *Mussil:* Kreditportfoliosteuerung, S. 209; *Duhnkrack:* Steuerung des Firmenkundengeschäftes, S. 156
8 Hinsichtlich der Kostenauswirkungen von Regularien vgl. o. Vf.: Kosten der Überregulierung, S. 11: „Seit 2002 sind die regulatorischen Gesamtkosten für die österreichischen Banken um 140 % angestiegen und haben zuletzt im Jahr 2004 mehr als 220 Millionen EUR betragen ... Immerhin 2,7 % des inländischen Betriebsaufwandes waren 2004 durch die Umsetzung von Regularien induziert, rund 5,3 % des Betriebsergebnisses aller österreichischen Banken werden dadurch aufgezehrt." vgl. auch o. Vf.: Basel II – und danach?, in: Bankinsider, 10/2005
9 Bezüglich der Strategien und Instrumente des Multi-Channel-Banking vgl. die Beiträge im Sammelwerk „Neue Wege zum Kunden. Multi-Channel-Banking" (Hrsg.: *Schmoll/Ronzal*), Wien 2001
10 Vgl. *Werner:* Onlinebanking für Firmenkunden, S. 510
11 Vgl. *Gruber:* Aufbau neuer elektronischer Marktplätze, S. 271 f.
12 Vgl. hierzu *Winkelmann:* Vertriebskonzeption; S. 182 f.
13 *Boehm-Bezing:* Zukunftsstrategien im Firmenkundengeschäft, S. 86; *Groß/Michaelis:* Wertschöpfungskettenmanagement, S. 165
14 Vgl. *Rometsch:* Firmenkundengeschäft, S. 810; *Renker:* Relationship Marketing, S. 59
15 Vgl. *Rolfes:* Firmenkundengeschäft, S. 142
16 Vgl. *Lippl/Schmidt/Uebing:* Geschäftsbereichsrechnung, S. 460 f.
17 Vgl. *Rometsch:* Firmenkundengeschäft – Wertvernichter der Banken?, S. 811; *Rolfes:* Firmenkundengeschäft, S. 146

18 Siehe hierzu *Rometsch:* Firmenkundengeschäft – Wertvernichter der Banken?, S. 811; *Rolfes:* Das Firmenkundengeschäft – ein „Wertevernichter"?, S. 146 kommt zu dem Ergebnis, „dass das klassische Firmenkundengeschäft aktuell in vielen Fällen keinen positiven EVA generiert und somit als Wertvernichter zu bezeichnen ist." *Duhnkrack:* Steuerung des Firmenkundengeschäftes, S. 156; *Juncker/Lippmann:* Firmenkundenbank der Zukunft, S. 178; *Benölken:* Strategien für das Firmenkundengeschäft, S. 26
19 Vgl. *Renker:* Relationship Marketing, S. 56
20 Vgl. *Groß/Michaelis:* Wertschöpfungskettenmanagement im Firmenkundengeschäft, S. 170
21 Vgl. die Darstellung der Prozesskosten bei *Rolfes:* Firmenkundengeschäft, S. 148; *Boehm-Bezing:* Zukunftsstrategien im Firmenkundengeschäft, S. 92
22 Vgl. *Schmoll:* Effizientes Kreditrisikomanagement, S. 72 f.
23 Bezüglich der durch Basel II resultierenden Herausforderungen für das Kreditrisikomanagement vgl. die Beiträge im Sammelwerk von *Bruckner/Schmoll/Stickler:* Basel II. Konsequenzen für das Kreditrisikomanagement, Wien 2003
24 Vgl. *Pulai/Schmoll:* Kreditüberwachung. EDV-System hilft Risiken früh zu erkennen, S. 27 f.
25 Vgl. *Groß/Michaelis:* Wertschöpfungskettenmanagement, S. 172
26 Zur Preispolitik vgl. beispielsweise *Juncker/Lippmann:* Firmenkundenbank der Zukunft, S. 188 f.
27 Vgl. *Kubla:* Dauerhafte Erträge, S. 358
28 *Kunadt:* Erfolgreiche Vertriebsarbeit, S. 164; *Borns:* Fit für den Vertrieb, S. 15
29 *Kirmße/Madritsch:* Europäische Bankenstudie 2004, S. 602
30 *Spath* (Hrsg.): Banken im Aufbruch (Studie des IAO), S. 8
31 ebenda, S. 15
32 Vgl. hierzu *Schlosser:* auf Hochleistung trimmen. Das BVR-Vertriebsinitiativprogramm, S. 10 f.; *Schlosser:* BVR-Vertriebsinitiativprogramm. Der Turbo für den Vertrieb, S. 31 f.
33 Vgl. *Hamm:* Strukturen verändern, S. 16 f.
34 Vgl. hierzu das Interview mit Dr. Rainer Borns (Marktvorstand des ÖGV) in der Zeitschrift Banktechnik (7/2004), S. 10 sowie *Borns:* Zum Stand der „Volksbanken-Marktoffensive", in: ÖGV – Jahresbericht 2002, S. 12
35 *Österreichischer Genossenschaftsverband* (Hrsg.): Jahresbericht 2003, S. 86
36 Siehe hierzu die Geschäftsberichte der *Erste Bank* 2001 (S. 38); 2002 (S. 35 f.); 2003 (S. 17)
37 Vgl. beispielsweise *Heinrich:* Auf konsequentem Weg zur Vertriebssparkasse, S. 240; *Kranz:* Vertriebssparkassen, S. 241
38 Vgl. *Gumpinger/Schatz:* Von der Bankkultur zur Verkaufskultur, S. 29
39 *Krauß:* Change Management im Vertrieb, S. 24
40 *zeb* (Hrsg.) Firmenkundenstudie, S. 24
41 *Dehne:* Das profitable Firmenkundengeschäft kehrt zurück, in: Bankinformation 2/2005, S. 21; vgl. auch *Renker:* Firmenkunden sind wieder im Fokus, S. 22 f.

Strategische Grundlagen des Vertriebsmanagements

*„Es kommt nicht darauf an, die Zukunft vorherzusagen,
sondern auf die Zukunft vorbereitet zu sein!"*
(Perikles)

1. Strategisches Vertriebsmanagement
   1.1 Strategisches Management auf der Geschäftsfeldebene
   1.2 Der Strategieprozess im Firmenkundengeschäft
2. Bankexterne Umfeldanalyse
   2.1 Marktpotenzialanalyse
   2.2 Kundenzufriedenheitsanalyse
   2.3 Konkurrenzanalyse
3. Bankinterne Kundensegmentierung
   3.1 Ziele der Segmentierung
   3.2 Segmentierungskriterien
   3.3 Die ABC-Analyse: Ausgang für die Grobsegmentierung
   3.4 Potenzialorientierte Feinsegmentierung
   3.5 Der EDV-gestützte „Quickcheck" (Praxisbeispiel)
   3.6 Konsequenzen für das Vertriebsmanagement
4. Strategische Vertriebssteuerung: Balanced Scorecard
   4.1 Das Grundkonzept der Balanced Scorecard
   4.2 Die vier Perspektiven im Firmenkundenvertrieb
5. Aktives Verkaufen
   5.1 Systematik der Vertriebsstrategien
   5.2 Ertragssteigerung durch gezieltes Cross Selling
   5.3 Ganzheitlicher Betreuungsansatz
   5.4 Neue Bedarfsfelder der Firmenkunden erschließen
   5.5 Konsequenzen für einen optimierten Vertriebsprozess

1. Strategisches Vertriebsmanagement

1.1 Strategisches Management auf der Geschäftsfeldebene

Im Mittelpunkt dieses Buches stehen Lösungsansätze für das operative Vertriebsmanagement im Firmenkundengeschäft. Diese Themen können jedoch nicht losgelöst bzw. isoliert von der übergeordneten Unternehmens- und Geschäftsfeldstrategie betrachtet werden. Bevor erste Schritte zur *Vertriebsoptimierung* im Firmenkundengeschäft gesetzt werden können, gilt es folgende zentrale Frage zu beantworten:

> Wohin soll die Reise gehen?

In der Bank muss Klarheit über den Stellenwert des Firmenkundengeschäfts bestehen. Die veränderten Ansprüche der Firmenkunden, der steigende Wettbewerb, die nicht zufrieden stellende Ertragslage im Firmenkundengeschäft sowie die immer dynamischer und komplexer werdenden Märkte erfordern heute mehr denn je eine bewusste Auseinandersetzung mit strategischen Fragestellungen im Firmenkundengeschäft der Banken. Eine in sich geschlossene und kommunizierte Geschäftsfeldstrategie hat eine wesentliche Orientierungsfunktion für die Gestaltung des Geschäftsmodells und die Entwicklung der Vertriebskonzeption. Die Firmenkundenstrategie als Teil der Gesamtbankstrategie stellt somit den Rahmen für die operative Vertriebssteuerung und das Vertriebscontrolling dar.

Ein Blick in den Bankenalltag zeigt allerdings, dass die bewusste Auseinandersetzung mit strategischen Fragen vielfach zu kurz kommt, Zukunftsvorstellungen für das Firmenkundengeschäft sind oftmals sehr vage und unscharf formuliert. Explizit und konkret ausformulierte, schriftlich dokumentierte Strategien sind eher selten anzutreffen. Die im Kapitel I skizzierten Szenarien sollten daher Anlass sein, um die eigene strategische Positionierung des Firmenkundengeschäfts zu überprüfen – und wenn notwendig zu korrigieren.

Langfristig gesehen werden nur jene Banken Erfolg haben, die

> 1. klare Vorstellungen über die zukünftige Stellung des Firmenkundengeschäfts im Rahmen der Gesamtbankstrategie haben,
> 2. klare Strategien für das Firmenkundengeschäft besitzen und
> 3. diese Strategien wirksam und konsequent in operative Maßnahmen umzusetzen vermögen.

Ein wesentlicher Beitrag für die erfolgreiche Positionierung in einem Umfeld der raschen Veränderungen ist daher ein *strategisches Management*. Ganz allgemein formuliert umfasst das strategische Management[1] das Formulieren, Implementieren und Kontrollieren von Strategien. Dieser Prozess vollzieht sich sowohl auf der Ebene der *Gesamtbank* als auch auf der Ebene der einzelnen *Geschäftsfelder*. Als strategisches Geschäftsfeld bedarf daher das Firmenkundengeschäft einer eigenen, spezifischen *Geschäftsfeldstrategie*.[2]

Strategisches Management im Geschäftsfeld Firmenkunden hat das zentrale Ziel, Erfolgspotenziale zu identifizieren und so in Wettbewerbsvorteile überzuführen, damit die Bank in ihrem Firmenkundenmarkt eine den Unternehmenszielen entsprechende Marktposition einnimmt. Um dies zu erreichen, müssen von den dafür Verantwortlichen (z.B. Vorstand, Geschäftsfeldmanagement, Zielgruppenmanagement) die Geschäftsfeldstrategien für das Firmenkundengeschäft in einem strukturierten Strategieprozess erarbeitet werden. Dabei stehen drei wesentliche Fragen im Mittelpunkt:

1. Wo stehen wir derzeit im Firmenkundengeschäft?
2. Wo wollen wir hin?
3. Wie gelangen wir dorthin?

Es würde den Umfang dieses Buches sprengen, hier auf die Vorgehensweisen und Techniken des strategischen Managements näher einzugehen. Vielmehr werden die vielfältigen Zusammenhänge im Strategieprozess aufgezeigt und einige Anregungen für dessen Gestaltung geliefert.

1.2 Der Strategieprozess im Firmenkundengeschäft

Die einzelnen Schritte zur Entwicklung und Umsetzung von Strategien im Firmenkundengeschäft sind in Abbildung 9 überblicksartig skizziert.

Bestimmung der strategischen Ausgangssituation

Voraussetzung für die Formulierung von strategischen Zielen für das Geschäftsfeld „Firmenkunden" ist zunächst eine Klärung der eigenen Ausgangsposition. Für die Strategieentwicklung ist es daher notwendig, sich mit der gegenwärtigen Situation im Firmenkundengeschäft der Bank sowie mit den sich zukünftig abzeichnenden Chancen und Gefahren intensiv auseinander zu setzen. Bei dieser strategischen Diagnose wird vielfach die so genannte „*SWOT-Analyse*" (Strength, Weakness, Opportunities, Threats) eingesetzt.[3]

Bankexterne Faktoren: Chancen-Risiken-Analyse
Im Mittelpunkt der externen Situationsanalyse steht das bankbetriebliche Umfeld, soweit es für den Firmenkundenvertrieb relevant ist. Im Wesentlichen geht es hier um die Bereiche
- Markt
- Kunden
- Konkurrenten.

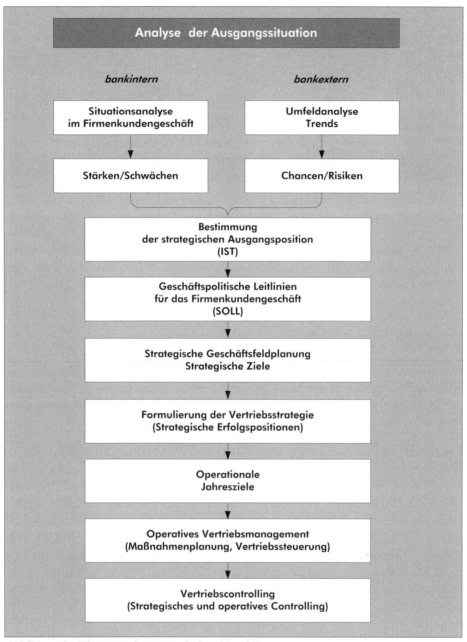

Abbildung 9: Elemente des strategischen Vertriebsmanagements

Aus der Analyse dieser Faktoren lassen sich für das Firmenkundengeschäft der Bank spezifische *Chancen* und *Risiken* ableiten. Wegen der Bedeutung dieser externen Einflüsse auf die Vertriebsstrategie wird auf die damit verbundenen Fragen im nächsten Abschnitt näher eingegangen.

Bankinterne Faktoren: Stärken-Schwächen-Analyse
Das eigene Haus ist im Rahmen der strategischen Situationsanalyse auf die gegenwärtigen *Stärken und Schwächen* im Firmenkundengeschäft zu untersuchen. Dabei gilt es unter anderem folgende Fragen zu beantworten:
- Welche Ziele wurden in den letzten Jahren im Firmenkundengeschäft verfolgt?
- In welchem Ausmaß wurden die gesetzten Ziele erreicht?
- Welche Strategien wurden in den letzten Jahren realisiert?
- Wie erfolgreich waren diese Strategien?

Neben der quantitativen Analyse auf Grundlage der Geschäftsbereichsrechnung (siehe Seite 20) muss auch die derzeitige *Kundenstruktur* eingehend untersucht werden (siehe hierzu den Abschnitt über die Kundensegmentierung). Daneben gilt es, auch qualitative Aspekte wie die im Firmenkundengeschäft vorhandenen *Ressourcen* und *Schlüsselfaktoren* (Produktpolitik, Geschäftsprozesse, Personal- und Führungssituation usw.) kritisch zu hinterfragen. Die Ergebnisse dieser Analyse werden in einem *Stärken-Schwächen-Profil* zusammengefasst. Als Stärken bzw. Schwächen werden dabei jene bankinternen Bedingungen bezeichnet, die gegenüber den wichtigsten Mitbewerbern im Firmenkundengeschäft Vorteile bzw. Nachteile darstellen.

Die Zusammenführung der bankexternen und der bankinternen Analyse erlaubt eine *umfassende Lagebeurteilung* („IST-Zustand"), indem die Chancen und Risiken des Marktes mit den eigenen Fähigkeiten im Firmenkundengeschäft abgeglichen werden.

Geschäftpolitische Leitlinien für das Firmenkundengeschäft

Die Basis für die grundsätzliche Ausrichtung des Firmenkundengeschäfts bilden eine klare Unternehmensphilosophie sowie klare unternehmenspolitische Ziele der Bank. Schriftlich niedergelegt ergeben diese Leitideen das *Leitbild* (*Mission Statement*), das das Selbstverständnis der Bank reflektiert.

So wie auf Gesamtbankebene ist es auch auf der Geschäftsfeldebene notwendig, für das Firmenkundengeschäft ein möglichst klares Bild von der gewünschten Zukunft („SOLL-Zustand") zu entwickeln. Ein wesentlicher Beitrag zum Erfolg im Firmenkundenvertrieb besteht darin, dass den Vertriebsmitarbeitern klare Vorstellungen über die anzustrebenden Ziele und Vorgehensweisen bei der Marktbearbeitung vermittelt werden.

Der strategische Ausblick soll die *Zukunftsperspektiven* im Firmenkundengeschäft aufzeigen und damit eine *Orientierungshilfe* geben, in welche Richtung sich dieses Geschäftsfeld entwickeln soll. Diese auch als *Vision* bezeichnete Vorstellung über einen wünschenswerten künftigen Zustand soll dazu beitragen, die Vertriebsaktivitäten sowie das Engagement aller Kräfte konsequent auf Markt und Kunden zu konzentrieren.[4] Daher ist es sinnvoll, diese strategische Zielrichtung in eigenen *„Geschäftspolitischen Leitlinien für das Firmenkundengeschäft"* schriftlich zu dokumentieren. Neben diesen bankinternen Leitlinien („Wo will die Bank im Firmenkundengeschäft hin?") kann es auch sinnvoll sein, ein Erscheinungsbild gegenüber den Firmenkunden in Form einer *„Mission"* zu entwickeln („Wie möchte die Bank am Firmenkundenmarkt gesehen werden?").

Strategische Ziele im Firmenkundengeschäft

Die Konkretisierung der geschäftspolitischen Leitlinien erfolgt im Rahmen der Zielplanung, wobei grundsätzlich zwischen *strategischer Zielplanung* (Mehrjahresziele) und *operativer Zielplanung* (Jahresziele) zu unterscheiden ist. Dabei muss das Zielsystem auf das regionale Bankenumfeld sowie die spezifische Ausgangssituation der Bank im Firmenkundengeschäft abgestellt werden. Demgemäß ist auch die Zahl der möglichen Zielsetzungen umfangreich, wobei weiters auch die Interdependenzen zwischen den Zielen zu beachten sind.

Um diese Zusammenhänge und Wechselbeziehungen transparent zu machen und damit den Strategieprozess zu komprimieren, bietet sich das Konzept der *„Balanced Scorecard"*[5] an. Die Balanced Scorecard schafft für das Strategische Management einen Handlungsrahmen zur Unterstützung bei der Strategiediskussion, der Strategiefindung sowie der Strategieumsetzung im Firmenkundengeschäft. Als Brücke von der geschäftspolitischen Ebene zu den entsprechenden Maßnahmen „übersetzt" sie die Geschäftsfeldstrategie in konkrete Ziele und Kennzahlen. Auf Grund der Bedeutung der Balanced Scorecard für die Strategieformulierung im Firmenkundenvertrieb wird im Abschnitt 4 dieses Kapitels noch näher darauf eingegangen.

Grundlegende Strategien für den Firmenkundenvertrieb

Ganz allgemein formuliert sind *Strategien* die Antwort auf die Frage, *wie* die angestrebten Ziele erreicht werden können. Strategien im Firmenkundengeschäft sind gleichsam *der Weg* zur Erreichung der Geschäftsfeldziele. Diese strategischen Grundverhaltensweisen legen den notwendigen Handlungsrahmen fest, um zu gewährleisten, dass in der Folge alle operativen Steuerungsmaßnahmen tatsächlich zielorientiert eingesetzt werden. Im Hinblick auf die in Kapitel I dargelegte Ertrags- und Risikolage im Firmenkundengeschäft geht es vor allem um die Frage, welche Strategien am ehesten geeignet sind, die *Rentabilität des Firmenkundengeschäfts* nachhaltig zu steigern.

Aus Sicht des *Vertriebes* müssen Strategien dazu beitragen, durch eine geschickte Profilierung am Firmenkundenmarkt konkrete *Wettbewerbsvorteile* zu erlangen. Es gilt daher, für das Firmenkundengeschäft der Bank *strategische Erfolgspositionen* (strategische Erfolgsfaktoren) aufzubauen und in der Folge bei der Marktbearbeitung konsequent zu behaupten.

Die strukturellen Unterschiede in den Regionen und Marktsegmenten sowie die unterschiedlichen Ausgangssituationen in den Banken machen deutlich, dass es keine generell gültigen Vertriebsstrategien geben kann. Vielmehr muss jedes Institut nach verschiedenen Gesichtspunkten sein *spezifisches Geschäfts- und Vertriebsmodell* entwickeln. Entscheidend ist in diesem Zusammenhang, dass die eigene Vertriebskonzeption klare Antworten auf die Fragen gibt,
- welche Zielgruppen am Firmenkundenmarkt
- mit welchen Angebotsschwerpunkten und
- auf welche Art und Weise vertriebspolitisch bearbeitet werden sollen.

Beurteilt man die in der Fachliteratur[6] immer wieder angeführten Profilierungsansätze (z.B: „Kostenführerschaft", „Differenzierungsstrategie", „Konzentration auf Schwerpunkte") in Bezug auf ihre *Abschirmbarkeit gegenüber den Mitbewerbern*, können vor allem für Regionalbanken folgende Schlussfolgerungen gezogen werden: Das Angebot der Banken am Firmenkundenmarkt ist in den letzten Jahren immer homogener geworden. Darüber hinaus ist die Reaktionsgeschwindigkeit der Konkurrenz bei Produktinnovationen sowie bei preispolitischen Maßnahmen sehr hoch. Die Schutzfähigkeit dieser Strategien ist daher eher gering. Mangelt es jedoch an deutlicher Produkt- und Preisdifferenzierung im Verhältnis zu den Mitbewerbern, dann verschiebt sich die Kundenbewertung hin zu wahrgenommenen Qualitätsunterschieden. Somit liegen die echten Profilierungschancen für Sparkassen und Genossenschaftsbanken im Aufbau einer *Differenzierungsstrategie* über die Schaffung von *Qualitätsvorteilen*. Eine ausgeprägte *Kundenorientierung* sowie eine hervorragende *Betreuungs- und Servicequalität* bilden daher auch wichtige Eckpfeiler im Rahmen der Vertriebsoptimierung im Firmenkundengeschäft.

Strategieumsetzung: Operatives Vertriebsmanagement

Strategien im Firmenkundengeschäft können nur dann wirksam werden (d.h. Erfolgspotenziale realisieren), wenn sie sich in den konkreten Vertriebsaktivitäten niederschlagen. Neben der strategischen Analyse und konzeptionellen Ausarbeitung einer Strategie im Firmenkundenvertrieb hat deren *Umsetzung* mindestens den gleichen Stellenwert für den Erfolg am Markt. Die konsequente Realisierung der festgelegten Vertriebsstrategien liegt dann in der Verantwortung des *operativen Vertriebsmanagements* (operative Steuerungsebene). Die damit verbundenen Fragestellungen bilden die zentralen Themen dieses Buches.

So müssen die *Vertriebsorganisation* (Kapitel III) sowie die *Vertriebssteuerung* (Kapitel IV) der strategischen Neuausrichtung des Firmenkundenvertriebs entsprechen. In diesem Zusammenhang ist wichtig, dass aus den strategischen Zielen strategiekonforme operative Zielgrößen für die einzelnen Vertriebseinheiten sowie individuelle Zielvereinbarungen für die Vertriebsmitarbeiter abgeleitet werden. In der Folge soll durch ein konsequentes *Vertriebscontrolling* sichergestellt werden, dass die vorhandenen Vertriebsressourcen tatsächlich den strategischen Prioritäten entsprechen.

Eine wesentliche Maßnahme zur Steigerung der Vertriebskraft besteht in der Strukturierung des *Vertriebsprozesses* (Kapitel V). Die Qualität dieses Prozesses ist ein entscheidender Erfolgsfaktor, um gegenwärtige und zukünftige Geschäftspotenziale gezielter aufzuspüren und damit die Erträge im Firmenkundengeschäft zu steigern.

Neben Strukturen, Instrumenten und Prozessen ist der Erfolg am Markt letztendlich von den im Firmengeschäft handelnden Menschen abhängig. Nur engagierte und motivierte Vertriebsmitarbeiter sind in der Lage, die herausfordernden Ziele tatsächlich zu erreichen. Die Entwicklung einer in der Gesamtbank spürbaren und gelebten marktorientierten Vertriebskultur, wertorientierte Kommunikation, erfolgreiches Verkaufscoaching sowie eine leistungsorientierte Vergütung sind Eckpfeiler für erfolgreiches *Führen im Vertrieb* (siehe Kapitel VI).

2. Bankexterne Umfeldanalyse

2.1 Marktpotenzialanalyse

Sowohl für die Formulierung der Vertriebsstrategie als auch für eine gezielte Marktbearbeitung ist es erforderlich, sich ein möglichst genaues Bild über das *Marktgebiet* zu verschaffen. Eine systematische Marktanalyse soll daher dem Vertriebsmanagement strategisch relevante Informationen über

- die Marktbedingungen
- das Marktpotenzial
- die Marktausschöpfung sowie
- die Marktpositionierung

liefern.

Je mehr Transparenz über den für die Bank relevanten Firmenkundenmarkt vorhanden ist, umso eher können hier Marktchancen erkannt und genutzt werden. Prinzipiell umfasst der Firmenkundenmarkt alle wirtschaftlich selbstständigen Unternehmen, wobei sich die in diesem Buch entwickelte Vertriebskonzeption auf die mittelständische Wirtschaft bezieht. Vor allem für Sparkassen, Genossenschafts- und Regionalbanken stellt das mittelständische Firmenkundengeschäft ein bedeutendes Kundenpotenzial und damit ein wichtiges strategisches Geschäftsfeld dar. Für die bankbetriebliche Abgrenzung dieses Marktsegmentes werden verschiedene quantitative und qualitative Kriterien verwendet. Neben den national bedingten Strukturunterschieden sind bei der Marktabgrenzung auch die institutsspezifischen Voraussetzungen zu beachten. Während für die eine Bank beispielsweise ein Unternehmen mit einem gewissen Jahresumsatz bereits zu den großen Firmenkunden zählt, fängt für ein anderes Kreditinstitut dort erst der „richtige" Firmenkunde an. Die Festlegung der Grenzen zwischen den kleineren Firmenkunden („Retailkunden"), den mittelständischen Firmenkunden und den Großkunden muss daher den jeweiligen Rahmenbedingungen der Bank angepasst sein. Anhaltspunkte für die

Vorgehensweise bei der Marktsegmentierung finden sich im Abschnitt 3 dieses Kapitels.

2.1.1 Marktbedingungen und Marktattraktivität

Die strukturellen Marktbedingungen im Geschäftsgebiet einer Bank (Marktgröße, Marktwachstum usw.) beeinflussen unmittelbar das Marktpotenzial und damit auch die Attraktivität des regionalen Firmenkundenmarktes. Kriterien für die Beurteilung der *Marktattraktivität*[7] sind beispielsweise

- die Anzahl der mittelständischen Betriebe im Geschäftsgebiet
- die Größe dieser Betriebe
  (z.B. Firmenumsatz, Anzahl der Beschäftigten)
- deren Branchenzugehörigkeit
- die Geschäftstätigkeit
  (z.B. Exporttätigkeit)
- das Alter der Unternehmen.

Neben der Erfassung der Struktur der mittelständischen Wirtschaft (Verteilung auf Betriebsgrößen, Branchenverteilung usw.) ist aus Sicht des Bankvertriebes auch die Entwicklung im Zeitvergleich (z.B. Betriebsschließungen, Betriebsneugründungen) von großem Interesse. Aus der Analyse der aktuellen Marktsituation und der Einschätzung zukünftiger Entwicklungen (z.B. Strukturwandel) in einer Region lassen sich Schlussfolgerungen für die Einschätzung der *Absatzpotenziale* für das Firmenkundengeschäft der Bank ableiten.

Dabei ist aus Sicht des Firmenkundenvertriebs das Kriterium „Betriebsgröße" in Verbindung mit der Branchenzugehörigkeit von besonderem Interesse, da hier ein unmittelbarer Zusammenhang zum generellen Bedarf an Finanzdienstleistungen hergestellt werden kann. Dies sind daher auch wichtige Parameter für die *Vertriebsplanung*. Bei der Erarbeitung der *Vertriebsziele* steht die Frage im Mittelpunkt, wie sich aus dem vorhandenen Marktpotenzial für die Bank konkrete *Geschäftspotenziale* (und in der Folge *Ertragspotenziale*) für das Firmenkundengeschäft ableiten lassen.

2.1.2 Markt- und Ertragspotenziale

Einen interessanten Ansatz zur Bestimmung des Ertragspotenzials im Firmenkundengeschäft verfolgt das zeb/-Modell, das hier kurz anhand eines Projektbeispiels skizziert werden soll.

Für eine Regionalbank in Österreich stellte sich die Frage, welche *Ertragspotenziale* im Firmenkundengeschäft im regionalen Marktgebiet vorhanden sind. Zudem waren die zentralen Handlungsfelder auf dem Weg zur Erreichung des selbst gesteckten Rentabilitätsziels (Steigerung der Eigenkapitalrentabilität) zu identifizieren.

Auf Basis von Daten der Österreichischen Nationalbank (genutztes Kreditvolumen von Firmenkunden) und von Statistik Austria (Arbeitsstättenzählung und Umsatzsteuerstatistik) über das Marktgebiet können detaillierte Aussagen über die Firmenkundenstruktur bis auf Ebene einzelner politischer Bezirke getroffen werden. Diese Daten geben ein klares Bild über die Struktur der Firmenkunden hinsichtlich Anzahl, Wirtschaftskraft und Mitarbeiterzahl. Diese Werte bilden die Basis für den zeb/-Ansatz zur Berechnung regionaler Ertragspotenziale. Sie geben eine klare Indikation hinsichtlich der durchschnittlich genutzten Finanzdienstleistungsprodukte und -volumen. Unter der Voraussetzung, dass keine regionalen Monostrukturen bestehen, korrelieren der Umsatz und das in Anspruch genommene Kreditvolumen immer sehr eng. Diesen statistischen Zusammenhang hat das zeb/ im Rahmen der 2004 durchgeführten zeb/-Firmenkundenstudie durch die Auswertung mehrerer Tausend Kundendaten ermittelt.

In einem ersten Schritt wurde das von den Unternehmen der Region in Anspruch genommene Kreditvolumen berechnet. Im zweiten Schritt wurden zur Berechnung der Erträge aus dem Kreditgeschäft die in dem Marktgebiet üblichen Margen ermittelt. Somit können für das Kreditinstitut („Beispiel KI") *segmentspezifische Ertragspotenziale* aus dem Kreditgeschäft kalkuliert werden. Über eine Korrelationsanalyse wurden die *Ertragspotenziale aus dem Passiv- und Provisionsgeschäft* ermittelt. Im Ergebnis bestand ein klares Bild über die mit Firmenkunden generierbaren Erträge entsprechend der spezifischen Kundensegmentierung des Kreditinstituts:

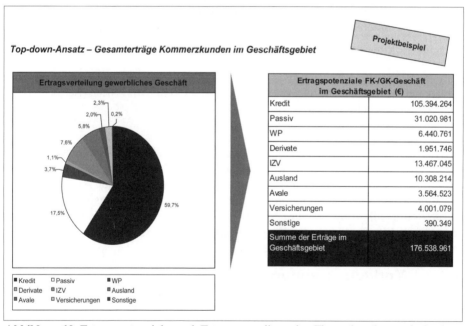

Abbildung 10: Ertragspotenziale und Ertragsverteilung im Firmenkundengeschäft einer Region (Beispiel); (Quelle: zeb/rolfes.schierenbeck.associates)

Bislang wurden in diesem Kreditinstitut die Marktanteile nach Kundenverbindungen berechnet. Da gewerbliche Kunden in der Regel mehrere Bankverbindungen nutzen ist die Aussagekraft der Marktanteile nach der Anzahl der Kontoverbindungen eher begrenzt. Über die dargestellte Berechnung der Ertragspotenziale im Geschäftsgebiet kann bei Gegenüberstellung der tatsächlich erzielten Erträge auch der echte *Marktanteil im Aktiv-, Passiv- und Provisionsgeschäft* berechnet werden (Siehe Abbildung 11).

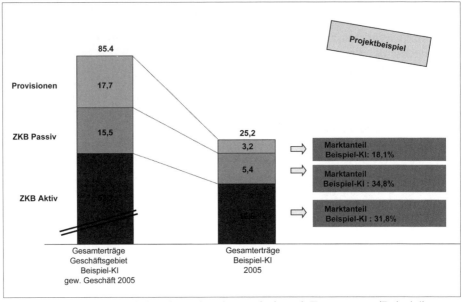

Abbildung 11: Marktanteile im Firmenkundengeschäft nach Ertragsarten (Beispiel) (Quelle: zeb/rolfes.schierenbeck.associates)

Aus den zeb/-Projekterfahrungen heraus gelingt es den Banken und Sparkassen mit einem ausgefeilten Cross Selling-Ansatz in etwa den Marktanteil beim Kreditgeschäft auch in den anderen Produktsparten zu erreichen. Mit der Analyse der Ertragspotenziale im Firmenkundengeschäft wurde für das Kreditinstitut eine präzise Basis für die Ableitung gezielter Maßnahmen zur Vertriebsintensivierung geschaffen. Auf die Möglichkeiten der *Ertragssteigerung* durch gezieltes *Cross Selling* wird im Abschnitt 5 dieses Kapitels näher eingegangen.

2.1.3 Marktausschöpfung

Um die eigene Marktposition beurteilen zu können, sind weitere Informationen über *Marktanteile* der einzelnen Banken erforderlich. Auf Grund unterschiedlicher Messgrößen für das Firmenkundengeschäft sowie auf Grund fehlender Statistiken ist hier die Datenbeschaffung oftmals schwierig. Vielfach werden als Indikatoren für die Marktstellung
– die Marktanteile nach Kundenverbindungen
  (Marktdurchdringung, Kundenreichweite)

- die Marktanteile nach Produktnutzung oder
- die Marktanteile im Finanzierungsbereich
  (Finanzieller Marktanteil)

berechnet.

Für die Ermittlung der *Kundenreichweite* werden in der Praxis die Ergebnisse von unabhängigen Marktforschungsinstituten herangezogen. Aus dem Firmenkunden-FMDS (*Finanzmarkt-Datenservice*) lassen sich beispielsweise Aussagen darüber ableiten, welcher Anteil der Unternehmen mit welchen Kreditinstituten (bzw. Institutsgruppen) zusammenarbeitet. Aus derartigen Erhebungen wird beispielsweise deutlich, dass mittelständische Unternehmen im Durchschnitt über drei Bankverbindungen verfügen. (Was aus Vertriebssicht die Wichtigkeit der Strategien zur Festigung der Kundenbindung unterstreicht.) Interessant ist auch in diesem Zusammenhang der Zeitvergleich, um daraus Trends in Richtung von Marktanteilsverschiebungen erkennen zu können.

Derartige Marktforschungen liefern auch Daten zur *Produktnutzung* der Unternehmen. Daraus ist ersichtlich, in welchem Ausmaß einzelne Geschäftsfelder von den Firmenkunden bei den verschiedenen Institutsgruppen in Anspruch genommen werden. Die Analyse der Produktnutzung lässt Rückschlüsse zu, welchem Kreditinstitut Kompetenzen in einem bestimmten Fachbereich zugeschrieben werden.

2.1.4 Imagemäßige Marktpositionierung

Neben diesen quantitativen Grundlagen sind für die Entwicklung von Marktstrategien auch Informationen über das Ansehen der Bank bei Firmenkunden von Interesse, da das Image ihren Erfolg am Markt nicht unwesentlich beeinflusst.

Für diese *Imageforschung* werden üblicherweise externe Marktforschungsinstitute beauftragt. Derartige Untersuchungen liefern umfangreiches Datenmaterial zu folgenden für die Vertriebspolitik relevanten Fragen:
- Bekanntheitsgrad der Kreditinstitute
- Allgemeines Bemühen um die mittelständische Wirtschaft
- Hauptbankverbindungen
- Motive für Bankverbindungen
- Kundenverschiebungen
- Gründe für Bankenwechsel
- Dimensionen der Kompetenzzumutung
- Nutzung der Vertriebswege
- Image der Banken

Einige dieser Themen werden auch bei Befragungen der eigenen Firmenkunden untersucht, die zahlreiche Banken in regelmäßigen Abständen entweder selbst durchführen oder durchführen lassen. Die sich aus Vergleichen der erhobenen Imagewerte mit den Erwartungen der Firmenkunden sowie mit Konkurrenzvergleichen ergebenden Imagedefizite bilden wertvolle Ansatzpunkte für die Vertriebsstrategien.

2.2 Kundenzufriedenheitsanalyse

2.2.1 Die Bedeutung von Kundenbindung und Kundenzufriedenheit

Durch die Wettbewerbssituation am Firmenkundenmarkt haben Strategien, die darauf abzielen bestehende Kundenbeziehungen zu verstärken, einen besonderen Stellenwert. Dadurch soll die *Bindung* des Firmenkunden an das eigene Institut gefestigt werden. Die konsequente Kundenorientierung ist nicht nur aus wettbewerbs- und marktpolitischer Sicht, sondern auch unter *Ertragsgesichtspunkten* von elementarer Bedeutung. Empirische Untersuchungen zeigen, dass eine positive Korrelation zwischen *Kundenbindung* und *Ertrag* besteht.[8] Das bedeutet

> ▸ Mit zunehmender Kundenbindung steigt der Ertrag (Deckungsbeitrag) der Geschäftsbeziehung.
> ▸ Kundenbindung stellt somit einen wichtigen Erfolgsfaktor im Firmenkundengeschäft dar.

Durch die Ertragswirksamkeit der Kundenbindung wird deutlich, dass es sich lohnt, die Kunden- und Qualitätsorientierung zu intensivieren, weil sich daraus ertragssteigernde Effekte ergeben. Die zentrale Frage in diesem Zusammenhang lautet daher: Wie wird ein Firmenkunde zu einem treuen und loyalen Firmenkunden?

Die *Kundenloyalität* und damit die Kundenbindung hängen von vielen Faktoren ab, wobei die *Kundenzufriedenheit* die entscheidendste Einflussgröße darstellt. Alle Strategien, die Kundenbindung zu erhöhen, müssen daher die Zufriedenheit der Kunden im Visier haben. Dass die Kundenzufriedenheit für den Vertriebserfolg im Firmenkundengeschäft somit eine wesentliche Zielgröße darstellt, liegt auf der Hand, denn

zufriedene Firmenkunden
- nehmen weitere Produkte und Dienstleistungen in Anspruch
- ermöglichen Cross Selling-Ansätze
- empfehlen die eigene Bank weiter
- beachten die Konkurrenzangebote weniger intensiv und
- sind daher weniger abwanderungsgefährdet.

2.2.2 Kundenzufriedenheit regelmäßig untersuchen

Eine wesentliche Voraussetzung für „Kundenorientierung" im Vertrieb besteht darin, dass die *Erwartungen* und *Anforderungen* der Kunden überhaupt bekannt sind. Daher zählt die Erfassung und Messung der Kundenzufriedenheit zu den wichtigsten Instrumenten im Kundenbindungsprozess.[9]

Regelmäßig durchgeführte Zufriedenheitsanalysen bei Firmenkunden sind ein wesentliches Element zur Verbesserung der Servicequalität und Kundenbetreuung, weil sie eine *Standortbestimmung* hinsichtlich der tatsächlichen Kundenzufriedenheit ermöglichen. Sie verfolgen vor allem das Ziel

- die Kriterien und ihre Gewichtung für eine zufrieden stellende Geschäftsbeziehung (= Kundenerwartung) festzustellen
- herauszufinden, inwieweit diese Bedürfnisse in bestimmten Kundensegmenten differieren
- Informationen zu erhalten, inwieweit den definierten Standards in der Realität Rechnung getragen wird
- zu erfahren, zu welchen Mitbewerbern noch Bankverbindungen bestehen
- die Beweggründe für zusätzliche Bankverbindungen kennen zu lernen
- Erkenntnisse zu gewinnen, welche negativen Erfahrungen bei den Firmenkunden Unzufriedenheit hervorrufen,
- eigene Stärken und Schwächen besser zu erkennen sowie
- Anregungen und Verbesserungsvorschläge zu erhalten.

Den Kunden wird mit derartigen Analysen signalisiert, dass seine Zufriedenheit ein wichtiges Anliegen des Instituts ist. Darüber hinaus können solche Untersuchungen bei den Kundenbetreuern einen „Motivationsschub" auslösen, indem sie ihnen Ansporn bei ihren Bemühungen um Kundenorientierung geben. Schließlich bieten sie den Vertriebsführungskräften eine wertvolle Grundlage für ein aktives *„Kundenzufriedenheitsmanagement"*.

Bei der Durchführung von Kundenbefragungen wird in der Praxis unterschiedlich vorgegangen. Üblicherweise werden schriftliche, persönliche, telefonische sowie EDV-gestützte Erhebungsmethoden eingesetzt.

2.2.3 Praxisbeispiele von Firmenkundenbefragungen

Schriftliche Kundenbefragung

Beim ersten Beispiel handelt es sich um eine *schriftliche Kundenbefragung*. Standardisierte Fragebögen ermöglichen es, Veränderungen der Kundenerwartungen über die Jahre festzustellen. Auch die tatsächlich erzielten *Qualitätsverbesserungen* können im Rahmen von regelmäßig durchgeführten Messungen verfolgt werden. Fragebögen haben weiters den Vorteil, dass die Ergebnisse nach verschiedenen Gesichtspunkten (Gesamtbank, Regionen, Kundensegmente usw.) ausgewertet und optisch aufbereitet werden können.

Die *Erste Bank AG* (Wien) führt bereits seit vielen Jahren in regelmäßigen Abständen schriftliche Befragungen ihrer Firmenkunden durch. Der *Fragebogen* besteht aus mehreren Teilen und enthält sowohl *geschlossene* als auch *offene* Fragen. Damit wird dem Unternehmer bzw. Geschäftsführer ermöglicht, der Bank seine ganz persönlichen Erfahrungen oder Wünsche mitzuteilen (wie zum Beispiel auf die Frage: „Worüber haben Sie sich im Rahmen Ihrer Geschäftsbeziehung schon einmal ganz besonders ärgern müssen?") Die *geschlossenen Fragen* (also jene mit vorgegebenen

Antwortmöglichkeiten) dienen in erster Linie dazu die Ergebnisse im Rahmen der Langzeitstudie miteinander vergleichen zu können.

Für die Firmenkundenbefragung wurden unter anderem folgende Fragenblöcke herangezogen:

❑ *Welche Kriterien entscheiden über die Zufriedenheit mit einem Kreditinstitut?*
Dazu wurden 13 Kriterien vorgegeben, die sich in der Testphase als von besonderer Relevanz erwiesen haben. Die Firmenkunden wurden gebeten, diese nach ihrer Bedeutung einzustufen (siehe Abbildung 12).
Diese Beurteilungskriterien beziehen sich auf eine der drei Ebenen der Kunde-Bank-Beziehung, nämlich auf
- die sachbezogene Ebene (z.B. Preisgestaltung, Konditionen),
- die personenbezogene Ebene/Beziehungsebene (z.B. persönliche Betreuung, Beratung) und
- die umfeldbezogene Ebene (z.B. örtliche Nähe der Bank).

❑ *Inwieweit wird diesen Kriterien derzeit in der Bank entsprochen?*
Das Wissen um die entscheidenden Dimensionen der Kundenzufriedenheit ist die eine Seite. Die andere ist die Frage, in welchem Ausmaß der Kunde seine Wünsche und Erwartungen in der Realität tatsächlich umgesetzt findet. Dieser Einschätzung ist daher ein eigener Fragenblock gewidmet.

❑ *Zufriedenheit mit Beratung und Leistungen in bankspezifischen Bereichen?*
Hier ging es darum, Aufschluss darüber zu erhalten, bei welchen Bankleistungen Verbesserungen des Angebotes bzw. weitere Ausbildungsinvestitionen erforderlich sind.

❑ *Zu welchen weiteren Themen werden Informationen erwartet?*
Um die Schwerpunkte zusätzlicher Beratungsleistungen festzulegen, wurden verschiedene Themenbereiche vorgegeben, wie z.B. steuerliche Änderungen der öffentlichen Förderungen. Der Kunde hatte dabei auch die Möglichkeit, diese durch eigene Nennungen zu ergänzen.

❑ *Weitere Bankverbindungen?*
Um die Abwanderungsgefahr der Kunden einschätzen zu können war es von besonderem Interesse zu ermitteln, wie viele der Firmenkunden noch weitere Bankverbindungen zu anderen Geldinstituten unterhielten, welche Geldinstitute das waren und aus welchen Gründen die Kunden zu diesem anderen Institut Beziehungen unterhielten.

Welche Kriterien sind für Sie persönlich wichtig, um mit einem Geldinstitut zufrieden zu sein?	sehr wichtig	wichtig	weniger wichtig	gar nicht wichtig
	1	2	3	4
a) Räumliche Nähe zum Unternehmen	☐	☐	☐	☐
b) Produktangebot	☐	☐	☐	☐
c) Preisgestaltung, Konditionen	☐	☐	☐	☐
d) Persönliches, individuelles Service	☐	☐	☐	☐
e) Firmenbesuche des Betreuers	☐	☐	☐	☐
f) Fachwissen des Betreuers	☐	☐	☐	☐
g) Freundlichkeit	☐	☐	☐	☐
h) Aktive Information durch den Betreuer	☐	☐	☐	☐
i) Flexibilität, Entscheidungsfreudigkeit	☐	☐	☐	☐
j) Individuelle Problemlösungsangebote	☐	☐	☐	☐
k) Abwicklungsgeschwindigkeit	☐	☐	☐	☐
l) Abwicklungsgenauigkeit	☐	☐	☐	☐
m) Regelmäßige Kontakte mit dem Betreuer	☐	☐	☐	☐
m) Sonstiges, nämlich	☐	☐	☐	☐

Abbildung 12: Schriftliche Firmenkundenbefragung (Ausschnitt)
(Quelle: Erste Bank, Wien)

Telefonische Firmenkundenbefragung

Beim zweiten Beispiel handelt es sich um eine telefonische Kundenbefragung, wie sie von der *Hamburger Sparkasse (Haspa)* im Firmenkundengeschäft verwendet wird.

Die Vorteile einer telefonischen Befragung liegen unter anderem darin, dass
- die Zahl und Struktur der befragten Kunden entsprechend der Grundgesamtheit weitgehend gesteuert werden kann
- die Informationen aus erster Hand (d.h. direkt vom Entscheidungsträger des Unternehmens) kommen
- die weitgehend vollständige Beantwortung des Fragenkataloges gewährleistet ist.

Die Firmenkunden wurden im Namen der Haspa durch ein beauftragtes Marktforschungsinstitut (*Psychonomics AG/Köln*) telefonisch befragt, wobei der Fragenkatalog folgende Themenbereiche umfasste:

- Gesamtbeurteilung der Haspa
- Die Beziehung zur Haspa (Kundenbindung)
- Beurteilung der Firmenkundenbetreuung bzw. des persönlichen Betreuers
- Qualität der Beratungsgespräche
- Beratung und Betreuung mit System (BBS)
- Verhalten am Telefon
- Beurteilung des Kundenservice in den Filialen
- Leistungen und Konditionen
- Produktpalette
- Verbesserungsvorschläge

Für die Kundenbedarfsanalyse und systematische Betreuung wird in der Haspa ein Instrument mit der Bezeichnung „*Beratung und Betreuung mit System*" (BBS) eingesetzt. Wegen seiner Bedeutung bei der Unterstützung des Vertriebsprozesses wird dieses Beratungssystem in Kapitel V ausführlich dargestellt. An dieser Stelle werden als Beispiel aus der Firmenkundenbefragung die auf das BBS Bezug nehmenden Fragestellungen in Abbildung 13 gezeigt.

Beratung- und Betreuung mit System (BBS)	
6. Die Haspa hat seit einiger Zeit ihre Beratung weiterentwickelt und bietet ihren Kunden nun eine umfassende und systematische Beratung und Betreuung, die alle Bereiche der Finanzen eines Unternehmens betrifft. Dabei handelt es sich um ein Beratungssystem, das mit Hilfe von farbigen Kugeln einzelne Themenfelder darstellt. Häufig wird dies anhand eines Präsentationsordners oder einer Präsentationsseite veranschaulicht.	
6.a Haben Sie mit Ihrem persönlichen Betreuer schon einmal ein Beratungsgespräch durchgeführt, das auf diesem Beratungs- und Betreuungssystem aufbaut? Wenn ja, wie häufig?	☐ ja, und zwar ____-mal ☐ nein ☐ weiß nicht
6.b Um welches Thema ging es in diesem Beratungsgespräch bzw. Beratungsgesprächen mit Ihrem Kundenbetreuer? Mehrfachantworten möglich.	☐ Geldanlage, private Altersvorsorge ☐ Investitionen, Finanzierung, Baufianzierung ☐ Private Kredite ☐ Leasing ☐ betriebliche Altersvorsorge ☐ Service, Abwicklung des Zahlungsverkehrs, Electronic Banking ☐ Auslandsgeschäfte ☐ Bausparen ☐ Versicherungen ☐ Nachfolge, Existenz- und Firmengründung ☐ Risikomanagement ☐ weitere Themen und zwar: _____ ☐ weiß nicht
6.c Führte das Gespräch zum Vertragsabschluss?	☐ ja ☐ nein ☐ wird noch geprüft ☐ weiß nicht
6.f Wie beurteilen Sie Beratung und Betreuung mit System insgesamt?	☐ ausgezeichnet ☐ sehr gut ☐ gut ☐ mittelmäßig ☐ schlecht ☐ weiß nicht
6.g Was denken Sie? Ist Beratung und Betreuung mit System ein Fortschritt gegenüber herkömmlichen Beratungsgesprächen?	☐ ja ☐ teils, teils ☐ nein ☐ weiß nicht

Abbildung 13: Telefonische Firmenkundenbefragung: Fragestellungen zum BBS
(Ausschnitte)
(Quelle: Hamburger Sparkasse)

Persönliche (demoskopische) Befragung

Das Beispiel für eine persönliche Kundenbefragung stammt von der *Volksbank Weinheim*. Im Unterschied zur telefonischen Befragung ermöglicht das persönliche Gespräch durch einen Interviewer („face-to-face") differenziertere und komplexere Ermittlungen. Außerdem kann das Interview durch entsprechende Vorlagen (z. B. Bildblatt-, Listen-, Kartenspielvorlagen) visuell unterstützt werden.

Eine weitere Besonderheit der von der VB Weinheim beim *„Institut für Demoskopie"* in Allensbach in Auftrag gegebene Untersuchung bestand darin, dass die Befragung nicht nur die Firmenkunden der Bank, sondern eine repräsentative Stichprobe aller Unternehmen im Einzugsgebiet umfasste. Dies ermöglicht *Vergleiche* zwischen den Kunden der verschiedenen Kreditinstitute im Hinblick auf deren Anforderungsprofile, Kundenzufriedenheit usw. Derartige Vergleiche mit anderen Banken sind für das Kundenzufriedenheits-Management deshalb von Bedeutung, weil auch die Unternehmer die Leistungen ihrer Hausbank mit denen anderer Institute vergleichen. Eine demoskopische Befragung liefert somit *Benchmarks*, die der auftraggebenden Bank zeigen, wie gut bzw. wie schlecht sie von den Unternehmern im Vergleich zu den Mitbewerbern eingestuft wird. Aus der Gegenüberstellung der eigenen Daten mit denen der Mitbewerber entsteht dann ein so genanntes *„Stärken-Schwächen-Profil"*. Weiters lassen sich durch diese Erhebungsmethode auch interessante Hinweise auf die Potenziale bei Nichtkunden gewinnen. Beispiele von den Ergebnissen dieser Befragung zeigen die Abbildungen 14 und 15.

Chancen der Banken als Partner der Wirtschaft

Als Partner weniger interessant	Bank	Ausbau der Zusammenarbeit
11	Bank A	44
9	Bank B	43
18	Bank C	26
18	Bank D	14
19	Bank E	14
10	Bank F	14
19	Bank G	14
18	Bank H	12
18	Bank I	12
11	Bank J	10
16	Bank K	7
13	Bank L	7
22	Bank M	3
12	Bank N	3

Basis: Firmenkunden im Einzugsbereich der Bank
Quelle: Allensbacher Archiv, IfD-Umfrage © IfD-Allensbach

Abbildung 14: Ergebnisse einer demoskopischen Unternehmerbefragung (Quelle: Volksbank Weinheim/Institut für Demoskopie Allensbach)

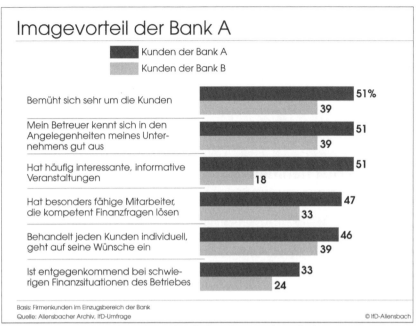

Abbildung 15: Ergebnisse einer demoskopischen Unternehmerbefragung
(Quelle: Volksbank Weinheim/Institut für Demoskopie Allensbach)

2.2.4 Kundenzufriedenheits-Management als Aufgabe des Vertriebsmanagements

Derartige Befragungen liefern somit wertvolle Hinweise, was Firmenkunden von einer Bank erwarten und wie wichtig einzelne Qualitätsdimensionen sind. Aus verschiedenen Untersuchungen ergeben sich für das Firmenkundengeschäft folgende Qualitätsfaktoren:[10]

Leistungsbereitschaft
(z.B. Kontaktpflege und Erreichbarkeit des Firmenkundenbetreuers)

Beratung/Information
(z.B. fachlich kompetente Beratung und aktive Information)

Problemlösungskompetenz
(z.B. individuelle Lösungen für Kundenprobleme)

Abwicklungsqualität
(z.B. schnelle und zuverlässige Abwicklung von Geschäftsvorfällen)

Preis-Leistungs-Verhältnis
(z.B. Bedeutung des Preises im Vergleich zur gebotenen Leistung)

Betreuungsqualität
(z.B. Freundlichkeit, Serviceorientierung der Kundenbetreuer)

Diese Anforderungen der Firmenkunden und ihre Bedeutung für die Kundenzufriedenheit bilden wichtige Steuerungsgrößen für das Qualitäts- und Vertriebsmanagement im Firmenkundengeschäft.

Die Ergebnisse von Kundenzufriedenheitsuntersuchungen liefern nicht nur eine Standortbestimmung hinsichtlich der in der Bank erlebten IST-Situation, sondern liefern auch wertvolle Anhaltspunkte für Verbesserungen im Bereich
- der Angebots- und Preispolitik
- der Abwicklungsqualität sowie
- der Beratungs-, Service- und Betreuungsqualität.

Ergebnisse ernst nehmen

Wichtig ist in diesem Zusammenhang, dass das *Kundenzufriedenheits-Management* als Teil der Aufgaben des Vertriebsmanagements erlebt und wahrgenommen wird. Die Auswertungen der Kundenbefragungen dürfen daher nicht zu einem „Zahlenfriedhof" verkümmern. Es ist wichtig, sich mit den Ergebnissen gezielt auseinander zu setzen. Dabei sind neben dem Produkt- und Zielgruppenmanagement vor allem auch die *Führungskräfte im Vertrieb* gefordert.

Jeder Vertriebsmanager benötigt daher neben den Gesamtergebnissen der Befragung die Einzelergebnisse für seinen Verantwortungsbereich (z.B. Region, Kommerz-Center, Filiale). Der Schlüssel zum Erfolg heißt auch hier: Kommunikation – d.h. über die vorliegenden Detailergebnisse reden. Nach Auswertung der Firmenkundenbefragung muss in den Verkaufsmeetings mit den Kundenbetreuern ausführlich über die Ergebnisse diskutiert werden mit dem Ziel, Verbesserungsmaßnahmen abzuleiten. Als Einstieg in die Diskussion kann es zweckmäßig sein, zunächst die Gesamtergebnisse des Instituts zu präsentieren und diesen jeweils die entsprechenden Werte der eigenen Vertriebseinheit gegenüberzustellen. Bereits aus diesem Vergleich lassen sich oftmals interessante Erkenntnisse gewinnen.

Im Mittelpunkt der Erörterungen stehen naturgemäß jene Themenbereiche, bei denen zwischen der Erwartungshaltung der Firmenkunden und dem tatsächlichen (empfundenen) Erfüllungsgrad signifikante Abweichungen bestehen. Neben den sachbezogenen Faktoren, wie Schnelligkeit der Abwicklung oder Preiswürdigkeit, sind es vor allem Fragen der *Service-* und *Betreuungsqualität*, über die ausführlich gesprochen werden muss. Sensible Themen, wie Kompetenz, Seriosität, Freundlichkeit und Flexibilität der Kundenbetreuer, dürfen nicht tabuisiert werden, sondern müssen in offener und konstruktiver Form behandelt werden.

Solche Diskussionen verlangen von den verantwortlichen *Führungskräften* besonderes Fingerspitzengefühl. Wichtig ist in diesem Zusammenhang, dass die Kundenbefragung nicht als „Bestrafung" für negative Abweichungen gesehen und erlebt wird, sondern als Anregung für *Verbesserungen* und *Weiterentwicklung*. Daher ist es bedeutsam, die positiven Werte der Ergebnisse nicht einfach als Selbstverständlichkeit hinzunehmen, sondern sie bewusst herauszustellen. Über jene Dinge, die von den Firmenkunden besonders positiv hervorgehoben wurden, sollte nicht einfach hinweggegangen werden, sondern die Kundenzufriedenheitsstudie als Motivationsinstrument und Ansporn genützt werden.

Aktive Steuerung der Kundenzufriedenheit

Im Kern geht es somit darum, die Firmenkundenbetreuer für die Kundenwünsche zu sensibilisieren und *„Kundenorientierung"* als wichtige Zielgröße herauszuarbeiten. Um die Kundenzufriedenheit als kontinuierlichen Verbesserungsprozess aufrechtzuerhalten, muss diese Dimension in den *Prozess der Vertriebssteuerung* eingebunden sein.[11] Ein wichtiges Steuerungsinstrument bilden hier die *Zielvereinbarungen*, auf die in den Kapiteln IV und VI näher eingegangen wird. Der Zielkatalog für die Firmenkundenbetreuer sollte daher neben quantitativen Zielen sehr wohl auch *qualitative Ziele* wie „Kundenzufriedenheit" oder „Erhöhung der Kundenbindung" umfassen.

2.3 Konkurrenzanalyse

Heute gibt es praktisch kaum eine Universalbank, die die mittelständische Wirtschaft nicht zu ihren Zielgruppen zählt. Auch noch so gut geplante Vertriebsstrategien können nur insoweit erfolgreich umgesetzt werden, als es die *Konkurrenzsituation* am Firmenkundenmarkt zulässt. Eine gezielte Marktbearbeitung erfordert daher neben der Analyse des Marktpotenzials und der Kundenerwartungen auch eine systematische *Konkurrenzanalyse*.[12] Dabei gilt es zu untersuchen, welche Handlungsspielräume die Mitbewerber nützen, um ihre Marktposition zu stärken. Diese Informationen über die Aktivitäten sowie die Stärken und Schwächen der Mitbewerber sind deshalb von Bedeutung, weil sie wichtige Parameter für die Entwicklung der eigenen Vertriebsstrategien bilden.

Für die Beurteilung der Wettbewerbssituation ist zunächst zu klären, wer im Einzugsgebiet der Bank als unmittelbarer Konkurrent im Firmenkundengeschäft anzusehen ist. Die Analyse der Konkurrenzsituation kann sich beispielsweise an den Fragen in Abbildung 16 orientieren.

Erfahrungsgemäß ist es nicht einfach, die Marktstrategien der Mitbewerber zu erfassen. Wichtig sind daher die regelmäßige Auswertung von Geschäftsberichten und Presseinformationen sowie die systematische Sammlung von Werbeschaltungen und Aussendungen an Firmenkunden. Insgesamt geht es darum, aus den im Vertriebsalltag spürbaren Aktivitäten und Handlungen der Konkurrenten Rückschlüsse auf deren Strategien abzuleiten. Die kontinuierliche Verfolgung der Konkurrenzaktivitäten ermöglicht es, im Laufe der Zeit die wettbewerbsrelevanten Eigenschaften der Mitbewerber (z.B. Image, Werbeaktivitäten, Produkt-, Konditionenpolitik) zu einem vertriebsrelevanten Konkurrenzprofil zusammenzufassen.

> ❏ Wie viele Konkurrenten sind für das eigene Firmenkundengeschäft relevant?
> ❏ Welche Größe haben die Konkurrenzinstitute (Bilanzsumme)?
> ❏ Wie ist die regionale Präsenz der Mitbewerber am Markt?
> ❏ Wie hoch ist der jeweilige Marktanteil?
> ❏ Welchen Umfang hat das Geschäftsvolumen bei Firmenkunden?
> ❏ Wie ist die Art und Qualität des Leistungsprogramms für Firmenkunden?
> ❏ Sind produktspezifische Schwerpunkte erkennbar?
> ❏ Wie ist die Konditionenpolitik der Mitbewerber?
> ❏ Wo liegen die jeweiligen Hauptstärken bzw. Hauptschwächen der Mitbewerber?
> ❏ Über welche sachlichen und personellen Ressourcen verfügen die Mitbewerber im Firmenkundengeschäft?
> ❏ Welche Marketing- und Vertriebsstrategie verfolgt die Konkurrenz?
> ❏ Wie ist das Image der Konkurrenten bei den mittelständischen Unternehmen?

Abbildung 16: Fragenkatalog zur Konkurenzanalyse

Weitere Aufschlüsse können *Stärken- und Schwächenprofile* liefern. Dabei werden anhand bestimmter Kriterien (z.B. Attraktivität des Produktangebotes) die einzelnen Mitbewerber im Verhältnis zum eigenen Institut verglichen. Für die Erstellung solcher Profile sollten prinzipiell jene Kriterien herangezogen werden, die auch bei der bankinternen Leistungs- und Fähigkeitenanalyse verwendet werden, um eine hinreichende Vergleichbarkeit zu gewährleisten.

Auf Grundlage der hier skizzierten Vorgehensweise ist schließlich zu beurteilen, welche *Chancen und Risiken* sich durch das Agieren der Mitbewerber für den Firmenkundenvertrieb der eigenen Bank ergeben können. Daraus sind entsprechende Schlussfolgerungen und Konsequenzen für die eigene *Wettbewerbs- und Vertriebsstrategie* abzuleiten. Wie bereits erwähnt, besteht das grundlegende Ziel dabei darin, eine möglichst klare Positionierung gegenüber der Konkurrenz aufzubauen, um damit eine für die Firmenkunden spürbare Differenzierung gegenüber den Mitbewerbern zu erreichen.

3. Bankinterne Kundensegmentierung

3.1 Ziele der Kundensegmentierung

Wie bereits erwähnt ist das Firmenkundengeschäft der Banken von *verschiedenartigen Unternehmen* geprägt, die sich u.a. hinsichtlich ihrer Größe, Branchen sowie Bedarfslage voneinander unterscheiden. Dieser Kundensicht steht bankintern das *Ressourcenproblem* gegenüber: Die Umsetzung der Vertriebskonzeption ist in erster Linie von den in der Bank vorhandenen *Personalressourcen* abhängig. Verkaufen, Beraten und Betreuen wird immer *teurer*. Angesichts der hohen Vertriebskosten kann es sich eine Bank nicht mehr erlauben, an Firmenkunden, die nur geringen Beratungsbedarf haben oder bei denen trotz intensiver Bemühungen nur geringe Deckungsbeiträge erwirtschaftet werden, personelle und zeitliche Betreuerkapazitäten zu binden.

> Nicht jeder Firmenkunde hat die gleichen Erwartungen.
> Nicht jedes Unternehmen hat das gleiche Entwicklungspotenzial.

Stärker als in der Vergangenheit bestimmen heute *Rentabilitätsüberlegungen* alle Vertriebsaktivitäten im Firmenkundengeschäft. Für die Steigerung der Vertriebsleistung ist es daher von zunehmender Bedeutung, diejenigen Firmenkunden zu identifizieren, die für die Bank von besonderem Interesse sind. Die Vertriebsressourcen sind auf jene Kundengruppen zu lenken, die entsprechende *Geschäftspotenziale* und damit größere *Ergebnischancen* aufweisen. Es geht somit um eine stärkere *Fokussierung* innerhalb des Firmenkundengeschäfts – um eine rentabilitätsorientierte Erschließung des eigenen Kundenstockes.

Die Voraussetzung dafür ist eine *ertragsorientierte Kundensegmentierung,* mit der folgende *Ziele* erreicht werden sollen:

- Die Kunden- und Ertragsstruktur im Firmenkundengeschäft der Bank transparent machen (Strukturanalyse des Kundenbestandes).
- Unterschiedliche Rentabilitäten von Segmenten im Firmenkundengeschäft erkennen und nutzen.
- Die Kundensegmentierung bildet die Grundlage für die Vertriebssteuerung (Steuerung zur Ertragsoptimierung).
- Beitrag zur qualitativen Verbesserung des Kundenportfolios
- Effiziente Steuerung des Ressourceneinsatzes im Firmenkundenvertrieb (Konzentration der knappen Betreuerkapazitäten auf die ertragsmäßig interessanten Kundenbeziehungen)
- Produktivität des Vertriebsprozesses steigern.
- Basis für gezielte und systematische Ausschöpfung der Kundenpotenziale

Mit einem Wort:

> **Ertragssteigerung im Firmenkundengeschäft**

3.2 Segmentierungskriterien

3.2.1 Qualitätsanforderungen

Die Grundüberlegung der Segmentierung besteht darin, dass sich die Firmenkunden in
- ihren Bedürfnissen
- ihrer Produktnutzung
- ihren Anforderungen an den Kundenbetreuer

voneinander unterscheiden.

Das Ziel jeglicher Kundensegmentierung besteht somit darin, *homogene Kundengruppen* so voneinander abzugrenzen, dass durch einen gezielten Einsatz aller absatzpolitischen Instrumente der größtmögliche Erfolg erzielt werden kann.

Eine wichtige Entscheidung liegt in der Auswahl von *Kriterien*, die eine möglichst exakte Abgrenzung und Charakteristik von einzelnen Kundengruppen erlauben. Immerhin werden in der Folge alle Vertriebsaktivitäten sowie die Zuordnung der Vertriebsressourcen auf diese Segmentierung abgestimmt. In der Praxis gilt es einen Mittelweg zu finden, zwischen einer möglichst differenzierten, d.h. einer möglichst viele Einflussgrößen berücksichtigenden Unterteilung und andererseits einer für die Vertriebsmitarbeiter nicht zu aufwändigen Vorgehensweise.

Um dieser Zielsetzung zu entsprechen müssen *Segmentierungskriterien* folgende Voraussetzungen erfüllen:[13]

- *Verfügbarkeit*
  Bei der Auswahl von Segmentierungskriterien sollten die in der Bank bereits vorhandenen Informationen berücksichtigt werden.
- *Operationalisierbarkeit*
  Die Kriterien müssen messbar und für die Vertriebsmitarbeiter leicht anwendbar sein.
- *Kundenverhaltensrelevanz*
  Segmentierungskriterien müssen zum Nachfrageverhalten des Firmenkunden in Beziehung stehen.
- *Wirtschaftlichkeit*
  Mit Hilfe der Segmentierung sollen hinreichend große Kundengruppen gefunden werden, bei denen sich eine differenzierte Vertriebsstrategie lohnt.
- *Bezug zur Marktbearbeitung*
  Die Kundensegmentierung soll Ansatzpunkte für den gezielten Einsatz der absatzpolitischen Instrumente (z.B. Produktpolitik) liefern.
- *Zeitliche Stabilität*
  Die zur Abgrenzung von Kundengruppen verwendeten Kriterien sollen über einen längeren Zeitraum ihre Aussagefähigkeit behalten.

3.2.2 Segmentierungsansätze in der Praxis

In der Praxis findet sich eine Vielfalt von Vorgehensweisen bzw. Verfahren zur Kundensegmentierung, sodass es sinnvoll ist, diese vorerst zu systematisieren.[14]

Kundensegmentierung nach der Intensität der Bankverbindung
Eine erste grobe Einteilung der Firmenkunden kann unter dem Aspekt der Intensität der Geschäftsverbindung vorgenommen werden, wobei man sich hier meist an den *Kontoumsätzen* (Habenumsätzen) orientiert:
- *„Stammkunde"*
  (Alleinige Bankverbindung bzw. Hauptbankverbindung)
- *„Sowohl als auch-Kunde"*
  (Firmenkunden mit der Tendenz noch weitere Bankverbindungen zu besitzen)
- *„Konkurrenzkunde"*
  (Höchster Umsatzanteil bei der Konkurrenz; Nebenbankkunde)

Kundensegmentierung nach dem Beratungsbedarf
Um die vorhandenen Betreuungskapazitäten der Bank zielgerecht einzusetzen, kann bei der Segmentierung auch von der Art bzw. der Intensität des Beratungsbedarfes ausgegangen werden. Nach dieser Überlegung ist beispielsweise folgende Einteilung zu treffen:
- „Firmenkunden ohne besonderen Beratungsbedarf"
- „Firmenkunden mit Standardberatungsbedarf"
- „Firmenkunden mit intensivem Beratungsbedarf"

Wird die Basissegmentierung nach dem *Primärbedarf* des Unternehmens vorgenommen, könnten folgende Kundengruppen unterschieden werden:[15]
- „Standardfirmenkunden"
  (Primärbedarf „Kredit")
- „Vorsorgekunden"
  (Primärbedarf Vorsorge-, Vermögensberatung)
- „Consulting Banking-Kunden"
  (z.B. Start Up-Unternehmen, Betriebsübergeber, Sanierungsfälle)

Quantitative Segmentierungskriterien

Bei den soeben dargestellten Ansätzen handelt es sich lediglich um eine *grobe Basissegmentierung*. Damit die Zuordnung zu bestimmten Kundensegmenten nicht nur auf „weichen", subjektiv einzuschätzenden Merkmalen basiert, sollten auf alle Fälle auch quantitative Kriterien herangezogen werden. Dabei werden in der Praxis vielfach folgende („klassische") Segmentierungskriterien verwendet:
- Aktivvolumen (Kreditvolumen)
- Passivvolumen
- Kontoumsatz (Habenumsatz pro Jahr)
- Geschäftsvolumen (Wertleistungsvolumen pro Jahr)
- Produktnutzung
- Firmenumsatz (Jahresumsatz)

Interessant ist in diesem Zusammenhang, dass die Anzahl der Segmentierungskriterien einen wichtigen Erfolgsfaktor darstellt. So brachte die „zeb/Firmenkundenstudie 2004" folgendes Resultat: „Kreditinstitute mit einer feinen Kundensegmentierung verfügen über ein signifikant besseres Ergebnis im Firmenkundengeschäft."[16] Um dieses Ziel zu erreichen müssen für die Segmentierung *mehrere Kriterien* gleichzeitig herangezogen werden. So kann ein Segmentierungsansatz beispielsweise auf einer Kombination der Kriterien „Umsatzvolumen"/ „Kreditvolumen"/„Produktnutzung" beruhen.

3.3 Die ABC-Analyse: Ausgang für die Grobsegmentierung

Ein relativ einfaches Verfahren einer groben Kundenklassifizierung stellt die ABC-Analyse dar. Diese Methode kommt für kleinere Institute mit einer überschaubaren Anzahl an Firmenkunden in Frage. Sowohl auf Gesamtbankebene als auch auf Ebene der Vertriebseinheiten (z.B. Zweigstellen) werden die Firmenkunden nach bestimmten Kriterien in *Attraktivitätsgruppen* unterteilt. Ziel dieser *Kundenstrukturanalyse* ist die Einteilung der Kunden hinsichtlich ihres Beitrages zum Geschäftsvolumen und/oder zum Geschäftserfolg. Dabei erfolgt die Bewertung der *Rentabilität der Kundenbeziehung* in drei Kategorien:[17]

A = Überdurchschnittlich
B = Durchschnittlich
C = Unterdurchschnittlich

Die Basis für die Segmentierung bildet das *gegenwärtige Geschäftsvolumen,* das mit Hilfe der Indikatoren *„Habenumsatz"* (bereinigte Jahreswerte) sowie *„Kredite" (Summe aller in Anspruch genommenen Ausleihungen)* erfasst wird.

Zur effizienten Steuerung des Ressourceneinsatzes sind nun jene Firmenkunden zu identifizieren, die in Summe einen relativ hohen Anteil am Gesamtertrag dieser Kundengruppe repräsentieren. Zahlreiche Untersuchungen bestätigen immer wieder die so genannte „20:80-Regel", die besagt, dass rund 20% der Gewerbekunden 80% der Geschäfte abschließen bzw. 80% der Erträge erwirtschaften. (Bei diesen Ergebnissen handelt es sich um ungefähre Werte, die in der Praxis jeweils sowohl nach oben als auch nach unten variieren können.) Dieser Zusammenhang lässt sich sehr anschaulich darstellen, indem auf der X-Achse eines Koordinatensystems die Anzahl der Firmenkunden in Prozent und auf der Y-Achse die Erträge (bzw. Geschäftsvolumina) im Firmenkundengeschäft eingezeichnet werden. Auf diese Weise ergibt sich das in Abbildung 17 dargestellte Ergebnis einer Kundenstrukturanalyse.

3.4 Potenzialorientierte Feinsegmentierung

Die bis jetzt dargestellten Ansätze können als *vergangenheitsorientierte* Verfahren bezeichnet werden, d.h. es werden lediglich die bereits durch das eigene Kreditin-

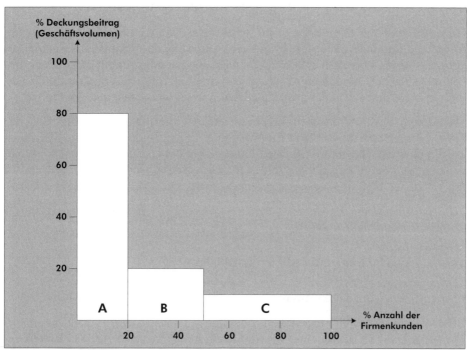

Abbildung 17: ABC-Analyse im Firmenkundengeschäft

stitut *realisierten* Geschäftsmöglichkeiten betrachtet. Geschäfte, die mit der Bank nicht getätigt werden, werden in den oben beschriebenen Ansätzen nicht berücksichtigt.

Eine Segmentierung der Firmenkunden ausschließlich nach dem gegenwärtigen Geschäftsvolumen bzw. bisher erzielten Ergebnis könnte zu falschen Steuerungsimpulsen für den Vertrieb führen: Ein interessantes, wachstumsintensives Unternehmen, das zum eigenen Institut nur eine Nebenbankverbindung (mit geringer Geschäftsintensität) unterhält, würde demnach lediglich eine „routinemäßige" Betreuung erhalten – mit dem Ergebnis, dass weitere Geschäftspotenziale nicht genützt werden. Firmenkunden, die ein hohes Potenzial aufweisen, das eine intensive Betreuung rechtfertigt, werden mit den traditionellen eindimensionalen Verfahren nicht identifiziert.

Zur Verbesserung der Vertriebsleistung gilt es aber, die vorhandenen Potenziale aufzuspüren und durch eine gezielte Vorgehensweise zu erhöhen. Für eine effiziente Vertriebssteuerung ist daher eine Segmentierung erforderlich, bei der die *Geschäfts- bzw. Ergebnisbeitragspotenziale* von Firmenkunden verstärkt berücksichtigt werden.[18]

3.4.1 Die Bildung homogener Kundengruppen

Für mittlere und größere Kreditinstitute ist die soeben dargestellte ABC-Analyse zu wenig differenziert. Hier ist für die Segmentierung des Firmenkundengeschäfts ein zweistufiges Vorgehen erforderlich. In einem ersten Schritt gilt es Kundengruppen mit möglichst homogener Bedarfsstruktur zu definieren, um danach die *Vertriebsorganisation* sowie das grundsätzliche *Betreuungskonzept* auszurichten.

Die Analyse des Produktnutzungsverhaltens von Unternehmungen zeigt, dass der *Firmenumsatz* eine wesentliche Einflussgröße für den Bedarf von Bankdienstleistungen darstellt und somit ein signifikantes Segmentierungskriterium bildet. Auf diese Weise kommt beispielsweise der *Deutsche Sparkassen- und Giroverband* zu folgenden Segmentabgrenzungen:[19]

„Geschäftskunden"
bis 250.000 Euro Jahresumsatz

„Gewerbekunden"
zwischen 250.000 Euro und 1 Million Euro Jahresumsatz

„Firmenkunden"
über 1 Million Euro Jahresumsatz

Bei größeren Instituten werden die Firmenkunden noch weiter unterteilt in *„kleine Firmenkunden"* (z.B. von einer bis fünf Millionen Euro) und *„große Firmenkunden"* (über fünf Millionen Euro). Je nach Sektor und Institutsgröße gibt es somit in der Praxis unterschiedliche Einteilungen sowie unterschiedliche Bezeichnungen der Segmente im Firmenkundengeschäft. Prinzipiell muss jede Bank die Kundensegmentierung auf Basis ihrer individuellen Kundenstruktur erarbeiten.

3.4.2 Aufbau eines Firmenkunden-Portfolios

In einem zweiten Schritt geht es nun darum, innerhalb der festgelegten Kundengruppen eine *Feinsegmentierung* hinsichtlich der Betreuungsprioritäten vorzunehmen. Diese Klassifizierung bildet die Grundlage für die *Betreuungsintensität* der Kunden und dient somit als Instrument der Aktivitätensteuerung.

Im Unterschied zur eindimensionalen ABC-Analyse wird bei der Festlegung der Betreuungskategorien ein *mehrdimensionaler* Segmentierungsansatz verwendet, bei dem folgende Fragen im Mittelpunkt stehen:

- Welche Geschäfte konnten mit dem Firmenkunden bisher getätigt werden?
  (Bereits ausgeschöpftes *„internes Potenzial"*)
- Wie ausbaufähig ist diese Kundenbeziehung?
  (Zusätzliches *„externes Potenzial"*)

Ein geeignetes Instrument zur Berücksichtigung dieser beiden Dimensionen stellt die Portfoliobetrachtung dar. In Analogie zu diesem Modell soll für das Firmenkundengeschäft ein *Kundenportfolio*[20] entwickelt werden, das eine wichtige Orientierungshilfe für ertragsorientierte Handlungsstrategien und den effizienten Einsatz von Vertriebsressourcen bildet. Die Charakteristik der Firmenkundensegmente erfolgt anhand der Bewertungsdimensionen

- „Gegenwärtiges Geschäftsvolumen" bzw. „derzeitiger Ergebnisbeitrag" und
- „Zukünftiges Erlöspotenzial".

Für die praktische Handhabung sind dabei fünf Arbeitsschritte erforderlich:
1. Festlegung von Kriterien für die Beurteilung „derzeitiges Geschäftsergebnis"
2. Definition der Kriterien für die Beurteilung „zukünftiges Erlöspotenzial"
3. Analyse und Bewertung der Firmenkunden
4. Positionierung innerhalb der Portfolio-Matrix
5. Gesamtergebnis auswerten

Den bisherigen Ergebnisbeitrag erfassen

Die Erfassung der bisherigen Geschäftsverbindung sagt etwas über die Leistungsfähigkeit des Firmenkunden in der Vergangenheit aus. Bei der Bewertung des gegenwärtigen Geschäftsumfanges und der bisher erzielten Geschäftsergebnisse geht es darum, die Attraktivität der Kundenbeziehung zu beurteilen.

Um die bisherige Geschäftsbeziehung zu erfassen, können die bereits unter Punkt 3.2.2 beschriebenen quantitativen Segmentierungskriterien herangezogen werden. Neben der Art bzw. dem Umfang der Produktnutzung gilt es vor allem den daraus resultierenden *Ergebnisbeitrag* für die Bank zu bewerten. Das zentrale Kriterium dazu bildet der bisher pro Jahr erzielte *Kundendeckungsbeitrag.* Hohe aktuelle Deckungsbeiträge rechtfertigen eine intensive Betreuung dieses Kunden, um ihn noch enger an die Bank zu binden.

Das zukünftige Ergebnispotenzial abschätzen

Bei der Kundensegmentierung auf Basis der Portfolioanalyse soll neben dem Geschäft, das bereits mit dem eigenen Institut getätigt wurde, auch das bisher nicht genutzte Potenzial in die Bewertung mit einfließen, das heißt die traditionelle Segmentierung auf Basis des internen Kundenpotenzials soll um die Dimension des „externen Potenzials" ergänzt werden.

Die Grundlage für diese Bewertung bildet eine *potenzialorientierte Einzelkundenanalyse.*[21] Hier gilt es, die zukünftigen *Entwicklungschancen* eines Firmenkunden einzuschätzen, also die Entwicklungsperspektive des Unternehmens zu erfassen. Darauf aufbauend sollen die Kundenbedarfssituation und die daraus resultierenden Geschäftsausweitungsmöglichkeiten beurteilt werden. Die Einschätzung der *Cross Selling-Potenziale* spielt eine bedeutende Rolle, da diese wiederum die Entwicklung der zukünftigen Erlös- oder Deckungsbeitragssteigerung bestimmen. Im Kern geht es somit um die Frage, welches zusätzliche *Ergebnisbeitragspotenzial* für das eigene Institut in den nächsten ein bis zwei Jahren realistisch „ausgeschöpft" werden kann.

Dazu sind folgende Schritte erforderlich:
a) Das wirtschaftliche Wachstumspotenzial des Unternehmens analysieren
   (z.B. zukünftige Geschäftstätigkeit, Umsatzplanung).
b) Daraus den zukünftigen Bedarf ableiten
   (z.B. auf Grund von Investitionsvorhaben).
c) Die weiteren Cross Selling-Chancen ausloten
   (z.B. Ausweitung der Geschäftsverbindung durch das eigene Institut).
d) Die zusätzlichen Ergebnisbeitragspotenziale abschätzen
   (z.B. zukünftiger Kundendeckungsbeitrag).

Für eine in die Zukunft gerichtete Potenzialeinschätzung eines Firmenkunden bedarf es einer intensiven Auseinandersetzung mit dem Unternehmen. Hier ist daher der *Firmenkundenbetreuer* gefordert, denn nur er kennt die Firma und nur er kann daher das zusätzliche Geschäftspotenzial unmittelbar einschätzen. Anhaltspunkte für die Beurteilung der Entwicklungschancen eines Unternehmens bieten beispielsweise folgende Kriterien:[22]

– Branchenpotenzial
  (Zukunftschancen der Branche)
– Marktposition innerhalb der Branche
– Expansionspotenzial des Unternehmens
  (neue Produkte/neue Absatzmärkte)
– Umsatzpotenzial
  (Umsatzentwicklung/geplanter Firmenumsatz)
– Auslandsorientierte Geschäftstätigkeit
  (Exportmöglichkeiten)
– Innovationskraft des Betriebes
– Investitionsneigung

Nach der Bewertung der bisherigen Geschäftsverbindung sowie der noch zu erschließenden Kundenpotenziale wird jeder Firmenkunde in der *Portfolio-Matrix* positioniert. Durch die Zuordnung zu den einzelnen Feldern der Matrix erfolgt nun eine *Feinsegmentierung* des Firmenkundenbestandes nach Geschäfts- bzw. Ergebnisbeitragspotenzialen. Die Portfolio-Analyse ermöglicht somit auf Betreuerebene eine praktikable Zuordnung jedes Firmenkunden in vier Kategorien:

A – Firmenkunden („Idealkunden")
Sind diejenigen Unternehmen, die zum Zeitpunkt der Segmentierung ein hohes Geschäftsvolumen bzw. einen hohen Deckungsbeitrag aufweisen und noch über weiteres Erlöspotenzial verfügen. Es handelt sich daher um ein attraktives Kundensegment, das eine intensive Betreuung erfordert.

B_1 – Firmenkunden („Potenzialkunden")
Weisen gegenwärtig einen relativ niedrigen Kundendeckungsbeitrag auf, verfügen jedoch über ein hohes Entwicklungs- und Erlöspotenzial. Bei diesem Kundensegment gilt es mit gezieltem Cross Selling vorhandene Geschäftsmöglichkeiten auszuschöpfen.

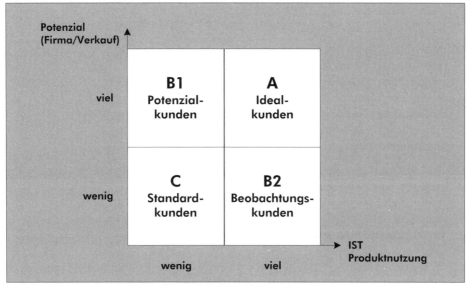

Abbildung 18: Das Firmenkunden-Portfolio

B_2 – Firmenkunden („Beobachtungskunden")
Weisen bereits hohe Kalkulationsergebnisse auf, besitzen jedoch nur mehr ein geringes Potenzial zur Geschäftsausweitung. Wichtig ist, hier die Konditionengestaltung sowie die Bonitätsentwicklung (Risikosituation) regelmäßig zu beobachten.

C – Firmenkunden („Standardkunden")
Sind jene, die sowohl gegenwärtig als auch zukünftig durch ein relativ ungünstiges Ergebnis gekennzeichnet sind. Sie weisen auch keine wesentlichen Erlöspotenziale auf, sodass sich nur eine standardisierte Beratung rechnet.

3.5 Der EDV-gestützte „Quickcheck" (Praxisbeispiel)

Um die Vorgehensweise bei der Kundensegmentierung zu erleichtern, ist es zweckmäßig, den Kundenbetreuern eine entsprechende EDV-Unterstützung zu bieten. Als Beispiel aus der Praxis soll hier der so genannte *„Quickcheck"* dargestellt werden. Dabei handelt es sich um ein Tool der von der Firma H&T Software Ges.m.b.H. entwickelten Vertriebssoftware mit der Bezeichnung *„Kundenportfoliomanager"*. (Ein ausführlicher Überblick über dieses Programm findet sich in Kapitel IV.)

Der Quickcheck dient vor allem dazu, die Intensität der Kundenbearbeitung festzulegen. Die Basis bildet ein Kundenportfolio, das hier durch die beiden Dimensionen
- „Kundenstabilität" und
- „Kundenattraktivität"

gekennzeichnet ist.

Dabei werden zur Bewertung der *„Kundenstabilität"* folgende Kriterien herangezogen:
- bisherige Kontaktfrequenz
- Bekanntheitsgrad des Kunden
- Intensität der Kreditbeziehung
- Intensität der privaten Kontoverbindung
- derzeitiges Versicherungsgeschäft
- Intensität der Auslandsgeschäfte
- persönliches Verhältnis zum Kunden
- Deckungsbeitrag

Die Beurteilung der *„Kundenattraktivität"* beruht auf folgenden Kriterien:
- geplante Wachstumsrate
- Importe und Exporte
- Regelung der Unternehmensnachfolge
- Vermögen und Nettoeinkommen
- Versicherungsprämien
- Preissensibilität
- Arbeitsaufwand
- Rating

Das EDV-Programm bietet die Möglichkeit, diese Kriterien für bestimmte Zielgruppensegmente (Gewerbekunden, Firmenkunden, Unternehmenskunden) differenziert auszuwählen sowie institutsspezifische Gewichtungsfaktoren festzulegen. Den jeweiligen Ausprägungen bei den einzelnen Kriterien werden bestimmte Punkte zugeordnet, die die Basis für die Bewertung bilden (siehe Abbildung 19).

Aufbauend auf der institutsspezifischen Auswahl der Segmentierungskriterien steht dem Kundenbetreuer eine EDV-Erfassungsmaske für die Klassifizierung seiner Firmenkunden zur Verfügung. Aus den Eingaben ermittelt das System sofort die vorläufige Eingruppierung des Kunden im Portfolio und darauf aufbauend die vorläufige Vertriebsstrategie (so genannte „Strategiematrix"). Abbildung 20 zeigt den „Quickcheck", wie er beispielsweise in der *Kreissparkasse Köln* verwendet wird.

Bei den A- und B-Kunden (im Quickcheck als „Potenzialkunden" und „Topkunden" bezeichnet) ist grundsätzlich eine eingehende *Potenzialanalyse* durchzuführen, für die im Kundenportfoliomanager umfangreiche Tools zur Verfügung stehen (siehe Kapitel IV).

3.6 Konsequenzen für das Vertriebsmanagement

Die Segmentierung der Firmenkunden und die darauf aufbauenden Auswertungen sind kein Selbstzweck. Entscheidend für den Erfolg sind letztlich die *Schlussfolgerungen* und die konkreten *Maßnahmen*, die daraus abgeleitet werden. Das generelle Ziel der Kundensegmentierung besteht letztlich darin, alle Aktivitäten im Firmenkundenvertrieb nach ertragswirtschaftlichen Gesichtspunkten zu steuern. Für die praktische Umsetzung sind daher folgende Überlegungen wichtig:

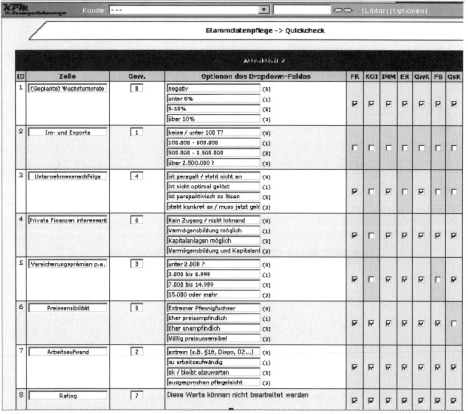

Abbildung 19: Aktivierung und Gewichtung der Attraktivitätskriterien im Quickcheck
(Quelle: H&T Software GmbH)

Kundenkennzeichnung

Bei jedem Firmenkunden muss in der Kundendatenbank das Symbol für die entsprechende Betreuungskategorie (Segmentbezeichnung) eingegeben werden. Bei EDV-Abfragen muss für die Vertriebsmitarbeiter sowie für die Führungskräfte die entsprechende Kundenklassifikation sofort ersichtlich sein.

Eindeutige Kundenzuordnung

Die Firmenkunden eines Instituts werden auf die einzelnen Betreuer aufgeteilt und diesen namentlich zugeordnet. In der EDV wird daher bei dem Firmenkunden der entsprechende Betreuer mit seinem *Betreuerkennzeichen* vermerkt. Auf diese Weise ist eine eindeutige *Betreuungs- und Ergebnisverantwortung* sichergestellt.

Vertriebsorganisation

Die Einteilung des Firmenkundengeschäfts in Kundengruppen hat auch organisatorische Konsequenzen. Dabei geht es um die Frage, von wo aus bzw. von wem und

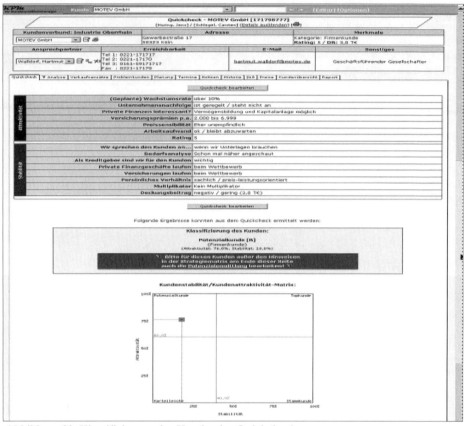

Abbildung 20: Klassifizierung des Kunden im Quickcheck
(Quelle: H&T Software GmbH)

über welche Vertriebswege die Kunden betreut werden sollen. So kann es beispielsweise für (kleinere) Gewerbekunden sowie für (größere) Firmenkunden jeweils einen *eigenen Vertriebsbereich* mit eigenem Bereichsleiter geben. Weiters erfordert ein kundenorientiertes Vertriebskonzept eine *Spezialisierung der Vertriebsmitarbeiter* auf bestimmte Kundengruppen (z.B. GKB = Gewerbekundenbetreuer; FKB = Firmenkundenbetreuer). Verschiedene Beispiele für die Gestaltung der Vertriebsorganisation finden sich im Kapitel III.

Segmentspezifische Betreuungsstrategien

Unterschiedliche Bedürfnisprofile sowie unterschiedliche Kundenpotenziale erfordern *differenzierte* Vertriebsstrategien. Für die einzelnen Kundensegmente sind daher klar definierte Betreuungsstrategien zu entwickeln, aus denen für die Betreuer konkrete *Prioritäten* für ihre Vertriebsarbeit abzuleiten sind. (Siehe dazu Kapitel IV.) Auch das Marketinginstrumentarium muss differenziert eingesetzt werden, was beispielsweise zu einer segmentspezifischen Produktpolitik führt.

Potenziale erkennen und ausschöpfen

Die Kundenbetreuer müssen ihre „guten" und „interessanten" Firmenkunden kennen. Ein wesentlicher Schwerpunkt der Vertriebsaktivitäten heißt: *Potenziale* und *Cross Selling-Chancen* erkennen und nützen. Anregungen dazu liefern die Ausführungen über den *Vertriebsprozess* im Kapitel V.

Potenzialorientierte Vertriebssteuerung

Die Kundensegmentierung bildet auch eine wichtige Grundlage für die potenzialorientierte Vertriebssteuerung. Das Firmenkundenportfolio bietet den Vertriebsverantwortlichen wertvolle Anhaltspunkte für die *Zuordnung der Vertriebsressourcen* auf die unterschiedlichen Kundengruppen. Die Struktur des Kundenportfolios bestimmt somit die Bemessung der nötigen Vertriebsressourcen, weil attraktive, potenzialstarke Kunden mehr Einsatz erfordern als potenzialschwache oder stabile Kundenbeziehungen. Die vielfältigen Fragen der Vertriebssteuerung werden im Kapitel IV ausführlich behandelt.

Segmentorientiertes Informationssystem

Sämtliche Analysen und Auswertungen in der Bank müssen der Logik der Kundensegmentierung folgen. Das bedeutet, dass beispielsweise alle *Verkaufsstatistiken* auf diesen Kundensegmenten aufbauen müssen. Erst dadurch wird es möglich, die *Struktur* des Firmenkundengeschäfts in der Bank *transparent* zu machen, um in der Folge auf aussagefähige Informationsgrundlagen für die *Vertriebssteuerung* und das *Vertriebscontrolling* zurückgreifen zu können.

4. Strategische Vertriebssteuerung: Balanced Scorecard

4.1 Das Grundkonzept der Balanced Scorecard

Traditionellerweise werden bei der strategischen Vertriebssteuerung verschiedene Kennzahlensysteme herangezogen, die jedoch meist ausschließlich auf rein *finanziellen Größen* basieren. Eine einseitige Orientierung an finanziellen Kennzahlen ist allerdings problematisch, weil derartige Kenngrößen naturgemäß *vergangenheitsorientiert sind,* weshalb sich Fehlentwicklungen erst mit einiger Zeitverzögerung niederschlagen. Darüber hinaus können die eigentlichen Ursachen für Zielabweichungen nicht in ihrer Gesamtheit identifiziert werden.

Um einer ganzheitlichen Betrachtung und damit den Grundsätzen einer *ganzheitlichen Unternehmenssteuerung* gerecht zu werden, wurde zu Beginn der 1990-er Jahre von *Robert S. Kaplan* und *David P. Norton* das Konzept der *„Balanced Scorecard"* entwickelt. Den besonderen Reiz dieses Führungsinstruments machen die richtige und *ausgewogene Betrachtung* von strategischen Erfolgsfaktoren sowie deren zahlenmäßige Erfassung aus.[23] Bei der Balanced Scorecard kommen sowohl finanzielle

Kennzahlen (z. B. Deckungsbeiträge) als auch nicht-finanzielle Größen (z. B. Verkaufsorientierung der Mitarbeiter) zur Anwendung. Diese Kennzahlen sind über Ursache-Wirkungs-Beziehungen miteinander verbunden, sodass sichtbar wird, welche Kenngrößen andere beeinflussen. Dabei bilden die *finanziellen Kennzahlen* vielfach die resultierenden Größen ab, während die *nicht-finanziellen Kennzahlen* eher die zu Grunde liegenden Ursachen darstellen. Somit gilt es, die verschiedenen Beziehungen zwischen den Kerngrößen in ein ausgewogenes („balanced") Verhältnis zueinander zu bringen und in einem Managementreporting („Scorecard") darzustellen.[24]

Die Balanced Scorecard kann als *Steuerungs- und Controllinginstrument* sowohl auf der Ebene der Gesamtbank als auch auf der Ebene *strategischer Geschäftseinheiten* eingesetzt werden. Insofern ist dieses Konzept auch für die Vertriebssteuerung im Firmenkundengeschäft relevant.

4.2 Die vier Perspektiven im Firmenkundenvertrieb

Die Balanced Scorecard liefert Anstöße, den Firmenkundenvertrieb aus ganzheitlicher Sicht zu betrachten. Dem Vertriebsmanagement wird gleichsam ein „Kompass" an die Hand gegeben, der anzeigt, ob das Firmenkundengeschäft noch „auf Kurs" liegt.[25] Aufbauend auf dem bankbetrieblichen Wertschöpfungsprozess werden die wichtigsten Leistungsdimensionen erfasst:[26]

Die Finanzperspektive
beinhaltet jene Messgrößen, die über den finanziellen Erfolg im Firmenkundengeschäft Aufschluss geben. Dabei bildet die Steigerung der Rentabilität in diesem Geschäftsfeld (z. B. Cost-Income-Ratio, Return on Equity) einen besonderen Schwerpunkt.

Die Kundenperspektive
ist für Vertriebsfragen von zentraler Bedeutung, weil die betriebswirtschaftlichen Ziele nur über zufriedene Firmenkunden zu erreichen sind. Durch eine stärkere Kundenzentrierung und das Angebot kundenorientierter Lösungen soll die Kundenzufriedenheit erhöht werden. Weiters soll durch gezielte Akquisition von Neukunden die Markt- und Wettbewerbsposition im Geschäftsgebiet gesteigert werden.

Die Prozessperspektive
ist aus der Vertriebssicht zu einem wesentlichen Wettbewerbsfaktor geworden, da die Kundenbedürfnisse nur dann zufrieden stellend befriedigt werden können, wenn die Qualität der Geschäftsprozesse gegeben ist. Das soll unter anderem durch die Vereinbarung von Qualitätsstandards für einen systematischen Beratungs- und Betreuungsprozess erreicht werden. Gleichzeitig soll die Effizienz der Prozesse (z. B. Verringerung der Durchlaufzeiten) verbessert werden.

Die Mitarbeiterperspektive
umfasst unter Vertriebsaspekten die Qualifikation sowie die Stärkung der Vertriebs- und Serviceorientierung der Vertriebsmitarbeiter. Maßnahmen in der Mit-

arbeiterperspektive sollen beispielsweise die aktive Kundenansprache sowie die Abschlussfähigkeit der Firmenkundenbetreuer fördern.

Wie bereits erwähnt stehen diese vier Perspektiven in enger Beziehung zueinander. Zum Beispiel: Nur wenn im Firmenkundengeschäft gut ausgebildete und kundenorientierte Mitarbeiter tätig sind und die vertriebsorientierten Geschäftsprozesse effizient und schnell umgesetzt werden lässt sich Kundenzufriedenheit erreichen. Dies ist wiederum die Basis für die Ausschöpfung von Geschäftspotenzialen und Ertragssteigerung. Die folgende Abbildung gibt einen Überblick über die vier Perspektiven der BSC:[27]

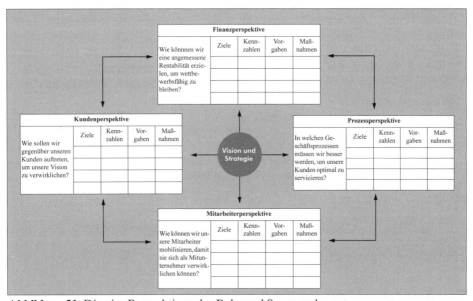

Abbildung 21: Die vier Perspektiven der Balanced Scorecard

Für alle vier Perspektiven sind *strategische Ziele* zu formulieren und relevante *Messgrößen zu definieren*. Auf dieser Basis werden dann die *Zielvereinbarungen* mit den Kundenbetreuern getroffen und konkrete Maßnahmen zur Zielerreichung erarbeitet. Für die praktische Umsetzung ist noch der Hinweis wichtig, dass nicht zu viele Ziele und darauf aufbauende Messgrößen definiert werden. Wie die Praxis zeigt, sollten für eine Scorecard nicht mehr als 20–25 Kennzahlen verwendet werden, wobei diese gleichmäßig auf die vier Perspektiven zu verteilen sind. Die Abbildung 22 zeigt einige Beispiele für *Messgrößen im Firmenkundenvertrieb*.[28]

Perspektive	Messgrößen
Finanzperspektive	• Return on Equity • Cost-Income-Ratio • Betriebsergebnis • Deckungsbeiträge • Wachstum Geschäftsvolumen
Kundenperspektive	• Kundenzufriedenheit • Hausbankverbindung • Anzahl der (qualifizierten) Kundengespräche • Neukundengewinnung • Anzahl der Kundenbeschwerden
Prozessperspektive	• Bearbeitungszeit der Kreditanträge • Kundeneinschätzung von Beratungsprozessen • Prozesskosten Kreditantrag • Bearbeitungszeit bei Reklamationen • Nettomarktzeit der Vertriebsmitarbeiter
Mitarbeiterperspektive	• Mitarbeiterzufriedenheit • Mitarbeiterqualifikation • Weiterbildungstage der Mitarbeiter • Fluktuationsrate • Anzahl von Verbesserungsvorschlägen

Abbildung 22: Balanced Scorecard im Firmenkundenvertrieb (Beispiele)

5. Aktives Verkaufen

5.1 Systematik der Vertriebsstrategien

Bei der Festlegung von Vertriebsstrategien ist grundsätzlich von folgenden Entscheidungsfeldern auszugehen:
- Bankleistungen: bestehende/neue
- Firmenkunden: bestehende/neue

Durch Kombination dieser Kriterien ergibt sich für die Vertriebsstrategien im Firmenkundengeschäft die in Abbildung 23 dargestellte Matrix. Für ein selektives Volumens- und Marktanteilswachstum müssen grundsätzlich alle vier Strategievarianten zum Einsatz kommen – und zwar in einem ausgewogenen Verhältnis zueinander.

Der aufwändigste Weg der Marktgewinnung ist zweifelsohne die *Diversifikationsstrategie,* d.h. der Versuch, mit neuen Produkten neue Kunden zu gewinnen. Die

Bank- leistungen \ Firmen- kunden	bestehende	neue
bestehende	Intensivierungs- strategie	Extensivierungs- strategie
neue	Innovations- strategie	Diversifikations- strategie

Abbildung 23: Systematik der Vertriebsstrategien im Firmenkundengeschäft

Innovationsstrategie wiederum basiert auf der Überlegung, für bereits bestehende Firmenkunden der Bank neue Produkte zu entwickeln.

Die *Extensivierungsstrategie* zielt darauf ab, für das bestehende Bankleistungsangebot *neue* Firmenkunden zu gewinnen. Hinsichtlich der *Akquisition* von Neukunden ist allerdings davon auszugehen, dass der Firmenkundenmarkt bereits weitgehend verteilt ist. Unternehmen, die über keine Bankverbindung verfügen (mit Ausnahme von Existenzgründern), gibt es praktisch nicht. Und das bedeutet: eine aufwändige Vorgehensweise. Hohe *Akquisitionskosten* entstehen zum einen dadurch, dass erhebliche Marktwiderstände überwunden werden müssen (Markteintrittskosten) und zum anderen durch erhöhte Risiken auf Grund fehlender Informationen (Risikokosten).

Im Gegensatz zur Akquisition von Neukunden stellt die *Intensivierungsstrategie* die wesentlich kostengünstigere Alternative dar:

> Es kostet sechs Mal mehr, einen Neukunden zu werben,
> als einen Stammkunden zu halten!

Damit soll nicht der Eindruck erweckt werden, dass keine neuen Firmenkunden akquiriert werden sollten. Akquisition auf der einen und Intensivierung auf der anderen Seite sind kein Widerspruch – beide Aktivitäten ergänzen einander. Entscheidend für den Vertriebsprozess ist die *richtige Gewichtung* dieser beiden Vertriebsstrategien. Das Ziel der *Kundenintensivierung* steht daher vor der Neukundengewinnung.

5.2 Ertragssteigerung durch gezieltes Cross Selling

Durch den Aufbau einer Vertrauensbasis und eine umfassende Betreuung der vorhandenen Firmenkunden kann die Kundenzufriedenheit gesichert werden. Die Kundenbindung soll dabei dahingehend stabilisiert werden, dass die eigenen Unternehmenskunden gegenüber Abwerbungsversuchen der Mitwerber „immun" werden. Gleichzeitig soll durch planmäßiges Cross Selling das *Geschäftsvolumen* mit dem einzelnen Firmenkunden nicht nur gehalten, sondern *weiter ausgebaut* werden.

„*Cross Selling*" bezeichnet alle Vertriebsaktivitäten, die darauf abzielen, mit bankwirtschaftlichen Kernleistungen verbundene *Folgeprodukte* bzw. *Zusatzleistungen* an einen Bestandskunden zu verkaufen.[29] Im Verkauf zusätzlicher Produkte an die bestehenden Firmenkunden liegt vielfach noch Potenzial. Es gibt hier noch reichlich Nachholbedarf, da die Geschäftsausschöpfung (Produktnutzung/Kundenbedarfssättigung) nicht der Anzahl der bestehenden Kundenverbindungen entspricht. Dies wird durch die von *zeb/rolfes.schierenbeck.associates* durchgeführte „Firmenkundenstudie 2004" deutlich belegt. Die Untersuchung zeigt, dass durch konsequente Ausnutzung der Cross Selling-Möglichkeiten über alle Segmente im Firmenkundengeschäft ein *Ertragssteigerungspotenzial* von rund 50 % vorhanden ist. Dabei variieren die Ertragspotenziale je nach Kundensegment zwischen 28 % und 62 %:[30]

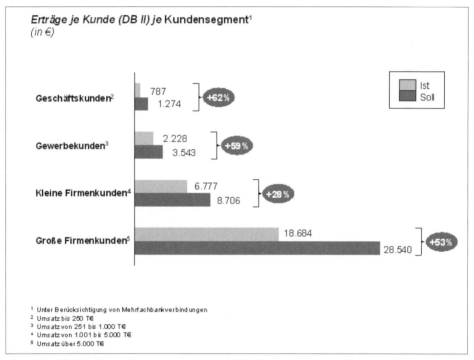

Abbildung 24: Ertragssteigerungspotenziale im Firmenkundengeschäft
(Quelle: zeb/Firmenkundenstudie 2004)

Es besteht also ein eindeutiger Zusammenhang zwischen dem systematischen Erschließen von Geschäftspotenzialen durch Cross Selling und der Verbesserung der Ertragssituation im Firmenkundengeschäft. Kreditinstitute mit höheren Cross Selling-Quoten bei ihren Unternehmenskunden erzielen signifikant bessere Ergebnisse in diesem Geschäftsfeld.[31]

Cross Selling ist somit ein vertriebsstrategischer Ansatz mit mehreren Wirkungen:

- Cross Selling ermöglicht eine Intensivierung der Kundenbeziehungen und damit eine Verbesserung der Marktposition.
- Eine höhere Cross Selling-Quote führt zu rentableren Kundenbeziehungen (Anstieg der Deckungsbeiträge).
- Je mehr Produkte ein Firmenkunde in Anspruch nimmt, desto stärker ist die Kundenbindung.
- Eine umfassende Versorgung der Kunden mit Bankdienstleistungen schafft Präferenzen und erhöht den preispolitischen Spielraum der Bank.
- Je intensiver die Geschäftsbeziehungen sind, umso höher ist der Informationsstand der Bank, was wiederum für die Risikominimierung von Bedeutung ist.

Auf den Punkt gebracht bedeutet dies:

Gezieltes Cross Selling von Finanzprodukten ist ein entscheidender Erfolgsfaktor für Ertragsverbesserungen im Firmenkundengeschäft.

Klares Ziel der Vertriebsstrategie ist es daher, eine bessere Durchdringung bestehender Kundenbeziehungen zu erreichen, um damit die von der Bank angebotene Produkt- und Dienstleistungspalette intensiver zu nutzen. *Ertragsorientierte Firmenkundenbetreuung* bedeutet deshalb: Nicht nur nachgefragte, sondern auch zusätzliche, für das Unternehmen interessante Produkte und Dienstleistungen aktiv anzubieten und zu verkaufen.

Dabei wird es angesichts der sinkenden Zinsspannen immer wichtiger, neben dem Kreditgeschäft zusätzliche Ertragsquellen im *Einlagen-* und *Provisionsgeschäft* (z. B. Versicherungen, Leasing) zu erschließen.[32] Auch dazu liefert die bereits zitierte zeb/-Studie interessante Details. So haben die Untersuchungen ergeben, dass die rentabelsten 25 % der befragten Kreditinstitute lediglich 61,5 % ihrer Erträge im Kreditgeschäft erwirtschaften, während die übrigen Banken hier einen deutlich höheren Anteil (72,1 %) aufweisen. Darüber hinaus ist bei den Top-25 %-Banken der Studie der Anteil der Erträge aus dem Passivgeschäft und der Ertragsanteil aus dem Provisionsgeschäft im Vergleich zu den übrigen Banken signifikant höher, wie Abbildung 25 zeigt.

Diese Überlegungen sollten keinesfalls zu dem Schluss führen, die Kredite an den Mittelstand zu reduzieren. Angesichts der Finanzierungsstruktur der mittelständi-

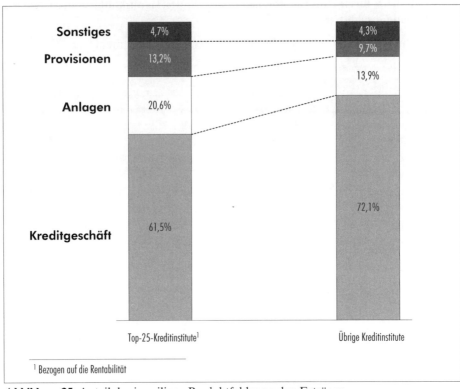

Abbildung 25: Anteil der jeweiligen Produktfelder an den Erträgen
(Quelle: zeb/Firmenkundenstudie 2004)

schen Unternehmen wird das Kreditgeschäft auch zukünftig einen wesentlichen Schwerpunkt im Firmenkundengeschäft bilden. Ziel der Vertriebsstrategie muss es aber sein, über das Ankerprodukt Kredit das Cross Selling gezielt voranzutreiben, um weitere zusätzliche Ertragsquellen zu erschließen.

5.3 Ganzheitlicher Betreuungsansatz

Sowohl die Akquisition- als auch die Intensivierungsstrategie kann dahingehend unterschieden werden, ob es sich um *kundeninitiierte* oder *betreuerinitiierte* Ansätze handelt.

Vom Kunden initiierte Verkaufsansätze
Erste Ansatzpunkte zur Geschäftsintensivierung ergeben sich immer dann, wenn der Unternehmer mit einem bestimmten Wunsch (z.B. Finanzierung einer Investition) an die Bank herantritt („passive Betreuung"). Derartige Gespräche bilden einen unmittelbaren Anlass für eine umfassende „Durchleuchtung" der gesamten Geschäftsverbindung mit dem Ziel, neben der nachgefragten Bankleistung weitere passende Produkte (z.B. Versicherung) anzubieten.

Vom Betreuer initiierte Verkaufsansätze
Das Wesen dieser Form der Geschäftsintensivierung besteht darin, dass es keinen vom Kunden ausgehenden Anlass zur Analyse der Kundenbeziehung gibt. Die Initiative wird hier vom Firmenkundenbetreuer ergriffen. Anstoß dazu kann eine vom Betreuer selbst gesetzte Intensivierungsaktion oder von Zentralstellen geplante und vorbereitete Vertriebskampagne sein. Einen Überblick über die verschiedenen Vertriebsansätze bietet die folgende Abbildung:

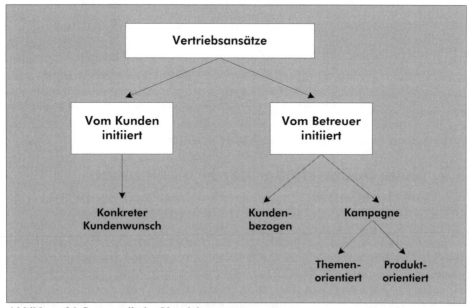

Abbildung 26: Systematik der Vertriebsansätze

Ein Blick in den Vertriebsalltag zeigt, dass es hier aus verkäuferischer Sicht noch beachtliches Verbesserungspotenzial gibt: Lediglich 20 % aller Kundenkontakte kommen auf Initiative der Vertriebsmitarbeiter zu Stande – rund 80 % der Kontakte stammen vom Kunden selbst. Um die Vertriebsziele im Firmenkundengeschäft zu erreichen, muss daher die Initiative für den Verkauf sehr viel häufiger von Seiten der Bank ausgehen.

Ganzheitliche Betreuung: Kundenorientiert Verkaufen

Der traditionelle Vertriebsprozess im Firmenkundengeschäft war lange Zeit stark auf den *Produktverkauf* ausgerichtet. Forciert wurde diese Vorgehensweise durch diverse Verkaufsaktionen und Verkaufswettbewerbe. Beim produktorientierten Verkauf steht das Ziel im Mittelpunkt eine bestimmte Anzahl von Produkten in einer bestimmten Frist abzusetzen.

Beim *kundenorientierten Verkauf* geht es hingegen um eine *ganzheitliche Sicht.* Im Mittelpunkt stehen hier die Ziele und Wünsche des Kunden. Der Unterschied zwischen produktorientiertem und kundenorientiertem Verkauf lässt sich durch folgende Frage ausdrücken:[33]

> Suchen Sie Kunden für
> Ihre Angebote?
> Oder suchen Sie Angebote
> für Ihre Kunden?

Ziel einer effizienten Cross Selling-Vertriebsstrategie ist es daher, vom aktionistischen Produktverkauf wegzukommen und die Firmenkunden *ganzheitlich* zu betreuen und zu beraten. Unter diesem Aspekt ist Cross Selling mehr als nur ein verkäuferischer Ansatz zur Generierung von Folgegeschäften. Vielmehr geht es hier um eine Grundeinstellung, die das *Kundenbedürfnis* in den Mittelpunkt stellt und davon ausgehend eine sinnvolle *Gesamtlösung* anstrebt.[34]

5.4 Neue Bedarfsfelder der Firmenkunden erschließen

Die geänderten wirtschaftlichen Umfeldbedingungen (z.B. Basel II, EU-Osterweiterung) bringen auch für die mittelständische Wirtschaft neue Herausforderungen mit sich. Das Firmenkundengeschäft zeichnet sich somit durch eine *differenzierte Nachfrage* aus, sodass die Banken herausgefordert sind, diesen spezifischen Kundenansprüchen Rechnung zu tragen und entsprechende Dienstleistungen anzubieten. Die auf die Bedürfnisse der jeweiligen Kundensegmente ausgerichtete Gestaltung der Leistungspalette ist ein wichtiger Teil der Marktstrategie einer Bank. Sie trägt wesentlich zur Festigung und zum Ausbau der eigenen Positionen im Firmenkundenmarkt bei.

Die Firmenkunden erwarten heute von ihrer Bank keine isolierten „Produkte", sondern umfassende Problemlösungen. Sie betrachten ihre Bank gleichsam als ein „*Finanzzentrum*". Ein Anspruch, der bei den Kreditinstituten zu einer *Allfinanzstrategie* führte.

Bei der Konzeption des Leistungsangebotes muss daher stets der mittelständische Unternehmer mit seinen spezifischen *Bedarfsfeldern* im Mittelpunkt stehen. Typische Bedarfssituationen von Firmenkunden sind beispielsweise
- die Liquiditätssicherung
- die Finanzierung von Investitionen
- die Sicherstellung von Betriebsmitteln
- die effiziente Gestaltung des Zahlungsverkehrs
- die optimale Gestaltung der Auslandsgeschäfte
- die Risikoabsicherung usw.

Unter diesem Aspekt, der Orientierung an den Bedürfnissen der Kunden, ergibt sich das unten dargestellte Leistungsspektrum im Firmenkundengeschäft.

Abbildung 27: Das Leistungsspektrum im Firmenkundengeschäft

Im Folgenden werden einige Beispiele für jene Ertragsquellen dargestellt, die zukünftig noch stärkere Bedeutung gewinnen werden.

5.4.1 Neue Finanzierungsformen

Basel II ist Anstoß, die Finanzierungssituation eines Unternehmens in ihrer Gesamtheit kritisch zu durchleuchten. Im Sinne einer ganzheitlichen Beratung ist es erforderlich, den Firmenkunden neben der traditionellen Kreditfinanzierung verstärkt auch *alternative Finanzierungsinstrumente* anzubieten, die die Liquidität des Unternehmens schonen bzw. die Kapital- und Bilanzstruktur verbessern.

Solche Lösungen stellen bereits die „klassischen" Finanzierungsalternativen *Leasing* und *Factoring* dar, die im Zuge der Ratinganforderungen neuen Auftrieb erfahren. So wird beispielsweise bei den Ausrüstungsinvestitionen mittelfristig ein Leasing-Anteil von 25 % erwartet.[35] (Allerdings setzen auch diese alternativen Finanzierungsformen eine angemessene Bonität im Sinne von Basel II voraus).

Angebote zur Eigenkapitalstärkung

Ein ganz entscheidendes Beurteilungskriterium für ein gutes Ratingergebnis bildet die Eigenkapitalbasis des Unternehmens. Hier zeichnet sich ein deutlicher Handlungsbedarf ab, da die Mehrzahl der mittelständischen Unternehmen eine geringe

Eigenkapitalquote aufweist. Das Produktangebot für Firmenkunden muss dazu beitragen, deren Eigenkapitalausstattung zu erhöhen. In deutlich stärkerem Maße als bisher sollten beispielsweise die Möglichkeiten der *Beteiligungsfinanzierung*[36] geprüft werden. Die meisten Großbanken bieten Beteiligungen durch ihre Tochtergesellschaften (z.B. Venture Capital-Gesellschaften) an. Daneben gibt es in manchen Bundesländern eigene *Kapitalbeteiligungsgesellschaften*. Ziel dieser Einrichtungen ist es, dynamische und wachstumsstarke Unternehmen in ihrer Weiterentwicklung zu unterstützen.

Eine andere Möglichkeit, die Finanzierungsstruktur positiv zu beeinflussen, bietet die Mezzanine-Finanzierung. Das *Mezzanine-Kapital*[37] ist eine hybride Finanzierungsform zwischen klassischem Eigenkapital und traditioneller Kreditfinanzierung. Der Mezzaninefinanzier hat im Falle von Zahlungsschwierigkeiten gegenüber anderen Gläubigern eine nachrangige Stellung, weshalb diese Finanzierungsform wirtschaftlich gesehen Eigenkapitalcharakter hat. Beim Rating wird Mezzanine-Kapital als ratingverbesserndes Eigenkapital eingestuft und führt zu einer Bonitätsverbesserung, wodurch neuer Spielraum für weitere Fremdkapitalfinanzierung geschaffen wird. Allerdings dürften der Beteiligungs- wie auch der Mezzanine-Finanzierung durch die vergleichsweise hohen Verwaltungs- und Risikokosten gewisse Grenzen gesetzt sein, die diese Instrumente erst oberhalb einer gewissen Mindestsumme sowie entsprechenden Ertragsaussichten wirtschaftlich rechtfertigen.

Öffentliche Förderprogramme nützen

Viele mittelständische Unternehmen verzichten heute auf bereits bestehende Möglichkeiten der Kapitalverbesserung. Denn die EU, der Bund, die Länder und öffentliche Körperschaften stellen jährlich für Investitionen, Wirtschafts- und Strukturverbesserungen bedeutende Beträge zur Verfügung. In den letzten Jahren war die Förderlandschaft in Österreich einem starken Wandel unterworfen. Die frühere Praxis der Zuschüsse ist mehr und mehr in den Hintergrund getreten, während die Möglichkeiten der Bürgschaftsübernahmen hingegen sukzessive erweitert wurden. So hat beispielsweise die *Austria Wirtschaftsservice GesmbH*[38] in den letzten Jahren interessante Aktionen gestartet, die die Eigenkapitalbildung unterstützen und auf die Bedürfnisse des Mittelstandes zugeschnitten sind (z.B. „Eigenkapitalgarantien", „Gewinndarlehen", „Gewinnwertpapier").

Diese wenigen Beispiele zeigen bereits eines deutlich: Die Banken müssen den veränderten Finanzierungsbedürfnissen durch umfassende Finanzierungsberatung und moderne Finanzierungsinstrumente (wie „*Private Equity*" oder „*Asset-Backed-Securities*") Rechnung tragen. Dieser Trend zu beratungsintensiven Finanzdienstleistungen führt zu einem neuen Geschäftsfeld, das als „*Corporate Finance für den Mittelstand*" zusammengefasst werden kann.

5.4.2 Auslandsgeschäft

Die Schaffung des europäischen Binnenmarktes führte auch für die mittelständische Wirtschaft zu neuen *Marktdimensionen*. Ein letzter wichtiger Schritt war die

EU-Erweiterung im Jahre 2004, im Rahmen derer zehn Länder in die EU aufgenommen wurden. Damit kam es nicht nur zu einer endgültigen „Ostöffnung". Vielmehr gibt der Transformationsprozess Osteuropas mit seinen weit reichenden strukturellen, institutionellen und rechtlichen Veränderungen der gesamten Region Zentraleuropa in vieler Hinsicht ein neues Gesicht. Die Dynamik und das Veränderungspotenzial der osteuropäischen Länder zeigen sich nicht zuletzt daran, dass diese Wirtschaften stärker wachsen als die alten EU-Länder.

Dieser Umstand eröffnet auch den mittelständischen Betrieben neue Absatzchancen. So zeigt beispielsweise ein Blick auf die Außenhandelsstatistik, dass für die Unternehmen der größte Anteil des Exporterfolges in den Folgen der Ostöffnung liegt. Was diesen Unternehmen (vor allem wegen ihrer relativen Kleinheit) bisher nur in geringem Ausmaß gelungen ist, nämlich die *Internationalisierung*, schaffen sie jetzt in den mittel- und osteuropäischen Nachbarländern. Eine verstärkte internationale Produktionsverflechtung sowie wachsender Warenaustausch werden daher die europäische Wirtschaft in Zukunft prägen.

Um die sich daraus ergebenden Chancen zu nutzen, brauchen mittelständische Unternehmen allerdings eine umfassende Begleitung ins und im Ausland.[39] Für die Erschließung neuer Märkte benötigen sie beispielsweise vielfältige Informationen über die steuerlichen und rechtlichen Rahmenbedingungen, über Rechtsformen sowie die Vorgehensweise bei Kooperationen, Beteiligungen oder bei der Gründung eines Tochterunternehmens im Ausland. Die kleinräumige Zusammenarbeit von grenzüberschreitenden Produktions- und Vertriebsnetzwerken ist wiederum für Unternehmen in den Grenzregionen besonders relevant.

Die Unternehmer erwarten bei ihrem „Sprung über die Grenze" von den Banken Unterstützung beim Auffinden von kompetenten Ansprechpartnern vor Ort, die wiederum die Suche nach möglichen Förderungen sowie das Anbahnen von Kooperationen erleichtern.[40] Schließlich führen die verstärkten Auslandsaktivitäten der Firmenkunden auch zu einer deutlich höheren Nachfrage nach Bankdienstleistungen im Auslandsgeschäft: Internationale Handelsbeziehungen erfordern beispielsweise die effiziente Durchführung des grenzüberschreitenden Zahlungsverkehrs, die optimale Finanzierung von Exporten und Importen, die Absicherung von Auslands- und Währungsrisiken, die Beanspruchung staatlicher Garantieleistungen oder die Nutzung öffentlicher Förderungsprogramme.

Die Banken sind daher gefordert, ihre mittelständischen Firmenkunden offensiv bei der Erschließung neuer Auslandsmärkte zu begleiten, indem sie ihnen ein umfassendes Instrumentarium und Servicepaket zur Verfügung stellen. Dies ist einerseits ein wichtiger Ansatz für die Bindung wachstumsorientierter Firmenkunden und eröffnet gleichzeitig interessante Ertragspotenziale in einem wachsenden Geschäftsfeld.

5.4.3 Betriebliche Altersvorsorge

Sowohl in Österreich als auch in Deutschland ist bei den (staatlichen) Pensionen bzw. Renten zukünftig mit erheblichen finanziellen Einbußen zu rechnen. Denn das Rentensystem muss – den demographischen Entwicklungen entsprechend – laufend reformiert werden. Da die staatliche Altersversorgung allein nicht mehr ausreichen wird, um den gewohnten Lebensstandard auch in der Pension aufrecht zu erhalten, müssen staatliche Rente, private und betriebliche Vorsorge gleichberechtigt nebeneinander stehen („3-Säulen-Modell"). Es ist unzweifelhaft, dass die *„Betriebliche Altersversorgung"* (baV) ein wichtiger Wachstumsmarkt im Firmenkundengeschäft sein wird.[41]

Auf Grund der gesetzlichen Rahmenbedingungen gibt es vielfältige Instrumente für die betriebliche Pensionsvorsorge. So wird in Deutschland beispielsweise von fünf Durchführungswegen gesprochen:
– Direktversicherung
– Pensionsfonds
– Unterstützungskasse
– Pensionskasse
– Direktzusage.

In diesem komplexen Bedarfsfeld müssen die Banken ihre Kompetenz als *Allfinanzdienstleister* unter Beweis stellen. Die Firmenkundenbetreuer sollten daher gemeinsam mit den zuständigen Produktspezialisten maßgeschneiderte Vorsorgemodelle entwickeln, die auf die jeweilige Unternehmenssituation abgestimmt sind. Damit können auch hier neue Cross Selling-Chancen und wertvolle Ertragspotenziale erschlossen werden.

5.4.4 Unternehmensnachfolge

Auf Grund der klein- und mittelbetrieblichen Wirtschaftsstruktur in Österreich und Deutschland gibt es heute eine große Anzahl so genannter *„Eigentümer-Unternehmer"*, bei denen sich naturgemäß im Verlauf der Zeit die Nachfolgefrage stellt. Expertenschätzungen für Deutschland ergeben, dass bis zum Jahr 2010 rund 400.000 Unternehmer aus Altersgründen einen Nachfolger finden müssen. In Österreich werden für diesen Zeitraum ca. 52.000 Betriebsübergaben erwartet. Deutlich weniger als die Hälfte der Betriebe (ca. 40 %) werden innerhalb der Familie übertragen, sodass „externe Lösungen" gefunden werden müssen. Entweder erfolgt die Übernahme durch bisherige Angestellte des Unternehmens (*Management Buy-Out*) oder der Betrieb wird von einem fremden Manager (*Management Buy-In*) übernommen.

Nicht zuletzt durch den *Ratingprozess* im Zuge von Basel II hat das Thema „Unternehmensnachfolge" noch zusätzliche Bedeutung erhalten, da in nahezu allen Ratingverfahren die *Regelung der Nachfolgefrage*[42] ein eigenes Bewertungskriterium darstellt. Dem steht in der Praxis allerdings die Tatsache gegenüber, dass die gesamte Thematik von mittelständischen Unternehmern oftmals tabuisiert bzw. verdrängt wird und daher vielfach keine rechtzeitige Befassung mit der Übergabeproblematik erfolgt. Die Aufgabe der Banken besteht somit darin, diesen Prozess anzustoßen, zu begleiten sowie durch geeignete Maßnahmen und Beratung Unterstützung zu bieten.[43] In einigen Instituten gibt es eigene *Existenzgründungszentren,* die sich auch mit Fragen der Übergabe beschäftigen und mit einem Netzwerk von Partnern (z.B. Kammern, Steuer-, Unternehmensberatern) kooperieren.

Für das *Cross Selling* bieten sich im Rahmen des Nachfolgeprozesses eine Fülle von Ansatzpunkten:[44] Veranlagung des Verkaufserlöses, bei der Altersvorsorge des Übergebers oder der Finanzierung des Kaufpreises beim Übernehmer usw.

5.4.5 Consulting Banking

Heutzutage muss jede Unternehmensführung rasch auf Veränderungen reagieren und zudem die Folgen unternehmerischer Entscheidungen auch möglichst klar abschätzen können. Um die Unternehmer bei diesen Managementaufgaben zu unterstützen, kommt auf die Banken eine wesentliche Aufgabe zu: der Informationstransfer, der den Kapitaltransfer ergänzt. In diesem Sinn erlangt das *Consulting-Banking* als komplementäre Dienstleistung sowie als Instrument zur Festigung und Vertiefung der Kundenbeziehung immer mehr an Bedeutung.[45]

Die *zukunftsorientierte* Perspektive im Sinne einer integrierten Unternehmensplanung gewinnt immer größere Bedeutung. Dabei geht es darum, unterschiedliche Unternehmensstrategien in ihren Auswirkungen auf Rentabilität, Liquidität und Kapitalstruktur zu simulieren und Maßnahmen zu entwickeln. Mit Hilfe eines *„Business Planner"* werden beispielsweise eine Plan-Gewinn- und Verlustrechnung, eine Planbilanz sowie ein Finanzplan erstellt. Dieses *integrierte Budgetierungs- und Finanzplanungssystem* schafft die Basis für ein professionelles Finanzmanagement und Finanzcontrolling und erlaubt dadurch eine genauere Abschätzung des künftigen Liquiditätsbedarfes.

Eine *ganzheitliche Betrachtung* des Unternehmens erfordert eine enge Verzahnung des Finanzbereiches mit den Leistungsbereichen eines Betriebes. Das bedeutet, verstärkt auch *betriebswirtschaftliche Fragestellungen* in die Beratungsleistungen der Banken einzubeziehen (wobei diese nicht die Rolle eines Unternehmensberaters übernehmen können). In der Praxis sind beispielsweise folgende Beratungsangebote anzutreffen:[46]

- Unternehmens Check
- Bilanzstrukturmanagement
- Ratingberatung
- Stärken-/Schwächen Analyse
- Risikoanalyse/Risikoprofil
- Gründungsberatung/Unternehmensnachfolgeberatung
- Sanierungsberatung

Diese Bereiche sind primär als eine den Verkauf *unterstützende Beratung* konzipiert. Die Erweiterung des Leistungsspektrums von der Beratung in banktypischen

Fragen zu einem umfassenden Management-Consulting bedeutet, die *Unternehmensberatung* als eigenes Geschäftsfeld aufzubauen. In der Praxis wird die Dienstleistung Consulting Banking meist über Tochtergesellschaften der Kreditinstitute oder Verbundeinrichtungen angeboten.

Ein Beispiel in diese Richtung bildet das Konzept der *Volksbank Detmold*: Unter dem Aspekt einer umfassenden Kundenberatung wurden die mit dem Kerngeschäft der Bank verwandten Dienstleistungsbereiche ausgegliedert, um sich in unmittelbarer Nähe der Bankzentrale in einem eigenen „Haus des Unternehmers" zu präsentieren (siehe Abbildung 28). Diese Volksbank-Tochtergesellschaft bietet und vermittelt über die Gründungsphase eines Unternehmens hinaus Beratungskompetenz unter anderem in den Bereichen Kreditrating, Marketing, Logistik, Unternehmensführung, Personal- und Umweltmanagement, Versicherung bis hin zur Unternehmensnachfolge. Um bei diesen vielfältigen Themenbereichen kompetente Hilfestellung geben zu können, arbeitet das „Haus des Unternehmers" mit verschiedenen Kooperationspartnern zusammen. Neben der gezielten Vermittlung und Koordination von Know-how werden in dem Kompetenzzentrum auch Unternehmerforen und Workshops zu aktuellen Themen veranstaltet. Auf diese Weise entsteht ein Netzwerk, durch dessen Kompetenz und Kontakte den mittelständischen Unternehmern ein spürbarer Mehrwert geboten wird.

Als Beispiel für eine *sektorweite* Beratungsgesellschaft werden in Abbildung 29 die Dienstleistungen der *„VB ManagementBeratung"* der österreichischen Volksbanken dargestellt.[47]

Derartige Angebote zur Unternehmensberatung bilden einen wertvollen Angelpunkt für die Intensivierung der Geschäftsverbindung. Darüber hinaus darf auch nicht übersehen werden: Eine umfassende Unternehmensanalyse sowie eine Verbesserung der Wettbewerbsstärke des Betriebes bringen nicht nur für den Unternehmer, sondern auch für die Risikopolitik der Bank wesentliche Vorteile.

5.4.6 Der Firmeninhaber/Geschäftsführer als Privatperson

Die bisherigen Cross Selling-Ansätze bezogen sich auf den betrieblichen Bereich. *Ganzheitliche Kundenbetreuung* bedeutet allerdings, auch die Privatsphäre des Unternehmers zu berücksichtigen und in die Vertriebskonzeption einzubeziehen.

Die Analyse der Kundenkalkulation zeigt deutlich, dass kleinere Unternehmen („Geschäftskunden" bzw. „Gewerbekunden") oftmals nur geringe Deckungsbeiträge bringen. Durch das gezielte Einbeziehen der Privatgeschäfte des Unternehmers bzw. der Gesellschafter kann eine spürbare Ergebnisverbesserung erzielt werden (etliche Unternehmer bilden neben ihrer Rolle als Firmeninhaber gleichzeitig vermögende Privatkunden der Bank). Die Privatsphäre der Firmenkunden bietet somit ein zusätzliches, nicht zu unterschätzendes Geschäfts- und Ertragspotenzial.

Abbildung 28: Haus des Unternehmers des VB Detmold

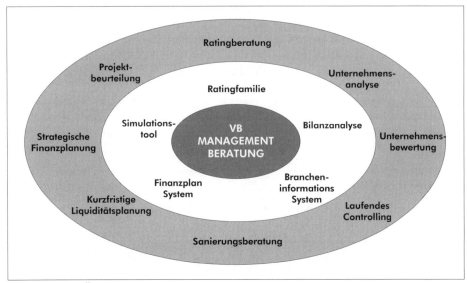

Abbildung 29: Überblick über die Dienstleistungen der VB ManagementBeratung (Österreichischer Volksbankensektor)

5.5 Konsequenzen für einen optimierten Vertriebsprozess

Diese Beispiele zeigen, dass das Sortiment im mittelständischen Firmenkundengeschäft nicht bei den klassischen Bankleistungen endet, sondern weit darüber hinausgeht. Im Kern bedeutet dies:

> Firmenkundengeschäft ist mehr als bloßer Kreditverkauf.
> Ganzheitliche Beratung bedeutet,
> alle Bedarfsfelder eines Firmenkunden aktiv zu bearbeiten.

Um diese Ziele zu realisieren, muss der Vertrieb im Firmenkundengeschäft effizienter gestaltet und eine entsprechende *„Cross Selling-Kultur"* entwickelt werden. Im Rahmen der Vertriebssteuerung und des Vertriebscontrollings sind daher klare Schwerpunkte in diese Richtung zu setzen. Demnach werden die Kundenbetreuer auch daran gemessen, wie systematisch sie bei der Bedürfnis- und Potenzialanalyse vorgehen und wie gut es ihnen gelingt, das für ihre Firmenkunden beste Gesamtpaket zu erarbeiten.

In seiner Funktion als *„Drehscheibe der Kundenbeziehung"* präsentiert der Kundenbetreuer somit die gesamte Produkt- und Dienstleistungspalette für Firmenkunden. Er muss daher die gesamte „Klaviatur" des firmenspezifischen Banksortiments beherrschen bzw. zumindest kennen. Das bedeutet natürlich nicht, dass er ein „Allround-Spezialist" sein kann. Vielmehr erfordert es die Fähigkeit, den *Bedarf* des Kunden und damit die *Geschäftspotenziale* rechtzeitig zu erkennen.

In der Folge geht es darum, das in der Bank bzw. im Verbund vorhandene Know-how so zu bündeln, dass daraus ein qualitativ hochwertiges *„Leistungspaket"* entsteht. Bei jenen Problemstellungen, bei denen der Firmenkundenbetreuer selbst genügend Fachwissen besitzt, führt er die Beratung und den Verkaufsabschluss weitgehend selbstständig durch. Bei komplexeren Problemstellungen wird er lediglich die Grundsatzfragen selbst beantworten – für eine tiefer gehende Spezialberatung sind die *Spezialisten* der Fachabteilungen aus der eigenen Bank oder die Experten der Spezialeinrichtungen des Verbundes (im Sinne eines „Beratungsnetzwerkes") heranzuziehen. Für den Kunden selbst dürfen sich aber daraus keine sichtbaren Schnittstellen ergeben, das heißt, der Betreuer hat hier eine wichtige *Koordinationsfunktion* zu erfüllen.

Eine Vielzahl von Verkaufschancen bleibt vor allem deshalb ungenützt, weil der Vertriebsprozess noch zu improvisiert abläuft. Eine systematischere und strukturierte Vorgehensweise, bei der Betreuungs- und Verkaufsansätze gezielt gesucht werden, wird wesentliche Verbesserungen bringen. Die damit zusammenhängenden Fragen werden im Kapitel V ausführlich behandelt.

Anmerkungen

1 Zum strategischen Management in Banken vgl. die Praxisberichte im Sammelband „Strategisches Management in Genossenschaftsbanken" (Hrsg.: *I. Kipker*), Wiesbaden 2004
2 Vgl. hierzu *Börner:* Strategisches Management, S. 34 f.; *Renker:* Relationship Marketing, S. 89; *Christians:* Strategische Geschäftsfeldplanung, S. 638 f.
3 Hinsichtlich der Phasen im Strategieprozess vgl. die Ausführungen bei *Kipker:* Strategie in Genossenschaftsbanken, S. 6 f.; *Renker:* Relationship Marketing, S. 90 f.; *Christians* Strategische Geschäftsfeldplanung, S. 640: *Ackerschott:* Strategische Vertriebssteuerung, S. 99 f.
4 Bezüglich Vision und Mission von Banken vgl. *Renker:* Relationship Marketing, S. 102; *Gosper:* Strategieumsetzungsprozess, S. 25; *Mehl:* Den strategischen Wandel meistern, S. 133
5 Vgl. beispielsweise *Viehmann:* Mit der BSC den strategischen Wandel herbeiführen, S. 129; *Zumpfe:* Die Balanced Scorecard – Strategien erfolgreich umsetzen, S. 3 f.
6 Hinsichtlich der Systematisierung von Strategieoptionen vgl. beispielsweise *Börner:* Strategisches Management, S. 38 f.; *Christians:* Strategische Geschäftsfeldplanung, S. 645; *Renker:* Relationship Marketing, S. 109
7 Bezüglich der Bewertung von Teilmärkten vgl. *Gerber/Müller:* Kenntnis der Teilmärkte, S. 511 f.
8 *Ehresmann:* Qualitätsmanagement im Firmenkundengeschäft, S. 120
9 *Schöne/Pahner/Brabeck:* Mit Analysen zu mehr Kundenbindung, S. 40; vgl. auch *Ackerschott:* Strategische Vertriebssteuerung, S. 99 f.
10 *Ehresmann:* Qualitätsmanagement im Firmenkundengeschäft, S. 119
11 *Recht/Holm:* Vertriebssteuerung im Firmenkundengeschäft, S. 143
12 Zur Konkurrenzanalyse vgl. beispielsweise *Winkelmann:* Vertriebskonzeption, S. 540
13 Vgl. *Schmoll:* Die Praxis der Firmenkundenbetreuung, S. 130
14 Hinsichtlich der Verfahren zur Kundensegmentierung vgl. beispielsweise *Krauß:* Veränderungsprozesse im Firmenkundengeschäft, S. 145 f.; *Benölken:* Strategien für das Firmenkundengeschäft, S. 31 ff.
15 Vgl. *Benölken:* Strategien für das Firmenkundengeschäft, S. 39 f.
16 *Schneider/Käser:* Ertragssteigerung im Kommerzkundengeschäft (Kommerzkundenstudie 2004), S. 25
17 Vgl. *Schröder:* Portfolio-Analyse, S. 597; *Renker:* Relationship Marketing, S. 202
18 Vgl. *Kirchhoff/Günther:* Rentabilitäts-Analyse, S. 50; *Fröhlich/Brehm/Hurcks:* Potenzialorientierte Steuerung (I), S. 362
19 Vgl. *Benölken:* Strategien für das Firmenkundengeschäft, S. 31 *Renker:* Relationship Marketing, S. 95
20 Vgl. beispielsweise *Schröder:* Portfolio-Analyse, S. 600 f.
21 Vgl. *Fröhlich/Brehm/Hurcks:* Potenzialorientierte Steuerung (I), S. 362 f.

22 Vgl. *Schmoll:* Die Praxis der Firmenkundenbetreuung, S. 135
23 Zur Anwendung der Balanced Scorecard vgl. *Kipker:* Anwendungsstatus der Balanced Scorecard, S. 51 sowie die weiteren Beiträge im Sammelwerk „Strategisches Management in Genossenschaftsbanken" (Hrsg.: *I. Kipker*), Wiesbaden 2004; *Wiedemann:* Balanced Scorecard, S. 494 f.; *Wings/Benölken:* Kurs halten, S. 37 f.
24 Vgl. hierzu *Baumgart/Bitterwolf:* Balanced Scorecard, S. 24; *Ries/Scheuplein:* Fortschritt in der Banksteuerung, S. 48
25 Vgl. *Benölken/Gerber/Hertenstein:* Balanced Scorecard, S. 86
26 Vgl. *Sauer:* Balanced Scorecard, S. 328; Vgl. *Wiedemann:* Balanced Scorecard, S. 495 f.; *Poehls* u.a.: Strategische Neuausrichtung mit der Balanced Scorecard, S. 499; *Kipker/Rücker:* Potenziale heben, S. 18
27 *Könert:* Balanced Scorecard, S. 172; *Oechsler:* zielführend, S. 37; *Jöhnk/Bruns:* Wettbewerbsstrategien mit Hilfe der Balanced Scorecard, S. 17
28 Vgl. *Wiedemann:* Balanced Scorecard, S. 502; *Könert:* Balanced Scorecard, S. 175 f.; *Jöhnk/Bruns:* Wettbewerbsstrategien mit Hilfe der Balanced Scorecard, S. 21; *Sauer:* Balanced Scorecard, S. 328; *Benölken/Gerber/Hertenstein:* Balanced Scorecard, S. 89
29 Vgl. *Beutin/Klenk:* Erfolgreiches Cross Selling, S. 51; *Bertram/Ohm:* Gut gerüstet, S. 47; *Wiedmann/Buckler/Siemon:* Ertragspotenziale, S. 46
30 *Schneider/Käser:* Ertragssteigerung im Kommerzkundengeschäft, S. 24
31 Zur generellen Bedeutung der Cross Selling-Strategie vgl. die Ausführungen bei *Goedeckemeyer:* Mit Vertriebsoffensiven Erträge steigern, S. 28; *Krah:* Den Kunden als Ganzes sehen, S. 36; *Dehne:* Profitables Firmenkundengeschäft, S. 22
32 Vgl. *Thiesler:* Dienstleistungserträge im Firmengeschäft steigern, S. 25
33 *Ronzal:* Kundenorientiert verkaufen, S. 6
34 Vgl. *Moschner:* Herausforderungen an das integrierte Banking, S. 182; *Hinterberger:* Integrationsmodelle im Verbund, S. 271
35 Vgl. *Schulz:* Neue Finanzierungsformen, S. 121; *Hamm/Siems:* Effizient beraten, S. 20 ff.
36 Hinsichtlich der Beteiligungsfinanzierung vgl. die Beiträge im Sammelwerk von *Stadler* (Hrsg.): Venture Capital und Private Equity. Erfolgreich wachsen mit Beteiligungskapital, Köln 2000
37 Zur Mezzaninfinanzierung vgl. beispielsweise *Weddrien/Weigel:* Option für den Mittelstand, S. 39; *Brockmann/Hommel:* Jenseits des Kredits, S. 16; *Hamm/Siems:* Effizient beraten, S. 25; *Stringfellow:* Mezzanine-Finanzierung für Wachstumsunternehmen, S. 119 f.
38 Hinsichtlich der eigenkapitalstärkenden Aktionen der Austria Wirtschaftsservice GesmbH vgl. *Bruckner/Masopust/Schmoll:* Unternehmen – Finanzierung – Rating, S. 78 ff.
39 *Virnich/Bach/Bunz:* Firmenkunden offensiv ins Ausland begleiten, S. 11 f.

40 Vgl. beispielsweise *Erste Bank (Hrsg.)*: Die Chancen der EU-Erweiterung. Praxishandbuch für kleine und mittlere Unternehmen
41 Vgl. *Jakli:* Betriebliche Altersversorgung, S. 22 f.; *Brakensiek:* „Vorsorge" als strategisches Geschäftsfeld, S. 150 f.; *Florian:* Betriebliche Altersversorgung, S. 52 f.
42 Vgl. hierzu die Beiträge im Sammelwerk „Basel II. Konsequenzen für das Kreditrisikomanagement" (Hrsg.: *Bruckner/Schmoll/Stickler*), Wien 2003
43 Vgl. *Schmoll/Gutmayer:* Gründeroffensive der österreichischen Sparkassen, S. 368 f.
44 Vgl. *Presber/Röskens/Schenck:* Unternehmensnachfolge. Chancen für Banken, S. 18; *Schulz:* Neue Finanzierungsformen, S. 121
45 *Töfferl:* Consulting Banking, S. 109 f.; *Schämann:* Professionelles Finanzmanagement, S. 38.
46 Hinsichtlich der Beratungsleistungen für Firmenkunden vgl. beispielsweise *Göbel:* Bilanzstrukturmanagement, S. 46; *Simon:* Es lohnt sich, S. 34; *Zeller:* Unternehmenscheck, S. 18 f.
47 O. Vf.: Mittelstandsoffensive S. 32

Vertriebsorganisation

„Organisation ist *nicht alles*
aber
ohne Organisation ist *Vieles nichts"*

1. Anforderungen an die Vertriebsorganisation
2. Vertriebsstruktur
   2.1 Firmenkundenbetreuung innerhalb des Filialvertriebs
   2.2 Eigener Vertriebsweg: Betreuungs-Center für Firmenkunden
   2.3 Die Betreuungs-Center in der Vertriebsorganisation
   2.4 Mobiler Vertrieb
3. Führungskräfte im Vertrieb
   3.1 Charakteristik der Leitungsfunktion
   3.2 Verantwortungsbereiche des Vetriebsmanagers
   3.3 Aufgabenspektrum des Vetriebsmanagers
4. Zusammenarbeit zwischen Vertriebsmanagement und vertriebsnahen Organisationseinheiten
   4.1 Das Beziehungsgeflecht des Vertriebsmanagers in der Organisation
   4.2 Vertriebsnahe Stabstellen
   4.3 Ansatzpunkte für verbesserte Zusammenarbeit
5. Der Firmenkundenbetreuer
   5.1 Drehscheibe zum Markt
   5.2 Aufgaben des Firmenkundenbetreuers
   5.3 Anforderungsprofil des Firmenkundenbetreuers
   5.4 Schlussfolgerungen für das Vertriebsmanagement
6. Aktives Ressourcenmanagement
   6.1 Zeitprofil der Firmenkundenbetreuer
   6.2 Erhöhung der Nettovertriebszeit als Ziel
   6.3 Ansätze zur Kapazitätserhöhung für den Vertrieb

1. Anforderungen an die Vertriebsorganisation

Angesichts der spürbar veränderten Rahmenbedingungen braucht der *Firmenkundenvertrieb* eine adäquate organisatorische Basis. Sowohl die *Organisationsstruktur* (Aufbauorganisation) als auch die Gestaltung der *Geschäftsprozesse* (Ablauforganisation) sollen dazu beitragen, die Effizienz der Marktbearbeitung zu erhöhen. Dafür müssen folgende Kernanforderungen an die Vertriebsorganisation beachtet werden:[1]

Klare Zielgruppenorientierung

Den „typischen Bankkunden" gibt es nicht. Daher ist es notwendig, homogene Abnehmergruppen mit möglichst weitgehender Übereinstimmung hinsichtlich der Bedürfnis- und Problemstruktur zu bilden. Der Grundgedanke des *„Zielgruppen-Banking"* ist daher die konsequente vertriebspolitische Ausrichtung auf die unterschiedlichen Bedürfnisse einzelner Kundengruppen, um für sie zielgruppenspezifische Leistungsbündel anzubieten. Als erste Grobeinteilung wird üblicherweise zwischen „Privatkunden" und „Firmenkunden" unterschieden, wobei in weiterer Folge weitere Untergliederungen nach Kundensegmenten vorgenommen werden.

Zielgruppenorientierte Vertriebsorganisation

Die *Aufbauorganisation* der Bank muss die Rahmenbedingungen für einen aktiven Verkauf schaffen. Eine auf innerbetriebliche Arbeitsabläufe ausgerichtete Spartenorganisation ist dafür nicht geeignet. Eine Ausrichtung der Organisationsstruktur nach *Kundengruppen* bedeutet, den Markt und damit die Kundenbedürfnisse zum bestimmenden Einflussfaktor in der Bank zu machen.

Die Konsequenz einer zielgruppenorientierten Vertriebsorganisation führt zu einer kundengruppenorientierten *Planung* und *Ergebnisrechnung*. In diesem Sinn bildet die Zielgruppe „Firmenkunden" mit den dazugehörigen Produktgruppen ein *„strategisches Geschäftsfeld"* mit einer eigenen Geschäftsbereichsrechnung.

Konsequente Funktionstrennung

Um die angestrebte Verkaufsorientierung in die Realität umzusetzen, müssen Firmenkundenbetreuer von allen nicht markt- bzw. kundenbezogenen Folgearbeiten entlastet werden. Für die vielfältigen und zeitraubenden Kontroll-, Verwaltungs- und Abwicklungstätigkeiten sind eigene Funktionsbereiche in Form eines *„Marktfolgebereiches"* zu definieren. Diese organisatorische Funktionstrennung soll jene Basis schaffen, die sicherstellt, dass sich die Kundenbetreuer voll auf ihre Vertriebsaufgaben konzentrieren können. Gleichzeitig soll durch eine (weitgehende) Zentralisierung der Marktfolgebearbeitung eine höhere Produktivität erreicht werden.[2]

Beachtung organisatorischer Rahmenbedingungen durch die „Mak" („MSK")

Die im Jahr 2004 in Kraft getretenen „Mindestanforderungen an das Kreditgeschäft" (Mak)[3] haben nicht nur für das Risikomanagement und Risikocontrolling, sondern auch für die *Aufbau- und Ablauforganisation* einer Bank wesentliche Bedeutung. Ein zentraler Grundsatz der Mak ist die Trennung des Bereiches *„Markt"* von jenem der *„Marktfolge",* wobei der Marktbereich als derjenige definiert ist, der die Geschäfte initiiert. Diese funktionale Trennung muss bis in die Geschäftsleitung gewährleistet sein.

Neue Standards für Kreditprozesse

Neben der Aufbauorganisation wird durch die Mak auch die *Prozessgestaltung im Kreditgeschäft* stark beeinflusst. So ist für den Kreditentscheidungsprozess prinzipiell ein *Gemeinschaftskompetenzsystem* vorgesehen: Zusätzlich zum Votum der Kundenbetreuer im Markt muss eine vertriebsunabhängige Empfehlung durch die Sachbearbeiter der Marktfolge getroffen werden.

Aus der Neugestaltung der Kreditprozesse und Kompetenzordnung ergeben sich naturgemäß eine Reihe neuer *Schnittstellenfragen,* die es zu lösen gilt. Sowohl für den Marktbereich als auch für die Marktfolge sind daher *klare Qualitätsstandards* und *verbindliche Spielregeln* bei der Aufgabenerfüllung zu definieren. Nur so ist gewährleistet, dass die Umsetzung
- risikopolitischer Qualitätsziele *und*
- vertriebspolitischer Geschäftsintensivierungsziele

in gleicher Weise gefördert werden.

Ist dies nicht der Fall, so belegen viele Beispiele in der Praxis, dass durch die auftretenden *Schnittstellenprobleme* im Alltag vielfältige Reibungsverluste, Spannungen und auch Konflikte zwischen den Firmenkundenbetreuern und den Risikomanagern auftreten.[4]

2. Vertriebsstruktur

Auf Grund institutsspezifischer und regionaler Besonderheiten kann es nicht die ideale Vertriebsorganisation schlechthin geben. Vielmehr besteht heute in der Praxis eine große Vielfalt an Organisationsformen. Diese lassen sich in einem ersten Schritt dahingehend systematisieren, ob die Firmenkundenbetreuung innerhalb des Filialvertriebs angesiedelt ist oder in einer eigenen Vertriebsschiene. Einen Überblick über die organisatorischen Ansätze im Firmenkundenvertrieb bietet die Abbildung 30:

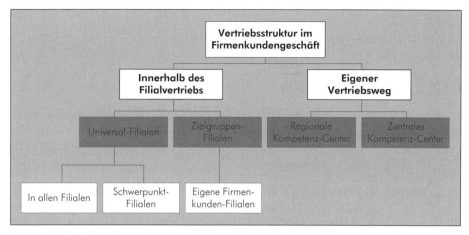

Abbildung 30: Systematik der Vertriebsstruktur im Firmenkundengeschäft

2.1 Firmenkundenbetreuung innerhalb des Filialvertriebs

2.1.1 Differenzierung der Universal-Filialen

Bei der „typischen" Zweigstelle, wie sie vor allem in kleineren Regionalbanken anzutreffen ist, handelt es sich um „Universalgeschäftsstellen", in denen prinzipiell alle Produkte für alle Kunden angeboten werden. Der Alltag ist vielfach durch eine starke Abwicklungsorientierung für das Mengengeschäft gekennzeichnet. Die Firmenkunden werden überwiegend vom *Zweigstellenleiter* „betreut" – sofern es seine zeitlichen Ressourcen zulassen.

Der zunehmende Kostendruck macht eine generelle Überprüfung dieser Vertriebskonzeption notwendig. Stärker als in der Vergangenheit bestimmen heute *Rentabilitätsüberlegungen* die Vertriebsstrategien im Firmenkundengeschäft. Die meisten Banken gehen daher von der lange Zeit vorherrschenden uniformen Vertriebspolitik ab. Das bedeutet, dass die Zielsetzung jedem Firmenkunden in sämtlichen Zweigstellen alle Produkte anzubieten einer *differenzierten* Vertriebskonzeption mit einem abgestuften Leistungsangebot wird weichen müssen.

Erklärtes Ziel ist es, nicht mehr alle Bedürfnisse aller Kunden in allen Stellen zu befriedigen, sondern das Marktpotenzial durch einen *„fokussierten Vertrieb"* besser zu erschließen. Fokussierter Vertrieb wird auf Kundentypen, Aufgaben- und Produktschwerpunkte hin ausgerichtet, was zu einer Differenzierung des Zweigstellennetzes führt. Die Beratung und Betreuung der Firmenkunden erfolgt dann nur mehr in so genannten Schwerpunkt-Filialen.

Durch diese gezielte Differenzierung der Vertriebsorganisation kann sowohl
- eine Erhöhung der Betreuungsqualität als auch
- eine Produktivitätssteigerung

erreicht werden.

2.1.2 Zielgruppen-Filiale

In größeren Banken erreicht man die Umsetzung der Zielgruppenorientierung dadurch, dass der Vertriebsbereich getrennt wird in
- einen Marktbereich „Privatkunden" und
- einen Marktbereich „Firmenkunden".

Die gesamte *Vertriebsorganisation* (Zentral- und Regionalebene) wird nach den speziellen Erfordernissen dieser beiden Geschäftsfelder strukturiert. Das erfordert eine konsequente Ausrichtung der einzelnen Hierarchiestufen (vom Vorstand bis zu den einzelnen Filialen) nach Zielgruppen:[5]

An Stelle von Universal-Filialen ist dieses Vertriebskonzept durch spezielle *„Zielgruppen-Filialen"* gekennzeichnet. *Kleinere Gewerbekunden* werden dem „Privatkundenbereich" zugeordnet, während die mittelständischen Firmenkunden in eigenen „Firmenkunden-Filialen" betreut werden. In diesen Spezial-Filialen wird dann das komplette Leistungsspektrum für Firmenkunden angeboten.

2.2 Eigener Vertriebsweg: Betreuungs-Center für Firmenkunden

Wie bereits erwähnt, kann eine stärkere Marktausschöpfung sowie eine gezieltere Ertragssteigerung im Firmenkundengeschäft durch die Installierung eigener „Betreuungs-Center für Firmenkunden"[6] erreicht werden. (In der Praxis werden dafür auch Bezeichnungen wie *„Kompetenzzentrum"*, *„Beratungszentrum"* oder *„Kommerz-Center"* verwendet.) Der Aufbau eines Betreuungs-Centers für Firmenkunden erfordert einen systematischen Gestaltungsprozess, bei dem es verschiedene Fragen zu klären gilt.

2.2.1 Kundenabgrenzung und Kundenübergaben

In einem ersten Schritt ist die Frage zu klären, welche Unternehmen vom Betreuungs-Center aus betreut werden sollen und welche in der Betreuungsverantwortung der Zweigstelle bleiben. Dafür haben sich in der Praxis folgende *Abgrenzungskriterien* bewährt:
- Betriebsleistung des Unternehmens (Firmenumsatz),
- Höhe des Ausleihungsvolumens (Kundenobligo),
- Kundendeckungsbeitrag
- bestimmte Produktnutzung (z. B. komplexere Auslandsgeschäfte),
- Geschäftspotenzial des Firmenkunden.

Wichtig ist in diesem Zusammenhang, dass diese Kriterien genau definiert und exakte Größen (z. B. Firmenumsatz > x Mio. Euro) für die Abgrenzung vorgegeben werden.

Ganz entscheidend für den Erfolg dieser Vertriebsorganisation ist die Phase der *Kundenübergaben*, da es sich um sensible Prozesse handelt. Für viele Zweigstellenmitarbeiter ist es nicht einfach, Firmenkunden, die sie langjährig betreut haben (und zu denen oftmals enge Beziehungen bestehen), abgeben zu müssen. Und es darf auch nicht übersehen werden, dass gleichzeitig mit den Kunden auch die mit ihnen erwirtschafteten Deckungsbeiträge in das Betreuungs-Center übertragen werden.

Vor allem bei jenen Firmenkunden, bei denen es im Zuge der Neuorganisation zu einem Betreuerwechsel kommt, ist es wichtig, dass der bisherige Kundenbetreuer dem Unternehmer den neuen Betreuer *persönlich* vorstellt und der *Nutzen* des neuen Betreuungskonzeptes klar vermittelt wird.

2.2.2 Struktur eines Firmenkunden-Centers

Hinsichtlich der Aufgabenbereiche in einem Betreuungs-Center kann man bei den Mitarbeitern folgende *Funktionstypen* unterscheiden:
- Centerleiter
- Firmenkundenbetreuer
- Assistenten
- Risikomanager
- Produktspezialisten

Einen Überblick über die Organisationsstruktur eines derartigen Centers für das Firmenkundengeschäft gibt die folgende Abbildung:

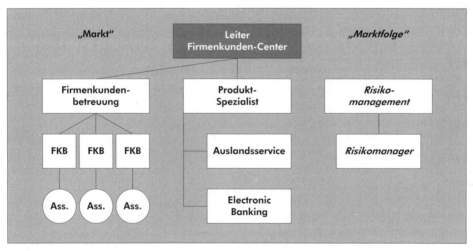

Abbildung 31: Organisationsstruktur eines Firmenkunden-Centers

2.3 Die Betreuungs-Center in der Vertriebsorganisation

2.3.1 Regionale Vertriebsorganisation in Großbanken

Bei größeren Instituten (z. B. „Flächenbanken") wird das Verkaufsgebiet zweckmäßigerweise in *regionale Teilmärkte* gegliedert, für die jeweils detaillierte Teilmarktanalysen zu erstellen sind.

Dabei sind beispielsweise für die einzelnen Regionen folgende Fragen zu klären:
- Über welche Marktposition verfügt die Bank im Firmenkundengeschäft?
- Welche Kunden- und Marktpotenziale sind vorhanden?
- Wer sind die wichtigsten Mitbewerber?

Das Ziel ist dann nicht mehr die gleichartige Flächenabdeckung im Vertrieb, sondern die konsequente Nutzung *regionaler Potenziale.* Daraus ergibt sich die Festlegung von Investitions- und Ressourcenprioritäten entsprechend den regionalen und zielgruppenspezifischen Gegebenheiten.

Eine zielgruppenorientierte Teilmarktkonzeption schafft somit die Voraussetzung, Markt- und Kundenpotenziale in besseren Einklang mit den vorhandenen (quantitativen und qualitativen) Ressourcen zur bringen. Die Konzentration auf Kundengruppen erfordert daher in den Regionen eine *segmentspezifische Vertriebsorganisation:* Das Leistungsangebot der Zweigstellen wird in diesem Fall durch *regionale* Kompetenzzentren ergänzt.

Die Gesamtverantwortung für einen Teilmarkt liegt beim *Regionaldirektor* (Landesdirektor; Stadtdirektor). Er plant den Einsatz der Ressourcen zur optimalen Ausschöpfung des Marktpotenzials und zur Ertragssteigerung in der Region. In Abstimmung mit der Geschäftspolitik des Hauses legt er die vertriebspolitischen Schwerpunkte für den Teilmarkt fest und steuert den Ressourceneinsatz.

Für das Firmenkundengeschäft ergibt sich somit eine abgestufte *Vertriebsstruktur.* Beispielhaft ist in der Abbildung 32 die Vertriebsorganisation der *Kreissparkasse Köln* dargestellt.

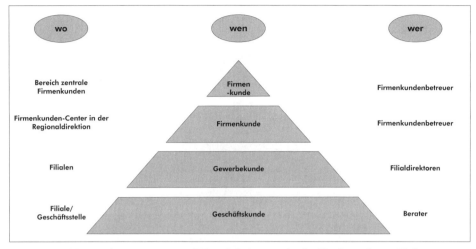

Abbildung 32: Kundensegmente und Vertriebsformen in der Kreissparkasse Köln

2.3.2 Zentrale Firmenkundenbetreuung in Kleinbanken

Speziell in kleineren Kreditinstituten gibt es oftmals nur wenige Mitarbeiter, die über das für das mittelständische Firmenkundengeschäft erforderliche Know-how verfügen. In diesem Fall ist es sinnvoll, die Betreuung der mittelständischen Firmenkunden zu *zentralisieren* und das Betreuungs-Center in der *Zentrale* zu errichten.

Durch die Herauslösung der mittelständischen Firmenkunden (sowie der gehobenen Privatkunden) aus dem Zweigstellenbereich gelangt man zu folgender Vertriebsstruktur:

Zweigstellen-Vertrieb für
- Standard-Privatkunden (Mengengeschäft)
- Kleinere Geschäftskunden

Zentraler Vertrieb für
- Gehobene Privatkunden (Individualkunden)
- Mittelständische Firmenkunden

Auf diese Weise ergibt sich für den Vertrieb der Bank eine Organisation in „Servicebank", „Privatkundenbank" und „Firmenkundenbank". Das vereinfacht dargestellte *Organigramm* ist aus der Abbildung 33 ersichtlich.[7]

Dieses Vertriebskonzept eignet sich vor allem für jene Banken, deren *Geschäftsgebiet* regional so begrenzt ist, dass die Firmenkunden vom Hauptsitz der Bank aus mit vertretbarem Zeitaufwand erreicht werden können. Außerdem ist in der Praxis festzustellen, dass mit zunehmender Größe eines Unternehmens der Wunsch nach örtlicher Nähe zur Bankgeschäftsstelle abnimmt. Vielmehr steht bei diesen Firmenkunden das Bedürfnis nach kompetenter Beratung im Vordergrund, sodass der Standort des Betreuungs-Centers von untergeordneter Bedeutung ist.

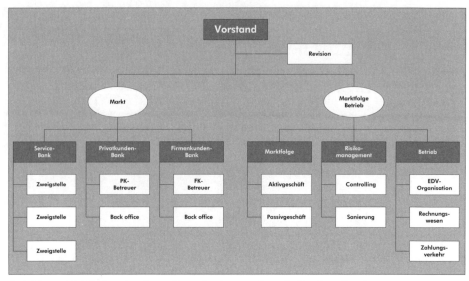

Abbildung 33: Marktorientierte Organisationsstruktur in Regionalbanken

2.3.3 Zusammenarbeit mit den Filialen

Um eine reibungslose Abwicklung des Zahlungsverkehrs zu gewährleisten, verbleibt *das Tagesgeschäft* von den in den Kompetenzzentren betreuten Firmenkunden weiterhin in der örtlichen Filiale. Somit bildet die Geschäftsstelle auch in diesem Vertriebskonzept einen wichtigen Drehpunkt der Geschäftsbeziehung – lediglich ihre Funktionen haben sich geändert.

In diesem Zusammenhang ist es wichtig, den Filialleiter mit einzubeziehen, da ja durch das Herauslösen der Firmenkunden aus der Filiale gerade jene Kunden abgegeben werden mussten, die für sein Ansehen bedeutsam waren. Den Filialen ist daher klar zu kommunizieren, dass mit der neuen Vertriebsschiene für das Firmenkundengeschäft für sie kein Imageverlust verbunden ist.

Diese emotionalen Fragen werden in der Praxis manchmal unterschätzt. Eine Gefahr für den Erfolg dieses Vertriebskonzeptes entsteht zum Beispiel dadurch, wenn sich die Geschäftsstellen lediglich in die Rolle eines „Erfüllungsgehilfen" für die Kompetenzzentren gedrängt fühlen. Oder wenn ein „Ressortdenken" aufkommt und die Mitarbeiter beginnen zwischen „meinen" und „deinen" Kunden zu unterscheiden. Ganz entscheidend sind daher eine konstruktive Kommunikation und Information sowie eine klare Festlegung der *Aufgabenverteilung* zwischen Zweigstelle und Kompetenzzentrum. Es muss deutlich werden, dass Firmenkunden-Center und Zweigstellen keine Konkurrenten, sondern ein *Vertriebsteam* im Sinne einer *Leistungsgemeinschaft* bilden. Den Vertriebsmanagern kommt in diesem Prozess daher auch eine wichtige Koordinationsfunktion zu. Gleichzeitig muss in der *Profit-Center-Rechnung* für eine entsprechende Aufteilung der Erträge zwischen Firmenkunden-Center und Zweigstelle gesorgt werden.

2.4 Mobiler Vertrieb

Die bis jetzt behandelten Vertriebsformen lassen sich mit dem Begriff „stationärer Vertrieb" zusammenfassen. Dabei ist es im Firmenkundengeschäft üblich, dass die Beratungsgespräche nicht nur in der Bank sondern immer mehr in den Geschäftsräumen des Betriebes erfolgen. Die Unternehmer erwarten, dass die Bank zum Kunden kommt und nicht umgekehrt. Vielfach wird diese Vertriebsform als *Bankaußendienst* bezeichnet.

Als eine Weiterentwicklung des Bankaußendienstes kann der *„mobile Vertrieb"* bezeichnet werden. In seiner reinsten Ausprägung hat der Firmenkundenbetreuer bei dieser Konzeption gar kein eigenes Büro mehr in der Bank, sondern erledigt seine Aufgaben von zu Hause aus. Als Beispiel für das Modell des *„mobilen Firmenkundenbetreuers"* soll hier das Vertriebskonzept der *Taunus Sparkasse* skizziert werden.

Die Vision, die am Beginn der Neustrukturierung des Firmenkundenvertriebes stand, lässt sich folgendermaßen definieren:[8]

Der Firmenkundenbetreuer hat
- mehr Zeit für seine Kunden
- keine langen Anfahrtswege zu den Unternehmungen, denn er lebt im Umfeld seiner Firmenkunden
- keine fixen Arbeitszeiten, sondern er bestimmt selbst seinen Zeiteinsatz
- nichts mit administrativen Aufgaben zu tun.

Die Grundidee aus Sicht der Taunus Sparkasse lautet:

> „Der Arbeitsplatz des Firmenkundenbetreuers
> ist der Schreibtisch des Kunden."

Die Betreuer leben im Umfeld ihrer Kunden und agieren von zu Hause aus. Anstelle eines Arbeitsplatzes in der Bank wurde den Vertriebsmitarbeitern ein *„Home-Office"* eingerichtet, das mit ISDN-Anschluss, Fax-Kopierer, Modem usw. ausgestattet ist. Die Kommunikation erfolgt über stationäres Telefon, Mobiltelefon, E-Mail oder Lotus Notes. Der Zugriff auf die IT-Systeme der Bank wird in verschlüsselter Form ermöglicht. Für die Beweglichkeit in der Region stehen den Betreuern persönliche Dienstfahrzeuge zur Verfügung.

Sicherlich erfordert so ein „mobiles Konzept" *neue Denkweisen* und auch *veränderte organisatorische Rahmenbedingungen*. Einige davon sollen hier skizziert werden:[9]

Verändertes Anforderungsprofil
Der mobile Firmenkundenbetreuer hat keine geregelte Arbeitszeiten – dies erfordert von ihm ein effizientes Zeitmanagement. (So kann er beispielsweise untertags private Einkäufe erledigen – und führt am Abend oder an einem Samstag Kunden-

gespräche). Im Sinne einer konsequenten Leistungsorientierung muss der Mitarbeiter bereit sein, dass ein Teil seiner Bezüge erfolgsabhängig bezahlt wird.

Unterstützung durch Betreuungsassistenten
Damit die Firmenkundenbetreuer ein Maximum ihrer Zeit für die aktive Kundenbetreuung und Marktbearbeitung aufwenden können, erhalten sie eigene Betreuungsassistenten („Firmenkundenreferenten") zur Vertriebsunterstützung. Alle administrativen Tätigkeiten wie zum Beispiel Kundenanfragen, Übersendung von Angeboten, Besuchsvorbereitungen, Reklamationen usw. werden von den Assistenten im Innendienst erledigt. Gleichzeitig fungiert der Betreuungsassistent als Ansprechpartner für den Kunden, wenn der Betreuer unterwegs ist.

Kommunikation
Da die Vertriebsmitarbeiter in ihren Regionen unterwegs sind, fehlt der sonst übliche Kontakt mit den Kollegen sowie mit den Führungskräften. In einem mobilen Vertriebskonzept müssen daher gezielt einige Voraussetzungen für einen regelmäßigen Informationsaustausch geschaffen werden. Neben der Bereitstellung einer Plattform zum Informations- und Gedankenaustausch mittels Intranet gibt es regelmäßige Vertriebsmeetings in der Bank, in denen ein intensiver Erfahrungsaustausch über Erfolge und Misserfolge am Markt sowie über die Zielerreichungen stattfindet. Damit die sozialen Kontakte nicht zu kurz kommen, werden verschiedene Möglichkeiten der informellen Kommunikation wie die Einrichtung eines „Stammtisches" oder gemeinsame Ausflüge genutzt.

Geändertes Führungsverhalten
Durch das Konzept des „virtuellen Büros" sind die Vertriebsmitarbeiter in der Bank selten präsent. Das heißt, dass traditionelle Mechanismen der Kontrolle nicht mehr greifen. Dieser Umstand erfordert auch von den Führungskräften im Vertrieb eine Umstellung, weil die unmittelbare direkte Vertriebssteuerung entfällt. Mehr als bei üblichen Vertriebsstrukturen spielt hier die Vertrauensbasis zwischen Führungskraft und Mitarbeiter eine große Rolle.

Aufbauend auf den Zielvereinbarungen zu Jahresbeginn werden von den Firmenkundenbetreuern monatliche Vertriebsberichte zusammengestellt. Diese werden in den Vertriebsmeetings präsentiert, damit alle Mitarbeiter einen Gesamtüberblick über die in Bearbeitung befindlichen Geschäfte erhalten.

Insgesamt zeigen die Ergebnisse der Taunus Sparkasse, dass der mobile Vertrieb im Firmenkundengeschäft zu einem effizienteren Einsatz der Firmenkundenbetreuer und damit zu einer intensiveren Kundenbetreuung bei steigenden Erträgen führte.

3. Führungskräfte im Vertrieb

3.1 Charakteristik der Leitungsfunktionen

Die Konsequenz der marktorientierten Gestaltung des Firmenkundengeschäfts besteht darin, *„Vertriebsmanagement"* als *eigenständige Aufgabe* zu definieren, die sich von anderen Aufgaben des Bankgeschäfts deutlich unterscheidet. Diese Funktion soll der eines spezialisierten Verkaufs*leiters* entsprechen, wie sie in Industrie- und Handelsbetrieben anzutreffen ist. Die Konzentration auf die Lenkung und Steuerung des Vertriebes im Hinblick auf die Zielerreichung im Firmenkundengeschäft lässt dem *Verkauf in der Bank* jenen Stellenwert zukommen, der ihm nicht zuletzt auf Grund der geänderten Markt- und Wettbewerbsbedingungen gebührt.

Wie im vorigen Abschnitt gezeigt wurde, findet man in der Praxis die unterschiedlichsten Formen der *Vertriebsorganisation*. Ebenso vielfältig ist die Ausprägung der *Führungsfunktionen* im Vertrieb. Je nach Institutsgröße, Organisationsstruktur bzw. Hierarchiestufe kann man folgende Funktionsträger zum Kreis der *„Vertriebsmanager"* zählen:

Vorstandsmitglied für den Markt

Bereits durch die Funktionstrennung zwischen „Markt" und „Marktfolge" gibt es eine klare Marktverantwortung. Bei größeren Instituten spiegelt sich die Zielgruppenorientierung bereits auf der ersten Hierarchiestufe wider, sodass man im Organigramm dieser Häuser ein eigenes „Vorstandsmitglied für das Firmengeschäft" findet.

Marktbereichsleiter

Bei größeren Banken, deren Einzugsgebiet mehrere Verkaufsregionen umfasst, sind unter dem Vorstand die „Bereichsleiter" („2. Ebene") angesiedelt. Die den verschiedenen Kundengruppen zurechenbaren Märkte werden zu *„Strategischen Geschäftsfeldern"* zusammengefasst. In diesem Sinn hat der „Bereichsleiter Firmenkunden" die umfassende Ergebnisverantwortung für das Firmenkundengeschäft der Bank.

Regionalleiter

Bei jenen Instituten, in denen der Bankvertrieb in abgegrenzte Verkaufsregionen unterteilt ist, gibt es *regionale Verkaufsleiter*. Diese Vertriebsmanager haben in ihrem Regionalmarkt wichtige Führungsaufgaben wahrzunehmen: Die Planung, Steuerung und Kontrolle der Verkaufsaktivitäten in den ihnen unterstellten Vertriebseinheiten.

Filialleiter

In kleineren Regionalbanken werden die Firmenkunden in den Filialen betreut. Zuständig für die Organisation und Steuerung der Filiale (bzw. Zweigstelle) ist der Filialleiter, in dessen Verantwortungsbereich in den meisten Fällen auch die Betreuung von Firmenkunden fällt.

Leiter der Firmenkunden-Center

Wie die Ausführungen zur Vertriebsorganisation zeigen, besteht bei etlichen Banken ein eigener Vertriebsweg für das Firmenkundengeschäft. Die Betreuung der Firmenkunden findet dann in den Firmenkunden-Center statt, die von einem *Centerleiter* geführt werden. Neben der Betreuung wichtiger Kunden umfasst diese Leitungsfunktion vor allem die erfolgsorientierte Führung der Firmenkundenbetreuer im Center.

3.2 Verantwortungsbereiche des Vertriebsmanagers

Der Vertriebsmanager trägt die *umfassende Marktverantwortung* für das Firmenkundengeschäft in seinem Bereich bzw. in seiner Region. In seinem Bereich sorgt er für die Planung und Kontrolle der Ziele sowie für die Umsetzung der Marktstrategien. Angestrebt werden die langfristige Absicherung und der Ausbau der Marktposition der Bank im Firmenkundensegment, wobei die Optimierung der Ertragsgestaltung im Mittelpunkt steht.

Aus dieser generellen Zielsetzung lassen sich folgende *Verantwortungsbereiche* ableiten:[10]

Volumensverantwortung
Erst eine (selektive) Ausweitung des Geschäftsvolumens bildet die Basis für die Kostenabdeckung und Erzielung der erforderlichen Erträge. Dies wird einerseits durch die *Intensivierung* der bestehenden Kundenbeziehungen („Cross Selling") und andererseits durch die *Akquisition* von Neukunden erreicht.

Ergebnisverantwortung
Bei den meisten Zielsystemen von Banken bildet die nachhaltige Ertragssteigerung eine wichtige strategische Zielgröße. Ausgehend von den angestrebten Bereichszielen für das Firmenkundengeschäft liegt es in der Verantwortung des Vertriebsmanagers, den Deckungsbeitrag seines Profit-Centers (Deckungsbeitrag der Verkaufsregion bzw. des Kommerz-Centers usw.) zu optimieren.

Kostenverantwortung
Wie bereits erwähnt, spielen Rentabilitätsüberlegungen im Firmenkundengeschäft heute eine weitaus größere Rolle, als dies früher der Fall war. Nicht zuletzt deshalb findet sich in vielen Geschäftsfeldrechnungen die Cost-Income-Ratio als Zielwert. Das bedeutet auch für die Führungskräfte im Vertrieb, dem Kostenmanagement vermehrt Aufmerksamkeit zu schenken. Nicht nur die direkten Kosten der Ver-

triebseinheiten, sondern auch die Kosten der Geschäftsprozesse (Vertriebsprozess, Kreditprozess) müssen ständig hinterfragt werden.

Risikoverantwortung

Neben den Wert-, Personal- und Prozesskosten bilden die Risikokosten einen nicht unwesentlichen Kostenblock im Firmenkundengeschäft eines Kreditinstituts. Ihre Höhe beeinflusst daher maßgeblich die Ertragslage einer Bank. Das Bemühen um eine Reduzierung der Risikokosten muss daher auch als ein deklariertes Ziel des Vertriebsmanagements angesehen werden. Alle Markt- und Verkaufsstrategien im Firmenkundengeschäft sind stets unter Beachtung der Risikokomponente zu realisieren.

Personalverantwortung

Die Umsetzung der geplanten Vertriebsstrategien liegt bei den Vertriebsmitarbeitern. Im Rahmen seiner Personalverantwortung muss der Vertriebsmanager daher maßgeblich bei der Personalplanung, Personalauswahl sowie der Personaleinsatzplanung in seinem Funktionsbereich mitwirken.

Ein für die Vertriebsoptimierung zentraler Erfolgsfaktor ist zweifelsohne die *verkaufsorientierte Führung* der Mitarbeiter. Wegen der Bedeutung dieser Frage für den Vertriebserfolg ist diesem Themenkomplex ein eigenes Kapitel gewidmet (siehe Kap. VI). Im Sinne einer gezielten Personalentwicklung hat der Vertriebsmanager für eine systematische Aus- und Weiterbildung zu sorgen. Handelt es sich um den Verantwortungsbereich eines Marktbereichsleiters, dem noch weitere Führungskräfte unterstellt sind, muss auch auf die Entwicklung von deren Führungskompetenz besonderer Wert gelegt werden.

Kundenverantwortung

Neben dieser für die Bank sehr wesentlichen Verantwortungsbereiche darf man eine wesentliche „Zielgröße" nie aus den Augen verlieren: den Kunden selbst. Entscheidend für den Vertriebserfolg ist letztlich immer, wie weit es gelingt, die Bedürfnisse und Erwartungen der Firmenkunden zu erfüllen. Die Vertriebsverantwortung umfasst daher konsequenterweise auch die Verantwortung für die Zufriedenheit der Firmenkunden im regionalen Markt.

Die Abbildung 34 zeigt zusammenfassend die Verantwortungsbereiche eines Vertriebsmanagers:

3.3 Aufgabenspektrum des Vertriebsmanagers

Je nach hierarchischer Positionierung sind von einem Vertriebsmanager entweder mehr strategische oder mehr operative Aufgaben zu erfüllen. Auch die im Verantwortungsbereich betreuten Kundensegmente haben Einfluss auf die Aufgabenstellung und das Anforderungsprofil der Führungskräfte im Vertrieb. Daher kann es auch nicht eine für alle Funktionstypen gültige Funktionsbeschreibung geben. Dennoch lassen sich bestimmte *Kernfunktionen* definieren, die je nach Position in unterschiedlicher Intensität wahrgenommen werden:

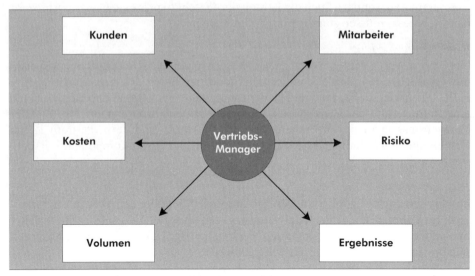

Abbildung 34: Verantwortungsbereiche des Vertriebsmanagers

Der Vertriebsmanager als Vertriebsstratege
Mitwirkung bei der Zielformulierung und Mitarbeit bei der Entwicklung von Vertriebsstrategien zur Zielerreichung im entsprechenden Verantwortungsbereich.

Der Vertriebsmanager als Vertriebsförderer
Schaffung jener Rahmenbedingungen (Organisation, Instrumente, Vertriebsunterstützung usw.), die erforderlich sind, damit die Kundenbetreuer optimale Verkaufsergebnisse erzielen können.

Der Vertriebsmanager als Lenker des Vertriebs
Durch eine gezielte Vertriebssteuerung soll ein systematischer Vertriebsprozess sowie eine ganzheitliche, bedarfsgerechte und potenzialorientierte Kundenbetreuung sichergestellt werden.

Der Vertriebsmanager als Entscheidungsträger
Die geschäftlichen und betrieblichen Entscheidungen werden zügig und nachvollziehbar getroffen, soweit sie nicht in den Zuständigkeitsbereich der operativen Vertriebseinheiten fallen. So muss es beispielsweise für Konditionsentscheidungen bestimmte Bandbreiten für die jeweilige Entscheidungshierarchie geben.

Der Vertriebsmanager als Controller
Das Vertriebscontrolling umfasst sowohl das Ergebnis- als auch das Maßnahmencontrolling. Aufbauend auf SOLL-/IST-Vergleiche werden Abweichungen analysiert und erforderlichenfalls Korrekturmaßnahmen eingeleitet.

Der Vertriebsmanager als Personalentwickler und Coach
Im Rahmen der Mitarbeiterführung geht es um die Förderung der Vertriebsmitarbeiter in Richtung erfolgreicher Kundenbetreuer und Verkäufer. Daher ist für eine

ständige Weiterentwicklung ihrer fachlichen und verkäuferischen Fähigkeiten zu sorgen. Unmittelbare Unterstützung wird von der Führungskraft durch „Coaching im Vertrieb" gegeben.

Die mit diesen Kernfunktionen verbundenen Tätigkeiten lassen sich zu sieben *Aufgabenbereichen* eines Vertriebsleiters zusammenfassen:

1. Zielformulierung und Planung
2. Vertriebssteuerung und Vertriebsunterstützung
3. Vertriebscontrolling
4. Mitarbeiterführung und Personalentwicklung
5. Information und Kommunikation
6. Koordination
7. Öffentlichkeitsarbeit und Repräsentation

Die daraus resultierenden Aktivitäten finden sich in der Abbildung 35.

Zielformulierungen und Planung

- Mitgestaltung bei der strategischen Planung (Geschäftsfeldstrategie für das Firmenkundengeschäft)
- Mitwirkung im operativen Planungsprozess (Planung der Jahresziele für den Verantwortungsbereich)
- Mitwirkung bei der Maßnahmenplanung
- Vermittlung der Jahresziele an die unterstellten Vertriebseinheiten (bzw. Vertriebsmitarbeiter)

Vertriebssteuerung und Vertriebsunterstützung

- Verantwortung für die Erarbeitung von Vertriebsstrategien zur Zielerreichung (Verkaufskonzepte) in der Verkaufsregion
- Setzen von Verkaufsschwerpunkten (im Einklang mit der Geschäftsfeldstrategie)
- Unterstützung der Vertriebseinheiten (bzw. Vertriebsmitarbeiter) bei der Umsetzung lokalmarktbezogener Maßnahmen
- Steuerung des Ressourceneinsatzes (Personal, Sachmittel, Investitionen)
- Impulsgeber und Mitwirkung an der Erarbeitung der generellen Vertriebsstrategien für die Gesamtbank
- Unterstützung bei Geschäftsanbahnungen (Teilnahme an Kundengesprächen)
- Sicherstellung eines systematischen Vertriebsprozesses
- Zügiges Treffen von vertriebsrelevanten Entscheidungen, die über die Kompetenz der Vertriebseinheiten hinausgehen (z. B. Konditionenentscheidungen)

Vertriebscontrolling

- Periodisches Controlling der Zielerreichung
- Ergebnis-Controlling hinsichtlich Volumen/Erträge/Produktnutzung
- Überprüfung der Einhaltung der Service- und Qualitätsstandards
- Initiierung von Kundenbefragungen zur Erhebung der Kundenzufriedenheit
- Abweichungsanalyse (SOLL/IST-Vergleich) und Ableitung von Maßnahmen
- Überwachung der Umsetzung der vereinbarten Vertriebsmaßnahmen (Maßnahmen-Controlling)

Abbildung 35: Aufgabenspektrum eines Vertriebsmanagers

Mitarbeiterführung und Personalentwicklung

- Steuerung des Mitarbeitereinsatzes
- Systematische Personalentwicklung (Anwendung der Führungsinstrumente)
- Laufbahnorientierte Aus- und Weiterbildung (Aufbau von Fachkompetenz, Verkaufskompetenz, Sozialkompetenz)
- Entwicklung von Teamgeist und Teamfähigkeit in den Vertriebseinheiten
- Initiierung, Steuerung und Management von Veränderungsprozessen

Information und Kommunikation

- Sicherstellung eines zielgerichteten und zeitnahen Informationsaustausches
- Regelmäßige Vertriebsmeetings
- Regelmäßige Besprechung der Verkaufsergebnisse
- Informationstransfer (Beschaffung der aufgabenrelevanten Informationen und Weitergabe an die Vertriebseinheiten)
- Weitergabe von entscheidungsrelevanten Informationen an den Linienvorgesetzten

Koordination

- Förderung des Erfahrungsaustausches zwischen den Vertriebseinheiten und Spezialabteilungen (Marktfolge, Produktstellen usw.)
- Sicherstellung einer reibungslosen Zusammenarbeit zwischen den Vertriebseinheiten und der Marktfolge
- Helfer und Interessenvertreter der Vertriebseinheiten gegenüber Zentralstellen
- Regelmäßige Abstimmung mit den vertriebsrelevanten Stabstellen („Vertriebssteuerung", „Marketing" usw.)
- Förderung einer verkaufsorientierten Unternehmenskultur in der Bank durch aktive Information innerhalb des Instituts über Markt- und Vertriebsfragen

Öffentlichkeitsarbeit und Repräsentation

- Kontaktpflege mit öffentlichen Meinungsbildnern in der Region
- „High level-Betreuung" von ausgewählten Kunden
- Teilnahme an Kundenveranstaltungen
- Präsenz bei wichtigen gesellschaftlichen und wirtschaftspolitischen Ereignissen
- Repräsentation der Bank gegenüber der mittelständischen Wirtschaft im lokalen Markt

Abbildung 35: Aufgabenspektrum eines Vertriebsmanagers (Fortsetzung)

4. Zusammenarbeit zwischen Vertriebsmanagern und vertriebsnahen Organisationseinheiten

4.1 Das Beziehungsgeflecht des Vertriebsmanagers in der Organisation

Die Darstellung der Aufgabenbereiche macht das sehr komplexe Tätigkeitsgebiet der Vertriebsmanager deutlich. Eine wirkungsvolle Wahrnehmung dieser Funktion erfordert sowohl einen angemessenen Stellenwert in der Bank als auch eine effiziente Zusammenarbeit mit anderen vertriebsnahen Organisationseinheiten.

Das generelle Ziel einer Bank ist der Verkauf von Finanzprodukten an bestimmte Kundengruppen. Aus organisatorischer Sicht kann man sich daher das Zusammenspiel der wichtigsten Funktionsbereiche als dreidimensionale Matrix mit den Dimensionen
- „Zielgruppe" *(Zielgruppenmanagement)*
- „Produkt" *(Produktmanagement)*
- „Vertrieb" *(Vertriebsmanagement)*

vorstellen.

Das *Zielgruppenmanagement* für Firmenkunden[11] hat die in der Bank vorhandenen Produktangebote so zu bündeln, dass daraus für die Unternehmen ein qualitativ hochwertiges *„Leistungspaket"* entsteht. Dafür ist eine ständige Koordination mit den verschiedenen *Produktstellen* sowie mit den diversen *Tochtergesellschaften* der Bank (bzw. Verbundeinrichtungen) erforderlich. Die Umsetzung dieser Angebote in konkrete Verkaufsmaßnahmen bedingt wiederum eine enge Zusammenarbeit mit dem *Vertriebsmanagement*.

Neben diesen unmittelbar marktorientierten Einheiten gibt es noch eine Reihe von Servicestellen, deren Leistungen für den Vertrieb ebenfalls von Interesse sind. Für die Verkaufsunterstützung i. w. S. spielt beispielsweise die Kommunikations- und Werbestrategie der *Werbeabteilung* eine entsprechende Rolle. Für die Vertriebssteuerung sowie für den Planungs- und Controllingprozess werden wiederum vielfältige Daten und Auswertungen benötigt, die von der *Controllingabteilung* bzw. der Stelle *„Gesamtbanksteuerung"* zur Verfügung gestellt werden.

Schließlich sind für die fachliche und persönliche Weiterentwicklung der Firmenkundenbetreuer die Aus- und Weiterbildungskonzepte des *„Personalbereichs"* von Relevanz. Diese Beispiele machen bereits die *Vielfalt* der Beziehungen deutlich und zeigen, wie wichtig es ist, dass Vertriebsmanager auch ausgeprägte *Organisations- und Koordinationsfähigkeiten* besitzen. Einen Überblick über das vertriebsrelevante Beziehungsgeflecht in der Bank bietet die Abbildung 36.

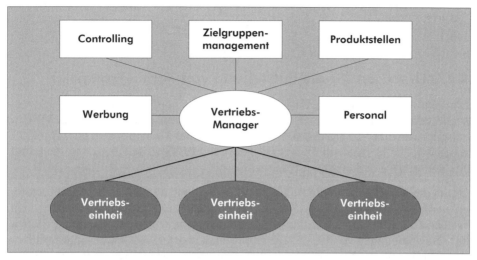

Abbildung 36: Beziehungsgeflecht des Vertriebsmanagers

4.2 Vertriebsnahe Stabstellen

4.2.1 Arbeitsteilung

In der in Abbildung 36 dargestellten arbeitsteiligen Funktionszuordnung kommt der Zusammenarbeit mit den vertriebsnahen Stabstellen besondere Bedeutung zu. Beide brauchen einander, um in einem immer härter werdenden Wettbewerb wirkungsvolle Marktstrategien zu entwickeln und umzusetzen. In der Praxis kann man für diese Stabsfunktionen sowohl unterschiedliche Aufgabenstellungen als auch unterschiedliche Bezeichnungen antreffen wie zum Beispiel:
- Zielgruppenmarketing
- Zielgruppenmanagement
- Vertriebssteuerung
- Vertriebsunterstützung

Die Aufgabenschwerpunkte dieser Stellen lassen sich dahingehend systematisieren, ob es sich primär um *Steuerungsfunktionen* (Zielvorgaben, Controlling usw.) oder mehr um *verkaufsunterstützende* Funktionen (Konzeptentwicklung, Marktanalysen usw.) handelt. Je größer ein Kreditinstitut ist, desto weitergehend werden Arbeitsteilung und Spezialisierung sein. Eine Folge dieser Arbeitsteilung ist aber nicht nur die Aufgliederung von Teilaufgaben auf verschiedene Organisationseinheiten, sondern auch die Entwicklung von eigenen *Subkulturen* in diesen Stellen. So entstehen in der Vertriebslinie und in den Stabstellen teilweise
- eigene Problemsichten
- eigene Prioritäten
- eigene Denkweisen sowie
- eigene Wertvorstellungen.

Für die Praxis bedeutet dies: An den organisatorischen *Schnittstellen* kann durch diese Unterschiede in den Subkulturen *Konfliktpotenzial* entstehen. Ein Blick in den Bankenalltag zeigt, dass die Kooperation zwischen Vertrieb und Stabstellen manchmal von mannigfaltigen Problemen gekennzeichnet ist.

4.2.2 Ursachen für die Entstehung von Konfliktpotenzial

Ein wichtiger Aspekt für die Zusammenarbeit zwischen Stabsabteilungen und Vertrieb ist die Art und Weise, wie der andere Bereich wahrgenommen wird. Wie wird beispielsweise das „Zielgruppenmanagement Firmenkunden" (Vertriebsunterstützung) von den Vertriebsführungskräften erlebt? Wie spricht der eine Bereich über den anderen? Wie denkt man voneinander?

Durch die vielfältigen Kontakte im Alltag bilden sich allmählich bestimmte Denkmuster heraus, die den gegenseitigen Beziehungen eine bestimmte Gestalt geben. Welche Erfahrungen man in der Vergangenheit miteinander gemacht hat, wie frühere Bewältigungen von Konflikten empfunden wurden – all das prägt das Bild der anderen Abteilung. Nicht nur Menschen, auch Abteilungen haben daher einen bestimmten Ruf, der in gewisser Weise auch auf das Image des einzelnen Mitarbeiters „abfärbt".

Eng verbunden mit den subjektiven Wahrnehmungen ist die *gegenseitige Akzeptanz*. Der Informationsaustausch und die Zusammenarbeit zwischen Unternehmensbereichen ist leichter, wenn man davon ausgehen kann, akzeptiert zu werden. Beobachtungen im Bankalltag lassen aber gerade in diesem Punkt manchmal spürbare Defizite erkennen. In zahlreichen Gesprächen mit Vertriebsmanagern wurde deutlich, wo die *Gründe für mangelnde Akzeptanz* von Aktivitäten der Stabstellen liegen:

- Mangelnde Praxisorientierung der Vertriebskonzepte
- Geringer Nutzen für die Mitarbeiter im Verkauf
- Zu komplizierte Abläufe
- Fehlende Transparenz der Aktivitäten
- Zu viele Aktionen gleichzeitig
- Der Vertrieb ist in die Aktionsplanung zu wenig einbezogen
- Schlechter „interner Verkauf" der Stabstellen

4.3 Ansatzpunkte für verbesserte Zusammenarbeit

4.3.1 Aufgabenbereiche klar definieren

Eine wesentliche Ursache für Spannungen im Alltag liegt oftmals in einer unklaren Aufgabenverteilung bzw. Aufgabenabgrenzung. Die in vielen Banken anzutreffende Spezialisierung erfordert es, die Aufgabenbereiche der Stabseinheiten und der Vertriebseinheiten schriftlich festzulegen und auf das übergeordnete Unternehmensziel hin zu koordinieren. In der Abbildung 37 findet sich daher ein Beispiel eines Aufgabenkataloges der Stelle *„Vertriebsunterstützung"*. (Die Funktionsbeschreibung der Vertriebsmanager wurde bereits in Abbildung 35 dargestellt).

Marktforschung
- Marktanalyse
- Kundenbedarfsanalyse
- Konkurrenzanalyse

Unterstützung bei Vertriebsstrategien
- Datenmanagement/Auswertungen
- Mitarbeit bei der Entwicklung der Angebotspolitik
- Aktionsschwerpunkte
- Potenzial-Analysen

Mitarbeiterorientierte Verkaufsunterstützung
- Entwicklung von Betreuungskonzepten
- Entwicklung von Akquisitionskonzepten
- Mailingsystem/Briefservice

Kundenorientierte Verkaufsförderung
- Kundenunterlagen
- Kundenbroschüren/Kundenzeitung
- Kundenveranstaltungen

Werbung
- Werbeschwerpunkte
- Briefing
- Mediaplan

Kommunikation/Abstimmung mit
- Vertriebsmanagement
- Produktstellen
- Servicestellen

Abbildung 37: Aufgabenkatalog „Vertriebsunterstützung" (Beispiele)

4.3.2 Gegenseitige Erwartungen ansprechen

Kooperationsbereitschaft und Akzeptanz lassen sich nicht anordnen oder durch Aktenvermerke vermitteln. Ein gegenseitiges Grundverständnis kann nur im direkten Kontakt miteinander entwickelt werden. Der Schlüssel dazu heißt schlicht und einfach: persönliche Kommunikation. In einem bewusst gestalteten Kommunikationsprozess ist es daher wichtig, dass man das, was man von einer anderen Stelle erwartet, auch ausspricht.

Für die Bearbeitung solcher Fragen eignen sich Gruppenarbeiten und moderierte Gruppendiskussionen.[12] In bankinternen Klausuren mit Vertriebsmanagern und

Verantwortlichen der Vertriebsunterstützung wurden in Kleingruppen beispielsweise folgende Themen bearbeitet:
- Welche Zielvorstellungen sind im Vertrieb vorherrschend?
- Welche Erwartungen haben Sie als Vertriebsmanager an die Stabstelle?
- Was glauben Sie, dass die Stabstelle von Ihnen erwartet?

Die Ergebnisse aus diesen Gruppenarbeiten zeigt die folgende Abbildung:

Erwartungen Vertrieb an Stab	Erwartungen Stab an Vertrieb
• Klare Firmenkundenstrategie • Erhebung des Marktpotenzials (Marktanalysen) • Brancheninformationen • Vertriebsunterstützung • Aufbereitung der Daten (Zeitnahe Auswertungen) • Schlanke Prozessgestaltung • Unterstützung bei Kundenanalysen • Organisation von Kundenveranstaltungen • Mitwirkung bei der Produktgestaltung, -entwicklung • Mitwirkung bei der Schulungskonzeption • Koordination von Verkaufsaktionen • Mehr Kommunikation mit dem Markt • Vernetzung der EDV-Systeme • Marktgerechte Konditionenpolitik • Praxisnähe • Vertriebsimpulse • Umsetzungsreife Vorschläge • Konzentration auf das Machbare (kein blinder Aktionismus) • Einbindung in den Planungsprozess • „Offenes Ohr" für den Vertrieb • Dienstleistungs-Mentalität	• Verbindliche Umsetzung der entwickelten Marktstrategien/Maßnahmen • Einhaltung der Vorgaben • Marktbeobachtung • Informationen vom Markt • Konsequente Anwendung der Verkaufsinstrumente • Initiative • Systematische Analyse des Kundenportfolios • Erhöhung der Cross Selling-Quote • Nachvollziehbare Dokumentation der Verkaufserfolge • Anregungen liefern • Verbesserungsvorschläge • Effizientes Zeitmanagement bei der Kundenbetreuung (Prioritäten setzen) • Frühzeitiges Feed-back bei Umsetzungsproblemen • Einheitliches Auftreten am Markt • Inanspruchnahme als Dienstleister • Offene Kommunikation • Akzeptanz • Vertrauen in die Fachkompetenz

Abbildung 38: Gegenseitige Erwartungen „Vertrieb" – „Vertriebsunterstützung"

Die Präsentationen der erarbeiteten Flip-Charts über die gegenseitigen Erwartungen können zu interessanten Ergebnissen führen: Beispielsweise legten die Vertriebsmanager im Plenum dar, was die Abteilung „Vertriebsunterstützung" ihrer Meinung nach von ihnen erwartet. Im Anschluss daran präsentierten die Vertreter des Zielgruppenmanagements ihre tatsächlichen Erwartungen. Derartige Vergleiche bieten eine hervorragende Gelegenheit herauszufinden, wie weit sich eine Abteilung in die Arbeitswelt der anderen hineindenken kann. Solche Diskussionen lassen erkennen, wie viel man voneinander in der eigenen Bank weiß – oder auch nicht weiß.

Diese hier skizzierten Gruppenarbeiten fanden bei Teilnehmern überwiegend positives Echo, weil es erstmals möglich war, über heikle Themen, in einer von allen als konstruktiv empfundenen Atmosphäre zu diskutieren.

4.3.3 Kommunikationsprozess institutionalisieren

„Information" und „Kommunikation" sind gleichsam das „Schmiermittel" in einer Organisation, das das Geschehen in der Bank am Laufen hält. Nachhaltige Erfolge im Vertrieb wird man nur dann erzielen, wenn es gelingt, systematische und geordnete *Informationsbeziehungen* aufzubauen. Vor allem muss hier ein permanenter Informationsaustausch zwischen Vertrieb, Zielgruppenmanagement und Produktstellen stattfinden.

Um dies zu gewährleisten, hat es sich bewährt, einen eigenen *„Vertriebsausschuss"* zu *institutionalisieren*. In diesem regelmäßig tagenden Gremium sind die Marktbereichsleiter und Regionalleiter aus dem Vertrieb sowie die Zielgruppenverantwortlichen für die wichtigsten Kundengruppen vertreten. Diskutiert und entschieden werden alle Maßnahmen und Aktionen, die im Vertrieb umgesetzt werden sollen. Gleichzeitig werden auch die Prioritäten, die erforderliche Vertriebsunterstützung sowie der Terminplan festgelegt. Bei der Erörterung von produktspezifischen Fragen (z. B. Einführung eines neuen Produkts) werden zur Mitarbeit im Ausschuss auch die fachlich zuständigen Produktmanager eingeladen.

Durch die Erörterung der Vertriebsstrategien und die Interaktionen zwischen den Teilnehmern dieses Gremiums erhält das Sitzungsgeschehen eine *dynamische Komponente* und bietet eine Reihe von Vorteilen:

Bei der Diskussion in einem *Meeting* wissen die Teilnehmer relativ *rasch*, worum es geht und welche Richtung verfolgt wird. Die einzelnen Diskussionsbeiträge können sofort auf ihre Verwertbarkeit hin überprüft werden, sodass die Zielgerichtetheit des Entscheidungsprozesses leichter gewährleistet wird als bei der bloßen schriftlichen Kommunikation.

Wie bereits erwähnt können die Vertriebsmanager einerseits und die Experten der Stabsabteilungen andererseits eigene Sichten entwickeln. In Ausschüssen, in denen Teilnehmer aus verschiedenen Organisationseinheiten vertreten sind, kommt es automatisch zu einer *Horizonterweiterung* – die Diskussionsbeiträge führen zu einem *Wechsel in der Betrachtungsweise* und liefern Anregungen und neue Ideen. Die Dynamik der Gruppe vermag somit das oftmals schlummernde *Kreativitätspotenzial*

„freizulegen". Und noch ein Aspekt darf nicht unterschätzt werden: Da der Vertriebsausschuss regelmäßig (z. B. monatlich) tagt, entwickelt sich zwischen den Teilnehmern auch eine Vertrauensbasis und gegenseitige Akzeptanz.

Im Ergebnis bedeutet dies: Die Erarbeitung und Umsetzung der Vertriebsstrategien hängen auch vom Zusammenwirken und der Art der Zusammenarbeit zwischen den Vertriebsverantwortlichen („Linie") und den konzeptiv und planerisch arbeitenden Stellen („Stab") ab. Funktioniert diese Kooperation nicht, wird ständig ein interner „Kleinkrieg" geführt, der zu Spannungen und Reibungsverlusten führt.

Durch klare organisatorische „Spielregeln" sowie durch einen gezielten Kommunikationsprozess können eventuell vorhandene Vorurteile abgebaut werden. Auch die hier beschriebenen Maßnahmen werden die Unterschiede in den Zielsetzungen oder in den Perspektiven nie völlig ausschalten. Sie können aber wesentlich dazu beitragen, das gegenseitige Verständnis zwischen den Stabstellen und dem Firmenkundenvertrieb zu fördern. Und sie vermögen vor allem eines: Akzeptanz und Vertrauen aufzubauen. Das wiederum sind wesentliche Elemente, um am Markt gemeinsam Erfolg zu haben!

5. Der Firmenkundenbetreuer

5.1 Drehscheibe zum Markt

Wie wir bereits im Kapitel II. gezeigt haben, erwarten mittelständische Firmenkunden *einen* Ansprechpartner, mit dem sie alle ihre finanziellen Wünsche besprechen können. Die Konsequenz für das Firmenkundengeschäft besteht daher darin, die *„Betreuung"* der Unternehmenskunden als *eigenständige Aufgabe* zu definieren, die sich von anderen Aufgaben des Bankgeschäfts deutlich unterscheidet. Dies soll auch durch die Bezeichnung „Firmenkunden-*Betreuer*" an Stelle von „Firmenkundenberater" zum Ausdruck gebracht werden. Der Unternehmer kann zwar von mehreren beraten, aber nur von *einem* betreut werden. Durch die namentliche Zuordnung einer bestimmten Anzahl von Firmenkunden zu einem Betreuer kann dieser Forderung am besten entsprochen werden. Für diese Kunden ist er der zentrale *Ansprechpartner* für *alle* Fragen des Bankgeschäftes und bietet somit die

> „Betreuung aus einer Hand".

Die wichtigsten und *wirkungsvollsten Profilierungschancen* am Markt laufen somit über den Kundenbetreuer. Er ist die Drehscheibe zum Markt und steht daher im Zentrum der Geschäftsbeziehung. In ihm erlebt der Unternehmer die Bank – „Der Mitarbeiter ist die Bank". Für den Firmenkundenvertrieb bedeutet dies:

> Jedes Vertriebskonzept im Firmenkundengeschäft ist so gut
> wie die Firmenkundenbetreuer der Bank.

Somit bilden die Firmenkundenbetreuer einen der wichtigsten Erfolgsfaktoren bei der Erreichung der Vertriebsergebnisse. Die fachlichen und persönlichen Qualitäten der Vertriebsmitarbeiter entscheiden somit über Erfolg oder Misserfolg im mittelständischen Firmenkundengeschäft. Die besten vertriebspolitischen Konzepte und Zielgruppenstrategien nützen nichts, wenn sie von den Betreuern nicht erfolgreich umgesetzt werden.

5.2 Aufgaben des Firmenkundenbetreuers

Der Firmenkundenbetreuer trägt die umfassende Kundenverantwortung, das heißt, er ist für die Anbahnung, Entwicklung sowie für die Qualität und Quantität der Geschäftsverbindung zuständig.[13] In seinem Kundenportefeuille sorgt er für die Ertragsoptimierung unter Berücksichtigung des Risikoaspekts.

Sämtliche der für Unternehmen relevanten Leistungen und Produkte der Bank werden vom Firmenkundenbetreuer in Form von umfassenden *Problemlösungen* angeboten. Je nach Komplexität der Kundenbedürfnisse und der fachlichen Spezialisierung des Betreuers kann er diese Betreuungsfunktion auf zwei unterschiedliche Arten *wahrnehmen*:
- in der Funktion des Beraters
- in der Funktion des Ansprechpartners.

Bei jenen Problemstellungen, bei denen der Firmenkundenbetreuer selbst Spezialist ist, führt er die *Beratung* weitgehend selbstständig durch. Das wird üblicherweise bei allen Finanzierungsfragen der Fall sein, denn im mittelständischen Firmenkundengeschäft nimmt der Finanzierungsbereich nach wie vor einen großen Stellenwert ein. In seiner Funktion als *Kontakt- und Anlaufstelle* für den Unternehmer präsentiert er aber neben dem Aktivgeschäft auch die gesamte Palette des Veranlagungs-, Zahlungsverkehrs- und Dienstleistungsgeschäftes für Firmenkunden (Cross Selling). Hier wird er wichtige Grundsatzfragen selbst beantworten, für eine tiefergehende Spezialberatung sind die *Spezialisten* der Fachabteilungen heranzuziehen.

Auch im bankinternen *Ratingprozess*[14] sind vom Firmenkundenbetreuer wesentliche Aufgaben wahrzunehmen. Entsprechend den organisatorischen Grundprinzipien der „Mindestanforderungen an das Kreditgeschäft" (Mak) ist die Beurteilung der wirtschaftlichen Verhältnisse vom Firmenkundenbetreuer und der Marktfolge *getrennt*, das heißt, unabhängig voneinander vorzunehmen. Die Erfassung und Bewertung der so genannten „Soft Facts" liegt im primären Verantwortungsbereich des Betreuers, da er ja die unmittelbaren Markt- und Kundenkenntnisse besitzt. Bei den Entscheidungen über Finanzierungs- und Kreditwünsche sind ebenfalls die Mak zu beachten: Aufbauend auf der Funktionstrennung zwischen „Markt" und

„Marktfolge" kommt nun zusätzlich zum Votum des Firmenkundenbetreuers eine marktunabhängige Votierung durch einen Risikomanager. Dieses *Gemeinschaftskompetenzsystem* erfordert daher eine enge Kooperation zwischen dem Firmenkundenbetreuer und der Marktfolge.

Da der Firmenkundenbetreuer unmittelbar im Markt agiert, ist er auch für die laufende Beobachtung der *Marktgegebenheiten* und der *Konkurrenzaktivitäten* verantwortlich. Hier ist er wertvoller *„Informationslieferant"* für die zentralen Marketing-, Produkt- und Zielgruppenstellen.

Arbeitet der Firmenkundenbetreuer in einem Team mit anderen Mitarbeitern (z. B. Assistenten), setzt er die *Prioritäten* und steuert den *Ressourceneinsatz* der Teammitglieder. In diesem Sinn ist er die treibende Kraft (also der „Antriebsmotor") im Team.

Die Funktionen des Firmenkundenbetreuers können demnach zu zehn *Hauptaufgaben* zusammengefasst werden:[15]

1. Planung und Controlling
2. Marktbeobachtung
3. Kundenbetreuung/Intensivierung
4. Akquisition
5. Öffentlichkeitsarbeit/Veranstaltungen
6. Koordination der Fachspezialisten
7. Steuerung des „Back-Office"
8. Kreditentscheidungen
9. Kreditüberwachung
10. Mitbetreuung gefährdeter Engagements

Die damit verbundenen Aktivitäten finden sich in der Abbildung 39.

Planung und Controlling

- ❏ Arbeitet an der Jahresplanung mit und erarbeitet im Rahmen des Planungsprozesses Vorschläge für die erreichbaren Volumens- und Ertragsziele im Firmenkundengeschäft.
- ❏ Erstellt und führt für seine Tätigkeiten einen Aktivitätenplan.
- ❏ Plant seinen Ressourceneinsatz in Absprache mit der Führungskraft.
- ❏ Dokumentiert die Verkaufsergebnisse und Ertragsentwicklung seiner Firmenkunden.
- ❏ Vergleicht vierteljährlich den erreichten Fortschritt in den Geschäftsbeziehungen mit den Planwerten (SOLL-IST-Vergleich) und schlägt bei negativen Abweichungen Korrekturmaßnahmen vor.

Marktbeobachtung

- ❏ Beobachtet die örtlichen Gegebenheiten, die auf den Verkaufserfolg einwirken (z. B. Wirtschaftsstruktur, Kundenstruktur, Besonderheiten des Marktes).
- ❏ Beobachtet die Mitbewerber im regionalen Markt im Hinblick auf Konditionen und Marktaktivitäten.
- ❏ Gibt bedeutende Informationen an die zuständigen Stellen (z. B. Zielgruppenmanagement, Produktmanagement) weiter.
- ❏ Liefert den zuständigen Fachabteilungen Vorschläge für Produktverbesserungen bzw. Produktinnovationen am Beispiel erkannter Kundenbedürfnisse.

Kundenbetreuung und Geschäftsintensivierung

- ❏ Betreut rund x mittelständische Firmenkunden aktiv in allen Bankdienstleistungen.
- ❏ Untersucht einmal jährlich seine Stammkunden im Sinne der ABC-Analyse (Überprüfung der Kundenklassifizierung).
- ❏ Erstellt und aktualisiert die kundenspezifischen Daten und dokumentiert die Gesprächsergebnisse.
- ❏ Erstellt für seine Zielkunden das Intensivierungspotenzial (Verkaufs-, Erlössteigerungspotenzial) und entwickelt systematisch Ideen/Maßnahmen zur Geschäftsintensivierung.
- ❏ Erarbeitet bedarfsgerechte Angebote von Finanzdienstleistungen.
- ❏ Setzt Termine für die Maßnahmenrealisierung und für die Kundengespräche (Betreuungsplan).
- ❏ Besucht mindestens x-mal jährlich den Betrieb seiner wichtigsten Firmenkunden.

Abbildung 39: Tätigkeitenkatalog eines Firmenkundenbetreuers

- ❏ Versucht die Kundenbindungen durch Aufbau einer persönlichen Beziehungsebene abzusichern.
- ❏ Trägt dafür Sorge, dass alle für die Kundenbetreuung relevanten Daten in der EDV auf dem neuesten Stand sind.

Akquisition

- ❏ Definiert für das regionale Einzugsgebiet eine bestimmte Anzahl von Wunschkunden.
- ❏ Baut schrittweise eine „Wunschkunden-Datei" auf und aktualisiert sie.
- ❏ Plant Akquisitionsaktionen in seinem Einzugsgebiet in Abstimmung mit dem Vertriebsmanager.
- ❏ Stellt bedarfsgerechte Produkt- und Dienstleistungsangebote zusammen.
- ❏ Bereitet Gesprächsanbahnungen und Kundengespräche systematisch vor.
- ❏ Führt Akquisitionsbesuche und Verkaufsgespräche durch.

Öffentlichkeitsarbeit und Veranstaltungen

- ❏ Unterstützt die Führungskraft bei dessen Öffentlichkeitsarbeit (externe Kontaktpflege).
- ❏ Nimmt an wichtigen externen Veranstaltungen (z. B. der Unternehmerverbände) teil.
- ❏ Nimmt an den von der Bank organisierten Firmenkunden-Veranstaltungen teil.

Koordination mit den Fachspezialisten

- ❏ Steuert und koordiniert die Kontakte mit den Fachabteilungen.
- ❏ Fordert die Mithilfe der zuständigen Fachspezialisten für die Kundengespräche (Beratungsunterstützung) an.
- ❏ Vermittelt Dienstleistungen und Angebote der Tochtergesellschaften der Bank (z. B. Leasing, Versicherungsgesellschaft).
- ❏ Nimmt bei Bedarf die Leistungen der zentralen Produkt- und Servicestellen in Anspruch.

Steuerung des „Vertriebsassistenten"

- ❏ Steuert den Arbeitseinsatz und ist für den Ressourceneinsatz verantwortlich.
- ❏ Legt die Prioritäten für die Erledigungen fest.
- ❏ Achtet auf die kundengerechte Weiterbearbeitung der Kundenwünsche (Bearbeitungskontrolle).

Abbildung 39: Tätigkeitenkatalog eines Firmenkundenbetreuers (Fortsetzung)

- ❏ Sorgt für einen umfassenden Informationsfluss.
- ❏ Unterstützt seine Assistenten in fachlichen Fragen.
- ❏ Unterstützt die Aus- und Weiterbildung seiner Mitarbeiter.

Bonitätsanalyse/Rating

- ❏ Analysiert die Kundenwünsche hinsichtlich Risiko und Sicherstellung.
- ❏ Führt auf Grund der vorliegenden Unterlagen eine Bonitätsanalyse hinsichtlich Kreditfähigkeit und Kreditwürdigkeit durch.
- ❏ Bewertet die angebotenen Kreditsicherheiten bzw. holt entsprechende Bewertungsgutachten ein.
- ❏ Erstellt den Kreditantrag.
- ❏ Erhebt und beurteilt die Soft Facts für das Rating.
- ❏ Erstellt gemeinsam mit dem Riskmanager das Rating.
- ❏ Sichert die Nachvollziehbarkeit seiner Entscheidung bzw. Entscheidungsempfehlung durch hinreichende Dokumentation im Kreditantrag (Stellungnahme).
- ❏ Entscheidet über Kreditansuchen im Rahmen seiner Kreditkompetenz.
- ❏ Genehmigt Überziehungen gemäß der Kompetenzregelungen.
- ❏ Entscheidet über Konditionen im vorgegebenen Rahmen bzw. führt die Konditionenentscheidung bei der übergeordneten Instanz herbei.

Kreditüberwachung

- ❏ Beobachtet regelmäßig Kontoüberziehungen und Kreditüberschreitungen.
- ❏ Ist bemüht, Negativentwicklungen bzw. Ausfallsrisiken frühzeitig zu erkennen.
- ❏ Bearbeitet regelmäßig die periodisch erscheinenden „Frühwarnlisten".
- ❏ Ist verantwortlich für die jährliche interne Prolongation.
- ❏ Überprüft mindestens einmal jährlich die Ratingeinstufung der Kunden.
- ❏ Trifft bei gefährdeten Kreditengagements sämtliche Finanzierungsentscheidungen nur in Abstimmung mit der Sanierungsstelle.

Abbildung 39 Tätigkeitenkatalog eines Firmenkundenbetreuers (Fortsetzung)

5.3 Anforderungsprofil des Firmenkundenbetreuers

Welche spezifischen Anforderungen muss nun ein Firmenkundenbetreuer erfüllen? Im Wesentlichen geht es um die in Abbildung 40 dargestellten *Qualifikationsmerkmale*.[16]

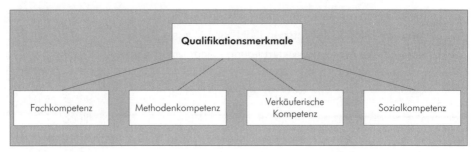

Abbildung 40: Qualifikationsmerkmale eines Firmenkundenbetreuers

5.3.1 Fachkompetenz

Die ständige Entwicklung neuer Produkte und Dienstleistungen, neuer Technologien und nicht zuletzt die deutlich gestiegenen Erwartungen der mittelständischen Firmenkunden haben die Anforderungen an das Fachwissen spürbar ansteigen lassen. Das heißt, der Firmenkundenbetreuer muss heute über ein breites Bankwissen verfügen.

Die *Beratung* der mittelständischen Firmenkunden erstreckt sich grundsätzlich auf die gesamte Palette der Finanzdienstleistungen, wobei der Betreuer vor allem im Bereich der *Finanzierungen* ein ausgeprägtes Know-how besitzen muss. Neben der Kenntnis der vielfältigen Formen der Bankkredite benötigt er beispielsweise auch einen Überblick über die diversen öffentlichen Förderungen bis hin zu den Instrumenten der Eigenkapitalaufbringung. Unter dem Blickwinkel von „Basel II" ist es erforderlich, den Firmenkunden verstärkt auch Finanzierungsalternativen anzubieten, die die Liquidität des Unternehmens schonen bzw. die Bilanzstruktur verbessern.

Die *Kreditprüfung* sowie die Ratingerstellung setzen wiederum ein ausgeprägtes Fachwissen hinsichtlich Bonitätsanalyse und Prüfung der Kreditsicherheiten voraus. Der Firmenkundenbetreuer muss die Ratingmethode verstehen und ein Gefühl für die Wertigkeit der einzelnen Beurteilungsfaktoren entwickeln. Vor allem für die Bewertung der Soft Facts wird mehr als früher ein fundiertes Grundverständnis rund um die betriebswirtschaftlichen Zusammenhänge des zu beurteilenden Unternehmens von Bedeutung werden. So sollte er beispielsweise darüber informiert sein, auf welchen Märkten der Betrieb tätig ist und wie die Unternehmensstrategien und -pläne aussehen. Investitions-, Ertrags- und Finanzplanung sowie das Grundwissen um Controllingsysteme gehören zu jenen betriebswirtschaftlichen Instrumenten, mit denen der Kundenbetreuer vertraut sein muss.

Die Ansprüche an das *betriebswirtschaftliche Know-how* haben aber in den letzten Jahren auch deswegen zugenommen, weil der *Beratungsbedarf von mittelständischen Unternehmenskunden* manchmal weit über die klassische Finanzierungsberatung hinausgeht. Hilfestellung bei allgemeinen betriebswirtschaftlich orientierten Fragestellungen kann jedoch nur dann gegeben werden, wenn der Betreuer die erkennbaren wirtschaftlichen Rahmenbedingungen versteht, unter denen seine Firmenkunden tätig sind. Dieses Verständnis setzt neben dem Allgemeinwissen um wirtschaftliche Zusammenhänge unter anderem elementare Kenntnisse des Steuer- und Gesellschaftsrechts voraus.

5.3.2 Methodenkompetenz

Die unter dem Begriff „Methodenkompetenz" zusammengefassten Fähigkeiten umfassen einerseits die Beherrschung der technologischen Möglichkeiten und andererseits organisatorische Fähigkeiten.

Die EDV-gestützten Informationssysteme bieten dem Kundenbetreuer eine Vielzahl von Informationsmöglichkeiten. Angesichts der Komplexität und des Umfangs dieser Informationsmedien ist es für den Firmenkundenbetreuer wichtig, mit diesen Instrumenten auch entsprechend umgehen zu können. Neben dem technischen „Handling" ist es beispielsweise wichtig zu wissen, wofür welche Informationen genützt werden können.

Neben diversen Abfragen für *Einzelkunden-Analysen* benötigt der Betreuer für die aktive Marktbearbeitung Informationen über *Segmente* aus seinem Kundenportefeuille. Daher muss er in der Lage sein, sich nach bestimmten Kriterien eigene Auswertungen zu erstellen. Auch aus dem Datenmaterial der *Konto- und Kunden*kalkulation gilt es entsprechende Schlussfolgerungen abzuleiten. Diese wenigen Beispiele zeigen schon worum es geht: Aus der Vielfalt der angebotenen Informationsmöglichkeiten die richtigen Informationen zu beschaffen, um daraus gezielte Maßnahmen abzuleiten.

„Methodenkompetenz" zeigt sich auch darin, die Effektivität der Beratungs- und Betreuungsprozesse permanent zu verbessern. Eine bewusst geplante Vorgehensweise bei der Kundenintensivierung (Kundenauswahl, Kontaktaufnahme, Terminvereinbarungen usw.) ist ein Beispiel in diese Richtung.

Um das Ertragspotenzial des eigenen Kundenstocks möglichst auszuschöpfen ist es wichtig, die zur Verfügung stehende Zeit optimal zu nutzen. Ein effizientes *Zeitmanagement* ist somit ein wesentliches Element einer Strategie des Selbstmanagements. Für die Kundenbetreuer bedeutet dies, unproduktive Arbeiten zu reduzieren und den Tagesablauf bewusst und gezielt zu gestalten. Mit anderen Worten: ein Firmenkundenbetreuer muss in der Lage sein, *Prioritäten zu setzen*. Durch besseres Zeitmanagement können in den meisten Fällen *zusätzliche Freiräume* für die aktive Marktbearbeitung geschaffen werden.

5.3.3 Verkäuferische Kompetenz

„Agieren und nicht reagieren" ist heute angesichts des immer härter werdenden Wettbewerbs um bonitätsmäßig gute Kunden die Devise. Agieren am Firmenkundenmarkt bedeutet, Bankdienstleistungen *aktiv* anzubieten – also zu verkaufen.

Verkaufen im Firmenkundengeschäft bedeutet allerdings nicht Produktverkauf um jeden Preis, sondern eine auf die Kundenbedürfnisse abgestellte Dienstleistungserstellung. Der Kundenbetreuer muss daher in der Lage sein, die *Bedürfnisse* des Unternehmers zu *identifizieren* und ihm die *Vorteile* aus der Nutzung bestimmter Bankleistungen klar vor Augen zu führen. *Nutzenargumentationen* aus Kundensicht sind wesentliche Erfolgsfaktoren für den Verkauf, denn eines ist klar: Nur was dem Unternehmer nützt, wird er kaufen. In der Folge geht es dann darum, *Kaufsignale* rechtzeitig zu *erkennen* und diese in tatsächliche Geschäftsabschlüsse umzusetzen.

Gerade im mittelständischen Firmenkundengeschäft gibt es keine „Fertigprodukte von der Stange". Vielmehr handelt es sich um Dienstleistungen, die am Kunden erarbeitet werden müssen. Gefragt ist die „maßgeschneiderte" Problemlösung und damit „Phantasie" im Geschäft. Das wiederum erfordert, den Kundenkontakt gezielt zu suchen und Lösungen anzubieten, die schlussendlich in *Verkaufsergebnisse* münden.

5.3.4 Sozialkompetenz

Die Vertriebsaktivitäten des Kundenbetreuers erfordern eine Vielzahl von Kontakten mit den mittelständischen Firmenkunden. Dadurch wird die Beziehung zwischen Unternehmer und Firmenkundenbetreuer intensiver und enger. Dabei ist eines klar: Die *Qualität dieser Beziehung* bestimmt die Leistungsqualität im Vertrieb.

Bewährte Erfahrungen und zahlreiche Untersuchungen belegen, dass im mittelständischen Firmenkundengeschäft die *persönliche Beziehungsebene* für die Kundenzufriedenheit ebenso bedeutsam ist wie die sachliche. Wenn die „Chemie" zwischen den beiden Geschäftspartnern stimmt, ist es beispielsweise leichter auch über kritische Dinge im Zusammenhang mit der Bonitätsbeurteilung zu sprechen. Wenn eine *positive emotionale Basis* einmal vorhanden ist, wechselt der Unternehmer nicht wegen geringer Konditionenunterschiede zur Konkurrenz!

Eine tragfähige Kundenbeziehung entsteht nicht von selbst – sie muss aufgebaut und gepflegt werden. *Vertrauen* entsteht nicht von heute auf morgen, sondern entwickelt sich über längere Zeit durch gegenseitiges Kennenlernen und im Dialog. Ob das gelingt, ist unter anderem eine Frage der Persönlichkeit und der sozialen Kompetenz des Firmenkundenbetreuers. Diese Vertrauensbasis ist zweifelsohne das wichtigste Fundament jeder Kundenbeziehung. Denn nur wenn Unternehmer und Betreuer offen miteinander kommunizieren entsteht ein Nutzen für alle Beteiligten.

Für den Aufbau einer positiven Kundenbeziehung spielen auch die kommunikativen Fähigkeiten des Betreuers eine wesentliche Rolle. Gerade bei der Kundengruppe der mittelständischen Unternehmen ist es von großer Bedeutung die „Sprache des Unternehmers" zu sprechen. Es hilft beispielsweise wenig, wenn die Spezialberatung darin besteht, den Unternehmer mit „Bankchinesisch" förmlich zu erschlagen. Die Kunst besteht vielmehr darin, komplexe Sachverhalte so auszudrücken, dass sie der andere auch versteht. All diese Gedanken zeigen bereits eines ganz deutlich: Der Firmenkundenbetreuer als *„Beziehungsmanager"* muss auch über ausgeprägte Sozialkompetenz verfügen.

5.4 Schlussfolgerungen für das Vertriebsmanagement

Das umfangreiche Aufgabengebiet und die hier skizzierten Anforderungen lassen klar eines erkennen: Die geforderten fachlichen, persönlichen und verkäuferischen Qualifikationen eines Firmenkundenbetreuers legen die Latte ziemlich hoch. Für das Vertriebsmanagement ergeben sich daraus folgende Erkenntnisse und Schlussfolgerungen:

- Qualifizierte Firmenkundenbetreuer sind nicht nur einer der maßgeblichen Erfolgsfaktoren – sie sind gleichzeitig auch der am meisten spürbare *„Engpassfaktor"* im Firmenkundenvertrieb. Es ist in der Tat nicht einfach, Persönlichkeiten zu finden, die über ein hohes umfassendes Fachwissen und zugleich über entsprechende soziale und verkäuferische Kompetenz verfügen.

- Die Aufgaben eines Firmenkundenbetreuers, seine Zuständigkeiten und Kompetenzen sowie die organisatorische Eingliederung in der Bankorganisation sollten in einer *Funktionsbeschreibung* klar dokumentiert sein. Der primäre Zweck dieser Dokumentation besteht darin, in der Bank eine klar abgegrenzte und überschneidungsfreie *Ordnung* von Zuständigkeits- und Aufgabenbereichen zu schaffen.

- Stellenbeschreibungen und das damit verbundene Anforderungsprofil sind auch wichtige Grundlagen für eine systematische *Personalentwicklung*. Bereits bei der Einstellung neuer Mitarbeiter bietet diese Dokumentation eine wertvolle Orientierungshilfe, weil die Bewerber Klarheit erhalten, was von ihnen bei der Ausübung dieser Funktion erwartet wird. Stellenbeschreibung und Anforderungsprofil sind auch die Ausgangsbasis für die *Zielvereinbarungen* und für die *Leistungsbeurteilung*.

- Die Firmenkundenbetreuer müssen ihr bankspezifisches Fachwissen, dessen Breite und Tiefe ständig erweitert wird, immer wieder aktualisieren. Dies ist eine wichtige Aufgabe für die Führungskräfte im Vertrieb. Die *Aus-* und *Weiterbildung* der Kundenbetreuer darf nicht dem Zufall überlassen werden, sondern muss systematisch geplant werden. Gemeinsam mit dem Personalbereich der Bank muss der Vertrieb daher für *funktionsspezifische Entwicklungswege* sorgen.

- Um im Vertrieb Erfolg zu haben, benötigt die Bank qualifizierte, engagierte und initiative Mitarbeiter. Solche Mitarbeiter brauchen aber eine andere Art der Führung als in der Vergangenheit. Den Bereichen *Mitarbeiterführung* und *Mitarbeitermotivation* kommt dabei eine zentrale Schlüsselrolle zu. Das Thema „Führen im Vertrieb" bildet daher den Schwerpunkt im Kapitel VI.

6. Aktives Ressourcenmanagement

6.1 Zeitprofil der Firmenkundenbetreuer

Ein wichtiger Erfolgsfaktor zur Steigerung der Vertriebsleistung ist ein *gezieltes Ressourcenmanagement*, denn die „Stunde der Wahrheit" präsentiert sich in der für den aktiven Verkauf zur Verfügung stehenden *Zeitkapazität („Nettovertriebszeit")*.

Den Ausgangspunkt für die Berechnung bildet jene Einsatzzeit, die einem Kundenbetreuer pro Jahr insgesamt zur Verfügung steht (betriebliche Anwesenheitszeit):

52	Kalenderwochen
− 6	Wochen Urlaub
− 1	Woche Krankheit
− 1	Woche Aus- und Weiterbildung
− 1,5	Wochen Feiertage
42,5	Wochen Anwesenheit
	(x 38,5 Stunden = 1.636 Stunden)

Somit ergibt sich für einen Firmenkundenbetreuer – vereinfacht formuliert – folgender Wert:

> **Verfügbare Gesamtkapazität: 1.600 Stunden pro Jahr**

Für die praktische Umsetzung einer marktorientierten Vertriebskonzeption ist daher folgende Frage entscheidend:

> *Wofür, d. h. für welche Aktivitäten wird diese Zeit verwendet?*

Um zu einer möglichst realistischen Bestandsaufnahme zu gelangen, wurden mehrere hundert Firmenkundenbetreuer hinsichtlich ihrer Zeitverwendung befragt. Die Ergebnisse finden sich in Abbildung 41. Wie die Auswertung zeigt, verbringen Firmenkundenbetreuer im Schnitt zwischen 25 % und 30 % ihrer verfügbaren Arbeitszeit mit aktiver Kundenbetreuung und Neukundengewinnung.

Hauptaufgaben	%
a) Markt/Kunden	25 – 30 %
<ul><li>Beratungs- und Verkaufsgespräche (inkl. Gesprächsvorbereitung)</li><li>Ratinggespräche</li><li>Betriebsbesichtigungen</li><li>Kundentelefonate</li><li>Anbotserstellung/Gesprächsvorbereitung</li><li>Akquisition (Neukundengewinnung)</li><li>Kundenveranstaltungen</li><li>Öffentlichkeitsarbeit/Repräsentation</li><li>usw.</li></ul>	
b) Bankintern	70 – 75 %
<ul><li>Gesprächsnachbearbeitung</li><li>Kreditantrag/Kreditprotokoll (Vorbereitung Kreditbeschluss)</li><li>Ratingerstellung</li><li>Wertermittlungen</li><li>Listenbearbeitungen (ÜZ-Listen usw.)</li><li>Disposition</li><li>Unterlagenbeschaffung</li><li>Schriftverkehr/Diverse Berichte</li><li>Interne Besprechungen/Projektgruppen</li><li>Weiterbildung</li><li>usw.</li></ul>	
	100 %

Abbildung 41: Zeitprofil „Firmenkundenbetreuer"

Allerdings weisen die bei den Befragungen zutage getretenen Zeitprofile teilweise *große Schwankungsbreiten* auf. Dies ergibt sich aus der spezifischen Situation des einzelnen Instituts, sodass bei der Interpretation der Zeitprofile beispielsweise folgende Faktoren zu berücksichtigen sind:
- Größe der Bank
  (unterschiedlicher Spezialisierungsgrad der Kundenbetreuer)

- Organisationsstruktur
  (eigene Betreuungs-Center/Betreuung in der Zweigstelle)
- Kundenstruktur
  (Unterschiedliche Betreuungsspannen)
- Geschäftsprozesse
  (Art der Schnittstellenregelung)
- Einsatz von Vertriebsassistenten
  (Grad der Entlastung der Firmenkundenbetreuer)
- Organisation für Sanierungsfälle
  (Sanierungsaufgaben in einer eigenen Stelle oder beim Betreuer)
- Stand der EDV
  (Art der EDV-Unterstützung im Vertriebsprozess)

Unabhängig von Detailanalysen lässt sich angesichts der enormen Herausforderungen, vor denen die Banken heute stehen, folgender Schluss ziehen:

> Die Nettovertriebszeit der Firmenkundenbetreuer
> ist in den meisten Fällen zu gering!

Firmenkundenbetreuer klagen über die Vielzahl der zum Teil sehr umfangreichen Listen, die sie regelmäßig bearbeiten müssen. Auch die Informationsflut ist kaum mehr zu bewältigen. Die Mindestanforderungen an das Kreditgeschäft sowie die Dokumentation der Kreditprozesse sind in dicken Ordnern dokumentiert und mitunter schwer verständlich. Die diversen Abstimmungen bzw. der Meinungsbildungsprozess mit der Marktfolge wird von den Kundenbetreuern als äußerst zeitaufwändig empfunden. („Wir müssen einen Kredit zweimal verkaufen: zuerst dem Kunden und dann der Marktfolge.").

Diese Statements aus der Praxis ließen sich beliebig fortsetzen. Sie zeigen aber bereits: Der Zeitaufwand für Verwaltungs-, Kontroll- und Abwicklungstätigkeiten ist generell zu groß. Das bedeutet: In jeder Bank schlummert noch ein großes Rationalisierungspotenzial.

6.2 Erhöhung der Nettovertriebszeit als Ziel

Angesichts der teilweise sehr unbefriedigenden Zeitanteile für die aktive Marktbearbeitung, ist das Vertriebsmanagement gefordert, bisherige Abläufe oder Vorgehensweisen in Frage zu stellen. Alle Aktivitäten und Maßnahmen in dieser Richtung haben sich an folgenden *Zielen* zu orientieren:

> ▶ Verstärkte Kunden- und Vertriebsorientierung
> ▶ Konzentration auf Verkauf
> ▶ Effizienz- und Ertragsorientierung

Die Zeitanteile für Kundenberatung und Verkauf müssen erhöht werden. Allein ein Mehreinsatz von 5 % der Gesamtarbeitszeit für gezieltere Intensivierung der bisherigen Geschäftsverbindungen schlägt sich in spürbaren Ergebnisverbesserungen nieder.

Im Hinblick auf eine Effizienzsteigerung im Vertrieb könnte folgende *Benchmark* gelten: [17]

> Die Nettomarktzeit eines Firmenkundenbetreuers sollte mindestens 40 % seiner Anwesenheitszeit betragen.

Die Konsequenz für das aktive Ressourcenmanagement muss daher lauten:

> Mehr Zeit für Kunde und Markt.
> Freiräume schaffen für den Verkauf.

Die verstärkte Zuwendung zu den eigentlichen Vertriebsaufgaben ist die einzige Chance, zu besseren Verkaufsergebnissen zu gelangen.

6.3 Ansätze zur Kapazitätserhöhung für den Vertrieb

6.3.1 Zeitmanagement als wichtige Ressource

Um eine Erhöhung der Nettomarktzeit (beispielsweise von 30 % auf 40 %) zu erreichen bedarf es *vieler kleiner Schritte*, die einem in ihrer Gesamtheit dem Ziel näher bringen. Anzusetzen ist daher vorerst bei jenen Bereichen, die der einzelne Vertriebsmitarbeiter unmittelbar selbst beeinflussen kann. Das ist zum Beispiel das *eigene Zeitmanagement*, wo erfahrungsgemäß immer Verbesserungspotenzial besteht.

Im Hinblick auf eine Effizienzsteigerung im Vertrieb ist es beispielsweise ganz entscheidend, für welche Firmenkunden die Betreuer ihre Zeit einsetzen. Es gilt daher, durch effizientere Zeiteinteilung und persönliches Zeitmanagement die zur Verfügung stehende Zeit optimal zu nutzen. Eine wichtige Voraussetzung dafür besteht darin,
- Wichtigkeit und
- Dringlichkeit

von Aufgaben und Aktivitäten zu unterscheiden.

Solche Dinge fallen unter die *„Methodenkompetenz"* eines Firmenkundenbetreuers und sind daher Bestandteil des Anforderungsprofils. Es liegt nun an den Führungskräften darauf zu achten, inwieweit ihre Vertriebsmitarbeiter das eigene Zeitmanagement beherrschen bzw. wo sie unterstützend eingreifen müssen.

6.3.2 Geschäftsprozesse optimieren

Neben jenen Punkten, die in der unmittelbaren Verantwortung der Vertriebsmanager liegen gibt es Ansatzpunkte, wo der Vertrieb mit anderen Bereichen der Bank (z. B. Organisation, Marktfolge) zusammenarbeiten muss, um Lösungen zu erreichen. Ein typisches Beispiel dafür ist die kritische Analyse bzw. Neugestaltung der *Geschäftsprozesse*.

Hier geht es vor allem darum, unter Einhaltung rechtlicher Rahmenbedingungen den internen Verwaltungsaufwand zu reduzieren und die Zusammenarbeit reibungslos zu gestalten. Bei jenen Geschäftsprozessen, die den Vertrieb berühren, ist neben Rentabilitäts- und Risikogesichtspunkten stets auch auf die *Markt- und Kundenorientierung* zu achten. Oftmals ist zu beobachten, dass Abläufe primär unter banktechnischen bzw. EDV-Gesichtspunkten festgelegt werden – und die Vertriebsperspektive zu wenig Beachtung findet.

Da im mittelständischen Firmenkundengeschäft die Kreditfinanzierung nach wie vor einen hohen Stellenwert einnimmt, sind vor allem die *Kreditprozesse* einer kritischen Analyse zu unterziehen.[18] Besonders in größeren Kreditinstituten, in denen eine Vielzahl von Stellen in den Prozess von der Kreditberatung bis zur tatsächlichen Kreditauszahlung eingeschaltet ist, können vielfältige ablauforganisatorische Probleme auftreten. Folgende Schwachstellen sind häufig anzutreffen:

- Unvollständige bzw. nicht klare Aufteilung aller (Teil-)Aufgaben auf die verschiedenen Organisationseinheiten
- Unzureichende personelle Funktionstrennung
- Mangelnde Schematisierung
- Fehlende oder unvollständige Dokumentation der Abläufe
- Unklare Kompetenzregelungen

Bei der Organisation der Kreditprozesse sind vor allem die in den *Mindestanforderungen für das Kreditgeschäft* (Mak) definierten Standards zu beachten. Entsprechend sind die Zuständigkeiten und Schnittstellen zwischen Vertrieb (Markt) und Marktfolge klar zu regeln. Ein wichtiger Teilbereich ist dabei der durch Basel II begründete *Ratingprozess*, der auch den Vertrieb unmittelbar berührt: Beim *Kompetenzsystem* besteht nun ein Gleichgewicht des Krediturteils zwischen *Markt* und *Marktfolge*.

Naturgemäß stehen bei den Mak's die Ziele des *Risikomanagements* im Mittelpunkt. Allerdings darf auch die *Marktkomponente* nicht außer Acht gelassen werden. Die „Raschheit und Unkompliziertheit der Kreditentscheidung" ist ein nicht unwesentliches Argument im Bankenmarketing gegenüber den Firmenkunden. Die Praxis bestätigt immer wieder, dass dieser Aspekt neben der Konditionenfrage für kreditsuchende Unternehmer ein wichtiges Entscheidungskriterium bei der Auswahl eines Kreditinstituts darstellt.

Das Vertriebsmanagement ist daher aufgefordert, sich bei der Gestaltung der Kredit- und Ratingprozesse intensiv einzubringen. Die Kunst besteht darin, zwischen den

Eckpfeilern „*Risiko*" auf der einen Seite und „*Verkauf*" auf der anderen Seite einen ausgewogenen Mittelweg zu finden. In diesem Zusammenhang hat es sich bewährt, verbindliche *Qualitätsstandards* (z. B. „Service Level Agreement") zu definieren. Damit gibt es dann klare „Spielregeln" bezüglich der benötigten Unterlagen für Kreditentscheidungen oder Richtwerte für Bearbeitungs- bzw. Durchlaufzeiten.

Aus Sicht des Vertriebs muss darauf geachtet werden, dass „Mak" und „Basel II" nicht zum Selbstzweck werden. Dann werden nämlich solche Regelwerke von den Vertriebsmitarbeitern lediglich als übertriebene Bürokratie und Verkaufshemmnisse empfunden, was unweigerlich zu Spannungen und Reibungsverlusten führt.

Diese Beispiele ließen sich beliebig fortsetzen. Sie zeigen aber bereits eines ganz klar: Bereits durch einfache Maßnahmen, die allerdings konsequent umgesetzt werden, lassen sich wertvolle Zeitressourcen für den Vertrieb erschließen. Eine Zusammenfassung über die vielfältigen Ansätze zur Kapazitätserhöhung für den Vertrieb bietet die folgende Abbildung:

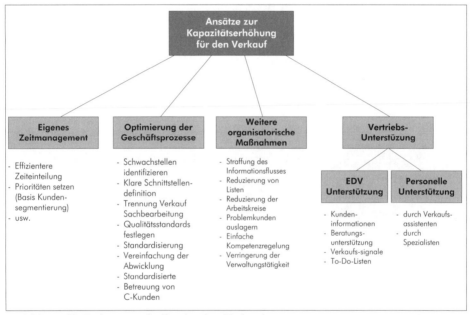

Abbildung 42: Freiräume schaffen für den Verkauf

6.3.3 Entlastung durch Vertriebsassistenten

Um die angestrebte Markt- und Verkaufsorientierung umzusetzen, müssen die Firmenkundenbetreuer von administrativen Tätigkeiten entlastet werden. Daher ist es zweckmäßig, die Sachbearbeitungsaufgaben von den eigentlichen Vertriebsaufgaben zu trennen.

Mit dieser *funktionalen Aufgabenteilung* sollen mehrere Ziele erreicht werden:
- Die Kundenbetreuer können sich auf die aktive Betreuung und den Verkauf konzentrieren.
- Es steht ihnen mehr Zeit für die Akquisition von Neukunden zur Verfügung.
- Sie können sich nicht hinter Verwaltungsaufgaben „verstecken" und diese als Argument für die geringe Intensität der Marktbearbeitung verwenden.
- Die unterschiedlichen persönlichkeitsbedingten Fähigkeiten der Mitarbeiter (Verkauf, Sachbearbeitung) können besser eingesetzt werden.
- Die mit der Sachbearbeitung betrauten Mitarbeiter können diese Aufgaben produktiver und kostengünstiger durchführen.

Viele Banken verbessern daher die Leistungsfähigkeit und Qualität der Marktbearbeitung dadurch, dass sie ihren Firmenkundenbetreuern *personelle Unterstützung* bei der Erledigung von operativen Aufgaben bieten. Dies geschieht durch den Einsatz von *Vertriebsassistenten*, von denen diverse Verwaltungs- und Sachbearbeitungsfunktionen wahrgenommen werden. (Neben dem Begriff „Vertriebsassistent" werden für diese Funktion auch Bezeichnungen wie „Back office", „Dezentrale Verkaufsunterstützung" oder „Service Manager" verwendet.)

Vor allem bei der Aufbereitung der Kreditanträge, bei der Kontobetreuung, bei der technischen Abwicklung der diversen Geschäftsfälle sowie bei der Vorbereitung von Verkaufsaktionen erhält der Kundenbetreuer wertvolle Unterstützung.

Für die Assistenten ergeben sich folgende Aufgabenbereiche: [19]

❑ Kontobetreuung/Sicherstellung der Datenqualität
(Kontoeröffnungen; Überprüfung, ob alle relevanten Daten erfasst wurden usw.)
❑ Kundenanfragen
(Bearbeitung von telefonischen Anfragen, Zahlungsverkehr usw.)
❑ Reklamationen
(Erledigung diverser Beanstandungen)
❑ Vorbereitung der Kreditanträge
(Einholung fehlender Unterlagen, div. EDV-Eingaben usw.)
❑ Listenbearbeitung/Kontrollen
(Aufbereitung, Vorbearbeitung div. Kontroll-Listen)
❑ Verkaufsunterstützung
(Aktualisierung der Beratungsunterlagen, Mailing-Aktionen, EDV-Abfragen usw.)
❑ Sekretariatstätigkeit
(Terminkoordination, Korrespondenz, Telefonate usw.)

Abbildung 43: Aufgabenbereiche der Verkaufs-Assistenten

Für das Ressourcenmanagement ist noch folgender Hinweis von Bedeutung: Der steigende Personalaufwand durch den Einsatz von Assistenten kann durch eine Verringerung der Anzahl der Kundenbetreuer ausgeglichen werden. Außerdem können sich dadurch die Betreuer voll auf ihre Vertriebsaufgaben konzentrieren und effizienter arbeiten. Das wiederum sollte seinen Niederschlag in den Ergebnissen finden!

Voraussetzungen für eine wirkungsvolle Zusammenarbeit

Eine erfolgreiche Marktbearbeitung erfordert ein gut eingespieltes Team sowie eine reibungslose Zusammenarbeit zwischen Firmenkundenbetreuern und Assistenten.

Dazu einige Tipps:

- Der *Informationsfluss* zwischen Kundenbetreuer und Assistenten muss funktionieren. Zu empfehlen ist in diesem Zusammenhang die tägliche „Postsitzung" am Beginn des Arbeitstages, bei der die eingelangten Schreiben der Kunden, die diversen bankinternen Mitteilungen u. ä. m. sowie die Arbeitsverteilung des Tages (Prioritätenfestlegung) besprochen werden.

- Ein besonders wichtiger Punkt ist die *Informationsweitergabe nach Kundengesprächen.* Dies sollte möglichst unmittelbar nach dem Gespräch in klarer, unmissverständlicher Weise erfolgen. Besonders heikel ist die Überleitung vom Kundenbetreuer zur Sachbearbeitung beim Kreditgeschäft. Wie soll vom Assistenten ein formal und inhaltlich richtiger Kreditantrag erstellt werden, wenn wesentliche Daten über Verwendungszweck, Laufzeiten, Rückzahlungsmodalitäten, vereinbarte Kreditsicherheiten usw. lückenhaft (bzw. ungenau) weitergegeben werden?

- Nicht unterschätzen sollte man auch die *Raumorganisation.* Räumliche Nähe zwischen den Firmenkundenbetreuern und dem Assistenten fördert die Kommunikation. In der Praxis hat es sich bewährt, wenn die Schreibtische am Arbeitsplatz so zusammengestellt werden, dass immer zwei Firmenkundenbetreuer mit einem Assistenten eine „Tischgruppe" bilden. Auf diese Weise ist eine ständige Kommunikation zwischen Betreuern und Assistenten möglich.

- Die Vertriebsassistenten sollten zumindest den wichtigen Firmenkunden *vorgestellt werden.* Beim Zusammenstellen und Aufbereiten von diversen Kundenunterlagen haben sie dann nicht nur bloße Namen vor sich. Besonders wichtig ist die persönliche Vorstellung, wenn die Assistenten die Firmenkundenbetreuer bei deren Abwesenheit vertreten sollen.

Neben diesen fachlichen und organisatorischen Aspekten dürfen auch die *psychologischen Aspekte* nicht außer Acht gelassen werden. Assistenten fühlen sich manchmal als „bloße Abwickler". Nicht selten stößt man hier in der Praxis auf ein *Imageproblem.* Gefordert sind daher sowohl die Firmenkundenbetreuer als auch die Führungskräfte. Sie müssen für die Leistungen der Assistenten *Anerkennung* zeigen und diesen Mitarbeitern das Gefühl vermitteln, dass ihre Tätigkeit wichtig ist und geschätzt wird. Denn eines ist klar: Die „Stars" im Verkauf nützen nichts, wenn nicht gleichzeitig für eine ordentliche Sachbearbeitung gesorgt ist.

Spürbar gesteigert werden kann der Team-Gedanke und das Wir-Gefühl" zwischen Firmenkundenbetreuern und Assistenten, wenn bereits die *Zielvereinbarung* nicht mit dem Betreuer alleine, sondern gemeinsam mit dem ganzen Team erfolgt. Auch für die Zielerreichung gilt grundsätzlich die *Teamverantwortung*. Diese Lösung muss dann natürlich auch die Verteilung der finanziellen Anreize mit einschließen. Es wirkt nicht motivierend, wenn diverse Erfolgs- und Leistungsprämien nur für die Kundenbetreuer vorgesehen sind – und die Assistenten leer ausgehen. Auch hier muss eine „Teamlösung" gefunden werden!

6.3.4 Zusammenarbeit mit Sanierungsspezialisten

In einem sich immer rascher ändernden wirtschaftlichen Umfeld können selbst erfolgreiche Unternehmen innerhalb relativ kurzer Zeit in wirtschaftliche Schwierigkeiten geraten. Es lässt sich daher nicht vermeiden, dass sich so manches Kreditengagement zu einem *„gefährdeten Engagement"* entwickelt. Als gefährdete Engagements bezeichnet man jene Kredite, bei denen sich die wirtschaftliche Lage des Unternehmens bzw. die Besicherungssituation so verschlechtert hat, dass für das bestehende Obligo ein Ausfallsrisiko zu befürchten ist.

Unter dem Aspekt der *Minimierung des Ausfallsrisikos* muss man sich daher im Firmenkundengeschäft mit Sanierungsfällen gezielt auseinandersetzen. (Zielgröße ist ja der Deckungsbeitrag *nach* Risikokosten!) Die *Betreuungsorganisation für kritische Kreditkunden* ist somit ein wichtiges Element im Rahmen der Bankorganisation.

Bei der Betreuung von kritischen Kreditkunden kann man in der Praxis drei Organisationsformen beobachten, die in der folgenden Abbildung dargestellt sind: [20]

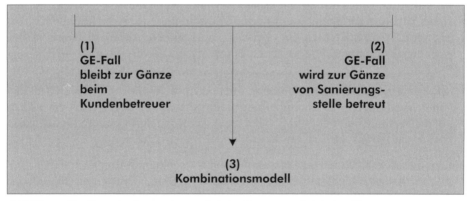

Abbildung 44: Organisationsvarianten bei der Betreuung kritischer Engagements

Diese drei *Betreuungsformen* lassen sich folgendermaßen charakterisieren:
1. Beim ersten Betreuungsmodell *bleibt* der Kreditfall *zur Gänze* in der Verantwortung des *Kundenbetreuers*. Er ist daher auch für die Koordination der Sanierungsmaßnahmen zuständig.
2. Das Gegenstück dazu bildet die zweite Organisationsform. Hier verlagert sich die Betreuungsverantwortung vom Kundenbetreuer weg in eine *eigene Spezialabteilung*. In dieser auf Sanierungen spezialisierten Organisationseinheit wird das Kreditengagement zur Gänze bearbeitet – alle Entscheidungen werden von dieser Stelle getroffen. Auch die unmittelbare Betreuung des Kunden erfolgt von dieser Stelle aus.
3. Auf Grund der spezifischen Nachteile dieser Varianten gibt es in der Praxis auch das „*Kombinationsmodell*". Die wesentlichsten Betreuungsprinzipien sind hier:
    - Die Verantwortung für die Kundenbeziehung bleibt beim Kundenbetreuer.
    - Die alleinige Kreditkompetenz des Betreuers erlischt. Die Entscheidungen werden vom Kundenbetreuer und der Sanierungsstelle gemeinsam getroffen.
    - Der Betreuer erhält zentrale Unterstützung durch die Sanierungsstelle.

Der Grundgedanke zur Schaffung einer eigenen Sanierungsabteilung lässt sich am besten anhand einer Analogie verdeutlichen: So wie der Mensch braucht auch der „kranke" Kredit eine besondere Behandlung. Oft muss hier die Funktion einer Intensivstation übernommen werden, in der „Kreislauf" und „Atemtätigkeit" ständig überwacht werden und das Überleben notfalls durch dosierte „Infusionen" gesichert wird.

Auf Grund der bisherigen Erfahrungen mit dieser auf Zusammenwirken zwischen Firmenkundenbetreuer und Sanierungsstelle basierenden Betreuungsform lassen sich folgende *Vorteile* erkennen:

▶ Da die Mitarbeiter dieser Betreuungsgruppe ständig mit Fragen der Behandlung von Problemkrediten befasst sind, baut sich in dieser Stelle ein *Spezial-Know-how* auf. Im Laufe der Zeit werden die in der Gruppe tätigen Mitarbeiter zu Sanierungsspezialisten, die auf Grund ihrer Erfahrungen wertvolle Beiträge zur Problemlösung liefern können.

▶ Durch die gesonderte Behandlung von Problemfällen in einer Spezialabteilung werden die Firmenkundenbetreuer sowohl in zeitlicher als auch in psychologischer Hinsicht spürbar entlastet.

▶ Daneben darf auch ein weiterer *psychologischer Aspekt* nicht außer Acht gelassen werden. Ein Kreditfall durchläuft einen gewissen „Lebenszyklus" bevor er in das Stadium eines notleidenden Krediets kommt. Bereits vor Beginn der eigentlichen Geschäftsbeziehungen stehen in den hart umkämpften Märkten meist umfangreiche Akquisitionsbemühungen der Firmenkundenbetreuer. Naturgemäß entwickelt sich im Laufe der Zeit zwischen dem Betreuer und dem Firmenkunden eine *persönliche Beziehung,* die meist auch die Basis für die Intensivierung der Geschäftsbeziehung bildet. Die *Gefahr* einer derartigen Entwicklung kann nun darin liegen, dass infolge einer Art „Betriebsblindheit" der

Betreuer Signale einer wirtschaftlichen Verschlechterung des Kreditnehmers zu spät oder überhaupt nicht erkennt bzw. diese negiert.

Ist die Gefährdung des Engagements deutlich sichtbar, wird es für diesen Kundenbetreuer besonders hart, gegenüber dem (von ihm akquirierten, betreuten und bisher in den Kreditanträgen positiv beschriebenen) Unternehmer auch unangenehme Maßnahmen zu vertreten und durchzusetzen. In dieser heiklen Situation ist es dann von großem Vorteil, wenn eine „dritte" Stelle dem Kunden gegenüber auftritt und in gemeinsamen Gesprächen (Kunde, Betreuer, Sanierungsspezialist) nach Lösungsmöglichkeiten gesucht wird.

Anmerkungen

1 Vgl. *Schmoll:* Vertriebskonzepte im Firmenkundengeschäft, S. 160 f.
2 Beispiele für dieses organisatorische „Trennmodell" finden sich bei *Benölken:* Neue Strategien, S. 76 f.
3 Hinsichtlich der „Mindestanforderungen an das Kreditgeschäft" siehe die Ausführungen bei *Jakob/Wohlert:* Was sich alles ändert, S. 16 f.; *Schuhmacher/Grabau:* Mindestanforderungen an das Kreditgeschäft, S. 248 f.; *Theewen* u. a.: Mindestanforderungen an das Kreditgeschäft, S. 61 ff.
4 Eine ausführliche Behandlung der bankinternen Konflikte im Kreditgeschäft findet sich bei *Schmoll:* Risikoadäquate Organisation im Kreditgeschäft, S. 12 f.
5 Vgl. *Nageler/Krempler:* Vertriebskonzept der Creditanstalt, S. 159
6 Vgl. *Schmoll:* Betreuungs-Center für Firmenkunden, S. 357
7 Vgl. *Schmoll:* Vertriebskonzepte im Firmenkundengeschäft, S. 178; *Waltle/Hopfner:* Vertriebssteuerung, S. 291
8 Vgl. *Göbel*: Der mobile Vertrieb, S. 78; *Göbel:* Geprägt von Verantwortung und Selbstbestimmung, S. 28
9 Vgl. *Göbel*: Der mobile Vertrieb, S. 83 f.; vgl auch *Fischer:* Führen im mobilen Vertrieb, S. 75 f.
10 Hinsichtlich der Verantwortungsbereiche eines Vertriebsmanagers vgl. *Ronzal:* Filialen führen und aktivieren, S. 332
11 Vgl. *Schmoll:* Zielgruppenmanagement im Firmenkundengeschäft, S. 23 f.
12 Vgl. *Schmoll:* Erfolgreiches Marketing für Marketing und Vertrieb, S. 43 f.
13 Zu den Aufgaben des Firmenkundenbetreuers vgl. *Müller:* Markt- und ertragsorientierte Ausrichtung der Firmenkundenbetreuung, S. 15
14 Zur Rolle des Firmenkundenbetreuers im Ratingprozess vgl. *Schmoll:* Ratingprozess, S. 388 f.; *Schmoll:* Ratingdialog erfordert Sozialkompetenz, S. 33 f.
15 Vgl. hierzu *Schmoll:* Die Praxis der Firmenkundenbetreuung, S. 58 f.
16 Zum Anforderungsprofil eines Firmenkundenbetreuers vgl. *Schierenbeck:* Herausforderungen im Firmenkundengeschäft, S. 34; *Homburg/Schäfer/Schneider:* In jeder Hinsicht höchste Präzision, S. 68 f.; *Barthels/Djouimai:* Langfristige Kundenbindung, S. 68; *Renker:* Relationship Marketing, S. 67 f. sowie S. 178 f.
17 Hinsichtlich der Nettomarktzeit bei Kundenbetreuern vgl *Muthers:* Mehr Zeit für den Kunden, S. 55; *Renker:* Firmenkunden sind wieder im Fokus, S. 24
18 Zur Optimierung des Kreditprozesses vgl. *Franke/Schwarze:* Prozessen Beine machen, S. 20 f.
19 Vgl. *Schmoll:* Die Praxis der Firmenkundenbetreuung, S. 76 f.
20 Zur Betreuung notleidender Kredite vgl. *Schmoll:* Risikomanagement und Kreditüberwachung, S. 60

IV

Vertriebssteuerung
Vertriebscontrolling

„Den Wind kann man nicht beeinflussen,
aber den Kurs"

1. Integrierte Vertriebssteuerung
2. Zielvereinbarungen als Steuerungsinstrument
    2.1 Bedeutung von Zielen
    2.2 Kriterien für das Formulieren von Zielen
    2.3 Quantitative Zielvereinbarungen
    2.4 Qualitative Zielvereinbarungen
3. Die Steuerung der Vertriebsaktivitäten
    3.1 Das Ziel: Die Effizienz im Vertrieb steigern
    3.2 Betreuungsstandards und Betreuungsintensitäten festlegen
    3.3 Terminsteuerung und Kontaktmanagement
    3.4 Unterstützung durch „To do-Listen"
4. Aufgabenbereiche im Vertriebscontrolling
    4.1 Drei Funktionen des Vertriebscontrollings
    4.2 Vertriebsreporting
    4.3 Vertriebskennzahlen als Instrumente des Vertriebscontrollings
5. Aktivitätencontrolling
6. Ergebniscontrolling
    6.1 Transparentes Ergebnisinformationssystem als Basis der Ertragsorientierung
    6.2 Objekte des Ergebniscontrollings – Der Ergebniswürfel
    6.3 Deckungsbeitragsrechnung – zentrales Steuerungsinstrument
7. Die Steuerung der Kundenbeziehungen
    7.1 Produktvorkalkulation
    7.2 Kundenkalkulation
    7.3 Steuerung des Firmenkunden-Portfolios
8. Steuerung der Vertriebseinheiten
    8.1 Steuerung der Firmenkunden-Center
    8.2 Ergebnisorientierte Steuerung der Firmenkundenbetreuer
9. Praxisbeispiele für wirkungsvolle IT-Unterstützung im Vertrieb
    9.1 Das Programm „Kundenportfoliomanager"
    9.2 Das „KundenBeraterSystem" des Volksbankensektors
    9.3 Das System „Vertriebsdimensionen" der Raiffeisenlandesbank Niederösterreich-Wien AG

1. Integrierte Vertriebssteuerung

Eine zentrale Aufgabe der Führungskräfte im Vertrieb ist es sicherzustellen, dass der einzelne Vertriebsmitarbeiter im Firmenkundengeschäft tatsächlich ziel- und ertragsorientiert handelt. Eine nachhaltige *Steigerung der Vertriebsleistung* erfordert somit eine gezielte und konsequente *Steuerung* der Vertriebsaktivitäten. Die Bedeutung der Vertriebssteuerung als zentraler Erfolgsfaktor wird auch durch die Ergebnisse der von zeb/rolfes.schierenbeck.associates durchgeführten „*European Banking Study*"[1] deutlich. Erfolgreiche Banken zeichnen sich demnach durch eine differenzierte Vertriebssteuerung aus.

Was macht nun das Wesen der Vertriebssteuerung aus? „*Steuern*" bedeutet, eine optimale Route zu suchen und zu finden. So kontrolliert beispielsweise der Steuermann auf einem Schiff ständig den Kurs, um es in die gewünschte Richtung zu lenken. Der Vertriebsmanager im Firmenkundengeschäft kann mit einem Steuermann verglichen werden. Den Vertrieb zu steuern und zu gestalten erfordert Geschick und Weitblick. Es gilt, zwischen den Polen „Volumen", „Ertrag" und „Risiko" die optimale Route zu finden. So manche risikoreiche Situation muss durch geschicktes Manövrieren überstanden werden. Der Firmenkundenmarkt ist bewegt und der Wind des Wettbewerbs schlägt rau ins Gesicht.

Im betriebswirtschaftlichen Sinn handelt es sich bei der *Vertriebssteuerung* um ein *Regelkreismodell*[2], d.h. um einen integrierten Planungs-, Aktivitäten- und Kontrollprozess zur Lenkung der Vertriebsressourcen.

Die Vertriebssteuerung verfolgt grundsätzlich folgende *Ziele:*[3]

- Systematischere Vorgehensweise beim Verkauf
- Rechtzeitiges Erkennen und Ausschöpfen von Ertragspotenzialen
- Steigerung der Produktivität im Vertrieb
- Stärkung des ertragsorientierten Denkens bei den Firmenkundenbetreuern
- Motivation durch leistungsorientierte Entlohnung
- Schaffung einer Informationsbasis für rasches Gegensteuern bei Zielabweichungen
- Verbesserung der Betreuungsqualität

Optimierung der Vertriebsleistung

Eine konsequente Steuerung des Firmenkundengeschäfts muss sich auf die *gesamte Wertschöpfungskette* im Vertrieb beziehen.[4] Ausgangspunkt dieses Prozesses sind die *Marktbereichsziele* für das Firmenkundengeschäft. Die Vertriebsmanager müssen daher die strategischen Planungsgrößen (z.B. RoE/CIR) in operative *Zielvereinbarungen* für die Mitarbeiter transferieren. Dabei müssen Ertragsziele in verständliche Größen „übersetzt" werden. Erst durch diese Transformierung von strategischen Zielen in Aktivitäten und Stückzahlen (z.B. Wie viele Abschlüsse mit welchem Volumen und mit welcher Spanne sind zur Zielerreichung notwendig?) wird der unmittelbare Handlungsbedarf für den Vertriebsmitarbeiter transparent.

Ein wesentliches Qualitätsmerkmal der Vertriebssteuerung ist somit die Verknüpfung von
- *Ergebniszielen*
  (Betriebswirtschaftliche Zielgrößen) und
- *Arbeitszielen*
  (Vertriebsaktivitäten).

Die Basis für die systematische Marktbearbeitung bildet der *Vertriebsplan*, in dem alle Vertriebsstrategien und Aktivitäten im Firmenkundengeschäft dargestellt sind. Die *Realisierung* dieses Planes erfolgt in einem strukturierten *Vertriebsprozess,* dessen Phasen im Kapitel V detailliert dargestellt sind. Hier geht es unter anderem um eine systematische Potenzialanalyse sowie um die Suche von Verkaufsideen.

In diesem Prozess kommt auch der *Vertriebsunterstützung* eine wichtige Funktion zu. Die Serviceleistungen der vertriebsunterstützenden Stellen sowie eine entsprechende *IT-Unterstützung* sollen den Firmenkundenbetreuern helfen, effiziente Vertriebsleistungen zu erbringen.

Die Überprüfung, ob die im Sinne des Bertreuungs- und Vertriebskonzepts angestrebten Aktivitäten auch durchgeführt wurden, ist Aufgabe des *Aktivitätencontrollings* (als Teil des Vertriebscontrollings). Wichtig ist in diesem Zusammenhang eine zeitnahe *Mitarbeitersteuerung* durch direktes Feed-back der Führungskräfte im Vertrieb. Das frühzeitige Erkennen von Mängeln hinsichtlich der Zielerreichung bietet die Voraussetzung für entsprechende Maßnahmen bzw. *Coaching im Vertrieb* (siehe dazu die Ausführungen im Kapitel VI).

Als Konsequenz dieses Steuerungs-Kreislaufes müssen entsprechende Ergebnisse erwirtschaftet werden. Alle Anstrengungen, Aktivitäten und Vertriebsmaßnahmen sind vergeblich, wenn am Ende kein wirtschaftlicher Erfolg erzielt wird. Die Erfolgskontrolle erfolgt über das *Ergebniscontrolling* anhand betriebswirtschaftlicher Controllingdaten (Vertriebskennzahlen). Die realisierten Vertriebsergebnisse werden bewertet und den Vertriebszielen gegenübergestellt. Die Ursachen für Zielabweichungen müssen gründlich analysiert und besprochen werden, um eventuellen Schwachstellen im Vertriebsprozess gezielt entgegenzuwirken. Gleichzeitig sollen daraus notwendige Schlussfolgerungen für die Vertriebssteuerung der folgenden Periode gezogen werden.

Einen zusammenfassenden Überblick über diesen integrierten Ansatz der Vertriebssteuerung bietet Abbildung 45.

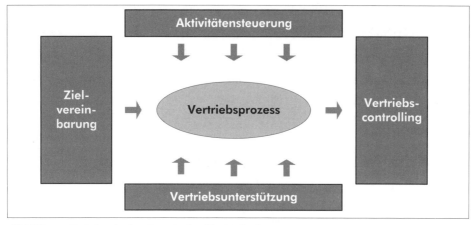

Abbildung 45: Integrierter Ansatz der Vertriebssteuerung

2. Zielvereinbarungen als Steuerungsinstrument

2.1 Bedeutung von Zielen

„Wer keine Ziele hat verläuft sich ständig."
(Seneca)

Diese Gedanken von Seneca sind unmittelbar auf die Vertriebssteuerung zu übertragen: Ziele geben den Vertriebsmitarbeitern *Orientierungs- und Anhaltspunkte* für ihr Handeln. Sie konzentrieren ihren Einsatz auf die von der Bank angestrebten Ergebnisse und lernen Prioritäten zu setzen. Wer sich ein Ziel setzt, arbeitet erfahrungsgemäß rationeller.[5]

Für die Steuerung der Kundenbetreuer ist in der Praxis das *Instrument der Zielvereinbarung* weit verbreitet. Gleichzeitig bilden konkrete Zielabsprachen eine wesentliche Grundlage für eine *leistungs- und erfolgsorientierte Vergütung*. Erst durch die Messung der Zielerreichung wird eine gerechte Beurteilung der Leistung möglich, denn *„Leistung"* wird aus betriebswirtschaftlicher Sicht als *„Grad der Zielerreichung"* definiert. Anhand des SOLL-/IST-Vergleichs erfolgt die *Leistungsbeurteilung*, die wiederum die Bemessungsgrundlage für die finanzielle Vergütung bildet.

Die positiven Wirkungen von Zielen für die Vertriebssteuerung können daher folgendermaßen zusammengefasst werden:

- Mitarbeiter setzen ihre Arbeitskraft rationeller ein.
- Mitarbeiter konzentrieren sich auf das Wesentliche.
- Mitarbeiter machen sich selbst Gedanken, wie sie ihre Ziele erreichen können.
- Mitarbeiter agieren selbstständiger.
- Mitarbeiter können Freiräume nutzen.
- Mitarbeiter erhalten eine gerechte Leistungsbeurteilung.
- Mitarbeiter haben bei Zielerreichung größere Erfolgserlebnisse.

2.2 Kriterien für das Formulieren von Zielen

Damit Ziele ihre Funktion als Führungs- und Steuerungsinstrument im Vertrieb erfüllen können und für die Kundenbetreuer auch motivierend wirken, müssen bei der Zielformulierung folgende *Kriterien* berücksichtigt werden:[6]

▸ Ziele im Firmenkundengeschäft bzw. eines Firmenkundenbetreuers sind Bestandteile eines Zielsystems. Die einzelnen Zielgrößen müssen daher in einer Zielhierarchie *aufeinander abgestimmt* werden und für die Erreichung der Unternehmensziele relevant sein.

▸ Die Ziele müssen für den Mitarbeiter *verständlich* und *eindeutig* formuliert werden. *Aus ihm muss klar sein, woran er sich konkret orientieren soll.*

▸ Damit der Zielerreichungsgrad überprüft werden kann, müssen Ziele anhand von konkreten Zahlen *messbar* sein. So weit wie möglich sollten auch Qualitätsziele durch Daten und Fakten messbar gemacht werden.

▸ Bei der Zielformulierung muss ein *Zeitraum* für die Zielerreichung angegeben sein. Es muss daher genau terminiert werden, was bis wann zu erreichen ist.

▸ Ziele sollen *anspruchsvoll*, aber *realistisch* und für den Mitarbeiter auch *erreichbar* sein. Untersuchungen aus dem Bereich der Motivationspsychologie zeigen beispielsweise, dass Ziele, die mit rund 50 % Wahrscheinlichkeit zu erreichen sind, den Menschen am meisten motivieren.

▸ Für das Vereinbaren von Zielen gilt, dass sie auf eine *überschaubare Anzahl* begrenzt werden müssen, d.h. es sollten für einen Mitarbeiter nicht zu viele Ziele vereinbart werden (fünf bis sechs Ziele sind die Obergrenze).

▸ Ziele müssen sich auf jene Aufgabenbereiche beziehen, die der betroffene Mitarbeiter auch tatsächlich selbst *beeinflussen* kann. Die Durchführung von Maßnahmen liegt dann in seiner Verantwortung.

▸ Ziele sind schriftlich zu vereinbaren. Sowohl für die Bank als auch für den Mitarbeiter wird damit *Verbindlichkeit* geschaffen.

In diesem Zusammenhang werden in der Praxis als „Kurzformel für die Zielformulierung" gerne die „3 M" eingesetzt. Demnach müssen Ziele

- messbar
- machbar und
- motivierend

sein.

2.3 Quantitative Zielvereinbarungen

Ebenso wie bei den übergeordneten Gesamtbankzielen existiert auch im Firmenkundengeschäft eine Vielzahl von Zielvorstellungen. Grundsätzlich lassen sich diese in die zwei Kategorien
- quantitative Ziele und
- qualitative Ziele
zusammenfassen.

Wie die Praxis zeigt, dominieren im *Vertriebsbereich* üblicherweise *quantitative* Ziele in Form von Volumens-, Stück- oder Ertragszielen. Daneben dürfen risikoorientierte Zielvorgaben nicht unterschätzt werden. Hier geht es um eine Verbesserung der Risikosituation bei den Ausleihungen im Firmenkundengeschäft. Die Höhe der Risikokosten beeinflusst nicht unwesentlich das Gesamtergebnis dieses Geschäftsfeldes. In der Abbildung 46 finden sich für die verschiedenen Zielkategorien jeweils einige Beispiele für Zielvereinbarungen mit Firmenkundenbetreuern.

2.4 Qualitative Zielvereinbarungen

Im Unterschied zu quantitativen Zielen beschreiben *qualitative Ziele* erwünschte *Handlungs-* und *Verhaltensweisen* und lassen sich nur schwer in Zahlen ausdrücken. Dennoch sollten Vertriebsmanager auch im Firmenkundengeschäft das quantitative Zielsystem durch *qualitative* Ziele ergänzen. Im Kern geht es dann darum, die in den *Qualitätsstandards* festgelegten Handlungsmaximen zu operationalisieren.[7]

Orientiert sich der Betreuer beispielsweise ausschließlich auf Volumens- oder Produktziele können diese auch mit „Hochdruckverkauf" erreicht werden – ohne Rücksicht auf die tatsächlichen Kundenbedürfnisse oder Kundeninteressen.

Erst mit der Aufnahme von qualitativen Zielen in die Zielvereinbarungen wird die Basis geschaffen, um das Verhalten der Firmenkundenbetreuer bewusst in den Prozess der *Vertriebssteuerung* mit einzubeziehen. Werden daher mit dem Vertriebsmitarbeiter neben quantitativen Größen auch qualitative Ziele abgesprochen, so ist ihm klar, dass seine Leistung an beiden Dimensionen gemessen und beurteilt wird. Auf diese Weise werden die geschäftspolitischen Leitlinien im Alltag stärker präsent sein.

Volumensziele
- Steigerung des Ausleihungsvolumens
- Steigerung des Veranlagungsvolumens
- Volumen der Leasing-Neuverträge
- Volumen der Neuverträge bei Sachversicherungen

Stückziele
- Erhöhung der Cross Selling-Quote
- Anzahl Electronic Banking-Produkte
- Anzahl der Neukundengewinnung

Ertragsziele
- Steigerung der Provisionserlöse
- Steigerung des Konditionsbeitrages (Zinserträge)
- Steigerung des Deckungsbeitrages vor Risikokosten
- Steigerung des Deckungsbeitrages nach Risikokosten

Risikoziele
- Abbau der Überziehungen um x %
- Abbau des Volumens von Notleidenden Krediten um x %
- Reduktion der Blankoanteile um x %
- Verringerung der Anzahl der Sanierungsfälle

Abbildung 46: Quantitative Zielvereinbarungen für Firmenkundenbetreuer (Beispiele)

- ❏ Kundenzufriedenheit (Reduktion der Reklamationsquote)
- ❏ Kundenbindung (Verhinderung der Kundenabwanderung)
- ❏ Neukundengewinnung insgesamt
- ❏ Die Wünsche/Erwartungen des Kunden systematisch erfassen
- ❏ Ganzheitliche Kundenbetreuung
- ❏ Anzahl der Kundenkontakte pro Jahr (Kundenbetreuungsplan)
- ❏ Anzahl der Betriebsbesuche pro Jahr
- ❏ Qualitativ gehaltvolle Unternehmer-Jahresgespräche
- ❏ Anzahl der durchgeführten Business Check-Gespräche
- ❏ Erreichbarkeit des Kundenbetreuers
- ❏ Einhaltung von Bearbeitungszeiten
- ❏ Aussagekräftige Dokumentation der Kundengespräche
- ❏ Strikte Einhaltung des Kreditlimitsystems
- ❏ Umsetzung der „risikoorientierten Preispolitik"

Abbildung 47: Qualitative Zielvereinbarungen für Firmenkundenbetreuer (Beispiele)

Qualitative Zielvorstellungen im Firmenkundenvertrieb beinhalten beispielsweise die in der Abbildung 47 aufgezeigten Aspekte.[8] Die Führungskraft muss bei derartigen Zielformulierungen allerdings darauf achten, dass sie nicht mechanisch „abgearbeitet" werden. Es kann beispielsweise nicht darum gehen, wie viele Unternehmer-Jahresgespräche ein Kundenbetreuer geführt hat (im Sinne einer „Strichliste"), sondern darum

- wie diese Kundengespräche geführt wurden
- was dabei herausgekommen ist
- wie sie dokumentiert wurden und
- welche Folgeaktivitäten daraus abgeleitet wurden.

Hier ist der Vertriebsmanager als Führungskraft gefordert. Er muss solche qualitativen Aspekte im Zielvereinbarungsgespräch bewusst unterstreichen und in seine Controllingaktivitäten einbauen. Praxisorientierte Hinweise für die Führung von Zielvereinbarungsgesprächen werden im Kapitel VI („Führen im Vertrieb") gegeben.

3. Die Steuerung der Vertriebsaktivitäten

3.1 Das Ziel: Die Effizienz im Vertrieb steigern

Die Forcierung der Vertriebsaktivitäten erfordert eine *systematische* und *konsequente Vorgehensweise* bei der Marktbearbeitung. Eine derartige Ausrichtung setzt eine *zielgerichtete Führung* der Firmenkundenbetreuer voraus, um deren Verhalten (und damit die Ergebnisse) in die gewünschte Richtung zu lenken. Gleichzeitig muss die Diskrepanz zwischen Kundenbedürfnissen einerseits und geschäftspolitischen Zielen der Bank andererseits ausbalanciert werden.[9]

Vielfach erfolgt die Vertriebssteuerung mit Hilfe der unter Punkt 2.3 beschriebenen Zielgrößen. Damit wird allerdings der Frage, *welche Aktivitäten* erforderlich sind, um ein bestimmtes Ergebnis zu erreichen, zu wenig Beachtung geschenkt. Mit einer gezielten Aktivitätensteuerung verlagert sich die Sicht auf die der wertmäßigen Kundengeschäftssteuerung bzw. dem Verkaufsabschluss vorgelagerten Aktivitäten.

Dabei umfasst die Steuerung der Vertriebsaktivitäten folgende Bereiche:[10]
- die Planung der Vertriebsaktivitäten
- die Definition von strukturierten Vertriebsprozessen
- das Aktivitäten- und Ergebniscontrolling (Reporting).

Die Führungskräfte im Vertrieb müssen daher den Kundenbetreuern klar vermitteln, wie eine strukturierte Vorgehensweise im Vertriebsprozess aussehen soll. Im Kern gilt es daher folgende vertriebsrelevante Fragen zu beantworten:

> *„Wer* ergreift
> *wann*
> bei *welchen Kunden*
> *wie* und
> *mit welcher Intensität* die Initiative?"

Wegen der hohen praktischen Relevanz ist der Darstellung des Vertriebsprozesses ein eigenes Kapitel gewidmet, sodass an dieser Stelle die mit der Aktivitätensteuerung unmittelbar verbundenen Fragestellungen im Mittelpunkt stehen.

3.2 Betreuungsstandards und Betreuungsintensitäten festlegen

Bei der Steuerung der Vertriebsaktivitäten müssen sowohl die *Formen der Kundenbetreuung* als auch die *Betreuungsintensitäten* festgelegt werden. Durch eine aktivitätenorientierte Vertriebssteuerung soll sichergestellt werden, dass Vertriebsmaßnahmen *mit System* durchgeführt werden. Damit werden Zeitverlust und Ressourcenverschwendung vermieden und die Vertriebskosten reduziert.

Wichtige Orientierungshilfen bei der Aktivitätensteuerung sind klar definierte *Qualitätsstandards* für die Firmenkundenbetreuung. So sind für die Qualität von Kundenkontakten folgende Erfolgsfaktoren maßgeblich:[11]

- eine angemessene Kontakthäufigkeit
  (z.B. Anzahl der Betriebsbesuche pro Jahr)
- eine angemessene Kontaktdauer
  (z.B. Dauer des Kundengespräches)
- eine angemessene Kontaktqualität
  (z.B. Gesprächsführung, Kundenunterlagen)

In diesem Zusammenhang gilt es nun, praktikable Maßstäbe für die *Anzahl der jährlichen Kundenkontakte* bzw. für die Besuchsstrategie zu finden – und zwar unter dem Gesichtspunkt der Effizienz- und Ertragssteigerung. Da mittelständische Firmenkunden nicht nur unterschiedliche finanzielle Bedürfnisse, sondern auch *unterschiedliche Ertragspotenziale* haben, gleichzeitig aber nur begrenzte Vertriebskapazitäten zur Verfügung stehen, müssen die Vertriebsmitarbeiter sich vorrangig jenen Kunden widmen, die ein hohes Ertragspotenzial aufweisen. Potenzialorientierte Kundensegmentierung bedeutet somit:

> Eine abgestufte Intensität der Betreuungsaktivitäten

Eine Orientierungshilfe bei der Bestimmung der Betreuungsintensität bietet das *Firmenkunden-Portfolio,* das in Kapitel II dargestellt wurde und aus dem sich Betreuungskonsequenzen ableiten lassen. Es ergeben sich vier Stufen der Betreuungsintensität. (Daneben bilden die „Risikokunden" eine eigene Kategorie.):

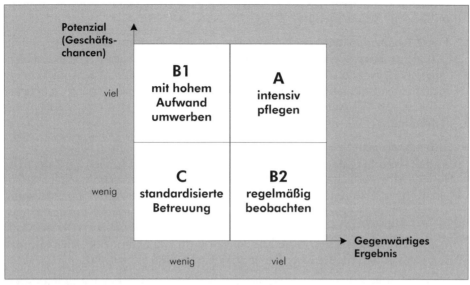

Abbildung 48: Grade der Betreuungsintensität

- **„Intensiv pflegen"**
  Firmenkunden, die bereits hohe Ergebnisse bringen und andererseits auch weiteres Geschäftspotenzial besitzen, sind praktisch „Idealkunden" und somit natürlich auch für andere Kreditinstitute begehrte Kunden!
  Das vorrangige Ziel bei diesem Kundensegment muss es daher sein, die emotionale *Bindung* des Unternehmers an das Institut *zu sichern und zu verstärken*. Durch eine *nachhaltige, regelmäßige, aktive Kontaktpflege* sollen diese Kunden gegen Abwerbungsversuche der Mitbewerber immunisiert werden.

- **„Mit hohem Aufwand umwerben"**
  In jeder Bank gibt es eine ganze Reihe von Firmenkunden, die diese Verbindung lediglich als *Zweitbankverbindung* aufrechterhalten. Sie weisen zwar einen positiven, aber im Verhältnis zu ihrem Geschäftspotenzial eher niedrigen (Kunden-) Deckungsbeitrag auf.
  Das Ziel ist klar: Die Nebenbankverbindung zur *Hauptbankverbindung* zu entwickeln. Das Ergebnis der Kundenbeziehung soll verbessert und der Kundendeckungsbeitrag spürbar erhöht werden. Da der Unternehmer seine Hauptgeschäfte bei einer anderen Bank tätigt, sind bei der Aktivitätensteuerung in diesem Segment Prioritäten zu setzen und diese Kunden „*mit hohem Aufwand zu umwerben*".

- **„Regelmäßig beobachten"**
  Das dritte Betreuungssegment bilden jene Firmenkunden, zu denen zwar intensive Geschäftsbeziehungen bestehen, die jedoch auf Grund ihrer betrieblichen

Situation kaum Ausweitungsmöglichkeiten bieten (Man könnte sie als „*Mitnahmekunden*" bezeichnen.).

Diese Kunden sollten gehalten werden und ihre Deckungsbeiträge vor allem durch eine *kostengünstige* Gestaltung des Betreuungsprozesses verbessert werden. Eine besonders ertragsbewusste Konditionengestaltung steht im Vordergrund („Normkonditionen"). Die Betreuungsaktivitäten sollen möglichst rationell gestaltet werden (keine aktive, sondern eher anlassbezogene Kundenbetreuung).

- **„Standardisierte Betreuung"**
  Es gibt sie wohl in jedem Kreditinstitut: Firmenkunden, bei denen die Bank trotz Bemühungen nur *geringe Deckungsbeiträge* erwirtschaftet und die auch kaum zukünftiges Erlöspotenzial aufweisen. Das Ziel für die Aktivitätensteuerung lautet: *effiziente Abwicklung mit wenig Aufwand*. Bei diesem Kundensegment erfolgt eine standardisierte Betreuung (z.B. zentral gesteuerte Direct Mail-Aktionen). Vielfach sind diese Kunden gar nicht einem Firmenkundenbetreuer fest zugeordnet, sondern werden in den Geschäftsstellen betreut.

Einen Gesamtüberblick über die Betreuungsaktivitäten und Betreuungsintensitäten bei den verschiedenen Kundensegmenten bietet die Abbildung 49. Die Festlegung derartiger *Betreuungsmaßstäbe* schafft die Möglichkeit, die verkaufsrelevanten Aktivitäten der Betreuer effizienter und zielgerichteter zu gestalten. Allerdings darf in diesem Zusammenhang eines nicht übersehen werden: Bei solchen Betreuungsstandards handelt es sich um Orientierungsgrößen und nicht um ein Dogma. Letztlich ist auch das „Fingerspitzengefühl" des Kundenbetreuers gefordert, um den individuellen Bedürfnissen eines Firmenkunden zu entsprechen.

	A-Kunde	B1-Kunde	B2-Kunde	C-Kunde
Charakteristik	„Idealkunde"	„Potenzieller Idealkunde"	„Mitnahmekunde"	„Karteikunde"
Ziele	Abschotten, Immunisieren gegen Abwerbungsversuche	Gezielte Intensivierung Weiter ausbauen	Halten	Effiziente Abwicklung
Betreuungsintensität	Intensiv hegen und pflegen („Holgeschäft")	Mit hohem Aufwand umwerben („Holgeschäft")	Regelmäßig beobachten (vorwiegend „Bringgeschäft")	Keine aktive Betreuung („Bringgeschäft")
Betreuungsform	Persönliche und umfassende Betreuung	Persönliche und regelmäßige Betreuung	anlassbezogene und sporadische Betreuung	keine Betreuungsinitiative durch den Betreuer
Art der Kontaktaufnahme/ Kontakthäufigkeit	• Gespräch beim Kunden (2x pro Jahr) • Mindestens eine Betriebsbesichtigung • Aktives Telefonat (quartalsweise) • Persönlicher Brief • E-Mail (rasche/aktive Information) • Einladung zu Geschäftsessen	• Gespräch beim Kunden (2-3 x pro Jahr) • Mindestens eine Betriebsbesichtigung • Aktives Telefonat (quartalsweise) • Persönlicher Brief • E-Mail (rasche/aktive Information) • Einladung zu Geschäftsessen	• Anlassbezogenes Telefonat • Abrufbare Standardbriefe • Ansprache in der Zweigstelle	• Zentrale Direct-Mail-Aktion • Einbindung in Privatkundenaktionen

Abbildung 49: Art und Intensität der Betreuung bei den einzelnen Firmenkundensegmenten

3.3 Terminsteuerung und Kontaktmanagement

Ein wichtiges Element der Aktivitätensteuerung bildet die Planung und Vorbereitung der Kundentermine. In der Praxis ist immer wieder zu beobachten, dass die Terminplanung manchmal spontan oder auch zufällig erfolgt. Angesichts der knappen Ressourcen, die für die Marktbearbeitung zur Verfügung stehen, müssen die Führungskräfte im Vertrieb der *Terminsteuerung* entsprechende Aufmerksamkeit widmen.

Eine wichtige Basis für diesen Teilbereich der Aktivitätensteuerung besteht darin, dass im Vertrieb zu folgenden Fragen weitgehend Konsens besteht:
- Welcher Anteil der Gesamtarbeitszeit wird für die aktive (geplante) Marktbearbeitung angestrebt?
- Wie viele aktive Kundenansprachen werden von den Firmenkundenbetreuern pro Woche erwartet?
- Wie viele Kundengespräche sollen pro Woche geführt werden?

Es zeigt sich in der Praxis immer wieder, dass die *Anzahl der Verkaufsaktivitäten* unmittelbaren Einfluss auf den Verkaufserfolg hat. Für die Terminsteuerung sind daher *Standards* für die Aktivitätenplanung zu entwickeln, die einerseits auf die regionalen Marktgegebenheiten, die Kundenstruktur sowie die spezifische Situation der Bank abgestimmt sind. In diesem Zusammenhang wird vom so genannten *„Mitarbeiterwert"* gesprochen. Diese Kenngröße gibt Aufschluss darüber, wie viele Beratungsgespräche im Durchschnitt pro Tag stattgefunden haben.

Für das mittelständische Firmenkundengeschäft sollte folgende Untergrenze gezogen werden:[12]

> Fünf qualifizierte Kundengespräche pro Woche/pro Kundenbetreuer

Um die Effizienz der Aktivitäten- und Terminsteuerung zu steigern, bedarf es auch eines entsprechenden EDV-gestützten *Kontakt- und Terminsteuerungssystems* im Vertrieb. Die geplanten Termine sind von den Kundenbetreuern im elektronischen Terminkalender einzutragen. Das erleichtert deren persönliches Zeitmanagement und gibt den Führungskräften die Möglichkeit, sich einen Überblick über die eigeninitiierten Kundenkontakte zu verschaffen.

Gleichzeitig ist der allen Befugten zugängliche Terminkalender eine wertvolle Unterstützung, wenn die Kundenbetreuer nicht anwesend sind (z.B. externe Termine, Urlaub, Krankheit) und telefonische Anfragen beantwortet werden müssen.

Tourenplanung

Im Firmenkundengeschäft findet die Mehrzahl der Beratungs- und Verkaufsgespräche nicht in der Bank, sondern beim Kunden statt. Die meisten Unternehmer stehen erfahrungsgemäß unter Zeit- und Termindruck, sodass der Besuch des Kundenbetreuers im Betrieb sehr willkommen ist.

Dieser Vertriebsweg in Form des *„Bankaußendienstes"* erfordert nicht nur „mobile" Kundenbetreuer[13], sondern auch eine gezielte Aktivitätenplanung. Im Unterschied zum stationären Vertrieb fallen hier noch spezifische *Außendienstkosten* in Form von Fahrzeiten sowie Fahrtkosten an. Im Hinblick auf das Kostenmanagement im Vertrieb spielt daher auch die *Planung der Touren* eine wichtige Rolle.[14]

3.4 Unterstützung durch „To do-Listen"

Wertvolle Unterstützung bei der Steuerung der Vertriebsaktivitäten bietet ein *EDV-gestütztes Impuls- und Kontaktsteuerungssystem*. Die Basis dazu bilden EDV-mäßig generierte *Verkaufssignale,* die den Vertriebsmitarbeitern die aktive Kundenbetreuung erleichtern sollen (siehe dazu auch die Ausführungen im Kapitel V).

Typische Verkaufsimpulse sind beispielsweise
– Fällige Anlagen
– Zinsabläufe (z.B. im Darlehensgeschäft)
– Abläufe bei Versicherungen
– auslaufende Produkte (z.B. Leasingverträge)
– größere Habensalden bzw. -umsätze
– diverse Fälligkeiten

Diese Signale gehen in so genannte *„To do-Listen"*[15] ein, die ebenfalls in der Software-Anwendung hinterlegt sein müssen. Alle Verkaufshinweise erscheinen im System einerseits bei der Terminübersicht (nach Datum und Prioritäten sortiert) und andererseits bei den davon betroffenen Kunden. Auch bei *Verkaufsaktionen* (Kampagnen) werden entsprechende Verkaufsimpulse erzeugt und in die „To do-Liste" eingespielt. Neben diesen automatisch erstellten Betreuungsanlässen hat der Kundenbetreuer auch die Möglichkeit, verkaufsrelevante Notizen selbst zu erstellen, die dann ebenfalls in dieser Liste verfügbar sind. Ein Beispiel einer „To do-Liste" im Firmenkundengeschäft zeigt die Abbildung 50.

Der Betreuer muss die „To do-Liste" *täglich* öffnen und das termingerechte Abarbeiten dieser Vertriebsanlässe dokumentieren, indem der jeweilige Bearbeitungsstatus in der EDV erfasst wird. Diese Dokumentationen werden regelmäßig ausgewertet und bilden dann die Basis für das *Aktivitätencontrolling*.

Damit ist eine durchgehende Kundenbetreuung auch im Falle der Abwesenheit des Betreuers ermöglicht. Außerdem wird die Zusammenarbeit mit Vertriebsassistenten sowie mit Produktspezialisten durch diese EDV-Anwendung erleichtert.

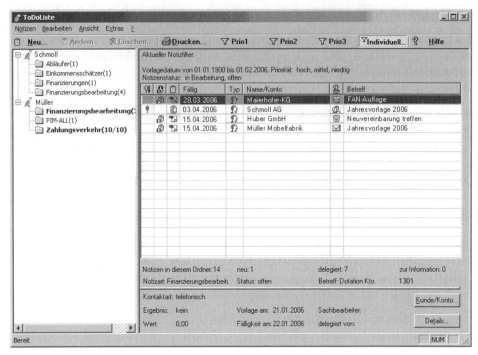

Abbildung 50: Beispiel für eine EDV-mäßig generierte „To do-Liste"
(Quelle: Erste Bank)

4. Aufgabenbereiche im Vertriebscontrolling

4.1 Drei Funktionen des Vertriebscontrollings

Wie bereits im Abschnitt 1 erwähnt, hat das *Vertriebscontrolling* unterschiedliche Aufgaben zu erfüllen, um die Führungskräfte bei ihren Steuerungsaufgaben wirkungsvoll zu unterstützen. Gemäß dem Motto „If you can't measure it, you can`t manage it" dient das Vertriebscontrolling vor allem dazu, die Vertriebsaktivitäten *messbar*, transparenter und damit steuerbar zu machen.

Damit erfüllt das Controlling im Vertrieb eine wichtige Aufgabe, weil es die Grundlagen für die *Profitabilität* und die Basis für die Ableitung der Vertriebsstrategien liefert. Dabei ist zu beachten, „dass Controlling weder eine Stelle im Hause noch ein EDV-Programm ist, sondern eine die Bank durchdringende Denkhaltung, die konsequent den Ertrag als Basis für das Erreichen aller anderen Ziele in den Vordergrund rückt."[16] Das Vertriebscontrolling muss daher die Führungskräfte mit jenen Informationen versorgen, die für ihre Steuerungsaufgaben und Entscheidungen relevant sind. Es soll Aussagen über den Einsatz der knappen Vertriebsressourcen und die sich daraus ergebenden Vertriebserfolge liefern.

Wichtig ist der Hinweis, dass Controlling nicht isoliert gesehen werden darf, sondern vielmehr ein Element einer ganzheitlichen Vertriebskonzeption darstellt. In diesem Sinn stellt das Vertriebscontrolling einen Kreislauf („*Controlling-Regelkreis*") dar, dessen Phasen aus der Abbildung 51 ersichtlich sind.[17]

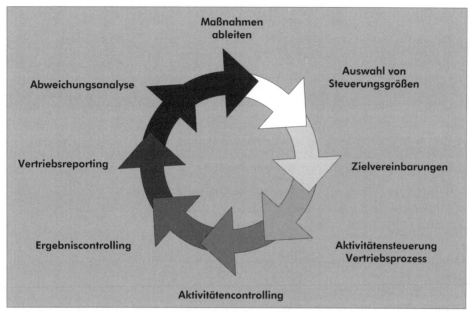

Abbildung 51: Steuerungskreislauf des Vertriebscontrolling

Wie die Abbildung zeigt, hat das Controlling im Vertrieb eine *Informations-, Koordinations- und Kontrollfunktion*.[18] Auf diese Weise soll sichergestellt werden, dass der Vertrieb möglichst rasch den sich ändernden Marktgegebenheiten angepasst werden kann. Für die Umsetzung dieser Grundgedanken kann man sich an folgenden Fragen orientieren:

– Worauf bezieht sich das Controlling?
  (Steuerungsobjekte)
– Wonach wird gesteuert?
  (Steuerungsgrößen)
– Womit wird gesteuert?
  (Steuerungsinstrumentarium)

Für eine effiziente Steuerung des Firmenkundenvertriebs, müssen *vertriebsadäquate Steuerungsgrößen* identifiziert werden. Diese bilden die quantitative Basis für die Vertriebsplanung, Zielvereinbarung und Kontrolle. Den gedanklichen Hintergrund liefern die drei entscheidenden Stellhebel im Vertrieb: „*Aktivität*", „*Quantität*" und „*Qualität*". Die Zusammenhänge zwischen diesen Dimensionen werden aus der Abbildung 52[19] ersichtlich.

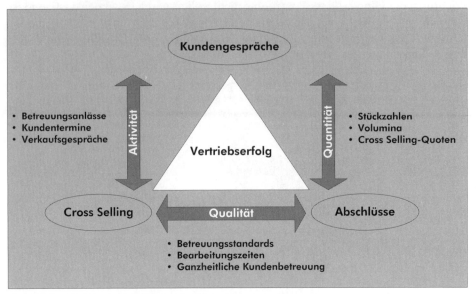

Abbildung 52: Die drei Stellhebel im Vertriebscontrolling

Damit wird auch deutlich, dass das moderne Vertriebscontrolling zwei Bereiche umfasst:
- das Aktivitätencontrolling sowie
- das Ergebniscontrolling.

Auf die damit verbundenen Fragen wird in diesem Kapitel näher eingegangen.

4.2 Vertriebsreporting

Zielgerichtete Informationen sind der „Rohstoff" für eine effiziente Vertriebssteuerung und Kontrolle. Wie zielführend die Entscheidungen der Vertriebsmanager sind, hängt wesentlich von der Verfügbarkeit und Qualität der vertriebsrelevanten Informationen ab. Deshalb sind Aufbau und Pflege eines aussagekräftigen Berichtssystems eine der Hauptaufgaben des Vertriebscontrollers. Ziel ist die optimale Unterstützung des Firmenkundenvertriebes durch ein Reporting für alle Organisationseinheiten mit Vertriebsaufgaben im Firmenkundengeschäft.

Im Mittelpunkt eines jeden Vertriebsinformationssystems steht daher das *Vertriebsreporting*. Es ist ein integraler Bestandteil des Ziel-, Planungs-, Steuerungs- und Kontrollsystems im Firmenkundenvertrieb und soll folgenden Zweck erfüllen:
– Erkennen und Bewerten des Zielerreichungsgrades
– Aufzeigen von Zielabweichungen

Die Auswertungen des Vertriebscontrollings dienen nicht nur der Geschäftsleitung (Vorstand und Marktbereichsleitung) als Entscheidungshilfe, sondern bilden das Instrumentarium, das auf jeder Ebene des Vertriebes (Vertriebsführungskräfte der verschiedenen Hierarchiestufen bis zum Kundenbetreuer) erkennbar machen soll, inwieweit die definierten Ziele erreicht bzw. gefährdet sind. Jeder Vertriebsverantwortliche muss daher Zugriff auf die für ihn relevanten und speziell zugeschnittenen Reportsätze erhalten.

Ob das Vertriebsreporting von den Führungskräften und Mitarbeitern im Vertrieb angenommen wird, hängt nicht zuletzt vom Aufbau und der Gestaltung des Berichtwesens ab. Diesen Fragen wird in der Praxis zu wenig Bedeutung beigemessen, wodurch manchmal „Zahlenfriedhöfe" entstehen, die keine Akzeptanz bei den Adressaten finden.

Vertriebsreports müssen einer Reihe materieller und formaler Anforderungen entsprechen:

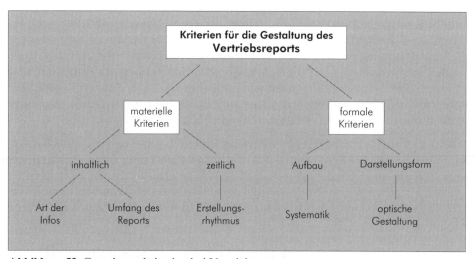

Abbildung 53: Gestaltungskriterien bei Vertriebsreports

Um bei den Vertriebsmanagern und Vertriebsmitarbeitern einen möglichst hohen Grad an Akzeptanz zu erreichen, muss ein Vertriebsinformationssystem beispielsweise folgende Anforderungen erfüllen:[20]
- Die bereitgestellten Informationen müssen aktuell und zeitnah verfügbar sein.
- Sie müssen knapp und verständlich sein.
  („So wenig wie möglich – so viel wie nötig")
- Es müssen übersichtliche Auswertungen auf mehreren Berichtsebenen (Aggregatsstufen) möglich sein.
- Es muss Möglichkeiten für eigene Filterungen geben.
- Die Vertriebsreports müssen adressatengerechte Informationen enthalten und vor allem verständlich sein.
- Sie müssen eine adäquate Abbildung von Betreuungs- und Verantwortungsstrukturen gewährleisten.

- Es muss eine hohe Transparenz und Nachvollziehbarkeit für die Vertriebsverantwortlichen gegeben sein.
- Es erfolgt eine ausschließliche Leistungsmessung jener Faktoren, die der Vertrieb selbst beeinflussen kann.
- An Stelle von Listen soll das Vertriebsreporting prinzipiell EDV-gestützt erfolgen.

Die Kunst besteht somit darin, ein Controllingsystem aufzubauen, das einerseits so flexibel ist, um dem *Informationsbedürfnis* der jeweiligen Adressaten Rechnung zu tragen und andererseits dem *Wirtschaftlichkeitsprinzip* entspricht. In das Vertriebsreporting sind daher grundsätzlich nur solche Informationen aufzunehmen, aus denen unmittelbare Schlüsse gezogen und konkrete Maßnahmen abgeleitet werden können. Vertriebsreports werden meist in wöchentlichen oder monatlichen Abständen erstellt.

Eine benutzerfreundliche *Darstellungsform* der Vertriebsreports soll das rasche Erfassen der dokumentierten Sachverhalte erleichtern. Notwendig ist beispielsweise die Einhaltung eines gleichartigen, systematischen Aufbaus der Auswertungen, damit bei der Vielzahl der auf die Führungskräfte einwirkenden Informationen die *Übersichtlichkeit* und *Klarheit* nicht beeinträchtigt wird. Die Aussage- und Erklärungskraft von Vertriebsinformationen kann auch durch entsprechende graphische Aufbereitung (Schaubilder, Diagramme) erheblich gesteigert werden.

Infolge unterschiedlicher Bankgrößen, Kundenstruktur und unterschiedlicher vertriebspolitischer Zielsetzungen lassen sich hinsichtlich Inhalt und Gestaltung des Vertriebsreportings kaum allgemein gültige Normen aufstellen. Sie müssen daher entweder institutsspezifisch oder sektorintern festgelegt werden, wobei hier die vorhandenen technischen Möglichkeiten (z.B. EDV-Infrastruktur) einen wesentlichen Einfluss haben.

4.3 Vertriebskennzahlen als Instrumente des Vertriebscontrollings

Zum unverzichtbaren Instrumentarium des Vertriebscontrollings gehören *Kennzahlen* zur Messung und Beurteilung der Vertriebsleistung. Dabei handelt es sich um Daten, die in komprimierter Form entscheidungsrelevante Informationen über vertrieblich bedeutsame Tatbestände liefern. Damit können die komplexen Zahlenwerke strukturiert, aufbereitet und rascher analysiert werden. Üblicherweise umfassen betriebswirtschaftliche Kennzahlen sowohl *absolute Zahlen* als auch *Verhältniszahlen* wie zum Beispiel Gliederungszahlen, Beziehungszahlen und Indexzahlen. Sie bieten die Möglichkeit, kausale Zusammenhänge leichter zu erkennen und schaffen die Voraussetzung für verschiedenartige Vergleiche (z.B. Zeitvergleich).

Die für die Vertriebssteuerung relevanten *Vertriebskennzahlen* sollen den Führungskräften *Steuerungsimpulse* liefern, indem sie Schwachstellen und Abweichungen signalisieren. Dies wiederum ist eine wichtige Voraussetzung, um rechtzeitig

gegensteuern zu können. Unter diesem Aspekt erfüllen Vertriebskennzahlen eine vierfache Funktion:
- Sie ermöglichen es, mehrdimensionale Sachverhalte komprimiert darzustellen.
- Sie erlauben die Festsetzung von Maßstäben (Benchmarks).
- Sie üben eine Kontrollfunktion aus (SOLL-IST-Vergleiche).
- Sie bilden die Grundlage für weitere Vergleiche.

Ein Beispiel für ein umfassendes Konzept stellt das *Vertriebskennzahlensystem (VKS)* des Bundesverbandes der Deutschen Volks- und Raiffeisenbanken (BVR) dar.[21] Ziel dieses im Rahmen des *BVR-Vertriebsinitiativprogramms* entwickelten Instrumentariums ist es, den Vertriebserfolg auf Einzelbankebene im Verhältnis zum Marktumfeld und der Cost-Income-Ratio zu erfassen. Durch den bundesweiten Kennzahlenvergleich erhalten die Primärbanken zusätzlich zu den internen Vertriebssteuerungsinstrumenten weitere Referenzwerte und Benchmarks.

Für die Steuerung des Firmenkundenvertriebs ist es wichtig, dass es dem Controlling gelingt, für die Steuerungsbereiche
- „Kunde/Produkt"
- „Vertriebseinheit" (z.B. Firmenkunden-Center)
- „Kundenbetreuer"

signifikante Kennzahlen zur Verfügung zu stellen. Die Kunst besteht hier darin, aus der Fülle möglicher Kennzahlen jene auszuwählen, die einen hohen Aussagegehalt aufweisen und auch leicht zu interpretieren sind.

5. Aktivitätencontrolling

Ein unverzichtbarer Bestandteil der Aktivitätensteuerung ist ein konsequentes *Aktivitätencontrolling*. Sowohl für die Führungskräfte als auch für die Kundenbetreuer bietet das Aktivitätencontrolling die Basis für bedarfsgerechte *Vertriebsanalysen*.

Außerdem wird ein entsprechender Wirkungsgrad im Vertrieb erfahrungsgemäß nur dann erreicht, wenn die Einhaltung der im Betreuungskonzept festgelegten Standards von den Vertriebsverantwortlichen auch tatsächlich überwacht wird. Das Aktivitätencontrolling soll somit die *Qualität* im Vertrieb sicherstellen.[22] Führungskräfte haben daher zu überprüfen, ob die im Vertriebsprozess definierten Maßnahmen von den Kundenbetreuern auch tatsächlich durchgeführt wurden und wo es zu Abweichungen gekommen ist.

Ein systematisches Controlling der Aktivitäten muss sich prinzipiell auf *alle Phasen des Vertriebsprozesses* beziehen, wobei folgende Kriterien zu überprüfen sind:

❏ Mit welchen Kundensegmenten verbringen die Firmenkundenbetreuer die meiste Zeit?
❏ Wie wird das Betreuungskonzept im Firmenkundengeschäft umgesetzt?
❏ Nach welchen Kriterien erfolgt die Auswahl der Firmenkunden für die gezielte Ansprache?
❏ Wie viele Kontaktversuche gab es?
❏ Auf welche Ansatzpunkte im Vertriebsplan bezogen sich die Kundenkontakte?
❏ Wie wurden die vom EDV-System eingespielten Verkaufsimpulse (To do-Liste) abgearbeitet?
❏ Wie erfolgte die Art der Kontaktaufnahme?
❏ Wie war die laufende Kontaktpflege im Sinne der Betreuungsstandards?
❏ Wie viele persönliche Kundentermine gab es?
❏ Wie werden Geschäftspotenziale erkannt?
❏ Wie erfolgte die Vorbereitung der Kundengespräche?
❏ Wie viele beratungsrelevante Kundenkontakte gab es pro Woche?
❏ Wie viele qualifizierte Beratungsgespräche bzw. „Unternehmer-Jahresgespräche" (Business Check usw.) wurden pro Woche geführt?
❏ Wie ist die Qualität der Kontaktberichte/Besuchsberichte?

Mit Beantwortung dieser Fragen erhalten die Führungskräfte steuerungsrelevante Informationen, die erkennen lassen, in welchen Phasen bzw. bei welchen Aktivitäten bei einem Betreuer Maßnahmen zur Verbesserung seiner Vertriebsarbeit erforderlich sind.

Ein erster Ansatz des Aktivitätencontrollings besteht bereits darin, dass sich die Führungskräfte in gewissen Abständen den Terminkalender ihrer Vertriebsmitarbeiter unter folgenden Gesichtspunkten ansehen:
- Wie viele Kundenkontakte haben in der laufenden Woche tatsächlich stattgefunden?
- Wie viele Kundenkontakte sind für die nächste Woche geplant?

Die Erfahrung zeigt, dass bereits solche einfachen Maßnahmen zu einer konsequenteren Marktbearbeitung (Steigerung der Kundenkontakte) führen.

So wie das Ergebniscontrolling sollte auch das Aktivitätencontrolling durch entsprechende EDV-Instrumente unterstützt werden, die die benötigten Informationen rasch zur Verfügung stellen. So gibt es bei einigen Banken im Rahmen des EDV-gestützten Kundenbetreuungsprogrammes eine eigene *Datenbank „Kundenkontakte"*.

In dieser werden bei jedem Firmenkunden die wichtigsten Daten erfasst, zum Beispiel
– Datum der Kontaktaufnahme
– Art des Kundenkontaktes

- Kurzbezeichnung des Anlasses
- Gesprächsergebnisse, usw.

Die Führungskräfte erhalten dann praktisch „auf Knopfdruck" einen Überblick über die Art der Kundenbetreuung im Zeitverlauf. Auf diese Weise bekommen sie eine *Gesamtübersicht der Kundenkontakte* pro Betreuer. Daraus sind sowohl die Gesamtsummen der jeweiligen Kontaktformen sowie die Anzahl der Kontakte pro Einzelkunde ersichtlich.

Eine weitere Form des Aktivitätencontrollings bildet die Auswertung der Bearbeitung der *„To do-Listen"*. Für die Führungskraft ist daraus beispielsweise ersichtlich, wie viele Firmenkunden ein Betreuer insgesamt hat und bei wie vielen davon ein „To do" eingespielt wurde. Für die Erfolgsmessung der Kundenansprache können dann folgende Kenngrößen verwendet werden:[23]

❑ Gesamtanzahl der Firmenkunden eines Betreuers
❑ *Anzahl dieser Kunden mit „To do´s"*
   (Die „To do-Sättigung" ist der Prozentsatz jener Kunden, die ein To do aufweisen.)
❑ *Hiervon erledigte To do´s*
   (Wie viele der Kunden mit einem To do wurden mindestens einmal erfolgreich kontaktiert?)
❑ *Hiervon mit Beratungsgespräch*
   (Bei wie vielen der kontaktierten Kunden kam ein Beratungsgespräch zu Stande?)
❑ *Hiervon mit Verkaufserfolg*
   (Bei wie vielen Kunden mit Beratungsgesprächen konnte ein Verkaufserfolg erzielt werden.)

Um Stärken und Schwächen im Vertriebsprozess leichter zu erkennen sowie die Abschlussorientierung der Vertriebsmitarbeiter zu analysieren, bieten sich *aktivitätenbasierte Vertriebskennzahlen* als Steuerungsgrößen an.[24]

$$\text{Kontaktquote} = \frac{\text{Anzahl der erreichten Kunden} \times 100}{\text{Anzahl der Kontaktversuche}}$$

$$\text{Beratungsquote} = \frac{\text{Anzahl der Kunden mit Beratungsgespräch} \times 100}{\text{Anzahl der kontaktierten Kunden}}$$

$$\text{Abschlussquote} = \frac{\text{Anzahl der Kunden mit mind. einem Verkaufsergebnis} \times 100}{\text{Anzahl der Kunden mit Beratungsgespräch}}$$

Werden solche Kennzahlen über längere Zeit hinweg ermittelt, entsteht eine fundierte Datenbasis, die für eine gezielte Steuerung der Kundenbetreuer wertvolle Dienste leistet. Die Führungskräfte haben dann ein Instrumentarium zur Hand, um die Vertriebsleistung des einzelnen Kundenbetreuers objektiver erfassen und beurteilen zu können. Dies ist auch für das *Mitarbeitergespräch* (siehe Kapitel VI) wichtig, damit die Stärken und Schwächen des Betreuers gezielt angesprochen werden können. So ist beispielsweise durch die Gegenüberstellung der SOLL- und IST-Quoten erkennbar, in welchem Umfang ein Kundenbetreuer die geplanten Vertriebsaktivitäten auch tatsächlich umgesetzt hat. Daneben liefert der Vergleich *zwischen* den Vertriebsmitarbeitern weitere Hinweise für eine Verbesserung der Vertriebsleistung, wie das folgende Beispiel zeigt:

	Kunden gesamt	Kunden- auswahl	kontak- tierte Kunden	hiervon Berat. Gespr.	hiervon Verkaufs- erfolg	Kontakt- quote	Be- ratungs- quote	Ab- schluss- quote
Betreuer A	200	150	50	30	15	33%	60%	50%
Betreuer B	150	85	52	36	15	61%	69%	42%
Betreuer C	180	67	43	20	5	64%	46%	25%

Abbildung 54: Aktivitätencontrolling bezüglich aktiver Kundenansprache (Beispiel)

Dem Kundenbetreuer A sind zum Auswertungsstichtag 200 Firmenkunden zugeordnet. Davon hat er im Berichtszeitraum 150 Kunden für eine Intensivierungsaktion ausgewählt. 50 Unternehmer wurden erfolgreich kontaktiert und von diesen 50 Kunden hatten 30 ein Beratungsgespräch, das bei 15 zu zumindest einem Verkaufsabschluss führte. Durch das Aktivitätencontrolling wird deutlich, dass dieser Vertriebsmitarbeiter insgesamt wenig aktive Kundenkontakte hat (lediglich 33 % Kontaktquote), allerdings bei jenen Kunden, wo er Beratungsgespräche führt, sehr gute Abschlüsse erzielt (50 % Abschlussquote).

Ein eher unterdurchschnittliches Kundenstockmanagement weist der Betreuer C auf: Die Beratungsquote beträgt in diesem Fall nur 46 %, wobei Schwächen bei der Abschlussorientierung zu Tage treten. Bei lediglich einem Viertel der Kunden, mit denen ein Beratungsgespräch geführt wurde, kommt es zu einem Verkaufsergebnis. Demgegenüber weist der Betreuer B in allen Phasen des Vertriebsprozesses sehr positive Werte auf, d.h. es handelt sich um einen kontaktfreudigen Vertriebsmitarbeiter mit einer guten Abschlussquote.

Wichtig ist in diesem Zusammenhang der Hinweis, dass es sich hier um eine *zeitnahe Steuerung* handeln muss. Das Aktivitätencontrolling sollte sich daher idealerweise in einem wöchentlichen (zumindest aber monatlichen) Rhythmus vollziehen.[25]

Vor allem bei größeren Abweichungen von den geplanten Werten bzw. bei erkannten Schwächen ist ein unmittelbares und direktes Feed-back der Führungskraft erforderlich. Dabei muss geklärt werden, wo der Hebel für die Verbesserung der Vertriebsleistung anzusetzen ist. In diesem Sinne liefert das Aktivitätencontrolling Hinweise, bei welchem Betreuer gezielte Entwicklungs- und Weiterbildungsmaßnahmen erforderlich sind. Auf diese Weise ergibt sich ein nahtloses Zusammenspiel von *„Controlling"* und *„Coaching"* im Vertrieb.

Mit den hier gezeigten Berechnungen können naturgemäß nur die quantitativen Dimensionen des Vertriebsprozesses erfasst werden. Die *qualitativen* Aspekte können nur durch direkte Führung überwacht werden. Das bedeutet beispielsweise, dass sich der Leiter eines Firmenkunden-Centers von seinen Betreuern die Ergebnisse der *Potenzialanalyse* bei ausgewählten Firmenkunden zeigen lässt und die gefundenen Verkaufsansätze bespricht. Auch die Qualität der *Gesprächsdokumentationen* (Besuchsberichte) sollte stichprobenweise überprüft werden. Das Aktivitätencontrolling kann beispielsweise so erfolgen, dass sich die Führungskräfte zu bestimmten Anlässen (z.B. Unternehmer-Jahresgespräch, interne Kreditvorlage) den aktuellen Status der Gesamtgeschäftsverbindung vorlegen lassen. Damit haben sie einerseits einen unmittelbaren Überblick über die Professionalität ihrer Mitarbeiter und können sie andererseits auch gezielt unterstützen.

6. Ergebniscontrolling

6.1 Transparentes Ergebnisinformationssystem als Basis der Ertragsorientierung

Das in diesem Buch dargelegte Firmenkundenvertriebskonzept fußt auf den zwei Säulen
- Kundenorientierung und
- Ertragsorientierung.

Wenn die *Ertragsorientierung* (die auch die Risikoorientierung mit einschließt) gleichwertig neben die Kundenorientierung tritt, bedeutet dies konsequenterweise, dass bei allen Vertriebsaktivitäten die Frage nach Kosten und Nutzen gestellt werden muss. Um diese Ausrichtung im Denken und Verhalten der Firmenkundenbetreuer zu verankern, muss die Auswirkung eines jeden Geschäftsabschlusses auf den Ertrag auch bekannt sein.

Das erfordert daher ein steuerungsadäquates Informationssystem, das einen möglichst genauen Überblick über die Kosten und Erlöse pro Bankleistung bzw. pro Kunde ermöglicht. Die Basis hierfür ist eine aussagefähige *Konten- und Kundenkalkulation,* die die entsprechenden Deckungsbeitragswerte liefert. Sie ist ein wichtiges Informations- und Steuerungsinstrument und liefert den jeweiligen Adressaten entscheidungsrelevante Informationen über Zustände und Vorgänge in deren Verantwortungsbereich:[26]
- Die *Vertriebsmanager* erhalten eine Informationsgrundlage für ihre Managemententscheidungen im Rahmen der Steuerung ihrer Vertriebseinheiten.
- Die *Kundenbetreuer* erhalten Unterstützung bei ihren Entscheidungen über Einzelgeschäfte (z.B. Konditionengestaltung).

Anforderungen an das Ergebnisinformationssystem

Eine wichtige Voraussetzung für die Entwicklung eines Ertragsbewusstseins besteht darin, dass die Informationen des Kalkulationssystems von den Vertriebsmitarbeitern auch *akzeptiert* und angenommen werden. Nachvollziehbarkeit, logische Konsequenz sowie verursachungsgerechte Kostenzuordnung sind wichtige Basisanforderungen an das Ergebnisinformationssystem.

Die Ergebnisse müssen auf möglichst aktuellen Daten beruhen und die *Kalkulationsgrundlagen* müssen sich durchgängig in allen Kalkulationsstufen wiederfinden. Das bedeutet, dass der Wert für alle Einzelgeschäfte nach demselben Verfahren ermittelt werden muss. Nach welchen Gesichtspunkten dann auch immer aggregiert wird – ob nach Produkt, Kunde oder Kundengruppe – der Ergebnisbeitrag des einzelnen Geschäfts muss stets der gleiche bleiben.

Der Aufbau eines diesen Kriterien genügenden Ergebnisinformationssystems erfordert eine entsprechende Datenqualität sowie eine adäquate *EDV-Unterstützung*. Aus Sicht der Anwender spielt dabei die Gestaltung der Oberfläche des Informationssystems eine entscheidende Rolle, d.h. die Art der Datenaufbereitung und -darstellung. Hoher Bedienungskomfort sowie leichte Verständlichkeit der EDV-Masken bilden daher in der Praxis wichtige Eckpunkte im Anforderungskatalog der Benutzer. Überblick über die Ergebnisse und spezielle Detailinformationen sollten getrennt dargestellt werden, damit keine Zahlenfriedhöfe entstehen und ein „Drill-down-Reporting" (von der Geschäftsfeldebene bis zum Einzelgeschäft) ermöglicht wird.[27]

6.2 Objekte des Ergebniscontrollings – Der Ergebniswürfel

Für den Planungs-, Steuerungs- und Kontrollprozess benötigen die Führungskräfte im Vertrieb *ergebnisorientierte Informationen*. Erforderlich ist eine umfassende Darstellung der Gesamtergebnisse im Firmenkundengeschäft in *mehreren Dimensionen*, um daraus entsprechende Markt- und Verkaufsstrategien abzuleiten. Dazu müssen die Marktergebnisse nach verschiedenen Gesichtspunkten ausgewertet werden.

Steuerungsobjekte sind im Wesentlichen
- „Produkt"
- „Kunde"
- „Vertriebseinheiten",

wobei sich diese Dimensionen anschaulich in Form eines *Ergebniswürfels*[28] darstellen lassen (siehe Abbildung 55).

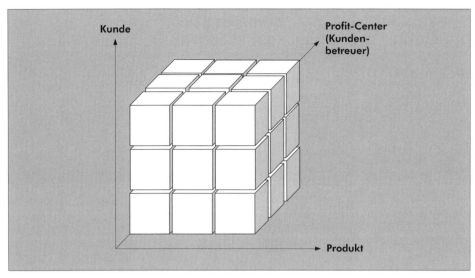

Abbildung 55: Ergebniswürfel

Kundenebene

Die kleinste Steuerungseinheit auf der Marktseite ist der *einzelne Firmenkunde* (besser: die gesamte Geschäftsbeziehung zu einem Kunden). Daneben sind für die Vertriebssteuerung der *Unternehmensverbund* (d.h. die Kundengruppe im Sinne einer wirtschaftlichen Einheit) sowie *Kundensegmente* (z.B. Gewerbe-, Firmenkunden) relevante Steuerungsobjekte.

Produktebene

Auch auf der Produktebene können verschiedene Aggregatsstufen wie zum Beispiel *„Einzelprodukt"* (z.B. der Betriebsmittelkredit), *Produktgruppe* (z.B. „geförderte Kredite") oder die gesamte *Produktsparte* (z.B. „Kredit") unterschieden werden. Eine Sonderform auf dieser Ebene sind spezielle produktbezogene Verkaufsaktionen, die ebenfalls eigene Steuerungsobjekte darstellen können.

Vertriebsebene

Die organisatorische Voraussetzung für eine dezentrale Steuerung im Firmenkundengeschäft besteht darin, die Organisationseinheiten als *Profit-Center* zu führen. Dabei tragen die Marktbereiche die volle Verantwortung für das Kundengeschäft und die damit verbundenen *Kundenergebnisse.*[29] Das kleinste Profit-Center in der Vertriebsorganisation bildet der *Firmenkundenbetreuer.* Entsprechend der jeweiligen Struktur bilden die verschiedenen Vertriebseinheiten wie *„Zweigstelle"* (Filialen), *„Firmenkunden-Center"* oder *„Regionen"* weitere Steuerungsdimensionen.[30]

Einen zusammenfassenden Überblick über die verschiedenen Steuerungsbereiche im Firmenkundenvertrieb bietet die Abbildung 56.

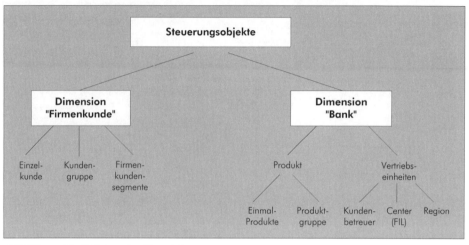

Abbildung 56: Objekte der Vertriebssteuerung

6.3 Deckungsbeitragsrechnung – zentrales Steuerungsinstrument

Kernstück eines leistungsfähigen Ergebnisinformationssystems ist die *Deckungsbeitragsrechnung* mit ihren auf dem Marktzinskonzept und der Standardeinzelkostenrechnung beruhenden methodischen Grundlagen.

Dabei basiert die Marktzinsmethode[31] auf der Grundüberlegung, dass der Erfolg eines Bankgeschäftes am Mehrertrag eines Kundengeschäftes gegenüber einer (qualitätsmäßig gleichwertigen) Alternative am Geld- und Kapitalmarkt gemessen wird. Der spezifische Ergebnisbeitrag eines *Firmenkredites* besteht dann darin, höhere Zinserlöse zu erwirtschaften als mit einer alternativen Anlage am Geld- und Kapitalmarkt (mit vergleichbarer Zinsbindung/Laufzeit). Umgekehrt besteht der spezifische Zinsbeitrag eines *Einlagegeschäftes* darin, niedrigere Zinskosten zu verursachen als eine qualitativ gleichwertige Mittelaufnahme am Geld- und Kapitalmarkt.

Die jeweilige Differenz zwischen dem effektiven Kundenzins und dem Marktzins wird als *Konditionsbeitrag* (absoluter Betrag) bzw. als *Konditionsmarge* (in %) bezeichnet.

Stufenweise Deckungsbeitragsrechnung

Um die ergebnisbildenden Komponenten und Strukturen sichtbar zu machen, bedarf es einer *stufenweisen Deckungsbeitragsrechnung*. Diese erreicht man durch

Anwendung eines einheitlichen und durchgängigen Kalkulationsverfahrens (siehe Punkt 7.1) und durch entsprechende Verdichtungen erreicht. Für den Firmenkundenvertrieb sind beispielsweise folgende *Aggregatsstufen denkbar*:

- *Produkt-Deckungsbeitrag*
  (Ergebnisse der Einzelgeschäftsabschlüsse)
- *Produktgruppen-Deckungsbeitrag*
  (Summe der Erfolgsbeiträge einer Produktgruppe/Sparte in einer Periode)
- *Kunden-Deckungsbeitrag*
  (Summe der Geschäftsabschlüsse eines Kunden in einer Periode)
- *Betreuer-Deckungsbeitrag*
  (Summe der Deckungsbeiträge aller Firmenkunden eines Betreuers)
- *Center-Deckungsbeitrag (Geschäftsstellen-Deckungsbeitrag)*
  (Summe der Deckungsbeiträge aller Firmenkundenbetreuer eines Firmenkunden-Centers bzw. einer Geschäftsstelle)
- *Regions-Deckungsbeitrag*
  (Summe der Deckungsbeiträge aller Vertriebseinheiten einer Verkaufsregion)
- *Geschäftsfeld-Deckungsbeitrag*
  (Summe der Deckungsbeiträge aller Firmenkunden in sämtlichen Vertriebseinheiten des Firmenkundengeschäfts)

7. Die Steuerung der Kundenbeziehungen

Im Hinblick auf die knappen (personellen und zeitlichen) Ressourcen ist es erforderlich, den Firmenkundenvertrieb konsequent auf die profitabelsten Kundenverbindungen hin zu fokussieren. Voraussetzung dafür ist die *Steuerung des Kundengeschäfts* nach ertrags- und risikoorientierten Gesichtspunkten. Im Sinne des Controlling-Regelkreises handelt es sich hierbei um die so genannte *Vorsteuerung*, deren Aufgabe darin besteht, die Rentabilität von Einzelgeschäften zu ermitteln. Gerade das Firmenkundengeschäft ist überwiegend ein Individualgeschäft, bei dem die Konditionen mit dem Kunden individuell vereinbart werden. Um bei diesem Verhandlungsprozess eine ertragsorientierte Vorgehensweise zu gewährleisten, muss für den Vertrieb die Möglichkeit gegeben sein, die Vorteilhaftigkeit eines Neugeschäftes mit Hilfe einer *Vorkalkulation* zu beurteilen.[32]

7.1 Produktvorkalkulation

7.1.1 Grundlagen der Produktvorkalkulation

Die kleinste Ergebnisgröße im Rahmen der Vorkalkulation bildet das Marktergebnis eines *Einzelgeschäftes*. Es zeigt den Ergebnisbeitrag, der unter Einbeziehung sämtlicher Kosten und Erlöse bei einem Geschäftsabschluss zu erwarten ist. Die *Produktvorkalkulation* ermöglicht somit die Beurteilung der Profitabilität einzelner Bankprodukte. Sie zeigt den Ergebnisbeitrag auf Basis der mit dem Firmenkunden zu vereinbarenden Kondition und ist damit Ausgangspunkt für die Ableitung von *Preisuntergrenzen* bzw. der *Break-even-Kondition*.[33] Unter Steuerungsgesichtspunkten liefert sie damit wertvolle Informationen für die Konditionengestaltung und die Konditionenverhandlungen. Da diese Kalkulation im Vorfeld des Geschäftsabschlusses mit dem Firmenkunden erfolgt, erhält der Betreuer damit eine Grundlage für den „Spielraum" bei Preisverhandlungen.

Der Maßstab für die Beurteilung der Vorteilhaftigkeit eines Produktes bzw. eines Geschäftsabschlusses ist der Deckungsbeitrag. Somit hat die *Deckungsbeitragsrechnung* das Ziel, die Rentabilität von Einzelgeschäften zu beurteilen. Sie soll dem Firmenkundenbetreuer Antwort auf die Frage geben, ob bzw. in welchem Ausmaß ein bestimmter Geschäftsabschluss für die Bank vorteilhaft ist. Die Deckungsbeitragsrechnung ist daher ein wichtiges Instrument bei der Steuerung der Kundenbeziehung. Dabei werden die Erfolgsbestandteile der Einzelgeschäfte in einem Deckungsbeitragschema ausgewiesen, dessen prinzipieller Aufbau für alle Kalkulationsobjekte und -stufen gleich ist.[34]

Will man den Ergebnisbeitrag eines Produktes ermitteln, muss man
- die *Erlöse* der Marktleistung den
- *Kosten*, die durch diese Marktleistung verursacht werden,

gegenüberstellen.

Dabei setzen sich die Kosten und Erlöse der meisten Bankleistungen aus zwei Teilen zusammen, und zwar aus dem *Wertbereich* und dem *Betriebsbereich*. Ein Beispiel aus dem Kreditgeschäft veranschaulicht diese Zusammenhänge:

	Wertbereich	**Betriebsbereich**
Erlöse	Zinserlöse (Kreditzinsen)	Provisionserlöse (z.B. Bearbeitungsprovision)
Kosten	Zinskosten für Einlagen	Transaktionskosten Beratungskosten

Abbildung 57: Erlöse und Kosten bei einer Kreditvergabe

In der Produktvorkalkulation werden die dem jeweiligen Produkt direkt zurechenbaren Resultate aus der Kalkulation des Wert- und Betriebsbereichs gegenübergestellt. Dabei ist allerdings zu beachten, dass in der Praxis verschiedene Berechnungsschemata bzw. unterschiedliche Definitionen bei den Deckungsbeitragsstufen bestehen.

Beispielhaft soll in Abbildung 58 das Grundschema der so genannten „DB III-Rechnung" dargestellt werden, das von etlichen deutschen Kreditinstituten verwendet wird.[35]

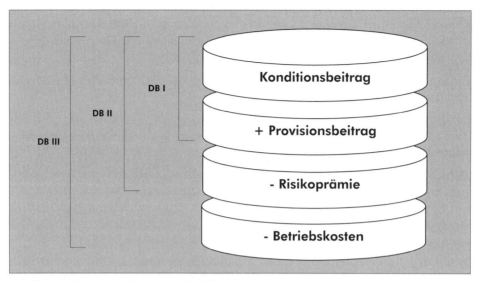

Abbildung 58: Grundschema der DB III-Rechnung

Wie die Abbildung zeigt, fließen in diese Form der Einzelgeschäftskalkulation vier Erfolgskomponenten ein:

- Die Ausgangsbasis bildet der mittels der Marktzinsmethode ermittelte *Zinskonditionenbeitrag* (Konditionsbeitrag Aktiva bzw. Konditionsbeitrag Passiva), der in diesem Berechnungsschema als „Deckungsbeitrag I a" bezeichnet wird.
- Neben diesem Ergebnis aus dem zinsabhängigen Geschäft werden bei bestimmten Geschäftsabschlüssen auch *Provisionserlöse* erzielt, die ebenfalls in die Deckungsbeitragrechnung einfließen und den „Deckungsbeitrag I b" ergeben.
- Um das mit jeder Kreditvergabe an einen Firmenkunden verbundene Adressenausfallrisiko kalkulatorisch zu erfassen, erfolgt in der Deckungsbeitragsrechnung eine Bepreisung in Form einer Risikoprämie (*Standardrisikokosten*). Der Saldo aus dem Deckungsbeitrag I b und den Standardrisikokosten wird als „Deckungsbeitrag II" bezeichnet.
- Darüber hinaus müssen bei der Preisfindung auch die einem Kundengeschäft direkt zurechenbaren Betriebskosten (z.B. Beratungs- und Bearbeitungskosten) berücksichtigt werden. Diese werden in der Praxis meist mit Hilfe der prozessorientierten *Standard-Einzelkosten*-Rechnung ermittelt. Werden nun diese Standardstückkosten vom Deckungsbeitrag II abgezogen, erhält man den „Deckungsbeitrag III".

Generelles Ziel bei einem Geschäftsabschluss muss es sein, einen positiven Deckungsbeitrag III zu erwirtschaften, weil erst dann alle direkt zurechenbaren Kosten gedeckt sind. Diese Deckungsbeitragsgröße bildet daher im Rahmen der Vorkalkulation einen wichtigen Maßstab für die einzelgeschäftsbezogene Steuerung der Kundenbeziehung.

Das zweite Beispiel stammt aus dem *österreichischen Sparkassensektor*. Auf der Produktebene wird hier eine Deckungsbeitragsrechnung mit fünf Abstufungen verwendet. Dabei werden folgende Ertrags- und Kostenpositionen berücksichtigt:

DB 1
Enthält den „Konditionsbeitrag Aktiv" sowie den „Konditionsbeitrag Passiv" gemäß der Marktzinsmethode.

DB 2
Zum DB 1 werden diverse Spesen und Provisionserträge (z.B. Bearbeitungsprovisionen bei Krediten) hinzugerechnet.

DB 3
Hier erfolgt die Berücksichtigung der *Standardstückkosten*. Dabei wird zwischen den Produktkosten der Zentrale („Betrieb") und den Produktkosten im Vertrieb unterschieden.

DB 4
Vom DB 3 werden hier die Standardrisikokosten abgezogen. Differenziert nach Kundenbonität, Branchenrating und Besicherung werden kalkulatorische Risikovorsorgen angesetzt.

DB 5
In dieser Stufe findet der Gewinnbedarf Berücksichtigung. Der Gewinnbedarf ist jener kalkulatorische Anspruch an ein Kundengeschäft, um die Eigenkapitalverzinsung zu erwirtschaften.

Einen zusammenfassenden Überblick über diese Art der Deckungsbeitragsrechnung gibt die folgende Abbildung:

	Konditionsbeitrag Aktiv
+	Konditionsbeitrag Passiv
=	**DB 1**
+	Provisionsbeiträge
+	Handelsbeiträge
=	**DB 2**
−	Vertriebsproduktkosten
−	Zentrale Produktkosten
=	**DB 3**
−	Standardrisikokosten
=	**DB 4**
−	Gewinnbedarf (Eigenkapitalkosten)
=	**DB 5**

Abbildung 59: Fünfstufiges Deckungsbeitragsschema (Österreichische Sparkassengruppe)

Das Barwertkonzept

Eine Weiterentwicklung bzw. Erweiterung des hier dargestellten Grundmodells der Vertriebssteuerung stellt das *Barwertkonzept* dar. Während bei der traditionellen Deckungsbeitragsrechnung jeweils nur *eine* Periode betrachtet wird, besteht das Ziel der Barwert-Steuerung darin, auch die Erfolgswirkungen *zukünftiger* Zahlungen adäquat zu erfassen. Um ein Geschäft (z.B. Kreditvergabe) über die Laufzeit zu bewerten müssen daher sämtliche durch den Geschäftsvorfall ausgelösten Ein- und Auszahlungen auf den Verkaufszeitpunkt abgezinst werden. Diese Diskontierung („Verbarwertung") der zukünftigen Zahlungsströme erfolgt mit Hilfe der „Zerobond-Abzinsungsfaktoren".[36]

Die barwertige Betrachtung liefert für das Vertriebsmanagement wertvolle Steuerungsgrundlagen, weil die Ergebnisse und Risiken in allen Bereichen der Bank mit einer vergleichbaren Methode gemessen werden. Dadurch wird rasch erkennbar, welcher Geschäftsbereich welchen Anteil am Gesamterfolg erzielt hat. Im Bereich der *Kundengeschäftssteuerung* bildet die *barwertige* Deckungsbeitragsrechnung die Grundlage. Gemäß dem unter Punkt 7.1.1 dargestellten Grundschema sind dies nun barwertige Ertrags- und Kostenelemente wie Konditionsbeitragsbarwert, Provisionsbeitragsbarwert, Standardbetriebskosten usw.

Auch für den Vorteilhaftigkeitsvergleich von Produktangeboten liefert der barwertige Deckungsbeitrag wertvolle Informationen. Für die Klärung der Frage, ob einem Firmenkunden ein (bankeigenes) Produkt mit einem Konditionsbeitrag oder ein Produkt mit einem Provisionsertrag angeboten werden soll, erhält man erst durch eine barwertige Betrachtung die erforderliche Ergebnistransparenz.[37] Durch diese Art der Kundengeschäftssteuerung kann die Vorteilhaftigkeit eines Geschäftsabschlusses eindeutig ermittelt und damit der Vertrieb in die profitabelsten Geschäfte gelenkt werden.

Grundlage der Vertriebssteuerung mit dem Barwertkonzept ist das einzelne *Neugeschäft*. Durch die Trennung von Alt- und Neugeschäft können die in der Vertriebseinheit erbrachten Vertriebsleistungen transparenter dargestellt werden. Bei der Betrachtung der Ergebnisse eines Profit-Centers ist daher die Analyse der Entwicklung von Alt- und Neugeschäft von großer Bedeutung.

7.1.2 Online-Vorkalkulation

Für eine ertragsorientierte Steuerung des Einzelkundengeschäfts ist es wichtig, dass der Firmenkundenbetreuer erkennt, durch welche Parameter die Kosten und Erträge bei einem Produkt beeinflusst werden können. Eine wirksame Entscheidungshilfe bilden dabei IT-gestützte Kalkulationsprogramme. Eine *„Online-Vorkalkulation"*[38] bietet dem Kundenbetreuer die Möglichkeit, den Ergebnisbeitrag eines Geschäftsabschlusses am Bildschirm transparent zu machen und die Erfolgswirksamkeit verschiedener Konditionsvarianten zu analysieren.

Als ein Beispiel aus der Praxis soll hier das *Vorkalkulationsmodell* der *Erste Bank der oesterreichischen Sparkassen AG* dargestellt werden. Das System gibt dem Kundenbetreuer zunächst einen Überblick über die verschiedenen Ergebniskomponenten der Kalkulation. Mit Hilfe dieses Programms können im Vorfeld eines Kundengespräches verschiedene *Konditionsvarianten* simuliert werden. Zu diesem Zweck hat der Betreuer die Möglichkeit, beispielsweise folgende Konditionsbestandteile zu variieren:

– Produktart
– Genehmigungsstufe (zentral/dezentral)
– Laufzeit
– Zinsbindung
– Rückzahlungsart
– Ratingklasse
– Besicherungsanteil

Die entsprechenden Werte dieser Parameter werden in einer Eingabemaske erfasst, die in der Abbildung 60 dargestellt ist.

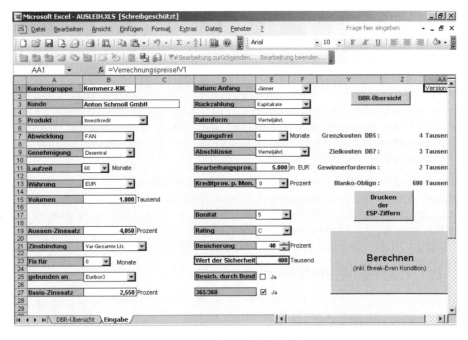

Abbildung 60: Eingabemaske für die Online-Vorkalkulation
(Quelle: Erste Bank der oesterreichischen Sparkassen AG)

Auf Grund der Eingaben der Produktparameter zeigt das Vorkalkulationsprogramm die *zu erwartenden Produkt-Deckungsbeiträge* in den verschiedenen Deckungsbeitragsstufen. Dabei werden sowohl die Einzeldeckungsbeiträge für die ersten drei Jahre sowie der *Barwert* für die gesamte Laufzeit dargestellt. Darüber hinaus berechnet das Programm den *Break-even-Zinssatz* auf Basis des DB 5 und DB 7. Das Ergebnis einer derartigen Kalkulation zeigt die Abbildung 60. Mit dieser Auswertung hat der Kundenbetreuer nun die Möglichkeit, die jeweiligen Konditionsbestandteile so zu variieren, dass unter Berücksichtigung der Kundenwünsche der für die Bank erforderliche *Sollkonditionsbeitrag* erreicht wird.

Parameter:				
Kundengruppe	Kommerz-KIK	Datum: Anfang	Jänner	
Kunde	Anton Schmoll GmbH	Rückzahlung	Kapitalrate	
Produkt	Investkredit	Ratenform	Vierteljährl.	
Abwicklung	FAN	Tilgungsfrei	6	
Genehmigung	Dezentral	Abschlüsse	Vierteljährl.	
Vorlage	Jährliche Vorlage	Bearbeitungsprov.	5.000 EUR	
Laufzeit	60 Monate	Kreditprov. p. Mon.	0 Prozent	
Währung	EUR	Ausnutzung des R.	100 Prozent	
Volumen	1.000 Tausend	Bonität	5	
Aussen-Zinssatz	4,050 Prozent	Rating	C	
Zinsbindung	Var-Gesamte Lfz.	Besicherung	40 Prozent	
Fix für	0 Monate	Wert der Sicherheit	400 Tausend	
gebunden an	Euribor3	Besicherung durch Bund	Nein	
Umrechnungskurs	1,000	365/360	Ja	
	12			
Kapitalrate	**55.556 EUR**	**Marge**		
Break-Even-Zinssatz-DB5:	3,327 Prozent	0,801%		
Break-Even-Zinssatz-DB7:	3,446 Prozent	0,920%		
Basis-Zinssatz:	**2,526 Prozent**			

Übersicht der Deckungsbeitragsstufen

	1.Jahr Jänner	2.Jahr	3.Jahr	Werte in EUR Barwert
Konditionsbeitrag:	15.581	12.722	9.210	
Zinsähnliche Erträge	0	0	0	
DB1	15.581	12.722	9.210	
Provisionserträge	5.000	0	0	
DB2	20.581	12.722	9.210	48.287
Dir. Prd.Kosten:	-670	-56	-56	-877
Indir. Prd.Kosten:	-531	-42	-42	-686
DB3	19.381	12.624	9.113	46.724
Risikovorsorge:	-9.190	-6.475	-3.142	-18.480
DB4	10.191	6.149	5.971	28.244
Gewinnerfordernis:	-2.958	-2.415	-1.748	-8.146
DB5	7.233	3.734	4.222	20.098
Vertriebsfixkosten	-1.013	-408	-346	-2.148
DB6	6.220	3.326	3.877	17.950
Kosten GO	-335	-295	-246	-1.146
DB7	5.884	3.031	3.630	16.804

Abbildung 61: Ergebnisse der Online-Vorkalkulation
(Quelle: Erste Bank der oesterreichischen Sparkassen AG)

7.2 Kundenkalkulation

An mehreren Stellen wurde bereits betont: Im Mittelpunkt aller Vertriebsbemühungen steht der Firmenkunde. Dieser Leitidee muss konsequenterweise auch das Vertriebscontrolling Rechnung tragen. Wer den Kunden in den Mittelpunkt der Betrachtung stellt, muss auch das *wirtschaftliche Ergebnis einer jeden Kundenbeziehung* kennen. Der Firmenkundenbetreuer steht täglich vor der Aufgabe, die Geschäftsverbindung eines seiner Firmenkunden zu analysieren. Solche Informationen benötigt er beispielsweise für seine Beratungs- und Verkaufsgespräche, für Kredit- und Konditionenentscheidungen sowie für das Erkennen von Verkaufsansätzen (siehe Potenzialanalyse im Kapitel V).

Das wichtigste Instrument zur Analyse der Profitabilität von Einzelkunden-Beziehungen ist die *Kundenkalkulation,* die die entsprechenden *Kundendeckungsbeitragswerte* liefert.

7.2.1 Ziele und Aufbau der Kundenkalkulation

Die *Ziele* der Kundenkalkulation für die Steuerung der Kundenbeziehung bestehen vor allem darin,
- den rechenbaren Nutzen (Rentabilität) einer Geschäftsverbindung mit Firmenkunden transparent zu machen,
- jenen Beitrag zu ermitteln, den der einzelne Firmenkunde zum Gesamtergebnis der Bank erbringt,
- dem Kundenbetreuer darüber Auskunft zu geben, wie viel die Bank an einzelnen Leistungen verdient,
- die Ergebniskomponenten innerhalb einer Geschäftsbeziehung („Gewinn-/ Verlustbringer") aufzuzeigen,
- aufzuzeigen, welche Konsequenzen Volumens- und Konditionenveränderungen auf das Kundenergebnis haben,
- eine fundierte Grundlage für Preisgespräche und Konditionenverhandlungen zu schaffen,
- Prioritäten bei den Vertriebsmaßnahmen zu setzen (Konzentration auf interessante Kunden),
- Ansatzpunkte für zielgerichtetes Handeln und Entscheiden zu liefern, (Eigenes Ressourcenmanagement)
- Signale für Cross Selling-Ansätze zu liefern
- Standards für Kosten, Erlöse und Risiken für einzelne Kundengruppen zu definieren.

Mit Hilfe eines aussagekräftigen Ergebnisinformationssystems soll das *unternehmerische Denken* gefördert werden. Ein ertragsverantwortlicher Firmenkundenbetreuer wird sich bei der Gewährung von Sonderkonditionen am zu erzielenden Ergebnis der Kundenverbindung ausrichten und unrentable Geschäftsabschlüsse vermeiden.

Der wirtschaftliche Erfolg einer Kundenbeziehung findet seinen Niederschlag im *Kundenergebnis*.[39] Für die Beurteilung der Attraktivität einer Firmenkunden-Geschäftsverbindung ist es wichtig, sämtliche Erlös- und Kostenkomponenten, die aus dieser Kundenbeziehung resultieren, verursachergerecht zuzuordnen.

Ausgangsbasis dazu sind sämtliche *Einzelgeschäfte*, die mit einem Firmenkunden abgeschlossen und mit der Produktkalkulation rechnerisch erfasst wurden. Das Ergebnis der *Kundenkalkulation* erhält man, wenn man die in einer Periode erwirtschafteten Produktdeckungsbeiträge zusammenfasst. Dabei fließen neben den Deckungsbeiträgen der Aktiv- und Passivprodukte in das *Gesamtkundenergebnis* auch die erzielten Dienstleistungserträge mit ein:

	Summe der Deckungsbeiträge der Aktivprodukte
+	Summe der Deckungsbeiträge der Passivprodukte
+	Summe der Dienstleistungserträge
=	**Kundendeckungsbeitrag für eine Periode**

Das auf diese Weise ermittelte Kundenergebnis bildet die „Messlatte" für eine ertragsorientierte Vertriebssteuerung. Für die praktische Arbeit ist es daher wichtig, dass der Firmenkundenbetreuer die Möglichkeit hat, die aggregierten Deckungsbeitragswerte je Firmenkunde abzurufen und darüber hinaus im Zeitverlauf zu vergleichen. Eine derartige Bildschirmmaske ist aus Abbildung 62 ersichtlich. Die Darstellung zeigt den Reiter „*DB Gesamtsicht Kunde*". Der Aufbau des Deckungsbeitragsschemas entspricht jenem, das bereits bei der Produktkalkulation beschrieben wurde. Weitere Beispiele für Deckungsbeitragsabfragen finden sich bei den Ausführungen unter Punkt 9.

7.2.2 Steuerung der Kundenbeziehung durch den Kundenbetreuer

Die Arbeit eines Firmenkundenbetreuers ist stets auf die Optimierung der *Gesamtkundenverbindung* ausgerichtet, nach dem Motto: „*Der Firmenkunde ist das kleinste Profit-Center.*"

Insofern steht aus Sicht der Vertriebssteuerung immer der *Gesamtdeckungsbeitrag des Kunden* im Vordergrund. Die Herkunft der Ertragsbeiträge nach Produkten ist eher zweitrangig (allerdings für geschäftspolitische Steuerungsgesichtspunkte von Bedeutung).

So kann es ein Produkt geben, das einen negativen Deckungsbeitrag aufweist – entscheidend ist jedoch, dass der *Kundendeckungsbeitrag* insgesamt (z.B. DB 5 in der Abbildung) einen positiven Wert ergibt. Auf Basis der Kundenkalkulation ist es dem Betreuer nun möglich darüber zu entscheiden, bei welchem *Produkt* er einem

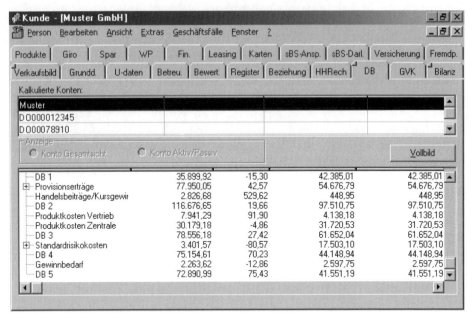

Abbildung 62: Beispiel für Deckungsbeitragsübersicht auf Kundenebene
(Quelle: Erste Bank der oesterreichischen Sparkassen AG)

Firmenkunden preislich entgegen kommen kann, wenn er gleichzeitig die Chance hat, diesen Ertragsverzicht bei anderen Geschäftsabschlüssen auszugleichen.

Bei einem *negativen Kundendeckungsbeitrag* bedarf es allerdings eingehender Analysen, bei denen beispielsweise folgende Fragen zu klären sind:
- Welche Produkte sind die „Verlustbringer"?
- Wo wurden Sonderkonditionen gewährt?
- Bei welchen Bankleistungen muss eine Konditionsanpassung erfolgen?
- Wo bestehen Möglichkeiten zur Kostenreduzierung?
- Wie wird das zukünftige Geschäftspotenzial zur Verbesserung des Kundenergebnisses eingeschätzt?

Angesichts sinkender Zinsmargen nimmt in diesem Zusammenhang das *Dienstleistungsgeschäft* einen wichtigen Stellenwert bei der Ergebniserzielung ein. Solche *Dienstleistungserträge* ergeben sich beispielsweise aus

– dem Zahlungsverkehrsergebnis
– dem Ergebnis des Wertpapiergeschäfts
– dem Ergebnis des Auslandsgeschäfts
– den Versicherungsprovisionen
– den Leasingverträgen sowie
– den Ergebnissen sonstiger Bankdienstleistungen
(z.B. kostenpflichtiger Beratungsleistungen)

Dem gezielten *Cross Selling* kommt daher im Rahmen der Vertriebsstrategie im Firmenkundengeschäft ein besonderer Stellenwert zu (siehe Kapitel V).

7.3 Steuerung des Firmenkunden-Portfolios

Die Kundendeckungsbeitragsrechnung ist nicht nur für die Firmenkundenbetreuer, sondern auch für die *Führungskräfte* ein wichtiges Steuerungsinstrument. Denn sie müssen sich einen Überblick verschaffen, welche Firmenkunden in ihrem Verantwortungsbereich nur marginal zum Gesamtergebnis beitragen, welche dauerhaft Verluste bringen und welche die „Gewinnbringer" sind.

Eine Möglichkeit für die *Vertriebssteuerung auf Einzelkundenebene* bieten Analysen über die Veränderungen der Kundendeckungsbeiträge im Zeitverlauf. Der Leiter eines Firmenkunden-Centers erhält zum Beispiel von jedem Kundenbetreuer eine Aufstellung der Firmenkunden mit den größten *Deckungsbeitrag-Abnahmen*.

Mit den Betreuern müssen dann jene Geschäftsverbindungen eingehend besprochen werden, die schon längere Zeit einen *negativen Deckungsbeitrag* aufweisen. Die Unterstützung der Kundenbetreuer bei der Optimierung der Geschäftsbeziehungen mit den Firmenkunden bildet somit eine wichtige Aufgabe im Rahmen des *Vertriebscoaching*. (Siehe dazu die Ausführungen im Kapitel VI.)

Neben diesen auf die Einzelkundenebene ausgerichteten Maßnahmen stellt für den Vertriebsmanager die *Steuerung des Kundenportfolios* eine weitere wichtige Aufgabe dar. Die Ausgangsbasis dafür liefert das im Kapitel II entwickelte *Firmenkunden-Portfolio* (siehe Abbildung 18). Für die dort definierten Kundensegmente (z.B. A-, B-, C-Kunden) gilt es den jeweiligen Segment-Deckungsbeitrag zu ermitteln. Diese *segmentspezifischen Kundengruppenergebnisse* erhält man durch Zusammenfassung der Kundendeckungsbeiträge aller Firmenkunden eines bestimmten Segmentes.

Für die *Vertriebssteuerung* ist die Verknüpfung von Volumens-, Ertrags- und Risikogesichtspunkten von besonderem Interesse. Zu diesem Zweck sind für jedes *Kundensegment* neben den absoluten Zahlen wie Ausleihungsvolumen, Deckungsbeiträgen und Wertberichtigungen auch
- Ertragskennzahlen
  (z.B. Deckungsbeitrag in Relation zum Wertleistungsvolumen)
- Risikokennzahlen
  (z.B. Wertberichtigungen in Relation zum Ausleihungsstand) sowie
- Durchschnittswerte pro Kunde
  (z.B. Deckungsbeitrag pro Kunde)

zu bilden.

Eine Auswertung dieser Art zeigt Abbildung 63:

Für das Vertriebsmanagement ist es wichtig, dass eine derartige Strukturanalyse nicht nur für die Gesamtbank vorliegt, sondern auch für die Aggregationsebenen „Verkaufsregion", „Firmenkunden-Center" und „Kundenbetreuer".

	Summe	A-Kunden	B$_1$-Kunden	B$_2$-Kunden	C-Kunden
Kundenanzahl					
Soll-Stand					
Geschäftsvolumen (GV)					
Summe Deckungsbeiträge (DB)					
DB in % GV					
Dienstleistungserträge					
GV pro Kunde					
DB pro Kunde					
Gesamtobligo					
Einzelwertberichtigung (EWB)					
EWB in % Obligo					

Abbildung 63: Analyse des Firmenkunden-Portfolios

Neben der stichtagsbezogenen Darstellung des Kundenportfolios einer Vertriebseinheit kann der Informationsgehalt durch verschiedene Ergänzungen erhöht werden. Für eine *tiefergehende Analyse* des Firmenkundenbestandes ist es beispielsweise zweckmäßig, die in Abbildung 63 dargestellten Bestandsgrößen (Kundenanzahl/Geschäftsvolumen/Deckungsbeiträge) *prozentmäßig* auszuwerten. Die Analyse dieser Daten im *Zeitvergleich* lassen dann wertvolle Schlussfolgerungen für die Vertriebssteuerung zu.

Diese Kundenstrukturanalysen liefern auch Grundlagen für die strategische *Vertriebsplanung*. Im Hinblick auf eine Verbesserung der *Qualität des Kundenportfolios* lassen sich vertriebspolitische Vorgaben ableiten. Im Sinne eines mehrjährigen Entwicklungszieles könnte beispielsweise festgelegt werden, dass in drei Jahren eine bestimmte *SOLL-Kundenstruktur* angestrebt wird:
- Angestrebte prozentmäßige Verteilung
  auf Gewerbe-, Geschäfts-, Unternehmenskunden
- Angestrebte prozentmäßige Verteilung
  im Sinne der ABC-Analyse

Gleichzeitig können für die einzelnen Segmente *Benchmarks* (Ertragserwartungen pro Kunde) als Leitlinie für die Vertriebsstrategie formuliert werden.

	Mindest-Deckungsbeitrag pro Jahr (€)	DB in Prozent des Geschäftsvolumens (%)
Geschäftskunde		
Gewerbekunde		
Firmenkunde		

Abbildung 64: Benchmarks im Rahmen der Portfoliosteuerung

8. Steuerung der Vertriebseinheiten

8.1 Steuerung der Firmenkunden-Center

Im Sinne einer *dezentralen* Vertriebsorganisation werden die *Ergebnisverantwortung* und damit auch bestimmte Entscheidungsbefugnisse an die Vertriebseinheiten übertragen. Im Sinne des Controllings stellen solche Einheiten eigene *Profit-Center* dar – sie agieren gewissermaßen wie „ein Unternehmen im Unternehmen". Gleichwohl müssen deren Aktivitäten im Hinblick auf die Gesamtbankstrategie von Zentralstellen koordiniert werden. Damit soll dieses Organisationsmodell dazu beitragen, die Ziele der Gesamtbank durch ein System von Zielvereinbarungen in Geschäftsfeldziele (z.B. Gesamtbereiche Firmenkunden) und Ziele der Vertriebseinheiten (z.B. Firmenkunden-Center) herunterzubrechen und die Vertriebsmitarbeiter koordiniert zur Erreichung dieser Ziele zu steuern.[40] Gleichzeitig werden dadurch auch die Motivation, Initiative und Eigenverantwortlichkeit der Vertriebsführungskräfte gefördert.

Eine dezentrale Vertriebskonzeption setzt allerdings voraus, dass der Ergebnisbeitrag eines Profit-Centers mit Hilfe des Rechnungswesens eindeutig festgestellt werden kann und die verantwortliche Führungskraft ihre Aktivitäten weitestgehend selbst steuern und den Erfolg durch ihre Entscheidungen auch tatsächlich beeinflussen kann. Bei den im Kapitel III beschriebenen *Firmenkunden-Center* handelt es sich um Profit-Center in dem hier beschriebenen Sinn. Das Controlling dieser Vertriebseinheiten steht im Mittelpunkt der folgenden Betrachtungen. Die Center-Leiter sind für die Führung und Steuerung ihrer Vertriebsmitarbeiter verantwortlich und können dabei (im bestimmten Rahmen) weitgehend selbstständig agieren. Die Koordination der einzelnen Center im Hinblick auf die Gesamtbankziele erfolgt durch Zielvereinbarungen (z.B. Deckungsbeitragsziele) sowie Budgetvorgaben (z.B. Personal-, Sachkostenbudget).

Je weitgehender die Delegation von Entscheidungsbefugnissen ist, desto wichtiger wird auch die *Kontrolle*. Dabei ist beispielsweise zu prüfen, ob

- die vereinbarten Ziele erreicht wurden
- die Budgetrahmen eingehalten werden
- die definierten Betreuungsstandards (Qualitätsstandards) erfüllt werden.

Für ein effizientes Vertriebscontrolling benötigen die Führungskräfte eine entsprechende Informationsbasis. So müssen beispielsweise die *Zielvereinbarungen* zu Beginn des Jahres in der *Vertriebscontrolling-Datenbank* erfasst und in der Folge automatisch auf Monatsziele heruntergebrochen werden.[41]

Eine wichtige Bedingung für eine *centerbezogene Ergebnisrechnung* besteht darin, dass sämtliche Erträge, die ein Firmenkunden-Center mit ihren Firmenkunden erwirtschaftet, auch direkt zugerechnet werden. Anderseits dürfen den Centern nur die tatsächlich von ihnen verursachten Kosten verrechnet werden (z.B. in Form der internen Leistungsverrechnung).

Methodische Grundlage der Profit-Center-Rechnung sind die unter Punkt 7 skizzierten Verfahren der Bankkalkulation (Marktzinsmethode) und der darauf aufbauenden Deckungsbeitragsrechnung. Kernstück des *Vertriebsreportings* für die Center-Leiter ist die mehrstufige Deckungsbeitragsrechnung für die gesamte *Organisationseinheit* sowie für jeden *Kundenbetreuer*. Darin werden die Zinskonditionsbeiträge und das Provisionsergebnis sowie die Personal-, Sach- und Risikokosten dargestellt. Abbildung 65 zeigt das Grundschema einer derartigen Deckungsbeitragsrechnung.[42] Wie aus der Darstellung ersichtlich, werden die Ergebnisse des laufenden Jahres monatlich erfasst und daneben der jeweilige kumulierte Jahreswert ausgewiesen. Diese IST-Werte werden mit dem Planwert (Jahresziel) abgeglichen und daraus der Zielerreichungsgrad sowie eventuelle Abweichungen aufgezeigt.

Durch weitere Detailauswertungen können die das Ergebnis bestimmenden Einflussfaktoren wie
- Volumina
- Bruttomargen
- Provisionsgeschäft sowie
- die verschiedenen Kostenarten des Centers

analysiert und so die Ursachen für eventuelle Zielabweichungen ermittelt werden. Auf diese Weise können die Führungskräfte gezielt an den verschiedenen Stellhebeln zur Ergebnissteuerung ansetzen und Maßnahmen zur Realisierung der Center-Ziele ergreifen.

8.2 Ergebnisorientierte Steuerung der Firmenkundenbetreuer

Eines der wesentlichsten Ziele der hier dargelegten Vertriebskonzeption ist eine Stärkung der Vertriebs- und Ertragsorientierung der Firmenkundenbetreuer. Voraussetzung ist neben der Steuerung der Vertriebsaktivitäten der Mitarbeiter und einem konsequenten Aktivitätencontrolling ein wirksames *Ergebniscontrolling auf*

	IST-Werte Vorjahr	Monatswerte			Jahr kumuliert	Planwert Lfd. Jahr	Zielerr. Grad (%)	Abweichung (%)
		Jan.	Feb.	usw.				
Konditionsbeitrag Aktiv								
+ Konditionsbeitrag Passiv								
= **Deckungsbeitrag I**								
+ Dienstleistungserträge (Provisionsbeiträge)								
= **Deckungsbeitrag II**								
− Vertriebsproduktkosten								
− Zentrale Produktkosten								
= **Deckungsbeitrag III**								
− Standardrisikovorsorge (Risikoprämie)								
= **Deckungsbeitrag IV**								
− Gewinnbedarf								
= **Deckungsbeitrag V**								
− Vertriebsfixkosten								
= **Deckungsbeitrag VI**								
+/− Risikoausgleich								
= **Deckungsbeitrag VII**								

Abbildung 65: Grundschema einer centerbezogenen Deckungsbeitragsrechnung

Mitarbeiterebene. Ein derartiges Controllingkonzept soll einen detaillierten Aufschluss über die Qualität und Produktivität der Vertriebsmitarbeiter geben. Dabei zeigt sich die *Vertriebsqualität* beispielsweise daran, *wie* das Betreuungskonzept umgesetzt wird bzw. an der Anzahl der Kundenkontakte pro Woche, während die *Produktivität* zeigt, wie erfolgreich diese Kundenkontakte sind.

Das Vertriebscontrolling auf dieser Stufe ist ein bedeutsamer Erfolgsfaktor, weil es unmittelbar auf die Firmenkundenbetreuer ausgerichtet ist – also auf jene „Nahtstelle zum Markt", wo die Kundenkontakte stattfinden und die unmittelbare Vertriebsleistung erbracht wird.

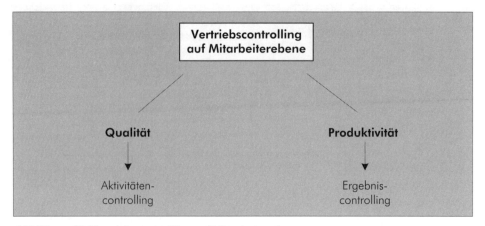

Abbildung 66: Vertriebscontrolling auf Mitarbeiterebene

So wie Spitzensportler wollen auch Spitzenverkäufer gemessen werden. Sie wollen über die eigenen Leistungen Bescheid wissen. Und sie wollen auch wissen, anhand welcher Kriterien ihre Leistung gemessen wird. Daher ist es im Firmenkundenvertrieb erforderlich, den Firmenkundenbetreuern die Ergebnisse ihrer Verkaufsbemühungen präzise vor Augen zu führen. Die Entwicklung der Mitarbeiter hin zum vertriebs- und ergebnisorientierten Denken und Handeln wird umso mehr Erfolg haben, je *transparenter* und *zeitnäher* die erbrachten Vertriebsleistungen ausgewertet und kommuniziert werden.[43]

Die Verzahnung der Elemente im Controllingprozess wird hier nochmals deutlich: Den Ausgangspunkt bilden die aus dem Jahresplan abgeleiteten Zielvereinbarungen mit den Kundenbetreuern (siehe Abschnitt 5 in diesem Kapitel). Diese stellen auch die Orientierungsgrößen für den Vertriebsprozess (siehe Kapitel V) dar, in dessen Mittelpunkt der aktive Verkauf (Potenzialanalyse, Kundenansprache usw.) steht. Im Rahmen des Ergebniscontrollings werden die erzielten Verkaufsergebnisse regelmäßig mit den Zielwerten abgeglichen. Dieses Vertriebsreporting auf Betreuerebene bildet die zahlenmäßige Basis für die Mitarbeiterführung (siehe Kapitel VI). Die Kundenbetreuer erhalten somit regelmäßig *Feed-back* über ihre Vertriebsleistung. Gleichzeitig bilden diese Informationen die Grundlagen für die leistungsorientierte Entlohnung.

Durch die Ergebnisse des mitarbeiterbezogenen Vertriebscontrollings soll eine permanente Überprüfung der Vertriebsressourcen auf den Vertriebserfolg hin ermöglicht werden.[44] Die Auswahl der Steuerungsgrößen hat sich einerseits an den Verantwortungsbereichen des Firmenkundenbetreuers („Volumen" – „Ertrag" – „Risiko" bei den ihm zugeordneten Kunden) sowie an den mit ihm vereinbarten Zielkategorien (siehe Abschnitt 2) zu orientieren. Auf Basis dieser Volumens- oder Ergebnisvorgaben werden die Vertriebsleistung und die Vertriebsqualität des Kundenbetreuers in regelmäßigen Abständen (z.B. wöchentlich oder monatlich) gemessen und bewertet. Somit ergeben sich folgende Controllingbereiche:

Volumen
z.B. Aktiv-, Passivvolumen
Ertrag
z.B. Deckungsbeiträge, Margencontrolling
Risiko
z.B. Blankoanteile, Risikokosten

Für die Vertriebssteuerung ist es wichtig, das erzielte Kundengeschäftsergebnis differenzierter zu betrachten. Die insgesamt von einem Kundenbetreuer erzielten Ergebnisse setzen sich aus dem Bestandsgeschäft und dem Neugeschäft zusammen. Die tatsächliche Vertriebsleistung in einer Periode besteht allerdings nur im Abschluss von *Neugeschäften* bzw. in der Prolongation von auslaufenden Bestandsgeschäften.[45] Daher sind beim Vertriebscontrolling die Ergebnisse aus Bestandsgeschäft und Neugeschäft getrennt auszuweisen (siehe das Beispiel in Abbildung 67).

Die Betreuer-Erfolgsbilanz

Für die ertragsorientierte Steuerung der Kundenbetreuer ist es erforderlich, dass von der aggregierten Auswertung auf Center-Ebene unmittelbar in die Auswertung der einzelnen Kundenbetreuer verzweigt werden kann. Das Ergebnis bildet die *Deckungsbeitragsrechnung auf Betreuerebene,* in der für jeden Firmenkundenbetreuer die Zinskonditionsbeiträge und das Provisionsergebnis der ihm zugeordneten Kunden sowie die damit verursachten Personal- und Betriebskosten dargestellt werden. Der Aufbau dieser betreuerbezogenen Ergebnisrechnung entspricht der in der Abbildung 65 dargestellten Struktur, wobei das Deckungsbeitragsschema üblicherweise mit dem DB 5 endet.

Die Darstellung der gesamten Deckungsbeiträge des von einem Firmenkundenbetreuer gemanagten Firmenkundenportfolios kann auch in Form einer „*Betreuerbilanz*"[46] erfolgen, wie sie in der Abbildung 68 gezeigt wird.

Zielkategorien	Ziele Werte	Bestandsgeschäft				Neugeschäft				Abweichungs-analyse
		Stück Wert	Abweichung			Stück Wert	Abweichung			
			%		€		%		€	
1. Volumensziele • Volumen Aktivgeschäft • Volumen Passivgeschäft • Dienstleistungsgeschäft • Gesamtkundenvolumen • usw.										
2. Stückziele • Electronic Banking • Kartenprodukte • Bausparen • Neukundengewinnung • usw.										
3. Ertragsziele • Deckungsbeitrag I • Deckungsbeitrag II • Deckungsbeitrag III • ⌀ Marge Aktivgeschäft • ⌀ Marge Passivgeschäft										
4. Risikoziele • Blankoanteile • Überziehungen • Risikokosten • Einzelwertberichtigungen										

Abbildung 67: Getrennter Ausweis von Bestands- und Neugeschäft (Beispiele)

Beraterbilanz eines Firmenkundenbetreuers
(stichtagsbezogene Ermittlung der Deckungsbeiträge des betreuten Firmenkundenportfolios)

Stichtag:
Beraternummer: xyz

Geschäfte Aktiv	Volumen	Marge	Kond.-Beitrag	Geschäfte Passiv	Volumen	Marge	Kond.-Beitrag
EKH alt	3.664.240	0,300%	9.283	KK- Haben	14.675.298	1,086%	155.152
KK	6.889.878	6,799%	348.299	Spar gesetzlich	175.712	3,107%	5.153
Ratenkredite	0	0,000%	0	Spar+Kündigungsfrist	22.522	0,879%	157
Hausbankdarlehen -fest	23.989.398	1,354%	209.503	VR Termingeld	1.413.152	0,897%	8.521
Hausbankdarlehen -variabel	2.146.197	1,957%	33.794	Sparbriefe	135.000	0,378%	425
Weiterleitungskredite	6.431.497	0,533%	30.198	Geschäftsguthaben	70.700		
Durchlaufende Kredite	0	0,000%	0	Nachrangguthaben	100.000		
Avale	1.212.436	1,707%	17.474				
gesamt	44.333.646	2,033%	648.552	gesamt	16.592.383	1,074%	169.408
Konditionsbeitrag Aktiv			648.552	Konditionsbeitrag Passiv			169.408
EK-Kosten			-104.076	Verbundbestand	Volumen		
Beitrag Garantiefonds			-47.737	Union	34.710		
Provisionserlöse			46.955	Difa	0		
Bearb.-Gebühren Kredite			34.015	WVS	62.587		
Deckungsbeitrag 1			747.117				
Standardrisikokosten			442.500				
Deckungsbeitrag 2			304.617				
Personalaufwand (kalk.)			235.619				
EDV-Aufwand (kalk.)			47.224				
Aufwand Zahlungsverkehr							
Deckungsbeitrag 3			21.774				

Abbildung 68: Betreuerbilanz
(Quelle: Carsten Krauß, Veränderungsprozesse im Firmenkundengeschäft)

Margen-Controlling

Diese Aufstellungen bilden eine wesentliche Basis für die Erfolgsbeurteilung der Kundenbetreuer. In diesem Zusammenhang erlangt das *Margen-Controlling* einen besonderen Stellenwert.[47] Um einem Firmenkundenbetreuer die bei seinen Kunden durchgesetzten Margen vor Augen zu führen, ist es zweckmäßig, für die wichtigsten Aktiv- und Passivprodukte die erzielten Margen im Zeitvergleich darzustellen:

	30. 9.	31. 12.	30. 9.	31. 12.	Anmerkungen
	Ø Volumen (in €)	Ø Volumen (in €)	Ø Marge (%)	Ø Marge (%)	
Aktiv-Geschäfte • Investitionskredite • Kontokorrent-Kredite (KKK) • usw.					
Passiv-Geschäfte • KKK/Haben • Termingelder • usw.					

Abbildung 69: Margen-Controlling (Ausschnitt)

Ziel dieser Auswertung ist es, einen Überblick über die am Markt realisierten Durchschnittmargen je Produkt auf Betreuerebene zu geben. Gleichzeitig kann mit derartigen Analysen aufgezeigt werden, wie sich eine geringfügige Margenverbesserung auf das Gesamtergebnis in der „Betreuer-Bilanz" auswirkt. Mit der gezielten Erhöhung der Durchschnittsmargen kann somit der Ertrag verbessert werden, ohne zusätzliches Geschäft akquirieren zu müssen.

Barwertige Neugeschäftssteuerung

Verwendet eine Bank für das Vertriebscontrolling eine *barwertige Deckungsbeitragsrechnung*, hat diese auch wesentliche Auswirkungen auf die Art der Erfolgsmessung der Firmenkundenbetreuer. Wie bereits unter Punkt 8.2 erwähnt, findet bei diesem Konzept eine konsequente Trennung von Alt- und Neugeschäft statt, sodass auch eine *getrennte Analyse* der *Entwicklung von Alt- und Neugeschäft* im Firmenkundenportfolio eines Betreuers erfolgt. Bei der *barwertigen Neugeschäftssteuerung* gelangt die Ergebniszurechnung (d.h. der barwertige Deckungsbeitrag eines Produktes) für die Kundenbetreuer nur einmal zum Einsatz, nämlich zum Zeitpunkt des Geschäftsabschlusses. Dadurch wird ausschließlich die tatsächliche *Verkaufsleistung* („Neugeschäft") bewertet und honoriert und das Hinzurechnen von in der Vergangenheit erwirtschafteten Deckungsbeiträgen an den „Bestandsverwalter" wird dadurch vermieden.[48]

Vertriebskennzahlen

Neben den erwirtschafteten Deckungsbeiträgen sollten die Reports zur Vertriebsentwicklung auch steuerungsrelevante *Kennzahlen* enthalten, die den Führungskräften in komprimierter Form Hinweise für die Erfolgskontrolle liefern. Vor allem Verhältniszahlen, die von absoluten Größen abstrahieren, bieten gute Ansatzpunkte für die Produktivitätsanalyse im Rahmen des Vertriebscontrollings. Typische Bezugsgrößen für derartige Analysen sind Volumens-, Ertrags- und Risikogrößen mit einer Fokussierung auf Kunden bzw. Mitarbeiter.[49] Die Abbildung 70 zeigt beispielhaft verschiedene Vertriebskennzahlen für das Controlling der Firmenkundenbetreuer.

Kundenstruktur-Kennzahlen
- Anzahl der Firmenkunden je Firmenkundenbetreuer (FKB)
- Anzahl der gewonnenen Neukunden je FKB (in der letzten Periode)
- Anzahl der Kundenabwanderung je FKB (in der letzten Periode)

Volumens-Kennzahlen
- Bestandsvolumen je FKB
- Neugeschäftsvolumen je FKB
- Gesamt-Ausleihungsstand je FKB
- Ausleihungsvolumen/neu je FKB
- Volumen Leasingfinanzierung je FKB
- Einlagenvolumen/neu je FKB
- Durchschnittliches Ausleihungsvolumen je Kunde
- Durchschnittliches Einlagenvolumen je Kunde
- Cross Selling-Quote je Kunde

Ertrags-Kennzahlen
- Deckungsbeitrag II je FKB
- Deckungsbeitrag V je FKB
- Dienstleistungserträge je FKB
- Deckungsbeitrag II je Kunde
- DB II in % des Geschäftsvolumens je Kunde

Risikokennzahlen
- Risikokosten in % des Ausleihungsvolumens
- EWB in % des Ausleihungsvolumens

Abbildung 70: Kennzahlen für das Vertriebscontrolling auf Betreuerebene (Beispiele)

Wie bei den klassischen Bilanzkennzahlen gilt auch für die Vertriebssteuerung, dass eine Kennzahl, für sich allein genommen, wenig aussagt. Erst der *Vergleich* von Kennzahlen bietet eine fundierte Basis für die Beurteilung der Vertriebsleistung eines Firmenkundenbetreuers. Dazu bieten sich prinzipiell folgende Vergleichsmöglichkeiten an:
- Der Zeitvergleich
- Der SOLL-/IST-Vergleich
- Der Vergleich zwischen den Betreuern

Einen Überblick über die Vergleichsmöglichkeiten zur Steuerung der Kundenbetreuer bietet die folgende Abbildung:

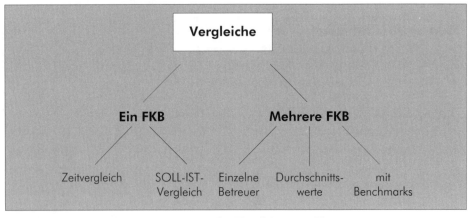

Abbildung 71: Vergleiche als Instrument des Vertriebscontrollings

Beim *Zeitvergleich* werden die in periodischer Abfolge ermittelten Absolutzahlen (z.B. Neukundengewinnung, Neugeschäftsvolumen) bzw. signifikante Kennzahlen (z.B. durchschnittliche Produktnutzung pro Kunde) miteinander verglichen. Damit sollen Entwicklungen und Tendenzen im Zeitablauf ersichtlich gemacht und Hinweise gewonnen werden, ob sich die Vertriebsleistung eines Firmenkundenbetreuers im Zeitvergleich „verbessert" oder „verschlechtert".

Im Mittelpunkt des „*SOLL-IST-Vergleichs*" stehen die mit dem Kundenbetreuer vereinbarten Jahresziele, die für Vergleichszwecke auf Quartals- bzw. Monatsziele heruntergebrochen werden. Die Gegenüberstellung der Zielwerte mit den tatsächlich erreichten Verkaufsergebnissen („Zielerreichungsgrad") zeigt, wie gut der Kundenbetreuer im Hinblick auf die Zielerreichung „unterwegs" ist.

Wertvolle Schlussfolgerungen für das Vertriebscontrolling lassen sich dadurch gewinnen, dass neben dem Zeitvergleich auch Auswertungen für einen Vergleich *zwischen* den einzelnen Firmenkundenbetreuern vorliegen. Bei diesem „Betreuervergleich" werden die Vertriebsergebnisse eines Kundenbetreuers den entsprechenden *Durchschnittswerten* aller Firmenkundenbetreuer der Bank (bzw. eines Centers) gegenübergestellt. Sowohl die Führungskraft als auch der Mitarbeiter selbst erhalten auf diese Weise Orientierungsgrößen, die ihnen helfen sollen, Stärken und Schwächen des einzelnen Betreuers transparent zu machen. Darauf aufbauend können in weiterer Folge Verbesserungs- und Unterstützungsmaßnahmen abgeleitet werden. Ein diesbezügliches Beispiel findet sich in der Abbildung 72.

Mitarbeiter	Ø Stand SOLL	Kond.-Beitrag Aktiv	ZM in %	Ø Stand Haben	Kond.-Beitrag Passiv	ZM in %	DB 1	DLE €	DB 2	DB 3	RK	RK in % zu Aktiva	DB 4	DB 5
FKB A														
FKB B														
FKB C														
FKB D														
FKB E														
Summe Firmenkunden-Center														

DB = Deckungsbeitrag   DLE = Dienstleistungserträge
ZM = Zinsmarge   RK = Standardrisikokosten

Abbildung 72: Vergleich Firmenkundenbetreuer (Beitrag zum Center-Ergebnis)

Eine weitere Vergleichsmöglichkeit besteht darin, dass die Vertriebsleistung eines Kundenbetreuers nicht nur mit den Durchschnittswerten, sondern mit den Ergebnissen des besten Drittels aller Kundenbetreuer („Top-Betreuer") verglichen wird („Benchmark").

Manche Banken ermitteln in diesem Zusammenhang eine bankinterne *Rangordnung* bei den jeweiligen Leistungskategorien („*Rennliste*"). Jeder Firmenkundenbetreuer sieht dann beispielsweise, welchen Platz (Rang) er bei den einzelnen Verkaufskategorien (z.B. „Leasingvolumen neu") einnimmt.[50] Eine besondere Signalwirkung für das Vertriebscontrolling wird erreicht, wenn die ermittelten Rangwertungen mit Signalfarben im Sinne einer „*Ampel-Methode*" unterlegt werden. Sowohl die Führungskraft als auch der Mitarbeiter sehen dann mit einem Blick, ob sich der Kundenbetreuer bei einer bestimmten Leistungskategorie im „grünen", „gelben" oder „roten Bereich" bewegt. Diese Methode ermöglicht es, sehr gezielt Ansatzpunkte zur Verbesserung der Vertriebsleistung zu überlegen.

Leistungskategorien	FKB	Ø Wert Center (alle FKB)	Bestes Drittel („Top-FKB")	Rang	Ziel-Abweichungen
Volumen Neugeschäft (Produktkategorien)					
Ertragsgrößen (Deckungsbeiträge)					
Risikogrößen (EWB)					

Abbildung 73: Anteile eines FKB im Vergleich mit Durchschnittswerten/Benchmarks/Rangordnung

Jede Bank muss aus diesem Instrumentarium des Vertriebscontrollings jene Ansätze auswählen, mit denen die gesetzten Vertriebsziele effizient und pragmatisch erreicht werden können. An dieser Stelle ist allerdings auch folgender Hinweis wichtig: Ohne entsprechend agierende Führungskräfte im Vertrieb ist auch das beste Controllingsystem wirkungslos[51]. Die Vertriebsmanager müssen in der Lage sein, die Controllingauswertungen zu interpretieren und daraus die richtigen Schlüsse ziehen. Sie müssen mit ihren Mitarbeitern über diese Auswertungen Gespräche führen und sie bei der Verbesserung ihrer Vertriebsleistung unterstützen. Die damit verbundenen Fragen des Vertriebscoachings stehen daher auch im Kapitel VI im Mittelpunkt.

9. Praxisbeispiele für wirkungsvolle IT-Unterstützung im Vertrieb

Eine wirkungsvolle IT-Unterstützung bildet einen wichtigen Erfolgsfaktor für eine effiziente Vertriebssteuerung und effizientes Vertriebscontrolling. Im Folgenden werden daher einige Tools überblicksartig dargestellt. Weitere Beispiele für EDV-Module, die sich auf bestimmte Phasen des Vertriebsprozesses beziehen, finden sich im Kapitel II („Kundensegmentierung") und Kapitel V („Vertriebsprozess").

9.1 Das Programm „Kundenportfoliomanager"

Das erste Beispiel behandelt eine intranetbasierte Software der H&T SOFTWARE GmbH (Kelkheim), die mittlerweile von zahlreichen deutschen Sparkassen und Genossenschaftsbanken verwendet wird. Dieses Programm mit der Bezeichnung *„Kundenportfoliomanager"* (KPM) ermöglicht dem Vertriebsmanager, den gesamten Vertriebsprozess (Kundenklassifizierung, Kundenanalyse, Vertriebsansätze, Aktionsplanung usw.) *online* zu steuern und zu überwachen. Gleichzeitig unterstützt KPM den Kundenbetreuer dabei, seine Vertriebsaktivitäten effizient zu strukturieren. Einen Überblick über die einzelnen Elemente von KPM bietet die folgende Abbildung.

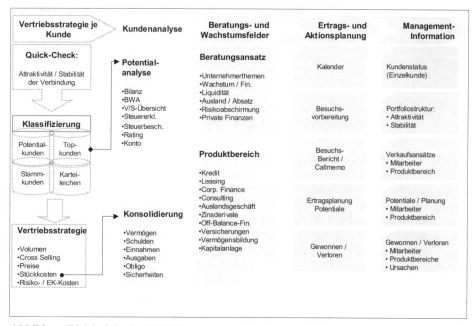

Abbildung 74: Module des EDV-Programms „Kundenportfoliomanager" (Quelle: H&T SOFTWARE GmbH)

9.1.1 Geschäftsfeldsteuerung

KPM unterstützt den Kundenbetreuer dabei, bei seinen Potenzialkunden systematisch in jenen Bedarfsfeldern zusätzliches Geschäftspotenzial zu gewinnen, die im Firmenkundengeschäft oftmals vernachlässigt werden: den Holgeschäften. Diese Bereiche werden vom Vertriebsmanagement auf Grund der geschäftspolitischen Schwerpunktsetzung festgelegt. Dafür werden in der so genannten „*Geschäftsfeldsteuerung*" (siehe Abbildung 75) bestimmte zu forcierende Geschäftsfelder mit unterdurchschnittlichen Marktanteilen aktiviert. Die Umsetzung der Geschäftsfeldsteuerung auf die Einzelkundenanalyse und damit der Transfer des strategischen Impulses direkt an die Arbeitsplätze der einzelnen Kundenbetreuer erfolgt in KPM automatisch.

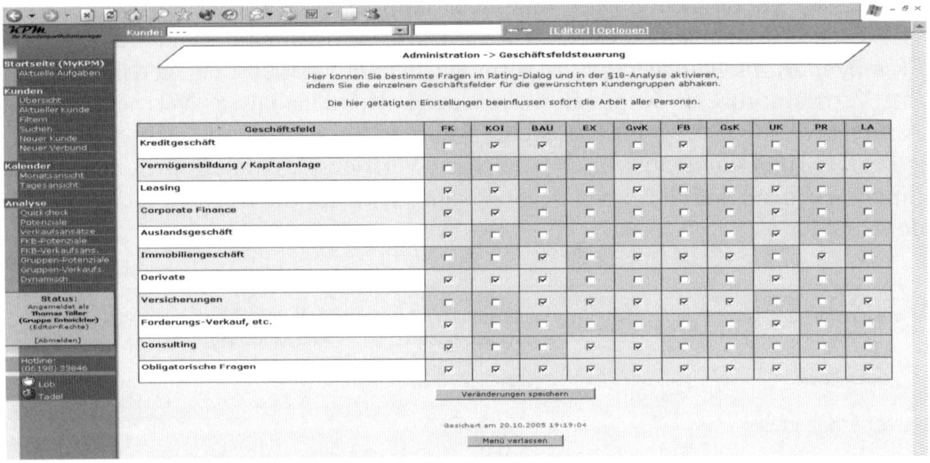

Abbildung 75: Geschäftsfeldsteuerung in KPM
(Quelle: H&T SOFTWARE GmbH)

9.1.2 Portfoliosteuerung

Der Aufbau des Kundenportfolios mit dem „Quickcheck" wurde bereits im Kapitel II („Kundensegmentierung") beschrieben. Aus der damit ermittelten Portfoliostruktur gewinnt der Vertriebsmanager wertvolle Grundlagen für seine Entscheidungen. So erhält er unter anderem Hinweise auf die angezeigte Vertriebsstrategie, wie zum Beispiel Neukundengewinnung bei reifen Portfolien im Unterschied zur Intensivierung der bestehenden Verbindungen bei unreifen Portfolien. Darüber hinaus kann er auch die „Attraktivitäts- und Stabilitätskriterien" im Detail gegeneinander auswerten – z.B. „Kunden mit hohen Importen oder Exporten", die ihre Auslandsgeschäfte über eine andere Bank abwickeln. Durch derartige Informationen lassen sich entsprechende Schwerpunkte für die *Aktivitätensteuerung* ableiten.

Unerschlossene Potenziale in ausgewählten Geschäftsfeldern werden im KPM ebenfalls deutlich sichtbar: in der Vermögensbildung, im Versicherungs- oder im

Auslandsgeschäft, genauso wie anstehende Aufgaben im Rahmen der Unternehmensnachfolge usw. Die Abbildung 76 zeigt ein Teil-Kundenportfolio, sortiert nach Attraktivität für den Spezialisten aus der Vermögensberatung. Solche Analysen unterstützen die Kooperation mit den Fachabteilungen und die systematische Überleitung potenzialstarker Kunden an die Produktspezialisten.

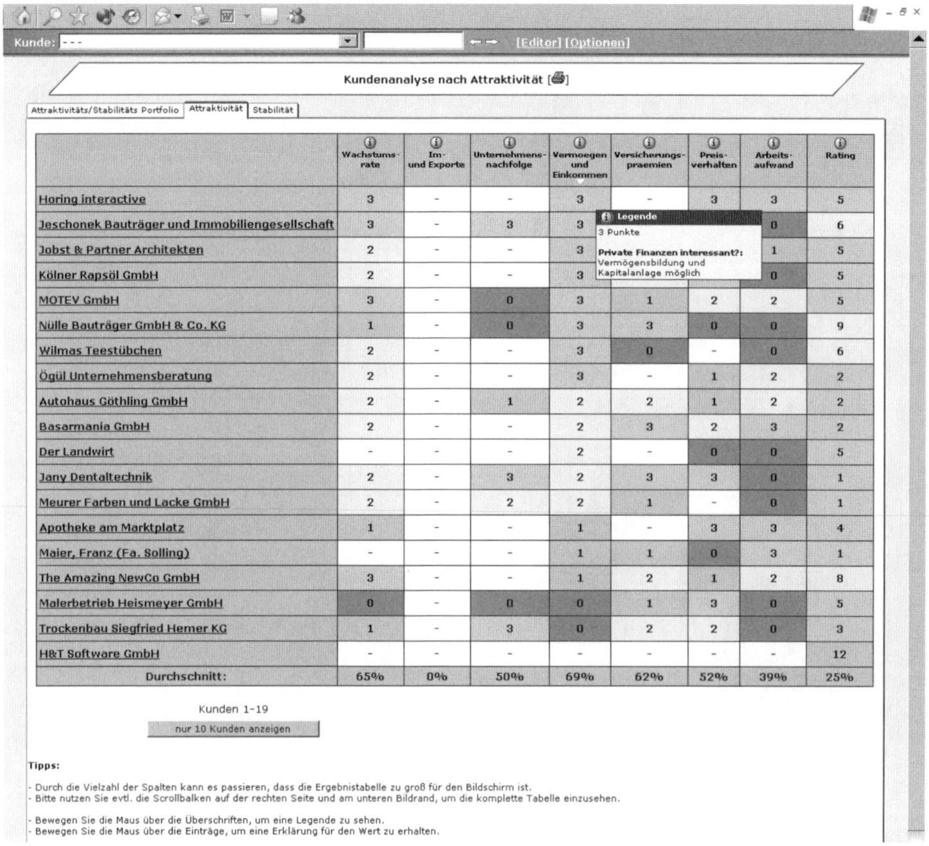

Abbildung 76: Qualitative Analyse der Kundenattraktivität auf Portfolioebene
(Quelle: H&T SOFTWARE GmbH)

9.1.3 Workflow-Steuerung

Für eine möglichst effiziente und systematische Vorgehensweise im Vertriebsprozess bietet KPM neben automatisch aggregierten Hinweisen auf anstehende Termine, fehlende Kundenunterlagen, unvollständig analysierte Kunden u.ä. auch eine umfassende Kundenübersicht, aus der der *aktuelle Bearbeitungsstatus* jedes Kunden ersichtlich ist. Von hier aus verzweigen Links in alle anderen Module des Systems, sodass sich der Benutzer leicht einen Überblick über den Kunden verschaffen kann.

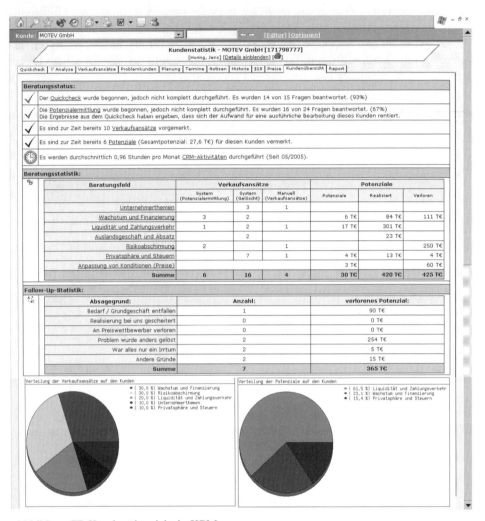

Abbildung 77: Kundenübersicht in KPM
(Quelle: H&T SOFTWARE GmbH)

9.1.4 Vertriebsunterstützung für den Kundenbetreuer

Neben dem *„Quickcheck"* (siehe Kapitel II) und der *automatischen Identifizierung von Vertriebsansätzen* (siehe Kapitel V) bietet KPM mit der *„Verkaufszielplanung"* ein zentrales Unterstützungsmedium, das nach Beratungsfeldern, Beratungsanlässen oder Produktgruppen ausgerichtet werden kann. Dorthin werden die vom System ermittelten Vertriebsansätze direkt übertragen, von hier ausgehend können weitere Verkaufsziele manuell und alle zur Umsetzung nötigen Aktivitäten geplant werden. Die Abbildung 78 zeigt einen Ausschnitt aus der Verkaufszielplanung.

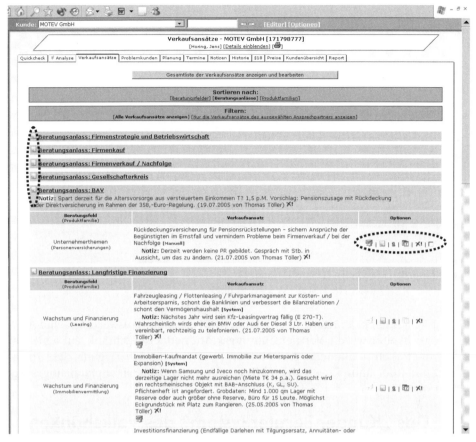

Abbildung 78: Verkaufszielplanung nach Beratungsanlässen
(Quelle: H&T SOFTWARE GmbH)

Mit Hilfe des Menüpunkts „Optionen" können nun einzelne Verkaufsansätze kalkuliert, einem Gesprächspartner zugeordnet, auf Termin gelegt oder gelöscht werden. Mit Hilfe gelber Notizzettel-Symbole können zum Verkaufsansatz oder zum Beratungsanlass Notizen hinterlegt werden, die im Rahmen der Besuchsvorbereitung berücksichtigt werden (siehe auch Kapitel V – „Kundenbericht").

Die Entwicklung der gesamten Kundenbeziehung ist im KPM aus dem Modul „*Kundenhistorie*" ersichtlich, sodass jederzeit nachvollziehbar ist, welche Aktivitäten zuletzt durchgeführt wurden. Die protokollierten Zeitangaben ermöglichen es, den investierten Zeitaufwand ins Verhältnis zur Kundenattraktivität und zu den erfolgreich abgeschlossenen Geschäften zu setzen. Zugleich können im Modul „Historie" auch ungeplante Aktivitäten manuell ergänzt werden (siehe Abbildung 79).

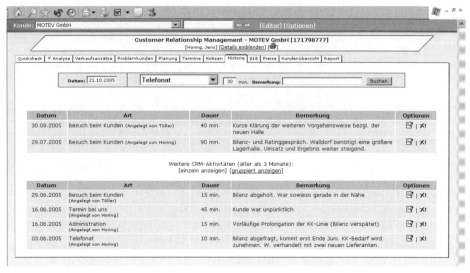

Abbildung 79: Das Modul „Historie" in KPM
(Quelle: H&T SOFTWARE GmbH)

Grundsätzlich hat jeder Kundenbetreuer in KPM dieselben Auswertungs- und Analysemöglichkeiten wie die Vertriebsführungskräfte, jedoch beschränkt auf seine ihm zugeordneten Firmenkunden. KPM basiert somit auf der Überlegung, dass Transparenz und Information zwei unverzichtbare Voraussetzungen für planmäßiges Arbeiten sind.

9.2 Das „KundenBeraterSystem" des Volksbankensektors

9.2.1 Die Elemente des „KundenBeraterSystems"

Um die vom österreichischen Volksbankensektor postulierten Zielsetzungen der „*Kundenpartnerschaft*"[52] sowie die verabschiedeten „*Grundsätze der Vertriebsstrategie*"[53] in die Realität umzusetzen, wird neben kompetenten und engagierten Vertriebsmitarbeitern auch auf eine entsprechende technische Unterstützung Wert gelegt. Das Kernstück und wichtigste Unterstützungsmedium für eine systematische Marktbearbeitung bildet im Volksbankensektor das „*KundenBeraterSystem (KBS)*", das seit 1999 flächendeckend im Einsatz ist. Die Basis im KBS bildet der Kunde, um den herum sämtliche für den Vertriebsprozess relevanten Informationen und Daten erfasst werden. Der Aufbau dieses EDV-Systems ist aus der schematischen Darstellung in Abbildung 80 ersichtlich.

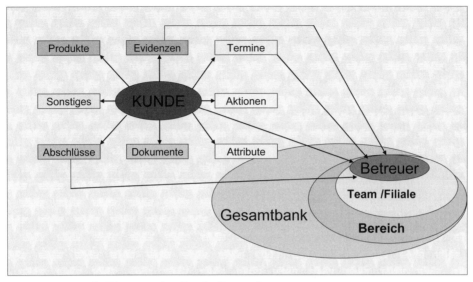

Abbildung 80: Die Elemente des *KundenBeraterSystems*
(Quelle: Österreichischer Genossenschaftsverband)

Gesamtheitliche Kundendarstellung

Durch den im KBS integrierten *elektronischen Kundenakt* erhält der Kundenbetreuer eine umfassende und übersichtliche Darstellung über Konzernstruktur, Eigenprodukte, Fremdprodukte, Gesamtobligo, ausgewertete Bilanzen, Evidenzen, Termine, Abschlüsse sowie die unten angeführten Dokumente. Der Aufbau des elektronischen Kundenaktes ist aus der Abbildung 81 ersichtlich.

Attribute

Im KBS werden vom System nach bestimmten Vorgaben so genannte Attribute generiert und den betroffenen Kunden automatisch zugeordnet. Bei diesen „maschinellen Attributen" handelt es sich beispielsweise um folgende Merkmale:

- Kundensegment
  (Kombination aus Betriebsleistung und Obligo)
- Geringer Ausnützungsgrad des Kontokorrentkredites
- Umsatzsteigerung
  (Vergleich des Kontoumsatzes der jeweiligen Quartale mit dem vergleichbaren Quartal des Vorjahres)
- Umsatzrückgang
  (Rückgang des Umsatzes auf einem Konto im Vergleich mit dem Vorjahresquartal um einen bestimmten Prozentsatz)
- Kundenkontakt
  (Letzter Kundenkontakt liegt länger als x Monate zurück)

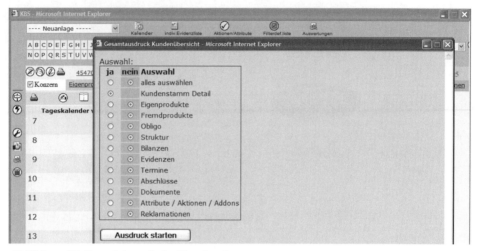

Abbildung 81: Der elektronische Kundenakt
(Quelle: Österreichischer Genossenschaftsverband)

Daneben können Attribute auch individuell angelegt und dem Kunden manuell zugeordnet werden. Dabei geht es zum Beispiel um bestimmte Selektionskriterien für bankindividuelle Verkaufsaktionen oder für Einladungen zu Kundenveranstaltungen.

Dokumente

Wichtige Informationen zum Kunden können in Form verschiedener Dokumente abgelegt werden, die dann im elektronischen Kundenakt abgespeichert werden. Dabei handelt es sich beispielsweise um *Notizen* des Betreuers zum Kunden oder um strukturierte *Besuchsberichte*. Auch die EDV-Bilanzanalyse wird hier abgespeichert. Weiters besteht die Möglichkeit, die gesamte E-Mail-Korrespondenz mit einem Kunden im KBS zu archivieren.

Evidenzverwaltung

Das KBS bietet eine organisatorische Unterstützung zur Vereinfachung der Verwaltung von Evidenzen, die vom Betreuer erledigt werden sollen. Dieses Modul liefert dem Kundenbetreuer wichtige Signale für die Kundenansprache und Terminvereinbarung.

Dabei handelt es sich beispielsweise um
– bestimmte „To Do's"
  (z.B. Evidenz für Folgetermin nach einem Beratungsgespräch)
– „Ansatzpunkte zur Kontaktaufnahme"
  (z.B. ablaufende Produkte)
– „Aktionsnachbearbeitung"

Elektronischer Kalender

Im KBS steht dem Kundenbetreuer ein vollständig in den Workflow integrierter Kalender (Tages-, Wochen-, Monats-, Jahresanzeige) zur Verfügung. Sämtliche mit einem Kunden vereinbarten Termine werden EDV-mäßig erfasst und sind jederzeit abrufbar. Unmittelbar beim Einstieg in das EDV-System werden dem Mitarbeiter in der sofort erscheinenden Tagesansicht des Kalenders alle aktuellen Termine sowie die ihm zugeordneten Evidenzen bzw. Signale zur Erledigung bzw. Terminvereinbarung angezeigt.

Dies bietet dem Betreuer eine wertvolle Unterstützung für seine persönliche Termin- und Kontaktsteuerung. Ein Beispiel für diese Einstiegsmaske ist aus der Abbildung 82 ersichtlich.

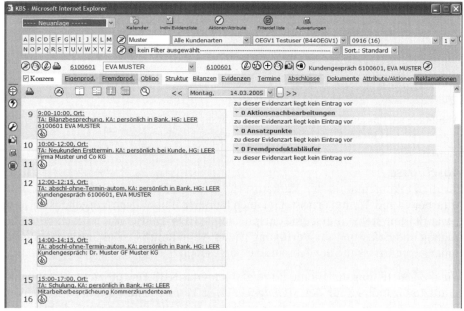

Abbildung 82: Elektronischer Kalender im KBS
(Quelle: Österreichischer Genossenschaftsverband)

Aktionen/Schwerpunkte

Eine wichtige Funktion für die Vertriebssteuerung ist die Realisierung von *Verkaufsschwerpunkten,* die durch diese Software in allen Phasen unterstützt wird und eine vollständige Nachvollziehbarkeit ermöglicht.
Die Zuordnung der Kunden zu einem bestimmten Marketingschwerpunkt (z.B. „Abfertigung neu") erfolgt direkt im System. Auf Grund dieser Erfassung kann mittels Datenexport der *Briefversand* in Verbindung mit der jeweiligen geplanten Aktion erfolgen. In der Folge erhalten die Kundenbetreuer für ihre von der Aktion erfassten Kunden eine *Evidenz* zur Aktionsnachbearbeitung, die vereinbarten *Kun-*

dentermine sowie die dabei abgeschlossenen *Produkte* werden beim Kunden historisch abgelegt. Die einzelnen Phasen bei Durchführung von Verkaufsschwerpunkten sind überblicksmäßig in Abbildung 83 dargestellt.

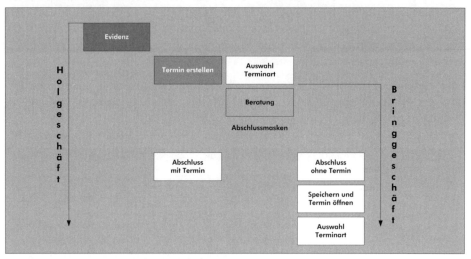

Abbildung 83: Phasen bei Verkaufsschwerpunkten
(Quelle: Österreichischer Genossenschaftsverband)

Abschlüsse

Für die Dokumentation der Verkaufserfolge werden alle Abschlüsse pro Kunde, Mitarbeiter und Termin erfasst. Um auch hier eine einheitliche Vorgehensweise zu gewährleisten, steht vorerst eine entsprechende EDV-Bildschirmmaske für die Eintragung und Erfassung zur Verfügung (siehe Abbildung 84). Zukünftig ist eine automatisierte Erfassung der Abschlüsse vorgesehen.

Wie die Darstellung der Elemente zeigt, bietet das KBS eine effiziente datenbankgestützte Grundlage für den *signalgesteuerten Vertrieb*. Eine weitere Möglichkeit der Generierung und des Sichtbarmachens von Verkaufschancen ermöglicht die *Filterung* des Kundenstammes auf Grund verschiedenster Kriterien (z.B. Auswahl verschiedener Kundenstammdaten oder bestimmter automatisch generierter Attribute). Alle diese Möglichkeiten unterstützen den Vertriebsmitarbeiter bei der Kundenbetreuung und bieten eine spürbare *Arbeitserleichterung* beim aktiven Verkaufen.

Neben dieser (operativen) Unterstützungsfunktion bildet das KBS eine wichtige Datenbasis für das *Vertriebscontrolling*. Den *Führungskräften* im Vertrieb werden jene Informationen zur Verfügung gestellt, die sie für die *Vertriebssteuerung* benötigen.

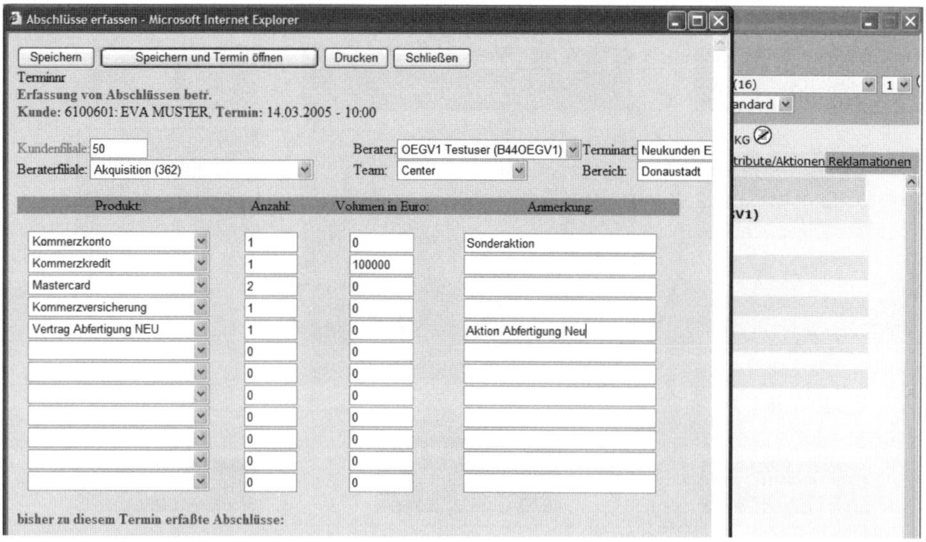

Abbildung 84: Die Erfassung von Abschlüssen
(Quelle: Österreichischer Genossenschaftsverband)

9.2.2 Verkaufscontrolling

Ausgangsbasis ist die Überlegung, dass Vertriebscontrolling nicht nur eine ex post-Betrachtung der Vertriebsaktivitäten darstellt, sondern als ein vernetztes Ganzes mit der geschäftspolitischen Planung zu sehen ist. Dies kommt auch in dem in der Vertriebsphilosophie verankerten Grundsatz

„*Ohne Planung kein Controlling,*
ohne Controlling keine Planung"

deutlich zum Ausdruck.

Die steuernde Funktion des Vertriebscontrollings ergibt sich aus der ureigentlichen Aufgabenstellung, nämlich Stärken und Schwächen der Vertriebsstrategie und des Vertriebsprozesses analytisch herauszuarbeiten, um so auch Anregungen für die zukünftige Vertriebsplanung zu erhalten. Den systematischen Aufbau sowie die Zusammenhänge zwischen den einzelnen Modulen zeigt die Abbildung 85:

In Analogie zu den Planungsfeldern umfasst auch das Controlling drei Bereiche:
- *Markt*
  Marktcontrolling
- *Vertrieb*
  Vertriebscontrolling
- *Markterfolg*
  Marktentwicklungskennzahl

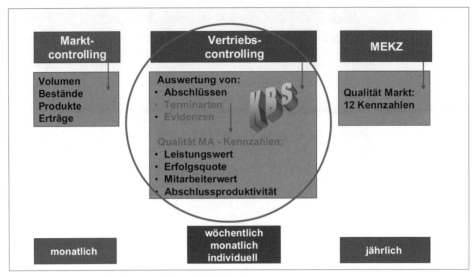

Abbildung 85: Vertriebscontrolling – Teil des Gesamtsystems
(Quelle: Österreichischer Genossenschaftsverband)

„Marktcontrolling"

Dieser Controllingbereich bezieht sich auf die *Bilanzstruktur* der Gesamtbank, in der Volumen, Bestände, Produkte und Dienstleistungserträge dargestellt werden. Diese Auswertungen werden für jede Volksbank quartalsweise erstellt. Daneben enthalten diese Controllingauswertungen *Vergleichskennziffern*, die aus den Werten aller Volksbanken gewonnen werden sowie *Benchmarkwerte* (z.B. Kennzahlen der Volksbanken mit der höchsten Ertragskraft).

„Vertriebscontrolling"

Im Mittelpunkt des Vertriebscontrollings stehen die Messung der Qualität des Verkaufsprozesses sowie die dabei erzielten Verkaufserfolge. Die Basis für diese Auswertungen bildet das *KundenBeraterSystem*. Auf Grund der Daten- und Ergebniserfassung durch die Vertriebsmitarbeiter sind beispielsweise folgende Messungen möglich:
– Auswertungen des signalgesteuerten Vertriebsplanes
  (z.B. Analyse nach Terminarten pro Mitarbeiter; Evidenzauswertungen)
– Verkaufsabschlüsse nach Mitarbeitern/Filialen/Teams/Bereichen
– Verkaufsabschlüsse nach Produktgruppen
– Erfolgsmessungen von Vertriebsaktionen

Um die Vertriebsleistung zu erfassen, ist das Controlling auf die Messung fokussiert, ob und wie gut es den Vertriebsmitarbeitern gelingt, aus kundenbezogenen Evidenzen Termine zu vereinbaren (siehe Abbildung 86). Wie bereits bei der Darstellung des „*Aktivitätencontrolling*" angeführt, ist hier ein kurzfristiger Controllingprozess erforderlich (z.B. mitarbeiterbezogen auf wöchentlicher Basis).

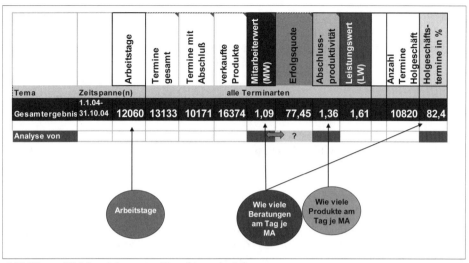

Abbildung 86: Vertriebscontrolling (Ausschnitt)
(Quelle: Österreichischer Genossenschaftsverband)

Das *Ergebniscontrolling* erfolgt auf Gesamtbankebene, auf Ebene der Vertriebsteams oder auf Mitarbeiterbasis und beleuchtet die Verkaufsergebnisse. Die zweite Auswertungsebene geht von den gesamten Terminarten bis hin zur einzelnen Terminart. Dazu werden folgende vier Kennzahlen herangezogen:

$$Mitarbeiterwert = \frac{Anzahl\ Kundentermine}{Arbeitstage}$$

Diese Vertriebskennzahl zeigt, wie viele Kundenkontakte pro Tag und Mitarbeiter stattgefunden haben. Der „*Mitarbeiterwert*" kennzeichnet somit das „*Wollen im Verkauf*".

$$Erfolgsquote = \frac{Kundentermine\ mit\ Abschluss \times 100}{Termine\ gesamt}$$

Die Erfolgsquote gibt Auskunft, bei wie vielen Prozent der Beratungen Verkaufsabschlüsse getätigt wurden. Die „Erfolgsquote" gibt somit Aufschluss über die richtige Auswahl der Zielgruppe sowie über die *Abschlussstärke des Mitarbeiters.*

$$Leistungswert = \frac{Verkaufte\ Produkte}{Termine\ mit\ Abschluss}$$

Diese Kennzahl zeigt an, *wie viele Abschlüsse* pro erfolgreichem Kundenkontakt getätigt wurden. Ein Leistungswert von 1,25 bedeutet beispielsweise, dass bei jedem vierten Abschluss nicht nur ein Produkt, sondern auch eine Zusatzleistung verkauft wurde. Dieser Wert liefert Hinweise auf die verkäuferischen Fähigkeiten eines Vertriebsmitarbeiters und kennzeichnet somit das *„Können im Verkauf"*.

$$Abschlussproduktivität = \frac{\text{Mitarbeiterwert x Erfolgsquote x Leistungswert}}{100}$$

Die Abschlussproduktivität gibt an, wie viele Produkte je Mitarbeiter und Arbeitstag verkauft wurden.

Die „Marktentwicklungskennzahl"

Für die Ermittlung und Bewertung des Markterfolges wurde im Volksbankensektor die so genannte *Marktentwicklungskennzahl (MEKZ)* konzipiert. Ziel war die Schaffung eines Kennzahlensets, das die Informationsgrundlage zur Steuerung der Marktentwicklung der einzelnen Volksbank bildet. Durch das Miteinbeziehen von soziodemographischen Daten ist es nun möglich, den Kundenbestand nicht nur regional darzustellen, sondern diesen auch mit den Bevölkerungsdaten zu vergleichen. Damit ergibt sich eine wertvolle Basis für das *strategische Controlling*.

Erfasst wird der Markterfolg bzw. die *Marktentwicklung* mit folgenden zwölf Kennzahlen:
- Cross Selling-Quote Kommerzkunden
- Cross Selling-Quote Privatkunden
- Kontennutzung
- Wachstum Primäreinlagen
- Wachstum der Kundenausleihungen
- Wachstum des Provisionssaldos
- Anzahl der Kontoeröffnungen
- Kundenanteil Kommerzkunden
- Kundenanteil Privatkunden
- Mitbewerberdichte
- Werbungs- und Schulungsaufwand Vertrieb
- Filial- und Ausstattungsinvestitionen

Die ersten zehn Kennzahlen werden sowohl auf Geschäftsstellenebene als auch auf Gesamtbankebene dargestellt während die letzten beiden Werte nur für das Gesamtinstitut ermittelt werden. Eine Gliederung nach Mitarbeitern bzw. nach Vertriebsteams ist zusätzlich ebenfalls möglich. Im Mittelpunkt der Bewertung stehen nicht so sehr die absoluten Größen, sondern die Trendentwicklung im Zeitvergleich.

Die Analyse der Kundenstrukturen und der zielgruppenspezifischen Produktdurchdringung ermöglichen die Festlegung von *strategischen Schwerpunkten* sowohl bei der Kundenintensivierung als auch bei der Neukundengewinnung. Weiters haben die Institute mit diesen Auswertungen die Möglichkeit, den Beitrag eines einzelnen Standortes (z. B. einer Zweigstelle) zur Gesamtentwicklung der Bank zu analysieren. Ein Beispiel für diesen „*internen Benchmarkvergleich*" zeigt die folgende Abbildung:

Marktentwicklungkennzahl auf Filialebene														2005
Geschäftsstelle	FKZ	CS Kommerz	CS Privat	CS Ko.Nu.	% Wa Pri.	% Wa Dir.Kr.	% Prov.S./GV	Stk. Kto.Erö./MA	KuAnt % KMU 2005	KuAnt % Private 2005	Mit-bewerb	% WeSchu. Aufwand	% Fil.Aus. Investit.	MEKZ	Gewichtete MEKZ
Filiale 1	1	5,50	5,12	5,20	0,00	0,00	4,79	3,17	10,00	10,00	4,24			4,80	5,41
Filiale 2	2	5,15	4,98	5,12	0,00	1,37	8,62	5,18	10,00	10,00	3,18			5,36	5,83
Filiale 3	3	5,28	5,02	6,02	0,00	0,00	2,65	6,25	10,00	10,00	1,06			4,63	5,29
Filiale 4	4	3,61	3,75	0,35	1,15	5,76	4,01	2,45	8,85	10,00	5,00			4,49	4,74
Filiale 5	5	6,07	4,51	8,30	2,10	2,25	4,18	8,63	4,06	2,70	8,48			5,13	4,83
Filiale 6	6	4,22	4,55	6,37	10,00	10,00	7,66	10,00	0,71	0,25	6,36			6,01	5,22
Filiale 7	7	5,99	5,32	5,35	1,10	1,05	2,79	3,78	6,88	7,95	7,42			4,76	5,02
Filiale 8	8	4,33	4,44	4,27	0,22	0,00	3,98	3,35	2,27	3,40	4,24			3,05	3,13
Gesamt		5	5	5	5	5	5	5	5	5	5			5	5

Abbildung 87: Interner Benchmarkvergleich
(Quelle: Österreichischer Genossenschaftsverband)

Mit der Marktentwicklungskennzahl wurde innerhalb des Volksbankensektors eine einheitliche, standardisierte Kommunikationsbasis für die Beurteilung der Markterfolge geschaffen. Das wiederum ist die Grundlage für den *externen Benchmarkvergleich*. Jeder Primärbank ist es somit möglich, ihre eigenen Ergebnisse mit den Durchschnittswerten des Verbundes und der Bundesländer zu vergleichen. Ein Beispiel für die Darstellung der „externen Benchmarks" bietet die Abbildung 88.

MARKTENTWICKLUNGS-KENNZAHL - Volksbanken														2005
BL	Volksbank	CS Kommerz	CS Privat	CS Ko.Nu.	% Wa Pri.	% Wa Dir.Kr.	% Prov.S./GV	Stk. Kto.Erö./MA	KuAnt % KMU 2005	KuAnt % Private 2005	Mit-bewerb	% WeSchu. Aufwand	% Fil.Aus. Investit.	MEKZ	Gewichtete MEKZ
	Volksbank1	4,66	4,70	3,81	7,95	4,55	2,77	5,43	7,48	8,46	2,57	5,55	1,98	4,99	5,34
	Volksbank2	4,77	5,33	3,85	2,55	9,92	4,80	5,22	7,20	6,35	3,08	5,63	7,38	5,51	5,53
	Volksbank3	4,53	5,05	3,78	5,05	10,00	3,88	5,55	8,60	6,43	3,86	5,97	10,00	6,06	5,94
	Volksbank4	4,09	5,01	4,91	4,98	6,68	3,62	3,32	10,00	10,00	2,17	6,56	5,50	5,57	6,01
	Volksbank5	3,99	3,55	4,13	7,77	10,00	4,22	5,34	4,49	4,10	4,82	4,54	4,01	5,08	4,94
Verbund		5	5	5	5	5	5	5	5	5	5	5	5	5	5

Abbildung 88: Externe Benchmarks
(Quelle: Österreichischer Genossenschaftsverband)

Interessant ist in diesem Zusammenhang, dass diese Marktentwicklungskennzahl neben den Kennzahlen zur Risikopolitik und Ertragskraft auch für die Beurteilung der Stärke einer Volksbank herangezogen wird und in den Prozess des Bankenratings mit einfließt.

9.2.3 Vertriebsunterstützung für die Volksbanken

Der Wunsch der Volksbanken nach Unterstützung bei der Optimierung des Vertriebssystems führte im *Österreichischen Genossenschaftsverband* (ÖGV) zum Aufbau der *„Volksbanken-Beratung"*. Diese Beratungseinheit hat sich zum Ziel gesetzt, das ÖGV-Leitbild durch ihre Beratungstätigkeit in den Primärbanken umzusetzen und damit „die Volksbanken auf ihrem Weg zu einer modernen schlagkräftigen vertriebsorientierten Bank zu unterstützen".[54]

Generelles Ziel der „Volksbanken-Beratung" ist die Unterstützung der Primärbanken bei der Verbesserung

- der Markt- und Kundenorientierung
- der Betreuungsqualität und
- der Produktivität.

Gemeinsam mit den Banken werden daher die Grundlagen für ein Konzept zur konsequenten Ausrichtung des Vertriebes erarbeitet. Um den gestiegenen Anforderungen am Markt gerecht zu werden, unterstützt die „Volksbanken-Beratung" die Institute bei der Implementierung einer strategisch ausgerichteten und operativ schlagkräftigen *Vertriebsstruktur*. Gleichzeitig gilt es, den gesamten *Vertriebsprozess* zu optimieren, wobei der strategischen *Planung* sowie einem effizienten *Vertriebscontrolling* ein besonderer Stellenwert zukommt. Die Schaffung eines geschlossenen Vertriebssystems sowie die Feinabstimmung aller Vertriebselemente sollen nicht nur erfolgreiche Kundennähe bringen, sondern auch entsprechende Wettbewerbsvorteile schaffen.

Um diese Ziele zu erreichen werden von der „Volksbanken-Beratung" des Österreichischen Genossenschaftsverbandes unter anderem folgende Unterstützungsmaßnahmen angeboten:

- Unternehmensanalyse
  (z. B. Analyse der Ertrags- und Verlustquellen)
- Marktanalyse
  (z. B. Marktpotenzial, Marktanteil)
- Zielfindungsprozess
  (z. B. Banksteuerungskonzept, Verbundplan, Jahresplan)
- Funktionszuteilungen im Rahmen der Vertriebsorganisation
- Durchführung von Vertriebsmitarbeiter-bezogenen Kapazitätsanalysen
- Überarbeitung der Kundensegmentierung nach sektoreinheitlichen Kriterien
- Eindeutige Kundenzuordnung der Vertriebsmitarbeiter
- Unterstützung bei der Einführung und Anwendung des KundenBeraterSystems (KBS)
- Auswahl der Schlüsselsignale für den signalgesteuerten Vertriebsplan
- Erarbeitung von zielgruppenstrategiebezogenen Beratungsansätzen
- Vertriebscontrolling
  (z. B. Jahrescontrolling, Verkaufscontrolling)

Die „Volksbanken-Beratung" hat die wichtigsten Elemente der Vertriebskonzeption in einzelnen Workshopmodulen zusammengestellt, die den Volksbanken angeboten werden. Wichtige Beiträge zur Umsetzung der Marktoffensive sind auch die Entwicklung von *Benchmarks* sowie die Entwicklung der *Marktentwicklungskennzahl*.

Zusammengefasst ergibt sich der in Abbildung 89 dargestellte Überblick über die Beratungsleistungen.

Abbildung 89: Unterstützungsbereiche der „Volksbanken-Beratung" des ÖGV
(Quelle: Österreichischer Genossenschaftsverband)

9.3 Das System „Vertriebsdimensionen" der Raiffeisenlandesbank Niederösterreich-Wien AG

Im österreichischen Raiffeisensektor bestehen mehrere Rechenzentren. Daraus leiten sich auch unterschiedliche Systeme der IT-Unterstützung im Vertrieb ab, für die die Bezeichnungen „Marketingmanager"[55], „ElVIS" und „VerDi" verwendet werden.

Von diesen Anwendungen soll hier das System „VerDi" („Vertriebsdimensionen") überblicksartig dargestellt werden, das in der Raiffeisenlandesbank Niederösterreich-Wien zum Einsatz kommt. Diese Genossenschaftsbank erfüllt zwei Funktionen: Für das Bundesland Niederösterreich fungiert sie als Landesbank, wo den Primärbanken auch eine eigene Abteilung für die Vertriebsunterstützung zur Verfügung steht. In Wien tritt das Institut als Universalbank auf, wobei das Vertriebsnetz rund 50 Filialen umfasst.

Die Organisationsstruktur der Bank spiegelt die Zielgruppenorientierung wider: So bilden die „Privat- und Gewerbekunden" einerseits und die Kommerzkunden andererseits eine eigene Geschäftsgruppe und sind jeweils einem Vorstandsmitglied zugeordnet. Dabei umfasst das Segment der *Kommerzkunden* alle Unternehmen, die einen Jahresumsatz von mehr als vier Millionen Euro aufweisen. Diese Firmen werden von der Zentrale in Wien aus betreut. Zum Segment „*Handel und Gewerbe*" zählen Unternehmen mit einem Kreditvolumen von mehr als EUR 100.000 und einem Jahresumsatz von ein bis rund vier Millionen Euro. Die Betreuung dieser Kunden erfolgt von eigenen Betreuungs-Centern aus. Die Ergebnis- und Vertriebsverantwortung liegt bei der „*Stadtdirektion Handel- und Gewerbekunden*". Für die Vertriebssteuerung und Vertriebsunterstützung wird seit Anfang 2005 das Kundeninformationssystem „VerDi" verwendet.

9.3.1 Bausteine des Systems „Vertriebsdimensionen"

Der Terminus „VerDi" signalisiert die unterschiedlichen in diesem Vertriebsunterstützungs-Tool abgebildeten Dimensionen. Gespeist werden die Programmbestände einerseits durch das „*KundenManagementSystem*" (KMS) und andererseits durch die „*ManagementErfolgsRechnung*" (MER). Das KMS bildet damit die Informationsbasis, auf der alle weiterführenden Programme aufbauen. In dieser Datenbank sind die wichtigsten Stammdaten der Gewerbekunden wie Firmenwortlaut, Rechtsform, Adresse usw. gespeichert. Bei der MER handelt es sich im Wesentlichen um eine Datenbank, in der die Bruttoergebnisse bzw. Deckungsbeiträge auf verschiedenen Auswertungsebenen (z. B. Produkt-, Kunden-, Betreuer-, Team-, Gesamtbankebene) erfasst werden.

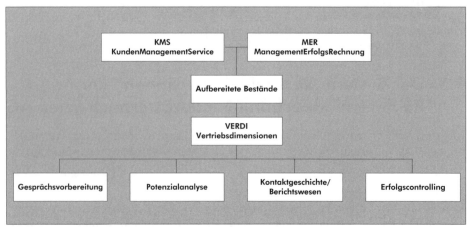

Abbildung 90: Bausteine des Vertriebsinformationssystems VerDi
(Quelle: Raiffeisenlandesbank Niederösterreich-Wien AG)

Die in VerDi aufbereiteten Datenbestände bilden die zentrale Informationsgrundlage für die Unterstützung des Vertriebsprozesses. Über ein auf vier Säulen basierendes System können die Kundenbetreuer
- die Kundenansprache planen und vorbereiten
  (*„Gesprächsvorbereitung"*)
- bestehende Produktnutzungen eines Kunden sowie künftige Potenzialnutzungen erheben und festsetzen
  (*„Potenzialanalyse"*)
- Kundenkontakte einheitlich abrufen, erfassen und bearbeiten
  (*„Berichtswesen/Kontakthistorie"*)
- Beratungserfolge, Kampagnenabschlüsse u. a. erfassen und auswerten
  (*„Erfolgscontrolling"*)

Einen zusammenfassenden Überblick über das Vertriebsinformationssystem bietet die Abbildung 90.

9.3.2 Beispiele für die Unterstützung des Vertriebsprozesses

Gesprächsvorbereitung

Zu Vorbereitung der Kundengespräche erhält der Kundenbetreuer durch das System Hinweise auf folgende vertriebsrelevante Fragestellungen:
- Mit welchen Produktgruppen werden bei den Gewerbekunden welche Deckungsbeiträge erwirtschaftet?
- Wie haben sich die Deckungsbeiträge im Zeitvergleich entwickelt?
- Welche Produktbereiche sollen aktiv angesprochen werden?

Ein Beispiel für die bei der Gesprächsvorbereitung verwendete Übersicht zeigt die folgende Abbildung:

Abbildung 91: Übersicht für die Gesprächsvorbereitung
(Quelle: Raiffeisenlandesbank Niederösterreich-Wien AG)

Potenzialanalyse

Für die Prioritätensetzung bei der Kundenintensivierung sowie für eine systematische Vorgehensweise bei der Potenzialanalyse werden die bestehenden Handel- und Gewerbe-Kunden nach den Kriterien „Deckungsbeitrag" und „Produktnutzung" in folgende vier Betreuungskategorien eingeteilt:

A – Topkunde

B – Potenzialkunde

C – Haltekunde

D – Beobachtungs-, Abbaukunde

Dabei erfolgt die Kundensegmentierung je nach Deckungsbeitragsgewichtung, dem Grad der Produktnutzung („*IST-Nutzung*") in den definierten Kernbedarfsfeldern und den künftigen zusätzlichen Potenzialen in diesen Bedarfsfeldern (= „*SOLL-Nutzung*").

Für die Zielgruppe der Handel- und Gewerbe-Kunden wurden folgende zwölf Produktnutzungs- bzw. Kernbedarfsfelder definiert:

- Giro
- IZV
- AZV
- Barkredite
- Geförderte Kredite
- Haftungskredite
- Auslandsfinanzierung
- Termin/Sichteinlagen
- Treasury/Spar
- Wertpapiere
- Dokumentengeschäft
- Sonstige Dienstleistungen

Die von den Kundenbedürfnissen abgeleiteten Potenziale, d. h. das *SOLL-Produktnutzungsprofil*, ergeben sich aus

- dem Bilanzgespräch (zusätzlich: „Ratingdialog")
- dem jährlichen, umfassenden Unternehmerberatergespräch („Intensivierungsgespräch") und
- dem Branchenvergleich: Produktnutzungsgrad.

Die dabei ermittelten Kundenpotenziale bilden die Grundlage für die Betreuungsstrategien, d. h. die Festlegung der Betreuungsintensitäten, Kontakthäufigkeiten sowie verschiedener CRM-Aktivitäten. Generelle Zielsetzung ist die aktive, eigeninitiative Kundengesprächssteuerung sowie Vertriebsaktivitätenplanung durch den Kundenbetreuer. Abbildung 92 zeigt einen Ausschnitt aus den Informationsgrundlagen für die Potenzialanalyse, inklusive den IST-SOLL-Einstufungskriterien.

Berichtswesen

Sowohl für das Tagesgeschäft im Rahmen der aktiven Marktbearbeitung als auch für die Aktivitätensteuerung spielt die *Dokumentation der Kundenkontakte* eine wesentliche Rolle. Dazu bietet VerDi die Möglichkeit, die verschiedenen Kontakte mit den Handels- und Gewerbekunden mit einem einheitlichen Berichtswesen zu erfassen.

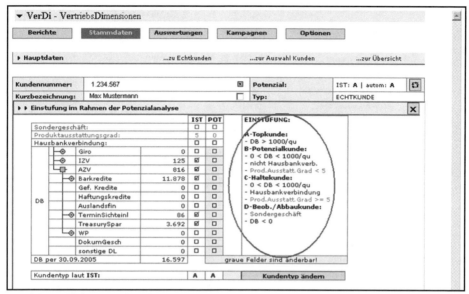

Abbildung 92: Potenzialanalyse – Einstufung
(Quelle: Raiffeisenlandesbank Niederösterreich-Wien AG)

Dabei werden die Kundenkontakte nach folgenden Kriterien dokumentiert:
– Art des Kundenkontaktes
– Ort und Zeitpunkt des Kontakts
– Gesprächszweck und -inhalt
– Gesprächsergebnis und -maßnahmen

In Abbildung 93 findet sich ein Beispiel für den Aufbau eines Besuchsberichtes in VerDi.

Erfolgscontrolling

Neben der Gesprächsvorbereitung, Potenzialeinstufung und Dokumentation der Kontakte ist es für die Vertriebssteuerung wichtig, die Ergebnisse von Kundengesprächen, Vertriebsaktivitäten und Kampagnen zu erfassen. Dies ist die Grundlage dafür, um die Vertriebsproduktivität der Kundenbetreuer taggenau zu messen. In VerDi werden daher Vertriebserfolge der Kundenbetreuer auf Kunden- und Produktebene in einer „Bewegungsbilanz" abgebildet.

Abbildung 94 („VerDi-Bewegungsbilanz") zeigt beispielhaft die Deckungsbeitragsentwicklung für die zwölf definierten Handel- und Gewerbe-Kernbedarfsfelder.

▶ Berichte	...zu Echtkunden	...zur Auswahl Kunden	...zur Üb
▶▶ Besuchsberichtsarchiv	Detailansicht zu Bericht 1655		

Kunde	KMS-Nr / Name:	1.234.567 / Max Mustermann			
	KMS-Branche:	601 / GAST-, SCHANKBETRIEBE			
	KMS-Adresse/Straße:				
	KMS-Adresse/Ort:	1070 WIEN			
	KMS-Adresse/Land:				
Besuch	Datum / Uhrzeit:	2005-03-04 / 09:00:00			
	Art:	persönliches Gespräch			
	Ort:	WKBG			
Vorbereit.	DB / CS per 31.12.2004:	2.464 € / IST: 33,3 % (SOLL: 8,3 %)			
	Produktgruppe	IST/ZIEL	31.12.2003	31.12.2003	31.12.2004
	Giro:	☑ / ☐	-63	-63	-3
	IZV:	☑ / ☐	58	58	109
	AZV:	☐ / ☐	8	8	0
	Barkredite:	☑ / ☑	2.717	2.717	2.298
	Gef. Kredite:	☐ / ☐	0	0	0
	Haftungskredite:	☐ / ☐	0	0	0
	Auslandsfin.:	☐ / ☐	0	0	0
	Termin/Sichteinl.:	☐ / ☐	0	0	0
	Treasury/Spar:	☐ / ☐	0	0	0

Themen	Anzahl:	3 Themen vorhanden
		1. Investitionsvorhaben für das 2. HJ besprechen (Thema:Bar-Investkredite und geförderte Finanzierungsmöglichkeiten)
		2. Zins- und Währungsabsicherungsmöglichkeiten für bestehende Kreditlinien und angekündigten Neufinanzierungsbedarf besprechen und anbieten
		3. Zahlungsströme (=IZV) von bisheriger Hausbank zu uns verlagern: Besprechen und Anbot stellen
Bericht	Anzahl Worte / Zeichen:	97 Worte / 931 Zeichen

Investitionsvorhaben hinsichtlich Firmenstandorterweiterung um rd. € 0,5 mio besprochen, KV + Pläne+Baubewilligungsbescheid übergeben.

To Do: FIN-Offertübermittlung bis 10.8., beinhaltend AK per € 0,4 mio (=abzgl. EM) ausnutzbar in EUR+CHF. Gesamtlaufzeit 10J., hyp.Besicherung am Pfandobj.=Unt.Standort

Gleichzeitig EUR Var.+Fixzinsoffert auf 5+7J alternativ anbieten, sowie in CHF-Kurs+Währungsabsicherungsmöglichkeiten.

Bei Ausfinanzierung durch RLB wie vorbesprochen in KV Passus aufnehmen , dass "wir vereinbarungsgemäss davon ausgehen dürfen, dass ein wesentlicher Teil des Zahlungsverkehres über die bei RLB geführten Konten" getätigt wird.

Weiters (+bei o.a. Termin noch nicht besprochen): ManagerUnfallversicherung in Anbot berücksichtigen und beim nächsten Termin aktiv ansprechen.

Abbildung 93: Beispiel für einen Besuchsbericht in VerDi
(Quelle: Raiffeisenlandesbank Niederösterreich-Wien AG)

Deckungsbeitrag per:	2004-12-31	2005-03-31	2005-06-30	2005-09-30
Giro	0	0	0	0
IZV	66	103	114	125
AZV	870	452	632	816
Barkredite	48.840	4.011	8.158	11.878
Geförderte Kredite	0	0	0	0
Haftungskredite	0	0	0	0
Auslandsfinanzierungen	0	0	0	0
Termin/Sichteinlagen	38	28	57	86
Treasury	9.437	3.692	3.692	3.692
WP	0	0	0	0
Dokumentengeschäft	0	0	0	0
Sonstige Dienstleistungen	0	0	0	0
Summe	59.251	8.286	12.653	16.597

Abbildung 94: Kunden-DB-Rechnung auf Produktebene (Zeitvergleich)
(Quelle: Raiffeisenlandesbank Niederösterreich-Wien AG)

9.3.3 Vertriebssteuerung

Neben der direkten Unterstützung des Verkaufsprozesses bietet VerDi auch für das Vertriebsmanagement vielfältige Auswertungsmöglichkeiten. So ist es für die Führungskräfte im Vertrieb beispielsweise von Interesse rasch einen Überblick über das Kundenportefeuille auf Gesamtbank-, Team- oder Betreuerebene zu erhalten.

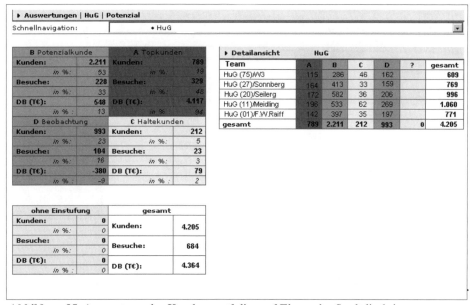

Abbildung 95: Auswertung des Kundenportfolios auf Ebene der Stadtdirektion
(Quelle: Raiffeisenlandesbank Niederösterreich-Wien AG)

Dazu bietet VerDi folgende Informationen für die Vertriebssteuerung:
- Überblick über die Kundenstruktur des Geschäftsfeldes Handel und Gewebe (Verteilung auf die Kundensegmente)
- Übersicht über die Kundenstruktur in den Betreuungs-Center
- Kontakthäufigkeit (Kundenbesuche) pro Kundensegment

Ein Beispiel für das Auswertungs-Tool auf *Ebene der Stadtdirektion* zeigt Abbildung 95. Auch den *Kundenbetreuern* bietet das System die Möglichkeit, den eigenen Kundenbestand nach verschiedenen Kriterien (z. B. Kundenreihung nach DB, Kundenselektion für Veranstaltungen und Kampagnen) auszuwerten.

Kampagnenmanagement

Neben der Dokumentation und Auswertung der Kundenkontakte bildet VerDi auch die Informationsgrundlage für das *Kampagnenmanagement*. Hier geht es beispielsweise um die Erfassung der für eine Kampagne im Gewerbekundengeschäft relevanten Strukturdaten sowie um qualitative Informationen wie Interessen und Hobbys des Kunden usw.

Die bei einer Verkaufsaktion (z. B. Finanzierungsschwerpunkt „RLB-Grätzelmillion") erzielten Verkaufsergebnisse werden unter der Lasche *„Auswertungen"* im Untermenü *„Besuche und Abschlüsse je Kampagne"* erfasst. Die vertriebsverantwortlichen Führungskräfte erhalten damit einen Überblick aus wie vielen Kundengesprächen im Rahmen einer Kampagne wie viele Abschlüsse getätigt wurden (siehe Abbildung 96).

Deckungsbeitrag per:	2004-12-31	2005-03-31	2005-06-30	2005-09-30
Giro	0	0	0	0
IZV	66	103	114	125
AZV	870	452	632	816
Barkredite	48.840	4.011	8.158	11.878
Geförderte Kredite	0	0	0	0
Haftungskredite	0	0	0	0
Auslandsfinanzierungen	0	0	0	0
Termin/Sichteinlagen	38	28	57	86
Treasury	9.437	3.692	3.692	3.692
WP	0	0	0	0
Dokumentengeschäft	0	0	0	0
Sonstige Dienstleistungen	0	0	0	0
Summe	**59.251**	**8.286**	**12.653**	**16.597**

Abbildung 96: Auswertungen für das Kampagnenmanagement
(Quelle: Raiffeisenlandesbank Niederösterreich-Wien AG)

Ergebniscontrolling: Vertriebskennzahlen

Wie bereits hervorgehoben bildet die *ManagementErfolgsRechnung* eine wichtige Grundlage für das Vertriebscontrolling. Dieses Tool liefert den für das Handel- und Gewerbe-Kundengeschäft-Verantwortlichen die erforderliche Datenbasis, um die in Abbildung 97 dargestellten Zielvorstellungen hinsichtlich der Stärkung der Vertriebskraft zu unterstützen.

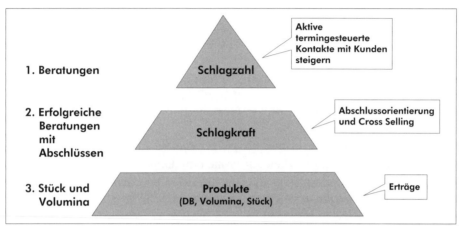

Abbildung 97: Zielsystematik für das Vertriebscontrolling
(Quelle: Raiffeisenlandesbank Niederösterreich-Wien AG)

Ausgehend von der Gesamtzahl aller Verkaufssignale, die dem Betreuer entweder aus dem direkten Kundenkontakt oder aus diversen zentralen Auswertungen zur Verfügung stehen, werden die aktiven Ansprachen der Kunden ausgewertet. In diesem Zusammenhang werden diverse Vertriebskennzahlen wie *„Erfolgsquote"*, *„Mitarbeiterwert"* und *„Leistungswert"* berechnet.

Anmerkungen

1 Vgl. *Kirmße/Madritsch:* Europäische Bankenstudie 2004, S. 602
2 Zur Charakterisierung der Vertriebssteuerung vgl. *Recht/Holm:* Grundelemente der Vertriebssteuerung, S. 136; *Angenendt:* Aktivitäten- und Vertriebscontrolling, S. 304; *Krauß:* Veränderungsprozesse im Firmenkundengeschäft, S. 234; *Trost:* Erfolgsfaktor Vertriebssteuerung, S. 9
3 *Bleckmann/Bruno:* Vertriebssteuerung und Kampagnenmanagement, S. 306
4 Zum integrierten Ansatz der Vertriebssteuerung vgl. *Trost:* Erfolgsfaktor Vertriebssteuerung, S. 9 f.; *Keser/Pankrath/Marker:* Realtime-Controllingsystem, S. 166 f.
5 *Kaiser/Kehr:* Ziele setzen, S. 31; *Oechsler:* Zielführend, S. 36; *Ronzal:* Ziele, S. 17
6 Hinsichtlich der Anforderungen an Zielformulierungen vgl. *Singer/Schlemminger:* Führen mit Zielen, S. 465; *Schlüter:* Zielvereinbarungen, S. 41; *Sonntag:* Zielvereinbarungen, S. 47; *Spreiter:* Gemeinsame Ziele, S. 76; *Göttens:* Effiziente Steuerung, S. 39
7 Zu qualitativen Zielen vgl. beispielsweise *Schlüter:* Zielvereinbarungen, S. 43
8 Vgl. *Schmoll:* Qualitative Ziele für Firmenkundenbetreuer, S. 55
9 Zur Aktivitätensteuerung vgl. die Ausführungen bei *Rehberg:* Vertriebssteuerung, S. 10; *Beike/Lüders:* Aktivitätensteuerung, S. 39
10 Vgl. *Beike/Lüders:* a.a.O., S. 40
11 Vgl. *Winkelmann:* Vertriebskonzeption, S. 308
12 Hinsichtlich der Kundenkontakte und Kundengespräche pro Woche vgl. *Schäper u. a.:* Erfolgreiches Controlling von Beratung und Vertrieb, S. 270; *German:* Mehr Ertrag im Vertrieb, S. 17; *Richter/Sterk:* Vertriebsakivierung, S. 37
13 Zum „mobilen Kundenbetreuer" vgl. *Göbel:* Der mobile Vertrieb, S. 82 f.
14 Hinsichtlich der Tourenplanung vgl. *Winkelmann:* Vertriebskonzeption, S. 317
15 Bezüglich des Einsatzes von „To do-Listen" im Vertrieb vgl. *Bleckmann/Bruno:* Vertriebssteuerung, S. 306; *Benölken:* Strategien für das Firmenkundengeschäft, S. 154
16 *Heinke/Hentrich:* Ergebnisinformationssystem, S. 273; zur Charakteristik des Bankcontrolling vgl. die Ausführungen bei *König/Quart:* Die Rolle des Bankcontrollers, S. 70 f.; *Ringel:* Controllingorganisation, S. 21
17 Vgl. *Löcker/Mennenga:* Vertriebscontrolling, S. 28
18 Zur Charakteristik des Vertriebscontrolling vgl. *Pufahl:* Vertriebscontrolling, S. 15 sowie S. 166; *Trost:* Vertriebssteuerung, S. 10
19 In Anlehnung an den Vortrag von *Christian Polenz* über „Erfolgsfaktoren im Filialvertrieb am Beispiel easyCRedit" beim Management-Symposium „Vertrieb" der Akademie Bayerischer Genossenschaften am 14. Juli 2004 in München
20 *Benölken:* Strategien für das Firmenkundengeschäft, S. 156; *Keser/Pankrath/Marker:* Realtime-Controllingsystem, S. 166

21 Zum BVR-Kennzahlensystem vgl. *Lehmann:* Entwicklung nachvollziehbar machen, S. 32 f.; *Weigel:* Erhöhte Markttransparenz, S. 54
22 Zum Aktivitätencontrolling vgl die Ausführungen bei *Angenendt:* Aktivitäten- und Vertriebscontrolling, S. 304 *Benölken:* Firmenkunden-Strategien, S. 154 f.; *Richter/Sterk:* Vertriebsaktivierung, S. 39; *Trost:* Vertriebssteuerung, S. 10; *Bleckmann/Bruno:* Vertriebssteuerung, S. 307
23 *Bleckmann/Bruno:* Vertriebssteuerung, S. 307
24 Vgl. *Macke:* Vertriebskultur, S. 35
25 Vgl. dazu *Trost:* Vertriebssteuerung, S. 10; *Macke:* Vertriebskultur, S. 34; *Richter/Sterk:* Vertriebsaktivierung, S. 38
26 Vgl. *Heinke/Hentrich:* Ergebnisinformationssystem, S. 272
27 ebenda, S. 274 f.
28 Vgl. *Schuster:* Softwarelösungen für das Bankcontrolling, S. 152;
29 Vgl. *Flesch/Kutscher/Lichtenberg:* Unternehmenssteuerung, S. 713; zur Profit Center-Konzeption vgl. *Meyer zu Selhausen:* Profit-Center-Rechnung, S. 317
30 Vgl. *Krauß:* Veränderungsprozesse im Firmenkundengeschäft, S. 235
31 Hinsichtlich der Marktzinsmethode vgl. *Schierenbeck/Hölscher:* Die Marktzinsmethode, S. 224 ff.
32 Zur Vorkalkulation vgl. *Brunner:* Eckwertplanung, S. 526; *Pleister:* Controllingprozesse, S. 216
33 Zur Bestimmung der Break-even-Kondition vgl. *Schüller:* Stückkostenkalkulation, S. 310
34 Vgl. *Heinke/Hentrich:* Ergebnisinformationssystem, S. 277
35 Zur Einzelgeschäftskalkulation vgl. *Meyer zu Selhausen:* Interne Leistungsverrechnung, S. 324; *Flesch/Kutscher/Lichtenberg:* Barwertkonzept, S. 708
36 Vgl. *Schierenbeck/Wiedemann:* Das Treasury-Konzept der Marktzinsmethode, S. 242
37 *Baumgart:* Kundengeschäftssteuerung, S. 35; *Weiler:* Umsetzung der VR-Control-Module, S. 28
38 Zur Online-Vorkalkulation vgl. beispielsweise *Heinke/Hentrich:* Ergebnisinformationssystem, S. 276 f.
39 Vgl. *Flesch/Kutscher/Lichtenberg:* Barwertkonzept, S. 707
40 Vgl. *Meyer zu Selhausen:* Profit-Center-Rechnung, S. 317
41 Vgl. *Löcker/Mennenga:* Vertriebscontrolling, S. 30
42 *Flechsig:* Vertriebssteuerung, S. 114
43 Vgl *Keser/Pankrath/Marker:* Realtime-Controllingsystem, S. 166 *Möller* u. a.: In einem Zug (Vertriebsaktivierung), S. 16; *Löcker/Mennenga:* Erst der Kunden, S. 29
44 Vgl. *Krauß:* Veränderungsprozesse im Firmenkundengeschäft, S. 234
45 Vgl. *Trost:* Erfolgsfaktor Vertriebssteuerung, S. 11
46 Vgl. *Krauß:* Veränderungsprozesse im Firmenkundengeschäft, Anhang Nr. 28
47 Vgl. *Schuster:* Softwarelösungen für das Bankcontrolling, S. 156

48 Vgl. *Rehberg:* Vertriebssteuerung (Die Mischung machts), S. 12; *Flesch/Kutscher/Lichtenberg:* Das Barwertkonzept in der Unternehmenssteuerung, S. 705
49 Vgl. *Kauermann:* Kennzahlenorientierte Produktivitätsanalyse, S. 614
50 Vgl. hierzu die Beispiele bei *Happe:* Vertriebssteuerung mit der Balanced Scorecard, S. 106 f.
51 Vgl. *Rehberg:* Vertriebssteuerung (Die Mischung machts), S. 13
52 Zum Prinzip der Kundenpartnerschaft vgl. *Layr/Dahlen:* Gelebte Kundenpartnerschaft, S. 58; *Borns:* Kunden-Rating, S. 162
53 Vgl. *Kalab/Moser:* Grundsätze der Vertriebsstrategie, S. 7
54 ebenda, S. 10
55 Vgl. *Waltle/Hopfner:* Vertriebssteuerung in einem dezentralen Bankensektor, S. 296 f.

V

Vertriebsprozess

*„Marktführer wissen,
was ihre Kunden wollen,
bevor diese es selbst wissen."*
(Gary Hamel)

1. Den Vertriebsprozess optimieren
2. Die neun Schritte im Vertriebsprozess
   2.1 Intensivierungsziele
   2.2 Auswahl der Intensivierungskunden
   2.3 Kontaktaufnahme: Die Initiative ergreifen
   2.4 Gesprächsvorbereitung
   2.5 Gezielte Suche von Verkaufsideen: Bedürfnis- und Potenzialanalyse
   2.6 Das kundenorientierte Beratungs- und Verkaufsgespräch
   2.7 Konsequente Gesprächsdokumentation
   2.8 Nachbetreuung: After Sales-Service
   2.9 Vertriebscontrolling
3. Strukturierte Beratungshilfen
   3.1 „Business Check"
   3.2 Verkaufssystem „BBS"
   3.3 „Unternehmer*Dialog*"
   3.4 VR-FinanzPlan Mittelstand
4. Rating im Vertrieb
   4.1 Rating – Basis für eine neue Qualität der Kundenbeziehung
   4.2 Ratingberatung als Bankdienstleistung
   4.3 Ratinggespräch
   4.4 Rating – Chance für Cross Selling
5. Das Akquisitionskonzept
   5.1 Elemente des Akquisitionssystems
   5.2 Systematische Vorgehensweise in der Akquisition
   5.3 Akquisitionsplanung
   5.4 Akquisitionsdatenbank

1. Den Vertriebsprozess optimieren

Eine wesentliche Voraussetzung für einen langfristigen Erfolg im Firmenkundengeschäft ist eine Vertriebsstrategie, mit der es gelingt, Verkaufspotenziale systematisch zu nutzen und zukünftige Bedarfsfelder frühzeitig zu erkennen. Diese Herausforderungen können nur mit adäquaten Prozessen im Vertrieb gemeistert werden.

> Der Schlüssel zum Erfolg ist somit ein ganzheitlicher und strukturierter Vertriebsprozess.

Der *Vertriebsprozess* beschreibt die einzelnen Phasen von der Zielfindung bis zum Controlling der Vertriebsmaßnahmen. Die Qualität dieses vertrieblichen Vorgehens ist ein wesentlicher Einflussfaktor für die Steigerung der Vertriebskraft, d.h. es ist entscheidend, *wie* die Planung und Umsetzung der einzelnen Schritte erfolgt. Dafür ist es vielfach erforderlich, den Vertriebsprozess im Firmenkundengeschäft kritisch zu hinterfragen und gegebenenfalls neu auszurichten.

Mit der Entwicklung und laufenden Überprüfung von Qualitätsstandards für den Vertriebsprozess werden somit folgende *Ziele* angestrebt:
▶ Ganzheitliche Betreuung und bedarfsorientierte Beratung
▶ Die Kundenbindung festigen
▶ Gegenwärtige und zukünftige Geschäftspotenziale systematisch aufspüren
▶ Die Cross Selling-Quote konsequent steigern
▶ Die Vertriebskraft spürbar erhöhen
um damit schließlich

> die Erträge im Firmenkundengeschäft zu steigern.

Diese Überlegungen machen deutlich, dass die *Optimierung des Vertriebsprozesses* eine zentrale Aufgabe des Vertriebsmanagements darstellt. Dabei ist für den Erfolg wesentlich, dass die Vertriebsprozesse „systematisch", „einheitlich" und „konsequent" geplant und durchgeführt werden.[1]

„Systematisch"

Die Grundlage für eine zielorientierte Marktbearbeitung ist ein Vertriebsprozess, der durch einen methodisch geordneten und strukturierten Ablauf gekennzeichnet ist. Mit klar definierten und aufeinander abgestimmten Schritten soll eine systematische Vorgehensweise sichergestellt werden. Sämtliche Vertriebsaktivitäten vom Erkennen der Kundenbedürfnisse bis hin zum tatsächlichen Geschäftsabschluss werden umso erfolgreicher verlaufen, je mehr diese Prozesskette lückenlos geschlossen ist.

„Einheitlich"

Das Ablaufschema aller Verkaufsmaßnahmen ist in der Grundkonzeption gleich, wodurch der Konzeptionsaufwand reduziert wird. Das ist auch im Hinblick auf das Ressourcenmanagement von Bedeutung, denn die Firmenkundenbetreuer müssen sich bei einer Verkaufsaktion nicht ständig mit neuen Abläufen auseinander setzen. Vielmehr können sie sich auf die Potenzialausschöpfung und Geschäftsintensivierung konzentrieren.

Gleichartige Vertriebsprozesse erleichtern schließlich auch den *Erfahrungsaustausch* zwischen den Kundenbetreuern. Insgesamt ergibt sich durch die Einheitlichkeit und Gleichartigkeit des Vertriebsprozesses ein positiver Lernkurveneffekt.

„Konsequent"

Eine in der Praxis immer wieder zu beobachtende Schwachstelle im Vertrieb ist die mangelnde Konsequenz bei der Umsetzung von Vertriebskonzepten. Die konsequente Umsetzung der in der Bank erarbeiteten Verkaufsstrategien ist allerdings eine wesentliche Maxime, um am Markt entsprechende Erfolge zu realisieren.

Die *Verbindlichkeit* bei der Realisierung der Vertriebskonzepte ergibt sich bereits aus den Zielsetzungen für das Firmenkundengeschäft, aus denen sich die Ziele für die einzelnen Firmenkundenbetreuer ableiten (vgl. hierzu die Ausführungen in Kapitel II). Die Einforderung der Umsetzung von vereinbarten Maßnahmen ist daher in der Kommunikation zwischen Führungskräften und ihren Vertriebsmitarbeitern eine permanente Herausforderung. Erst ein strukturierter Vertriebsprozess bietet für die Vertriebsmanager die Grundlage für die *Aktivitätensteuerung* und das *Aktivitätencontrolling.*

Mit der hier dargestellten Konzeption soll keinesfalls einem starren Formalismus das Wort geredet werden. Gerade beim Verkaufen kommt die Individualität jedes einzelnen Vertriebsmitarbeiters zum Tragen. Die Gestaltung des Vertriebsprozesses nach bestimmten Grundsätzen soll vielmehr eine *Orientierungshilfe* bieten, um die Arbeit im Vertrieb effizienter und erfolgreicher zu bewerkstelligen.

Darüber hinaus muss man in diesem Zusammenhang auch die Unterschiede der Kundensegmente beachten: Im *Firmenkundensegment* (zu dem eher größere Unternehmen zählen) werden die Kundenbetreuer überwiegend mit kundenbezogenen Einzelstrategien agieren. Die Planung, die die Basis für die Erarbeitung von individuellen Vertriebsmaßnahmen bildet, erfolgt auf Ebene des einzelnen Kunden (bzw. Kundenverbundes). Die Vertriebsaktivitäten werden durch den Kundenbetreuer initiiert – der Einsatz von Vertriebskampagnen hat hier eine eher geringe Bedeutung.

Im Segment der *Gewerbe- und Geschäftskunden* ist dem Kundenbetreuer üblicherweise eine größere Anzahl von Kunden zugeordnet, sodass es in der Regel nicht möglich ist, für jeden Kundenverbund eine individuelle Planung zu erstellen.

Unabhängig vom Kundensegment spielt bei allen Vertriebsaktivitäten die IT-mäßige Unterstützung eine wesentliche Rolle. Erst durch entsprechende EDV-Tools wird es möglich, den Vertriebsprozess *in effizienter Form* zu realisieren. Bei den im folgenden Abschnitt beschriebenen Schritten des Verkaufsprozesses werden daher jeweils Beispiele für EDV-Instrumente dargestellt.

2. Die neun Schritte im Vertriebsprozess

Vereinfacht formuliert ist ein strukturierter Vertriebsprozess durch die Phasen „Zielsetzung" – „Maßnahmenentwicklung" – „Maßnahmenrealisierung" charakterisiert und setzt sich insgesamt aus neun Schritten zusammen, die in der folgenden Abbildung dargestellt sind.

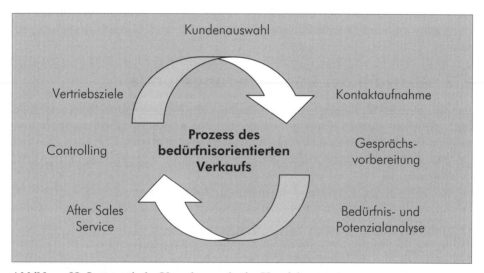

Abbildung 98: Systematische Vorgehensweise im Vertriebsprozess

2.1 Intensivierungsziele

Ausgangspunkt einer systematischen Vorgehensweise bei der Geschäftsintensivierung ist die Festlegung von *Intensivierungszielen* für einen bestimmten Planungszeitraum. Es gilt eine möglichst klare Antwort auf folgende Frage zu finden:

> *Was* wollen wir mit einer bestimmten Vertriebsmaßnahme
> *in welchem Ausmaß*
> *bis wann*
> erreichen?

Generell leitet sich die Zielfestlegung für jede Vertriebsmaßnahme aus den operativen Jahreszielen für das Firmenkundengeschäft ab und muss anschließend für die Kundenbetreuer konkretisiert werden.

Je nach Art der in Abbildung 26 dargestellten Vertriebsaktion kann man bei den *Zielinhalten für einen Kundenbetreuer* zwischen offenen Intensivierungszielen (z. B. „Erhöhung des Deckungsbeitrages um x %") oder produktbezogenen Intensivierungszielen („Verkauf von x Stück bis ...") unterscheiden.

Zielsetzungen dieser Art sind jeweils für eine bestimmte Periode (z. B. ein Jahr) oder für einen bestimmten Aktionszeitraum zu fixieren und schriftlich zu dokumentieren. Die Details des *Zielfindungsprozesses* werden im Kapitel „Vertriebssteuerung" näher behandelt. Auf die konkrete Vorgehensweise beim *Zielvereinbarungsgespräch* wird beim Themenbereich „*Führen im Verkauf*" (Kapitel VI) eingegangen.

2.2 Auswahl der Intensivierungskunden

Für eine aktive Kundenintensivierung benötigt der Betreuer zunächst einen Überblick über sein eigenes Kundenportfolio. Um die Kundenstruktur transparent zu machen sind beispielsweise folgende Fragen zu beantworten:
▶ Wie verteilen sich die Firmenkunden auf die einzelnen Segmente (z. B. A-, B-, C-Kunden)?
▶ Wie verändert sich die Kundenstruktur im Zeitvergleich?
▶ Wie verteilt sich das Geschäftsvolumen auf die einzelnen Segmente?
▶ Welche Deckungsbeiträge liefern einzelne Segmente?
▶ Wie ist die bisherige Produktnutzung (Kundenbedarfssättigung)?

Auf den Punkt gebracht geht es um die Beantwortung folgender Frage:

> Welche Firmenkunden
> - machen welches Geschäft
> - mit welchen Produkten und
> - bringen welchen Deckungsbeitrag?

Einen ersten Überblick über die Kundenstruktur eines Centers bzw. eines Betreuers liefert die Darstellung in Abbildung 99.

Kundensegment	Summe	A	in %	B_1	in %	B_2	in %	C	in %
Kundenanzahl									
Geschäftsvolumen									
Deckungsbeiträge (in €)									

Abbildung 99: Struktur des Firmenkunden-Portfolios

Nach der Grobanalyse des Kundenportfolios folgt im nächsten Schritt die Analyse auf *Einzelkundenebene*. Hier gilt es die Frage zu beantworten, *welche* Firmenkunden überhaupt über ein entsprechendes *Geschäftspotenzial* verfügen, sodass sich eine intensivere Bedarfsanalyse und Betreuung lohnt. Aus vertrieblicher Sicht geht es somit darum, aus dem Kundenportfolio eines Betreuers jene Firmenkunden herauszufiltern, bei denen eine hohe Abschlusswahrscheinlichkeit und damit eine Chance zur Ergebnissteigerung besteht. Vor allem wegen der knappen Zeitressourcen ist es notwendig, bei den Vertriebsaktivitäten klare *Prioritäten zu setzen*.

Erste Anhaltspunkte liefert die im Rahmen der Segmentierung vorgenommene Kundenklassifizierung. Aufbauend auf der Portfolio-Matrix werden in die Intensivierungsstrategie vor allem Firmenkunden mit den Bewertungen A und B_1 miteinbezogen. Auch der im Kapitel II beschriebene „*Quickcheck*" liefert dazu wertvolle Hinweise.

Daneben können für die *Auswahl der Intensivierungskunden* auch folgende Kriterien herangezogen werden:
– Kunden, für die das eigene Institut lediglich Nebenbankverbindung ist
– Kunden mit bestimmten Ratingklassen
– Kunden mit einem bestimmten Mindest-Firmenumsatz
– Kunden mit besonderen Wachstumschancen des Betriebes
– Kunden mit definierten Deckungsbeitragswerten
– Kunden mit Defiziten bei der Produktnutzung
– Kunden mit unterproportionalem Geschäftsvolumen
  (z. B. Verhältnis Habenumsatz zum Firmenumsatz)

Die Auswahl der für ein gezieltes Cross Selling in Frage kommenden Kunden kann entweder durch eine Zentralstelle („Vertriebsunterstützung", „Vertriebsservice") oder durch den Kundenbetreuer selbst erfolgen. Voraussetzung dafür ist, dass die Kundenbetreuer auf ihrem PC die Möglichkeit haben, eigene Kundenselektionen bzw. eigene EDV-Auswertungen durchzuführen.

Ein Beispiel dafür liefert das „*Easy Report System*" (EARS) – ein EDV-Modul des Vertriebsinformationssystems des österreichischen Sparkassensektors. Dieses Instrument bietet den Kundenbetreuern die Möglichkeit, alle wichtigen Daten ihres Kundenstocks nach vielfältigen Gesichtspunkten auszuwerten, um daraus gezielte Maßnahmen für die Kundenintensivierung abzuleiten (siehe Abbildung 100).

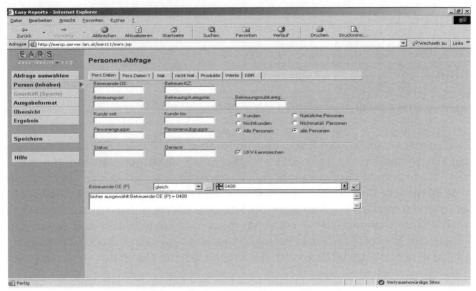
Abbildung 100: Kundenselektion mit dem „Easy Report System"
(Quelle: Erste Bank)

Je besser die Qualität der Datenbestände in der Bank ist und je mehr sie sinnvoll zueinander in Beziehung gesetzt werden können, desto größer ist die Chance, Kunden mit bestimmten Affinitäten EDV-gestützt zu identifizieren.

Dazu einige Beispiele:
- Ein Firmenkundenbetreuer möchte für eine Cross Selling-Aktion eine Aufstellung aller Unternehmen aus seinem Kundenstock, die eine bestimmte Betriebsgröße, eine bestimmte Betreuungskategorie und eine bestimmte Ratingklasse aufweisen.
- Wertvolle Hinweise für die Kundenselektion lassen sich auch aus der *Produktnutzungsanalyse* gewinnen. Wurden beispielsweise für ein definiertes Kundensegment eine bestimmte Anzahl von Bedarfsfeldern festgelegt (*„Soll-Produktnutzungsprofil"*), können in der Folge alle jene Firmenkunden herausgefiltert werden, die signifikante Defizite bei der Produktinanspruchnahme aufweisen.
- Ebenfalls von beträchtlichem Informationswert sind regelmäßige Fremdabbucher-Auswertungen, da sie einen Überblick über Art und Umfang der Geschäftsbeziehungen geben, die der Kunde zu Wettbewerbern der Bank unterhält. Auch diese Erkenntnisse können genutzt werden, um Kunden für eine gezielte Ansprache zu selektieren.
- Bei *produktbezogenen Verkaufsaktionen* werden bestimmte Produktdaten bzw. Informationen zur Kundenbedarfssättigung herangezogen. Der Kundenbetreuer möchte beispielsweise eine Übersicht über jene Firmenkunden, die Kredite in Anspruch genommen haben aber kein Leasingprodukt besitzen.

- Für *ertragsverbessernde Aktionen* sind vor allem die Kriterien „Zinsspanne" bzw. „Deckungsbeitrag" relevant. Für Maßnahmen zur Ertragssteigerung sollen beispielsweise jene Firmenkunden herausgefiltert werden, die einen negativen Kunden-Deckungsbeitrag aufweisen.

Der Kapitalstrukturtest

Im Kunden-Betreuungs-Programm „*KBP*" von *ORGAPLAN* erfolgt die Ermittlung von Kunden mit Vertriebspotenzial durch einen so genannten „*Kapitalstrukturtest*".[2] Dafür werden die vier Bilanzgrößen eines Firmenkunden (Eigenkapital / Gesamtkapital / Nettoumsatz / Betriebsergebnis) mit Branchenwerten und institutsindividuellen Vorgaben verglichen. Diese Analyse führt zu einer Empfehlung hinsichtlich „Wachstum", „Halten" oder „Konsolidierung". Damit erhält der Kundenbetreuer quasi „auf Knopfdruck" Hinweise darauf, bei welchen Firmenkunden Vertriebspotenziale vorhanden sind und bei welchen eher die Risikobegrenzung im Vordergrund steht. Ein Beispiel für diese Art der Kundenselektion zeigt die folgende Abbildung:

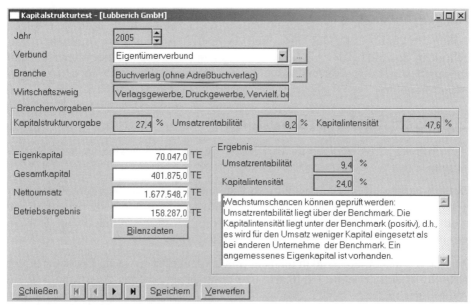

Abbildung 101: Der Kapitalstrukturtest in „KBP – Firmenkunden"
(Quelle: ORGAPLAN)

2.3 Kontaktaufnahme: Die Initiative ergreifen

Wie bereits erwähnt, dominiert heute bei der Geschäftsanbahnung noch immer das so genannte „Bringgeschäft". Doch diese „passive Kundenbetreuung" ist zu wenig – der Markt erfordert heute eine Umkehr der Aktivitäten. Früher kam der Unternehmer mit seinen Wünschen zur Bank – heute wird er vom Firmenkundenbetreuer *aktiv* angesprochen. Diese Form der eigeninitiativen Kontakte (*„Holgeschäft"*) ist ein wichtiger Erfolgsfaktor im Vertriebsprozess.

Eine aktive Firmenkundenbetreuung beruht auf der Tatsache, dass Unternehmen einen latenten Bedarf an Finanzdienstleistungen haben. So erfahren manche Unternehmer beispielsweise erst durch die Ansprache ihres Betreuers die Vorteile bisher noch nicht in Anspruch genommener Bankleistungen und deren Nutzen für ihren Betrieb. Neben diesem konkreten wirtschaftlichen Mehrwert bedeutet aktive Betreuung für die mittelständischen Firmenkunden auch einen Ausdruck der Wertschätzung und Anerkennung.

Für den Vertrieb bedeutet dies:

> Der Verkaufserfolg einer Bank wird umso höher sein, je mehr Wert auf aktive Kontaktaufnahme gelegt wird.

Für die aktive Kundenansprache stehen dem Betreuer vielfältige Möglichkeiten offen.

Die Ansprache des Kunden kann entweder direkt im persönlichen Kontakt erfolgen oder indirekt mittels Kontaktaufnahme via Telefon, E-Mail oder postalischem Anschreiben. Sowohl bei der Art der Kontaktaufnahme als auch bei der Intensität kann man nicht von starren Normen ausgehen, sondern muss diese stets auf den *Kundentyp* abstimmen.

2.4 Gesprächsvorbereitung

Acht von zehn Misserfolgen im Verkauf haben eine Ursache: mangelhafte Vorbereitung.

Warum kann man im Bankenalltag so viele ungenügend vorbereitete Kundengespräche beobachten? Vielen Kundenbetreuern erscheint der Zeitaufwand für die Vorbereitung zu groß. Andere glauben, die Gesprächsvorbereitung zwingt sie in ein zu starres Korsett und sie wirken nicht mehr natürlich.

Mit dieser Einstellung handelt man allerdings so fahrlässig wie ein Bergsteiger, der sich unvorbereitet (ohne Landkarte und ohne entsprechende Ausrüstung) in ein schwieriges Gelände begibt. Niemand kann in einem Kundengespräch seine Gedanken, Unterlagen und Argumente ordnen und gleichzeitig aktiv zuhören und das Gespräch steuern.

Eine gute Gesprächsvorbereitung bringt für den Kundenbetreuer eine Reihe wichtiger Vorteile:
– Er gewinnt mehr Sicherheit.
– Er kann Fragen gezielter stellen.
– Er wird Verkaufschancen besser erkennen.
– Er kann zielgerichteter verhandeln.

- Er kann das Gespräch leichter steuern.
- Er kann auch bei unerwarteten Wendungen flexibel reagieren.

Für den Vertriebsprozess bedeutet dies:

> Eine gründliche und systematische Gesprächsvorbereitung ist der Grundstein für den Verkaufserfolg.

Sachliche und persönliche Vorbereitung

Für eine effiziente und damit Zeit sparende Vorgehensweise ist es sinnvoll, die bei der Gesprächsvorbereitung anfallenden Tätigkeiten zu systematisieren. Eine gezielte Vorbereitung der Beratungs- und Verkaufsgespräche beinhaltet die in der Abbildung 102 dargestellten Bereiche.[3]

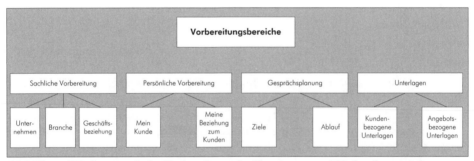

Abbildung 102: Systematische Vorbereitung der Beratungs- und Verkaufsgespräche

Ein wichtiges Ziel der Gesprächsvorbereitung besteht darin, sich ein möglichst aktuelles Bild über die *wirtschaftliche Situation des Unternehmens* zu machen. Gleichzeitig muss man Art und Umfang der *bisherigen Geschäftsbeziehung zum Kunden* eingehend analysieren. Je mehr Wissen über einen Kunden vorhanden ist, desto kompetenter kann die Beratung erfolgen. Ein umfassender Überblick über die bestehende Kundenverbindung erleichtert außerdem das Erkennen von Verkaufsansätzen und damit die intensivere Ausschöpfung des Kundenpotenzials.

Dabei gilt es beispielsweise folgende Fragen zu untersuchen:
- Wie ist die gegenwärtige wirtschaftliche Situation des Unternehmens?
- Wie aktuell sind die in der Bank vorhandenen Unterlagen?
- Wie ist die letzte Ratingeinstufung?
- Wie hoch ist die Intensität der Geschäftsbeziehung?
- Welche Fremdbankverbindungen bestehen?
- Wie gestaltet sich die bisherige Produktnutzung?
- Wie haben sich die Deckungsbeiträge entwickelt?

Kundendatei

In diesem Zusammenhang kommt dem Aufbau und der Struktur der zentralen *Kundendatei* (bzw. dem elektronischen Kundenakt) ein hoher Stellenwert zu. Ein komfortabler und einfacher Zugriff auf die vielfältigen Kundeninformationen bildet eine wesentliche Unterstützung bei der Gesprächsvorbereitung. Unabdingbar ist daher, dass alle relevanten Daten im *Online-Dialog* abgefragt werden können.

Ein Beispiel für eine derartige „Kompaktinformation" bildet die Anwendung „KGI – Kunde" im Vertriebsinformationssystem der österreichischen Sparkassengruppe. Durch die Erfassung sämtlicher Kundendaten bildet diese EDV-Anwendung die „technische Drehscheibe" des Kundenbestandes. Mit Hilfe verschiedener Laschen ist es auf einfache Weise möglich, beispielsweise folgende Geschäftsbereiche abzufragen:

- Kundenstrukturdaten
- Produktübersicht
- Kontenübersicht
- Beziehungen
- Ratingbewertungen
- Ergebnisübersichten
- Bilanzdaten

Die Abbildung 103 zeigt die Lasche *„Verkaufsbild"* aus der Anwendung Kunde. Neben der Anzeige der wichtigsten Kundendaten werden im rechten Feld diverse *Gesprächsansätze* angezeigt, die für die aktive Kundenansprache von Bedeutung sind (z. B. Interesse des Kunden an einem bestimmten Produkt). In der Listbox im unteren Bereich sieht der Kundenbetreuer sämtliche *Notizen*, die es zu dem Kunden gibt. Um die Übersichtlichkeit zu gewährleisten werden diese Notizen nach festgelegten Kriterien (z. B. Fälligkeitsdatum, Bearbeitungsstatus) sortiert.

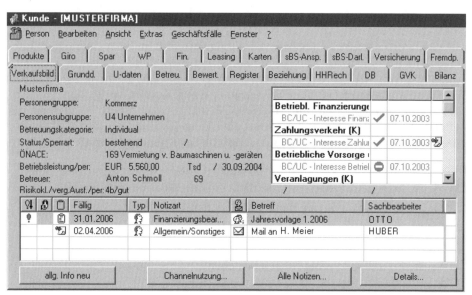

Abbildung 103: Beispiel für ein EDV-gestütztes „Verkaufsbild" (Quelle: Erste Bank)

2.5 Gezielte Suche nach Verkaufsideen: Bedürfnis- und Potenzialanalyse

Nach der Informationssammlung und -aufbereitung geht es im nächsten Schritt darum, möglichst viele *Cross Selling-Ansatzpunkte* aufzuspüren – unabhängig davon, wie rasch diese umzusetzen sind. Dazu gibt es mehrere Wege bzw. Instrumente, die in der Abbildung 104 überblicksartig dargestellt sind. Grundsätzlich lassen sich die Verfahren bei der Potenzialanalyse dahingehend unterscheiden, ob die Ideenentwicklung vorrangig durch den Kundenbetreuer selbst oder EDV-gestützt erfolgt.

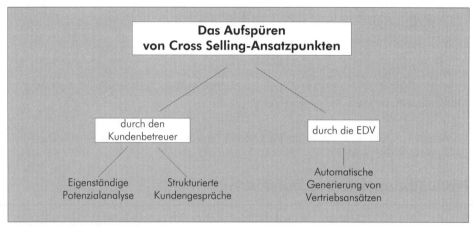

Abbildung 104: Vorgehensweise bei der Potenzialanalyse

2.5.1 Ideenfindung durch den Firmenkundenbetreuer

Unabhängig von der Methode ist beim Prozess der Ideefindung vor allem eines gefordert: Kreativität. Dabei bieten sich für den Kundenbetreuer folgende Möglichkeiten:
- Erste Anknüpfungspunkte aus den Kunden-Strukturdaten gewinnen
  (z. B. Thema „Unternehmensnachfolge")
- Branchenspezifische „Aufhänger" nützen
  (z. B. saisonaler Finanzierungsbedarf; neue Umweltschutzgesetze, die bestimmte Branchen betreffen und Investitionsbedarf auslösen)
- Produktnutzungs-Analyse
  (Produktdefizite erkennen)
- Deckungsbeitrags-Analyse
  (Ergebnisse der Kunden- und Produktkalkulation untersuchen)
- Verkaufsansätze aus dem Jahresabschluss ableiten
  („Verkaufsorientierte Bilanzanalyse")
- Cross Selling-Ansätze im Privatbereich
  („Der Unternehmer als Privatperson")

Einen zusammenfassenden Überblick über die Ansatzpunkte der Ideenfindung bietet die Abbildung 105.

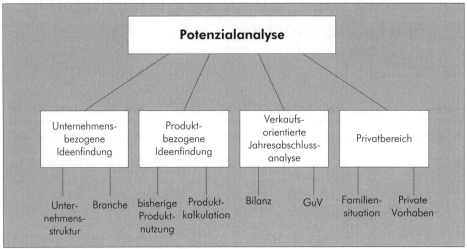

Abbildung 105: Bereiche der Ideenfindung

Von diesem Spektrum sollen im Folgenden einige Möglichkeiten beispielhaft herausgegriffen werden.

Produktbezogene Verkaufsideen

Bei der „Durchleuchtung" der bestehenden Geschäftsverbindung geht es unter anderem darum, signifikante Defizite bei der Produktnutzung zu identifizieren sowie die Produktergebnisse zu verbessern. Die wichtigsten Informationsquellen dafür sind

– die Produktnutzungsanalyse sowie
– die Kunden- und Kontokalkulation.

Ausgangspunkt dieses Schrittes der Potenzialanalyse ist die statistische Auswertung der *Produktnutzung* bei den mittelständischen Firmenkunden. Die Kundenbetreuer benötigen daher in periodischen Abständen eine Auswertung ihres Kundenbestandes, aus der bei jedem Firmenkunden die Anzahl der in Anspruch genommenen Bankleistungen ersichtlich ist. Um Defizite in der Produktnutzung deutlich zu machen bietet es sich beispielsweise an, die Produktnutzungsquote eines Unternehmens

- mit der *durchschnittlichen Produktnutzungsquote* (Kundenbedarfssättigung) aller Firmenkunden in diesem Segment oder
- mit einem *SOLL-Produktprofil* dieses Kundensegments („Benchmark")

zu vergleichen.

So hat beispielsweise eine Regionalbank für das mittelständische Firmenkundengeschäft zwölf Bedarfsfelder definiert und als Zielgröße für eine SOLL-Produktnutzung mindestens fünf Produktbereiche vorgegeben. Liegt die Produktnutzung eines Firmenkunden unter diesem Wert ist dies ein Anstoß, diese Geschäftsverbindung eingehender zu analysieren. Ein derartiger Produktnutzungsvergleich kann naturgemäß nur grobe Anhaltspunke liefern. Die konkreten Angebote können immer nur aus der jeweiligen Unternehmenssituation abgeleitet werden. Einfache Anregungen in diese Richtung liefern die Beispiele in Abbildung 106.

Ansatzpunkte für betriebliche Finanzierungen

- Geplante Maschinenkäufe bzw. Anlagen
- Umbau/Erweiterungen/Neubauten
- Geschäftsausweitung, Umsatzausweitung
- Firmenkunden mit Dauerauftrag bzw. Dauereinzug an ein fremdes Leasinginstitut
- Bisherige Finanzierung ist nicht fristenkonform
- Skontoerträge durch rasches Bezahlen wurden wenig lukriert
- Förderungsmöglichkeiten (Sonderkredite) werden nicht/kaum genutzt

Ansatzpunkte für betriebliche Veranlagungen

- Hoher Bestand an flüssigen Mitteln
- Hoher Guthabenstand am Girokonto
- Ständige Verlängerung von Festgeld/Termineinlagen
- Hoher jährlicher Cashflow
- Hohe Gewinnerwartungen
- Finanzierung des Unternehmens mit Privatkapital
- Qualifizierte Mitarbeiter, die durch bestimmte Anreize (z. B. Firmenpension) im Betrieb gehalten werden sollen

Ansatzpunkte für Auslandsgeschäft

- Unternehmen, die Waren bzw. Rohstoffe aus dem Ausland beziehen
- Unternehmen, die in das Ausland liefern
- Firmenkunden, die laufend Auslandsüberweisungen durchführen
- Unternehmen, die Zahlungseingänge in Valuten/Devisen/Fremdwährungsschecks erhalten (z. B. Hotelbetriebe)

Abbildung 106: Beispiele für produktspezifische Verkaufsansätze

Ansatzpunkte für betriebliche Versicherungen

- Bei Investitionen: Durch Anschaffung neuer Maschinen stimmen die bisherigen Versicherungssummen nicht mehr mit den tatsächlichen Werten überein, was in der Folge zu einer Unterdeckung führt.
- Bei Umschuldungen: Analyse der bestehenden Polizzen
- Bei Rechtsformänderung: Teilweise besteht hier Kündigungsmöglichkeit bei bestehenden Verträgen.
- Bei Standortwechsel: Versicherungswechsel prüfen
- Bei Eigentümerwechsel: Vielfach ist eine Kündigung der Verträge des Vorbesitzers möglich.

Ansatzpunkte für Electronic Banking

- Das Unternehmen hat eine neue EDV-Anlage angeschafft.
- Große Anzahl von Buchungsposten
- Der Unternehmer klagt über zu hohe Zahlungsverkehrskosten.
- Das Unternehmen führt regelmäßig Lohn- und Gehaltszahlungen durch.
- Allgemeines Interesse des Firmenkunden an elektronischen Bankdienstleistungen

Abbildung 106: Beispiele für produktspezifische Verkaufsansätze (Fortsetzung)

Kalkulationsergebnisse auswerten

Weiter gilt es, aus dem Zahlenmaterial der Konto- und Kundenkalkulation entsprechende Schlussfolgerungen abzuleiten. Das bedeutet, die Ergebnisse der Deckungsbeitragsrechnung konsequent für die ertragsorientierte Gestaltung der Kundenbeziehung zu nützen. Bei jedem der ausgewählten Firmenkunden sind beispielsweise folgende Fragen zu beantworten:

- Wie hat sich der Kunden-Deckungsbeitrag (DB) im Zeitvergleich entwickelt?
- Wie liegt dieser DB im Vergleich zu den Durchschnittswerten dieses Kundensegmentes?
- Wie entwickelt sich die Kennzahl „DB in Prozent des Geschäftsvolumens" im Zeitvergleich?

Ergeben sich auf Grund solcher Analysen signifikante negative *Abweichungen* bzw. weist ein Firmenkunde einen sehr geringen oder gar negativen Deckungsbeitrag auf, bedarf es detaillierter Untersuchungen:

- Wo liegen die Ursachen dieses unbefriedigenden Ergebnisses?
- Welche Produkte liefern welchen Ergebnisbeitrag?

Um die Ergebnissituation bei einem Firmenkunden zu verbessern müssen zunächst die „*Werttreiber*" und „*Verlustbringer*" der in Anspruch genommenen Produkte identifiziert werden. Darauf aufbauend geht es um eine aktive Steuerung der Kundenbeziehung (siehe die Ausführungen im Kapitel IV) mit dem Ziel
▶ Problembereiche aufzudecken
▶ Verluste zu reduzieren
▶ Ergebnispotenziale besser auszuschöpfen.

Verkaufsorientierte Bilanzanalyse

Im Firmenkundengeschäft ist es allgemein üblich, dass die von den Unternehmen vorgelegten Jahresabschlüsse ausgewertet und analysiert werden. Diese Tätigkeiten erfolgen überwiegend unter dem Aspekt der Bonitätsbeurteilung und Risikoanalyse. Dabei bleibt vielfach wertvolles Informationspotenzial ungenutzt, denn die Jahresabschlussanalyse ist nicht nur für Zwecke der Kreditprüfung wichtig. Aus vertriebsorientierter Sicht ist sie ein wertvolles
▶ Beratungsinstrument für das Unternehmergespräch sowie ein
▶ Verkaufsinstrument zur Intensivierung der Geschäftsbeziehung.

Die aus der Verkaufsperspektive heraus analysierte Bilanz- und GuV-Rechnung bietet zahlreiche Hinweise für weitere Produkte und Dienstleistungen, die einem Firmenkunden angeboten werden können. Die „*verkaufsorientierte Bilanzanalyse*" ist somit ein wirkungsvolles Instrument zur Ideenfindung und liefert wertvolle *Cross Selling-Ansätze* im Zuge der Intensivierungsstrategie. Die Abbildung 107 zeigt einen Ausschnitt aus einer Checkliste, die eine praktische Grundlage für eine systematische Potenzialanalyse bildet. Sie ist nach den einzelnen Bilanzpositionen gegliedert und enthält für jede Position
– Fragestellungen und Ansatzpunkte für die Bedarfsanalyse und für das Kundengespräch sowie
– Produktangebote und Anknüpfungspunkte zur Geschäftsintensivierung.

Eine ausführliche Beschreibung der verkaufsorientierten Bilanzanalyse findet sich im Handbuch „*Praxis der Firmenkundenbetreuung*".[4]

Geschäftspotenziale im Privatbereich

Die bisherigen Cross Selling-Ansätze bezogen sich auf *den betrieblichen Bereich* des Firmenkunden. Wie bereits an anderer Stelle festgestellt wurde ist es für die Kundenbindung und somit für die Ertragssteigerung wichtig, auch die *Privatsphäre* des mittelständischen Unternehmers bzw. Geschäftsführers in die Potenzialanalyse miteinzubeziehen.

Im Rahmen der Ideenfindung gilt es daher auch für die private Finanz- und Vermögenssphäre systematische Verkaufsansätze zu suchen. Hierbei ist es zweckmäßig, von jenen Bereichen auszugehen, die einen Menschen in seinem „*privaten Geldleben*" (Lebensphasenkonzept) bewegen.

Das sind zum Beispiel Themen wie
- ❏ Geschäftsabwicklung
- ❏ Wohnen
- ❏ Private Finanzierungen
- ❏ Vermögensaufbau
- ❏ Vermögensanlage

- ❏ Alters-/Pensionsvorsorge
- ❏ Risikovorsorge
- ❏ Erben/Vererben
- ❏ Entsparen

Bilanzposition	Fragestellungen/Ansatzpunkte	Produktangebot/Geschäftspotenzial
	AKTIVSEITE	
Grundstücke/ Gebäude	❏ Ausmaß der Liegenschaften ❏ Betriebsnotwendiges Vermögen (Nutzung)? ❏ Standortqualität (z.B. Verkehrsanbindung)? ❏ Verfügbare freie Flächen für Ausweitung (Flächenwidmung)? ❏ Eigentumsverhältnisse? ❏ Verkehrswert der Flächen? ❏ Stille Reserven? ❏ Standortverlagerung sinnvoll? ❏ Alter der Gebäude? ❏ Zustand der Objekte? ❏ Belastungen (z.B. Hypotheken, Leibrente, Wohnrecht)? ❏ Umweltrisiko (Luft, Boden, Abwasser usw.)	- Objektfinanzierung - Langfristige Umschuldungen - Darlehen - Leasing/Sale-and-Lease-Back - Objektversicherungen - Immobilienservice - Objektverwaltung - Finanzplanung
Maschinen und maschinelle Anlagen	❏ Eigentumsverhältnisse (Sicherungsübereinigung, Eigentumsvorbehalt usw.) ❏ Anteil geleaster Maschinen? ❏ Marktwert der Maschinen? ❏ Geplante Ersatzinvestitionen? ❏ Fristenkonforme Finanzierung?	- Investitionsfinanzierung - Sonderkredite/Förderungen - Mobilien-Leasing - Maschinenversicherung - Teilverkäufe/Ersatzbeschaffung - Fremdwährungsfinanzierung (bei Beschaffung aus dem Ausland) - Absicherung durch Kreditbürgschaftsgesellschaft

Abbildung 107: Verkaufsorientierte Bilanzanalyse (Ausschnitt)

2.5.2 Strukturierte Beratungsgespräche

Bei der soeben dargestellten Vorgehensweise erfolgt die Ermittlung von Geschäftspotenzialen überwiegend auf Grund der Analysen durch den Betreuer ohne Kontaktaufnahme mit dem Kunden.

Eine Vertiefung der *ganzheitlichen Bedarfsanalyse* besteht darin, mit dem Firmenkunden ein ausführliches Beratungsgespräch zu vereinbaren. Eine wichtige Voraussetzung für eine erfolgreiche Bedürfnisanalyse ist eine *strukturierte Vorgehensweise*. Um dies zu erreichen ist es zweckmäßig, dem Betreuer übersichtliche *Gesprächsleitfäden* und *Checklisten* zur Verfügung zu stellen.[5] Mit solchen *strukturierten Beratungshilfen* kann eine Reihe wichtiger Ziele erreicht werden:

- Kennen lernen des Unternehmens in seiner Gesamtheit
- Ziele und Erwartungen des Unternehmers erfahren
- Frühzeitiges Erkennen von Verkaufsansätzen
- Besseres Ausschöpfen des Geschäftspotenzials
- Erhöhung der Cross Selling-Quote
- Kundenorientierter Gesprächsaufbau
- Effiziente Zeitnutzung durch Strukturierung des Kundengespräches
- Grundlage für Folgegespräche aufbauen

Natürlich muss eine idealtypische Vorgehensweise immer wieder an die spezifische Situation angepasst werden. Dennoch macht es Sinn, die grundlegende Systematik von strukturierten Beratungshilfen zu beachten. Eine solche Strukturierung der Gespräche soll von den Firmenkundenbetreuern jedoch nicht als Einengung empfunden werden, sondern als *Orientierungshilfe* für zielgerichtete Verkaufsgespräche. Es ist wie bei einer Wanderung: Nicht immer ist es auf dem Weg zum Gipfel notwendig, jeden Streckenabschnitt auf der Landkarte mitzuverfolgen. Wenn aber Überraschungen auftauchen, helfen Karten und Wegmarkierungen zur Orientierung im Gelände – so wie ein systematischer Gesprächsablauf den Verkaufserfolg wahrscheinlicher macht.

Beispiele für derartige Beratungsinstrumente, die sich in der Praxis bewährt haben, sind

- ❑ *„Der Business Check"*
  der österreichischen Sparkassengruppe
- ❑ *„Beratung und Betreuung mit System"*
  der Hamburger Sparkasse
- ❑ *„Der UnternehmerDialog"*
  der GGB-Beratungsgruppe für Genossenschaftsbanken
- ❑ *„Der VR-CheckUp Business"*
  der bayerischen Volksbanken Raiffeisenbanken

Diese Kundenunterlagen sowie die damit verbundene Vorgehensweise werden im Punkt 3 ausführlich beschrieben.

Instrumente für Bedürfnisanalyse und Beratung vermögender Privatkunden

So wie im betrieblichen Bereich ist auch für die Bedürfnisanalyse bei den privaten Geldangelegenheiten eine strukturierte Vorgehensweise sinnvoll. Daher werden in der Praxis spezifische Checklisten und Gesprächsleitfäden eingesetzt (Beispiele hierfür sind von der österreichischen Sparkassengruppe der *„Finanzplan"* sowie der *„Finanzcheck"* für Privatkunden.) Im deutschen Genossenschaftssektor wird der VR-FinanzPlan[6] eingesetzt.

Ein sehr umfassendes Beratungskonzept für vermögende Privatkunden bietet das *„Financial Planning"*.[7] Im Mittelpunkt steht die Entwicklung eines ganzheitlichen und umfassenden Finanzkonzeptes durch einen *„Certified Financial Planner"*. Diese individuell erstellte Expertise, bei der alle Schritte genau dokumentiert und dem Kunden aufgezeigt werden, gibt diesem ein vollständiges und klar strukturiertes Bild zu den Bereichen
- Liquiditätsplanung
- Wertpapiere
- Immobilien
- Risikoplanung
- Finanzierungsoptimierung
- Steueroptimierung
- Vorsorgeplanung
- Nachfolgeplanung

2.5.3 Bedürfnisanalyse mit Investitions- und Finanzplan

Im Rahmen der Beratungssoftware „KBP" von ORGAPLAN besteht die Funktionalität *„Finanz- und Liquiditätsplanung"*, die eine fundierte Ermittlung von Planzahlen ermöglicht. Um die wirtschaftliche Tragweite einer geplanten Investition mittelfristig abschätzen zu können, müssen alle betriebswirtschaftlich relevanten Fragen gemeinsam mit den Firmenkunden erörtert werden. Wichtige Teilschritte wie zum Beispiel
- differenzierte Wachstumsprognosen
- die Berücksichtigung wesentlicher Kostenpositionen
- die Analyse der resultierenden Deckungsbeiträge
- die Darstellung bestehender Finanzierungen und schließlich
- die Ableitung des resultierenden Finanzierungsbedarfes

werden im „Kunden-Betreuungs-Programm" technisch unterstützt. Beispielhaft werden die Deckungsbeitragsanalyse in Abbildung 108 und die Darstellung der aktuellen Finanzierungssituation in Abbildung 109 gezeigt.[8]

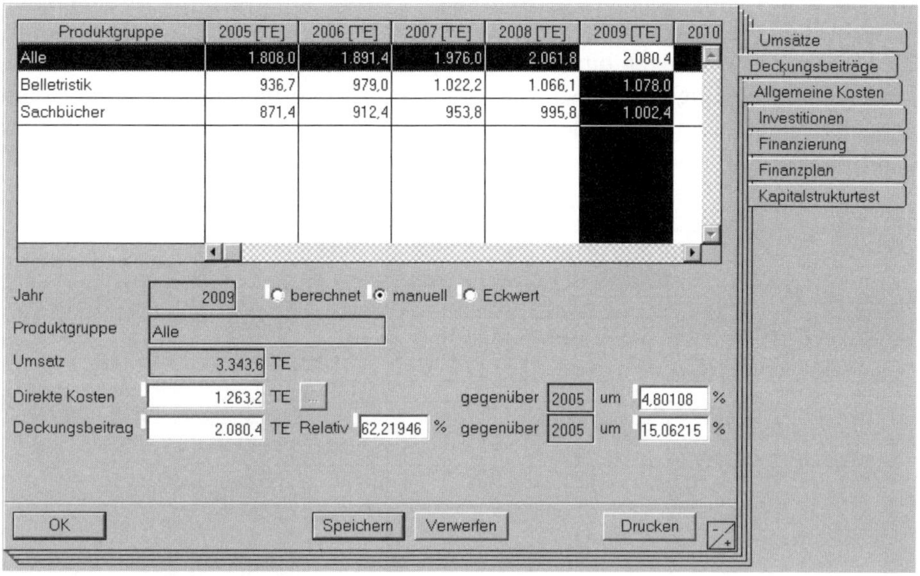

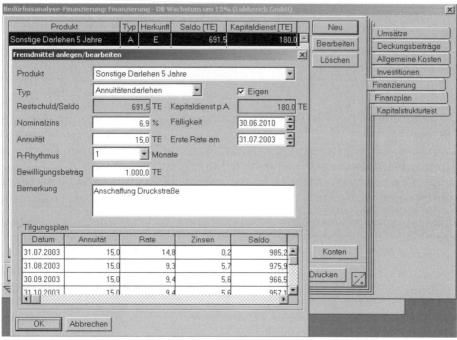

Abbildung 108: Bedürfnisanalyse; „Deckungsbeiträge" im KBP
(Quelle: ORGAPLAN)

Abbildung 109: Darstellung der aktuellen Finanzierungssituation im KBP
(Quelle: ORGAPLAN)

Die Pläne des Unternehmens werden mittels Szenariobetrachtung simuliert, um plausible und realistische Werte für die Wachstumsphase zu erhalten. Das Endprodukt dieser Auswertungen bildet ein mehrperiodiger *Finanzplan,* in dem alle relevanten Faktoren eingeflossen sind. Er spiegelt in komprimierter Form die Ergebnisse der Bedürfnisanalyse wider und gibt damit rechtzeitig Auskunft über zukünftige Investitions- und Finanzierungsnotwendigkeiten.

Cash-Flow	I/2006 [TE]	II/2006 [TE]	III/2006 [TE]	IV/2006 [TE]	2006 [TE]
-private Entnahme	0,0	30,0	30,0	30,0	90
+private Zuführung	0,0	0,0	0,0	0,0	0
Kapitaldienstgrenze	-89,8	-25,5	-38,5	214,5	60
-Zinsaufwand aus Verbindlichkeit	11,7	11,2	10,6	10,0	43
-KK-Zinsaufwand	0,0	0,0	0,0	0,0	0
-sonstiger Zinsaufwand aus 'Sons	0,0	0,0	0,0	0,0	0
Summe Zinsaufwand	11,7	11,2	10,6	10,0	43
+(Zins)Ertrag aus Finanzanlagen	0,0	0,0	0,0	0,0	0
+Beteiligungsergebnis	0,0	0,0	0,0	0,0	0
-Tilgung für Kredite	33,3	33,8	34,4	35,0	136
+Auflösung Finanzanlagen	0,0	0,0	0,0	0,0	0
-Zuführung zu Finanzanlagen	0,0	0,0	0,0	0,0	0
+Auflösung Wertpapiere	0,0	0,0	0,0	0,0	0
-Zuführung Wertpapiere	0,0	0,0	0,0	0,0	0
Liquiditätsüberschuss / -fehl	-134,8	-70,5	-83,5	169,5	-119
neg.KK-Saldo	0,0	70,5	154,1	0,0	0
Summe liquide Mittel	0,0	0,0	0,0	169,5	169

Abbildung 110: Der Finanzplan im KBP
(Quelle: ORGAPLAN)

Die Ergebnisse dieser Form der Unternehmensanalyse liefern dem Betreuer und Firmenkunden wertvolle Informationen nicht nur über die Machbarkeit seines Vorhabens, sondern zeigen ihm auch konkrete Wege zur Realisierung auf. Durch eine derartige betriebswirtschaftlich fundierte Vorgehensweise entwickeln die Kundenbetreuer ein besseres Verständnis für unternehmerische Chancen und Risiken und können sich als kompetente Begleiter der Unternehmensentwicklung profilieren.

Diese intensivierte unternehmerische Begleitung ist kein Selbstzweck, sondern gleichzeitig ein wesentliches Werkzeug eines zielorientierten und effizienten vertrieblichen Vorgehens. Bereits bei der Erarbeitung der skizzierten Teilschritte im Rahmen der Erstellung des Finanzplanes ergeben sich für den Kundenbetreuer zahlreiche Ansatzpunkte für einen an den konkreten Bedürfnissen des Kunden ausgerichteten Verkaufs. So ergibt sich bei der Erfassung der betrieblichen Finanzierung beispielsweise ein erhöhter Finanzierungsbedarf für das Umlaufvermögen oder bei einer Ersatzinvestition wird ein entsprechender Versicherungsbedarf festgestellt. Bei der Besprechung der Kostenpositionen z. B. im Bereich der Personalkosten ergeben sich wiederum Ansätze für die gezielte Ansprache auf Angebote der betrieblichen Altersvorsorge oder im Bereich der Gebäudekosten auf einen Sale-and-Lease-Back von Firmenimmobilien. Die Ermittlung von Zahlungsüberschüssen im Finanzplan führt wiederum zu Produktangeboten, die den Anlagebedarf abdecken. Diese wenigen Beispiele zeigen bereits, wie sich mit Hilfe des Firmenkundenmoduls „Finanz- und Liquiditätsplan" im Rahmen des KBP *künftige Verkaufsanlässe* gemeinsam mit dem Kunden sehr frühzeitig festlegen lassen.

2.5.4 Automatische Identifizierung von Vertriebsansätzen

Neben dem Auffinden von Cross Selling-Potenzialen durch den Kundenbetreuer bietet die *EDV-gestützte Generierung von Vertriebsansätzen* eine weitere Möglichkeit zur Steigerung des Vertriebserfolges. Hier wird der Betreuer mit Hilfe eines aktiven Vertriebsinformationssystems automatisch auf vorhandene Verkaufschancen aufmerksam gemacht. Die Basis dazu bildet eine sehr breite Datengrundlage (*„Data Warehouse"*), die möglichst viele bedarfsrelevante Merkmale aus den Kundenstammdaten, den Kontodaten, Zahlungsverkehrsdaten, Bilanzdaten, Kalkulationsdaten, Ratingdaten usw. zur Verfügung stellt.

In der Folge geht es darum, aus diesen EDV-mäßig gespeicherten Informationen mittels statistischer Verfahren verkaufsrelevante Muster herauszufinden (*„Data Mining"*). Anhand definierter Merkmale werden bestimmten Kundentypen bestimmte Bedürfnisse „unterstellt". Das so entwickelte Regelwerk beschreibt den Nutzer eines bestimmten Produktes, d.h. der *Produktbedarf* wird automatisch erkannt.

Automatische Potenzialidentifizierung im „Kunden-Betreuungs-Programm"

Das erste Beispiel für eine automatische Potenzialidentifizierung durch ein Expertensystem liefert das *„Kunden-Betreuungs-Programm"* (KBP) von ORGAPLAN. Insgesamt liegen bei diesem System mehr als 50 funktionsfähige parametrisierbare Regeln vor, um Vertriebsansätze automatisch zu erkennen. Beispiele für solche regelbasierte Verkaufsideen zeigt die Abbildung 111.

Vertriebsansatz	Parameter
bAV – Betriebliche Altersvorsorge	– mehr als fünf Mitarbeiter – oder Personalaufwand (ohne GF-Gehalt) > 150.000 Euro – und keine Branche mit Versorgungswerk – *Arbeitnehmer werden über Umsatzdatenanalyse identifiziert*
Kapitalbeteiligung/Nachrangdarlehen	Ergebnis „Kapitalstrukturtest"/Bilanzdaten – zuwenig Eigenkapital (z.B. < 15%) – und ausreichende Umsatzrentabilität (z.B. > 5%) – Ausschluss bestimmter Branchen
Altersvorsorgekonzept	– nur Kapitalgesellschaften – Pensionsrückstellungen vorhanden – Umsatz bis 10 Mio. Euro
Gesellschafterdarlehen (Umwandlung Gesellschafterdarlehen von kurz- in langfristig wg. Ratingauswirkung)	Kfr. Gesellschafterdarlehen > x TEUR Rating besser 9
(Finanzierung) Terminierung Ersatzinvestitionen (langfristiger Ansatz zur Gewinnung von Wiedervorlagen)	Erhöhung Sonderposten mit Rückgabeanteil *oder* AfA-Quote außerhalb Branchenbandbreite *oder* Investitionsquote deutlich unter Branchenschnitt
Leasing	– unterdurchschnittliches Eigenkapital (Sale-and-Lease-Back) – Leasingaufwand vorhanden (Bilanzdaten) – Umsatzdatenanalyse (Fremdleasing) – Zinsaufwandsquote > x % – AfA-Quote > x % – Bonität besser 9 – Zielgruppe für Autoleasing;
Kreditversicherung/Factoring	– Debitorenlaufzeit > x Tage – unübliche AfA auf UV (Ford-Verluste + EWB) – Ausschluss bestimmter Branchen
Electronic Banking	kein Electronic Banking – Kontokennzeichen – Produktnutzung

Abbildung 111: Beispiele für Regeln zur automatischen Potenzialidentifizierung (Quelle: ORGAPLAN)

In der Folge werden alle für einen Firmenkunden zutreffenden Verkaufsideen gesammelt und in einem *„Ideenpool"* aufgelistet. Dies erfolgt im KBP über den speziell dafür geschaffenen Dialog *„Vertriebsplanung"*. Damit sieht der Kundenbetreuer bei seiner Vorbereitung auf ein Kundengespräch alle Vertriebspotenziale eines Kunden auf einen Blick (siehe folgende Abbildung).

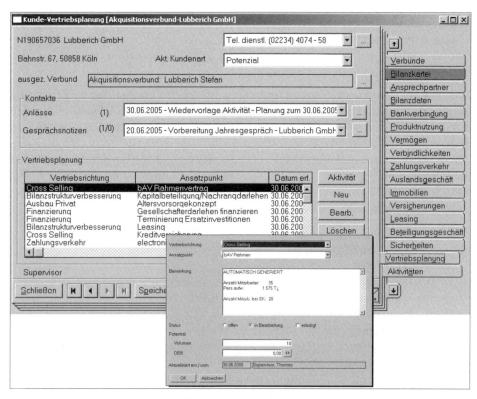

Abbildung 112: Der Dialog „Vertriebsplanung" mit sämtlichen Vertriebspotenzialen eines Kunden (Quelle: ORGAPLAN)

Das Beispiel in der Abbildung 112 zeigt eine mögliche Vorgehensweise zum Thema betriebliche Altersvorsorge (bAV). Der Verkauf eines Rahmenvertrages ist bei Firmenkunden möglich, die mindestens fünf Mitarbeiter – oder einen Personalaufwand von EUR 150.000,– ohne Geschäftsführergehälter – haben, die nicht bereits einen Rahmenvertrag besitzen und die keiner Branche mit Versorgungswerk angehören. Mittels einer Umsatzdatenanalyse können nun die Mitarbeiter dieser Firma, die gleichzeitig Kunden des Institutes sind, identifiziert werden. Somit ist es möglich diese ertragversprechenden Kunden anzusprechen und gleichzeitig eine Kommunikationsbasis für Firmenkundenbetreuer und den bAV-Spezialisten zu schaffen.

Generierung von Verkaufsansätzen im „Kundenportfoliomanager"

Auch im Programm „*Kundenportfoliomanager*" (KPM) gibt es mit dem Modul „Potenzialanalyse" ein zentrales Werkzeug, das ein systematisches Aufspüren von Cross Selling-Ansätzen unterstützt. Die Ausgangsbasis dazu bilden verschiedene Informationsquellen wie Jahresabschluss, BWA, Vermögensaufstellung, Rating oder Einkommensteuerunterlagen.

Je nach Kundensegment (Firmenkunde, Gewerbekunde, Freiberufler usw.) wird die Potenzialanalyse auf bestimmte Cross Selling-Felder ausgerichtet. Dadurch werden aus über 70 Fragen die für das jeweilige Segment interessantesten ausgewählt und aktiviert. Immer dann, wenn die jeweiligen Unterlagen des Kunden vorliegen, werden die erforderlichen Potenzialdaten erfasst und die Antworten auf die Fragen für die Potenzialanalyse eingegeben. In diesem Sinne handelt es sich beim KPM um eine Kombination zwischen „Mensch" und „Technik", indem das Wissen des Betreuers systematisch genutzt wird.

Auf Basis der eingegebenen Antworten liefert das System dann verschiedene Beratungsoptionen gegliedert nach
- *Beratungsfeldern*
  (z. B. „Wachstum und Finanzierung")
- *Beratungsanlässen*
  (z. B. „Langfristige Finanzierung")
- *Produktfamilien*
  (z. B. „Leasing")
- *Konkreten Verkaufsansätzen*
  (z. B.: „Fahrzeugleasing/Flottenleasing/Fuhrparkmanagement")
- *Taktischen Hinweisen*
  (z. B.: Konditionen überprüfen)

Ein Beispiel für so generierte Vertriebsansätze im KPM zeigt die Abbildung 113:

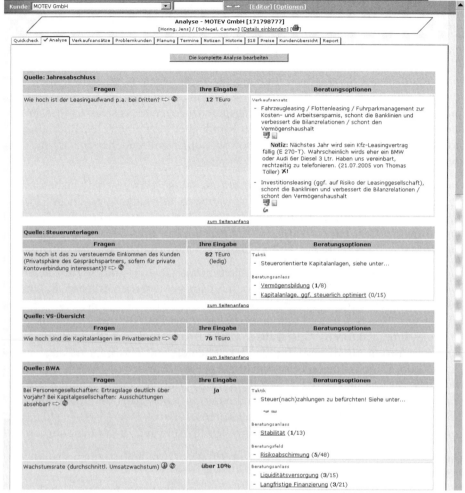

Abbildung 113: Automatisch generierte Verkaufsansätze im KPM
(Quelle: H&T SOFTWARE GmbH)

Die ermittelten Verkaufsansätze werden direkt in die zentrale Verkaufszielplanung zum Kunden übernommen. Die Zahlen hinter den Beratungsfeldern bzw. Beratungsanlässen zeigen, wie viele von den insgesamt im System hinterlegten Produkten für den in der Kundenplanung bereits vorgemerkt sind. Die automatisch generierten Verkaufshinweise kann der Kundenbetreuer um eigene Verkaufsideen ergänzen und sich zum jeweiligen Verkaufsansatz wichtige Informationen in Notizform ablegen. Weitere Details hierzu finden sich im Kapitel IV (IT-Unterstützung im Vertrieb).

Das zeb/fk-potenzialanalyse.tool

Beim *zeb/fk-potenzialanalyse.tool* erfolgt die systematische Ermittlung und Analyse der bei Firmenkunden vorhandenen Ertragspotenziale in der betrieblichen Sphäre ebenfalls auf Basis einer *potenzialorientierten Bilanz- und GuV-Analyse*. Weiters wird für die private Sphäre der Einkommensteuerbescheid potenzialorientiert ausgewertet. Somit unterstützt das Tool den Kundenbetreuer bei der Einschätzung der im Kundenverbund realisierbaren Ertragspotenziale. Auf Basis von institutsindividuell eingestellten Parametern erhält der Kundenbetreuer einen Überblick über die Ertragspotenziale der Firmenkunden sowohl auf Einzelkundenebene als auch aggregiert auf Verbundebene.

Dabei werden neben den Ertragsansätzen aus dem Aktivgeschäft insbesondere auch Ansatzpunkte im *Passiv- und Provisionsgeschäft* aufgezeigt. Dieses Instrument ermöglicht somit den Kundenbetreuern, den Grad der aktuellen Kundendurchdringung über ein einheitliches Verfahren näherungsweise zu ermitteln und Ansatzpunkte für weitere Ertragsmöglichkeiten auf Produktebene zu erkennen.

Die im Tool hinterlegte Struktur von Bilanz sowie Gewinn- und Verlustrechnung lehnt sich an die im Sparkassensektor und im genossenschaftlichen Sektor in Deutschland verwendeten Erfassungsinstrumente (EBIL bzw. GENOFBS) an. Aus Effizienzgründen beschränkt sich die Erfassung dabei auf die zur Potenzialermittlung relevanten Faktoren. Weisen ausgewählte Bilanz- und GuV-Positionen zusätzliche Akquisitionsansätze auf, finden diese ebenfalls mit entsprechenden Anmerkungen oder Empfehlungen Berücksichtigung. Eine Schnittstelle zu den Bilanzauswertungsinstrumenten (EBIL bzw. GENOFBS) ermöglicht dem Kundenbetreuer den schnellen Zugriff auf die Potenzialdimension seiner Kunden ohne manuellen Erfassungsaufwand. Das Tool basiert auf Microsoft Excel. Damit ist es in allen Banken und Sparkassen einfach und ohne großen IT-Aufwand zu implementieren.

Das *zeb/fk-potenzialanalyse.tool* findet im Alltag der Kundenbetreuer folgende Anwendungen:
- Prozess der Bedürfniserkennung und der Identifikation von zusätzlichen Produktabschlussmöglichkeiten im Rahmen der Besuchsvorbereitung
- Systematische und einheitliche Auswertung der Potenziale für die Kundentypologisierung (ABC-Analyse)
- Vorbereitung der Führungskräfte für Coachinggespräche mit den Betreuern zur Diskussion von Einzelkundenstrategien und der verbindlichen Vereinbarung von Aktivitätenzielen
- Begleitung des Planungsprozesses (z. B. die Planung der Ertragsziele im Rahmen der Bottom-up-Planung)
- Überprüfung der Zielerreichung im Rahmen des Vertriebscontrollings

Aufbau und Handhabung

Das *zeb/fk-potenzialanalyse.tool* berücksichtigt relevante institutsspezifische Gegebenheiten über eine Customizing-Funktion. Zielgrößen der Deckungsbeitragsrechnung differenziert nach Segmenten können ebenso hinterlegt werden wie die für die Potenzialermittlung anzuwendenden Margen und Stückpreise auf Ebene gewerblicher und privater Produktgruppen. Darüber hinaus können die für die Potenzialermittlung aus einzelnen Bilanz- und GuV-Positionen anzuwendenden Produktgruppen zentral eingegrenzt werden. So kann durch die Vertriebssteuerung festgelegt werden, ob z. B. primär Leasing oder Darlehensprodukte als Grundlage der Potenzialhebung aus dem Kfz-Anlagevermögen herangezogen werden sollen.

Bei der Ermittlung der Potenziale gibt das Tool konkrete Vertriebshinweise auf Basis der Bilanz- und GuV-Daten. So werden zum Beispiel aus den Angaben zum Forderungsbestand durchschnittliche Debitorenlaufzeiten ermittelt und mit üblichen Benchmarkwerten verglichen. Bei erhöhten Debitorenlaufzeiten generiert das System einen verbalen Hinweis für den Betreuer, das Thema Zahlungsziele und das Produkt Factoring beim Kunden aktiv anzusprechen. Neben diesem qualitativen Vertriebshinweis wird das *quantitative Potenzial* – das Factoringvolumen jenseits branchenüblicher Debitorenlaufzeiten – ermittelt. Der Betreuer ergänzt, soweit vorhanden, die Factoringvolumina des Kunden bei der eigenen Bank als „Potenzialausschöpfung" und erhält so das vorhandene Restpotenzial. In Verbindung mit dem hinterlegten Ertragsfaktor für das Produkt „Factoring" wird der durch die aktive Kundenansprache generierbare Ertrag ermittelt und kann zur Priorisierung der Produktansprache und zur Messung des Vertriebserfolgs herangezogen werden.

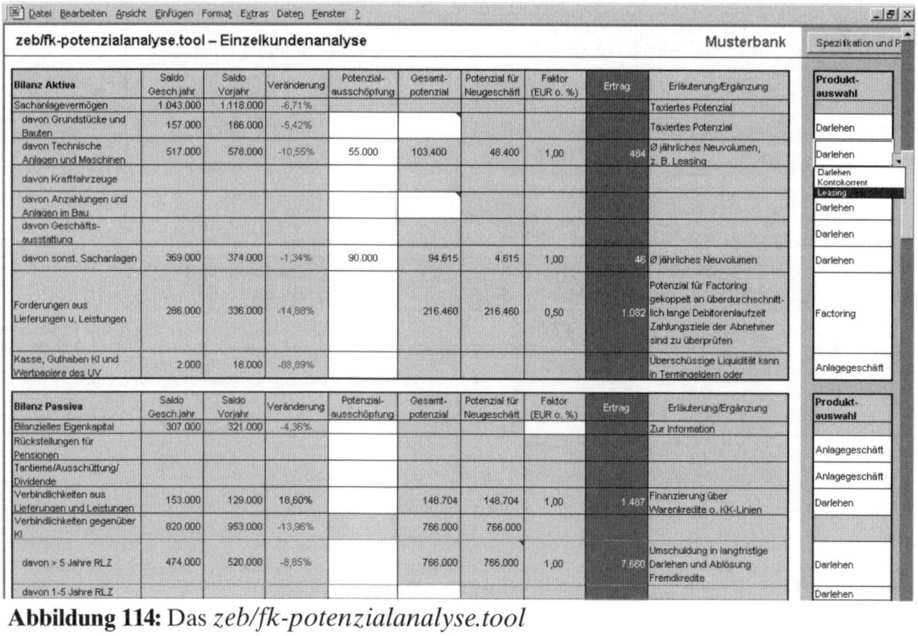

Bilanz Aktiva	Saldo Gesch.jahr	Saldo Vorjahr	Veränderung	Potenzial-ausschöpfung	Gesamt-potenzial	Potenzial für Neugeschäft	Faktor (EUR o. %)	Ertrag	Erläuterung/Ergänzung	Produkt-auswahl
Sachanlagevermögen	1.043.000	1.118.000	-6,71%						Taxiertes Potenzial	
davon Grundstücke und Bauten	157.000	166.000	-5,42%						Taxiertes Potenzial	Darlehen
davon Technische Anlagen und Maschinen	517.000	578.000	-10,55%	55.000	103.400	48.400	1,00	484	Ø jährliches Neuvolumen, z. B. Leasing	Darlehen
davon Kraftfahrzeuge										
davon Anzahlungen und Anlagen im Bau										Darlehen
davon Geschäfts-ausstattung										Darlehen
davon sonst. Sachanlagen	369.000	374.000	-1,34%	90.000	94.615	4.615	1,00	46	Ø jährliches Neuvolumen	Darlehen
Forderungen aus Lieferungen u. Leistungen	286.000	336.000	-14,88%		216.460	216.460	0,50	1.082	Potenzial für Factoring gekoppelt an überdurchschnittlich lange Debitorenlaufzeit Zahlungsziele der Abnehmer sind zu überprüfen	Factoring
Kasse, Guthaben KI und Wertpapiere des UV	2.000	18.000	-88,89%						Überschüssige Liquidität kann in Termingeldern oder	Anlagegeschäft

Bilanz Passiva	Saldo Gesch.jahr	Saldo Vorjahr	Veränderung	Potenzial-ausschöpfung	Gesamt-potenzial	Potenzial für Neugeschäft	Faktor (EUR o. %)	Ertrag	Erläuterung/Ergänzung	Produkt-auswahl
Bilanzielles Eigenkapital	307.000	321.000	-4,36%						Zur Information	
Rückstellungen für Pensionen										Anlagegeschäft
Tantieme/Ausschüttung/Dividende										Anlagegeschäft
Verbindlichkeiten aus Lieferungen und Leistungen	153.000	129.000	18,60%		148.704	148.704	1,00	1.487	Finanzierung über Warenkredite o. KK-Linien	Darlehen
Verbindlichkeiten gegenüber KI	820.000	953.000	-13,96%		766.000	766.000				
davon > 5 Jahre RLZ	474.000	520.000	-8,85%		766.000	766.000	1,00	7.660	Umschuldung in langfristige Darlehen und Ablösung Fremdkredite	Darlehen
davon 1-5 Jahre RLZ										Darlehen

Abbildung 114: Das *zeb/fk-potenzialanalyse.tool*

Das „Musterkundenportfolio" des DSGV

Ein weiteres Beispiel für eine methodisch unterstützte Potenzialeinschätzung liefert das Projekt *Musterkundenportfolios für die Firmen- und Gewerbekundenbetreuung* des Deutschen Sparkassen- und Giroverbandes. Mit diesem vertriebsunterstützenden Instrument soll die aktive und ganzheitliche Kundenansprache forciert und den Sparkassen ein Lösungsansatz zur nachhaltigen Steigerung der Vertriebskraft im mittelständischen Firmenkundengeschäft geboten werden.

Die Grundüberlegungen dieses Modells bilden zwei zentrale Fragen zum Nachfrageverhalten:
- Welche Firmenkunden nutzen welche Produkte?
- Von welchen Kriterien hängt die Produktnutzung ab?

Anhand kundenspezifischer Merkmale wie Branche, Firmenumsatz, Ratingklasse oder Unternehmensalter wird ein *vermuteter Bedarf* an Bankdienstleistungen ermittelt. Aufbauend auf bestimmten „Sachlogiken" (Experten-Know how) sowie anhand qualitativer Merkmale (z. B. bestimmter Unternehmertypus) wird für jeden Unternehmenskunden ein individuelles, maßgeschneidertes Soll-Produktportfolio abgeleitet. In diesem Sinn stellen Musterkundenportfolios eine *idealtypische Soll-Produktnutzung* eines gewerblichen Kunden aus ganzheitlicher Sicht dar.[9] Die Grundgedanken des Musterkundenportfolios sind in der Abbildung 115 überblicksartig dargestellt.

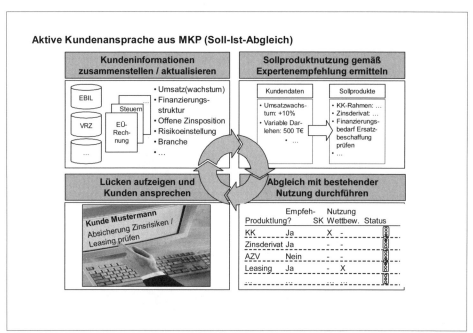

Abbildung 115: Grundkonzeption der Musterkundenportfolios
(Quelle: Deutscher Sparkassen- und Giroverband)

Folgende Beispiele mögen die prinzipielle Vorgehensweise im Musterkundenportfolio veranschaulichen:
- Ein einfacher Fall ist die Bedarfsermittlung nach einer *Nachfolgeberatung* im Zusammenhang mit der Unternehmernachfolge. Der Ausweis von Zielkunden für die Nachfolgeberatung wird über das Alter des Unternehmers und den Status der Nachfolgeberatung gesteuert. Je nach Status und geplantem Vorgehen zur Regelung der Nachfolge erhalten die Kundenbetreuer unterschiedliche Handlungsempfehlungen z. B. wenn ein Nachfolger gesucht wird den Hinweis auf eine Unternehmensdatenbank, die potenzielle Verkäufer und Käufer zusammenführt, oder auf die Möglichkeit des Management-Buy-Out/Management-Buy-In, sofern der Verkauf an Externe geplant ist. Die Erlöse aus dem Verkauf des Unternehmens werden direkt mit Hinweisen zur privaten Anlage des Unternehmens verknüpft.
- Das zweite Beispiel skizziert die Bedarfsermittlung hinsichtlich *Mezzaninfinanzierung*. Als Selektionskriterien für Zielkunden gelten das Unternehmensalter und die identifizierte Eigenkapitallücke. Auf diese Kriterien werden spezifische Risikofilter (ausreichendes Rating und positiver Cashflow) sowie ein Wachstumsfilter (Umsatzzuwachs der letzten Jahre > 10 %) angewendet. Die Bedarfsbestimmung erfolgt auf Grundlage der Eigenkapitallücke (Differenz aus aktueller Eigenkapital-Quote des Kunden zu branchenspezifischem Zielwert).

Auf diese Weise liefert das Musterkundenportfolio in Abhängigkeit von der spezifischen Unternehmenssituation (z. B. Branche, Phase im Unternehmens-Lebenszyklus) standardisierte und dennoch individuelle Produktempfehlungen für die Bereiche Finanzierungen, gewerbliche Anlagen, betriebliche Altersvorsorge, Versicherungen oder für die privaten Kundenbedürfnisse. In maschinell durchgeführten Soll-Ist-Abgleichen wird dann die tatsächliche Produktnutzung des Unternehmenskunden bei der Sparkasse (bzw. bei den -Verbundpartnern) mit dem Soll-Produktportfolio verglichen. Die ermittelten Lücken bei der Produktinanspruchnahme stellen somit das *unausgeschöpfte Vertriebspotenzial* dar.

Wenn bei einem Firmenkunden die definierten Parameter zutreffen erhalten die Kundenbetreuer automatisch einen Hinweis für Verkaufsansätze und gleichzeitig konkrete, auf die jeweiligen Kundenbedürfnisse passende Produktempfehlungen.

Diese automatisch generierte Potenzialanalyse enthält aber nicht nur Produktvorschläge, sondern auch präzise *Volumens- und Deckungsbeitragsgrößen*, was wiederum für die Vertriebssteuerung und das Vertriebscontrolling eine wertvolle Grundlage bildet.

In diesem Sinn stellt das Musterkundenportfolio nicht nur eine wertvolle Basis für einen ganzheitlichen Vertriebsansatz dar, sondern soll durch die *Standardisierung der Kundenanalyse* und durch eine zielgenauere Kundenansprache auch zu einer wesentlichen *Effizienzsteigerung* im Firmenkundenvertrieb beitragen.

2.6 Das kundenorientierte Beratungs- und Verkaufsgespräch

Aus Sicht des Firmenkunden sind Bankleistungen zumeist abstrakt, erklärungsbedürftig und vertrauensempfindlich. Auf Grund dieser Besonderheiten ist das direkte und *persönliche Kundengespräch* bei mittelständischen Firmenkunden zweifelsohne das wichtigste Instrument der *Kundenbindung* und *Geschäftsintensivierung*. Daher ist diese Phase des Vertriebsprozesses von entscheidender Bedeutung: Hier geht es um qualifizierte Beratung – und um *professionelles Verkaufen*. Neben einer gründlichen Vorbereitung hängt der Verkaufserfolg in hohem Ausmaß davon ab, *wie* d.h. mit welcher Qualität die Beratungs- und Verkaufsgespräche geführt werden. Neben dem sachlichen Know how und den *verkäuferischen Fähigkeiten* spielen in diesem Zusammenhang die *Sozialkompetenz* sowie die *Kommunikationsfähigkeit* des Firmenkundenbetreuers eine zentrale Rolle. Nur wer die elementaren Regeln der Gesprächsführung beherrscht, kann die „Kunst des Verkaufens" perfektionieren.[10] Dazu einige Grundgedanken:

Umfassende und individuelle Finanzberatung

Dem *kundenorientierten Verkäufer* geht es nicht um den kurzfristigen Erfolg („Hochdruckverkauf"), sondern um den Aufbau einer langfristigen, für beide Seiten Gewinn bringenden Geschäftsbeziehung.[11] Daher ist es erforderlich, im Rahmen des Kundengespräches die finanzielle Situation des Unternehmens gesamtheitlich und umfassend zu erörtern. Die derzeitige Liquidität, freie Kreditlinien, alternative Finanzierungsformen usw. sind ebenso von Interesse wie zukünftige Projekte und Vorhaben.

Eine umfassende *Finanzberatung* soll dem Unternehmer beispielsweise helfen,
– den Finanzbedarf für das Anlage- und Umlaufvermögen zu ermitteln
– die geplanten Unternehmensaktivitäten zu finanzieren
– eine für das Unternehmen günstige Kapitalstruktur zu erreichen
– kostengünstige Altersvorsorgemodelle zu realisieren
– Finanzüberschüsse optimal anzulegen
– die ständige Aufrechterhaltung der Liquidität zu gewährleisten
und damit finanziell flexibel zu bleiben.

Mit diesen Gedanken soll auch die *Individualität* der Beratung unterstrichen werden: Gefragt ist nicht der „Produktverkauf", sondern „maßgeschneiderte" Finanzkonzepte und individuelle Betreuung. Denn gerade im mittelständischen Firmenkundengeschäft gibt es keine „Fertigprodukte von der Stange". Die Leitlinie für diese Überlegungen ergibt sich aus folgender (sehr vereinfacht formulierten) Kurzformel:

Finanz-dienstleistung	=	Information Beratung Hilfestellung	bei der Lösung von Finanzproblemen

Motive und Bedürfnisse des Kunden erkennen

Kundenorientierung im Gespräch bedeutet Orientierung an den *Bedürfnissen* des Firmenkunden, die einen offenkundigen oder latenten *Bedarf* an Bankleistungen auslösen. Hinter einem Bedürfnis stehen tiefere Beweggründe für das Verhalten – die *Motive*: Sie entscheiden letztlich über den Kaufabschluss. So haben Firmenkunden vor allem folgende Kaufmotive:
– Gewinnmotiv
– Kostenmotiv
– Sicherheitsmotiv
– Statusmotiv
– Bequemlichkeitsmotiv

Mit Fragen zum Dialog

Fragen bieten die Chance, aus einem Gespräch einen echten *Dialog* zu machen. Wer Fragen stellt, der behält die Initiative beim Kundengespräch. Gezielte Fragen sind daher ein wichtiges Mittel, das Gespräch zu steuern und zu lenken. Denn wer fragt
– signalisiert Interesse an seinem Kunden
– ist ein aktiver Gesprächspartner
– aktiviert den Kunden
– erhält Informationen.

Fragen zielen auf Informationen ab, mit deren Hilfe neue Einsichten, Erkenntnisse und Meinungen des Kunden gewonnen werden. Je mehr der Betreuer fragt, umso mehr *Anhaltspunkte* erhält er für den Beratungs- und Verkaufsprozess.

Nutzen statt Produkte verkaufen

Kundenorientiertes Verkaufen bedeutet, dem Kunden die *Vorteile* aus der Nutzung bestimmter Bankleistungen *klar* vor Augen zu führen. Bankprodukte erzeugen beim Firmenkunden erst dann Interesse (und Zustimmung), wenn es dem Betreuer gelingt, die Produktmerkmale mit dem *Nutzen* zu verbinden, den der Unternehmer für sich daraus ziehen kann.

Hier unterscheidet sich der Durchschnittsverkäufer vom Profi. Beispiele aus anderen Branchen bringen dies sehr schön zum Ausdruck:

> „Der Durchschnittsverkäufer bietet seinen Kunden Kameras an.
> *Der Profi verkauft Bilder und Erinnerungen*".

> „Der Durchschnittsverkäufer bietet seinen Kunden Lebensversicherungen an.
> *Der Profi verkauft Sicherheit für die Familie*".

Diese Vergleiche haben auch im Firmenkundenvertrieb unmittelbare Gültigkeit. Denn Bankprodukte sind stets nur *Mittel*, damit der Kunde zu Vorteilen kommt. Ein Investitionskredit ist beispielsweise ein Beitrag zur Lösung eines Finanzierungsproblems – er ist für den Unternehmer ein Schritt zur Erreichung seiner Unternehmensziele. Das bedeutet:

> Nur was dem Kunden nützt, ist für ihn gut.
> Nur was dem Kunden nützt, wird er kaufen.

Die Erläuterung des Nutzens für den Kunden darf daher in keinem Beratungs- und Verkaufsgespräch fehlen. Der Nutzen muss Vorrang vor der Beschreibung der Produktmerkmale haben.

Rationalität und Emotionalität verbinden

In jedem Gespräch zwischen Unternehmer und Kundenbetreuer werden sowohl die fachlichen als auch die menschlichen Stärken und Schwächen der Verhandlungspartner eingebracht. Aus diesem Grund ist auch die Art der Kundenbeziehung vielschichtig; d.h.: Jedes Kundengespräch hat immer gleichzeitig eine rationale und eine emotionale Komponente.

Es gibt kein Gespräch mit einem Firmenkunden, das nur auf der Fachebene geführt wird. Die Kommunikation zwischen Unternehmer und Kundenbetreuer spielt sich sowohl auf der Inhaltsebene, als auch auf der *Beziehungsebene* ab. Gerade bei mittelständischen Firmenkunden entscheidet über die langfristige geschäftliche Beziehung häufig die auf der Beziehungsebene erreichte Qualität zwischen dem Betreuer und seinem Kunden. Der Unternehmer schätzt es, wenn er als Individuum und nicht nur als Kunde betrachtet wird. Auch bei Firmenkunden beeinflussen Emotionen die rationalen Entscheidungen.

Je mehr es daher dem Betreuer gelingt, zu seinem Kunden eine positive Beziehungsebene aufzubauen, desto größer ist die Chance, dass er nicht nur die formulierten, sondern auch die latenten Bedürfnisse erkennt und verkäuferisch nützen kann.

Kaufsignale und Cross Selling-Chancen erkennen

Nachdem dem Unternehmer die für seine Vorhaben und Ziele geeigneten Angebote erläutert wurden, kann *er* entscheiden. Der Betreuer soll ihn dabei unterstützen, indem er die Vorteile der ausgewählten Produkte kurz zusammenfasst. Auch so genannte Bestätigungsfragen dienen als Abschlussverstärker. Aus verkäuferischer Sicht ist es in diesem Zusammenhang wichtig, während des Gesprächs immer wieder auf (verbale oder nonverbale) *Kaufsignale* zu achten und gezielte Abschlussinitiativen zu setzen.

Die Abschlussphase ist auch gut geeignet, um Zusatzprodukte anzubieten. Durch eine gründliche Bedarfs- und Potenzialanalyse hat der Betreuer eine Vielzahl von Informationen und Ansatzpunkten erhalten, die er jetzt gezielt verwenden kann. Professionelles Verkaufen zeigt sich nun darin, wie erfolgreich Cross Selling-Ansätze umgesetzt werden können.[12] Andererseits ist aber auch darauf zu achten, dass sich der Kunde nicht überrumpelt fühlt. Auch hier gilt der Grundsatz: „Weniger ist mehr". Aggressiven oder aufdringlichen Verkauf sollte man auf alle Fälle vermeiden. „Hard Selling" führt – wie bereits erwähnt – zu kurzfristigen Verkaufsziffern, aber zu keinen langfristigen Kundenbeziehungen.

2.7 Konsequente Gesprächsdokumentation

Zu einem systematischen Vertriebsprozess gehört neben der gründlichen Gesprächsvorbereitung auch eine entsprechende *Gesprächsnachbearbeitung*. Um Informationsverluste zu vermeiden sollten die wesentlichsten *Ergebnisse* möglichst unmittelbar nach dem Kundengespräch schriftlich festgehalten werden.

Eine gute Gesprächsdokumentation

– schafft die Basis für die Planung der Folgemaßnahmen
– liefert Kontaktthemen („Aufhänger") für das nächste Kundengespräch
– erleichtert die Vorbereitung der Folgetermine.

In einem Gesprächsbericht sollten daher nicht nur die unmittelbaren Verkaufserfolge erfasst werden, sondern auch Hinweise darauf, für welche Themen bzw. Produkte der Kunde *Interesse* signalisiert hat. Aber auch *Zusatzinformationen,* die für den nächsten Kundenkontakt nützlich sind (wie z. B. Hobbys oder private Interessensgebiete), sollten festgehalten werden.[13]

Der Umfang der Gesprächsdokumentation wird unterschiedlich sein und unter anderem davon abhängen, ob es sich um ein ausführliches Unternehmergespräch (z. B. Business Check, Ratingdialog) oder um einen kurzen (persönlichen oder telefonischen) Kundenkontakt gehandelt hat. Auch die Intensität der bisherigen Kundenbeziehung wird eine Rolle spielen, denn davon ist es abhängig, wie gut der Betreuer den Kunden schon kennt bzw. welche Informationen bereits dokumentiert sind. Unter diesem Aspekt kann man zwischen

- Gesprächsnotizen und
- Gesprächsberichten (Besuchsberichten)

unterscheiden.

Um den Firmenkundenbetreuern die Arbeit zu erleichtern, ist für die Dokumentationen eine effiziente *EDV-Unterstützung* sehr wesentlich. Dabei sollte die Handhabung für die diversen Eingaben möglichst einfach und nicht zu zeitaufwändig sein. Weiters muss gewährleistet sein, dass man die im Laufe der Zeit gespeicherten Informationen beim Kunden schnell und übersichtlich wiederfindet. Für ein effizientes Zeitmanagement ist es notwendig, auch die *Terminevidenzen* EDV-mäßig zu erfassen. Dadurch erhält der Kundenbetreuer einige Tage vor dem geplanten Folgetermin eine automatische Erinnerung auf seiner „To Do-Liste" und damit einen rechtzeitigen Anstoß für die Vorbereitung des nächsten Kundenkontaktes.

2.7.1 Praxisbeispiel „Gesprächsnotiz"

Ein Beispiel für eine EDV-mäßig erstellte Gesprächsnotiz zeigt die folgende Abbildung:

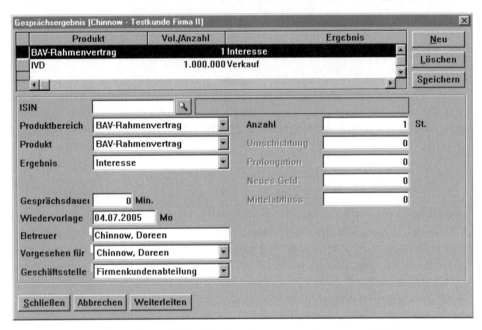

Abbildung 116: „Gesprächsnotiz" im Kunden-Betreuungs-Programm (KBP)
(Quelle: Hamburger Sparkasse/ORGAPLAN)

Es ist dies ein Element des Vertriebsinformationssystems „*Kunden-Betreuungs-Programm (KBP)*", das von mehreren deutschen Sparkassen verwendet wird. Damit alle vertriebsrelevanten Informationen in der sog. „elektronischen Kundenakte" hinterlegt werden können, gibt es die Möglichkeit, sämtliche *Gesprächsnotizen* EDV-mäßig zu erfassen. Zu diesem Zweck befindet sich in der Übersicht bei den Kundenstammdaten das Register „Gesprächsnotiz", in dem die Kundenkontakte dokumentiert werden können.

Üblicherweise werden bei einer Gesprächsnotiz folgende Inhalte gespeichert:
– Datum der Gesprächsnotiz
– Gesprächsthema (Prägnante Schlagworte)
– Dokumentation des Gespräches (betreuungsrelevante Inhalte)
– Beteiligte Personen
– Gesprächsart (z. B. Gespräch im Unternehmen, Telefonat)

- Gesprächsinitiative (z. B. Bringgeschäft, Holgeschäft)
- Wiedervorlagedatum

Für die Erfassung der bei einem Kundenkontakt erzielten produktbezogenen Ergebnisse gibt es im Register „Gesprächsnotiz" einen Verzweigungsschalter „Ergebnis". Hier werden das entsprechende Produkt (bzw. Produktbereich) sowie das Gesprächsergebnis (z. B. Verkauf/Interesse/kein Bedarf) dokumentiert.

Die lückenlose Speicherung der Kundenkontakte bildet die Grundlage für die Erstellung einer *Kontakthistorie*, d.h. der Kundenbetreuer findet alle beim Kunden hinterlegten Gesprächsnotizen chronologisch geordnet. Weiters hat er die Möglichkeit, alle Notizen auch nach Gesprächskategorien zu ordnen.

2.7.2 Praxisbeispiel „Kundenbericht"

Das Beispiel für eine umfassende Dokumentation stammt aus dem EDV-Programm *„Kundenportfoliomanager"* (KPM). KPM bietet zur Besuchsvor- und -nachbereitung Kundenberichte, wobei vom Umfang her zwischen „kurzer Bericht"/„mittlerer Bericht"/„ausführlicher Bericht" ausgewählt werden kann, deren Inhalt und Umfang individuell konfiguriert werden können. Daneben gibt es standardisierte Berichts-Layouts für die am häufigsten vorkommenden Anlässe.

Auf diese Weise kann die sonst mitunter sehr zeitaufwändige Gesprächsvorbereitung stark verkürzt werden, womit erreicht werden soll, dass Kundentermine gründlicher als bisher vorbereitet werden. Das zentrale Berichtsmodul steht auch Fachbetreuern anderer Abteilungen zur Verfügung, sodass diese sich schnell einen Überblick über einen Kunden verschaffen können, den sie auf ihrem speziellen Fachgebiet beraten. Die elektronisch erstellten Berichte können im pdf-Format gedruckt oder als pdf-Datei versandt werden.

Einen Ausschnitt aus dem Kundenbericht im KPM zeigt die Abbildung 117:

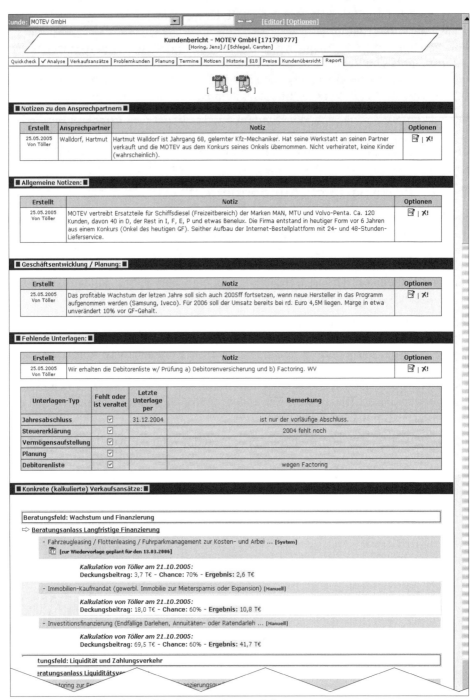

Abbildung 117: Kundenbericht im „Kundenportfoliomanager"
(Quelle: H&T Software GmbH)

2.8 Nachbetreuung: After Sales-Service

Ein systematischer Vertriebsprozess darf keinesfalls nur auf den Verkaufsabschluss im engeren Sinn reduziert werden. Vielmehr muss nach dem Verkauf eines Bankproduktes eine systematische *Nachbetreuung* erfolgen. Im Sinne eines konsequenten Relationship Banking soll durch einen regelmäßigen *After Sales-Service*[14] sichergestellt werden, dass der Kunde mit der in Anspruch genommenen Bankleistung zufrieden ist und der angestrebte Mehrwert auch realisiert wird.

Ted Levitt bringt in diesem Zusammenhang folgenden Vergleich:

> *„Der Geschäftsabschluss*
> *ist lediglich das Ende der ‚Brautwerbung',*
> *an die die Ehe anschließt.*
> *Wie gut die Ehe wird,*
> *hängt davon ab,*
> *wie sie der Verkäufer gestaltet".*

Ein Beispiel für eine *aktive Kundenpflege* ist das *Betreuungstelefonat*.[15]

Sehr viele Telefongespräche mit Firmenkunden haben reinen Bearbeitungscharakter: Es werden fehlende Bilanzen, Unterlagen, Unterschriften usw. eingefordert. Solche Telefonate wirken auf den Kunden eher „verwaltungsorientiert". Umso wirkungsvoller ist ein Anruf mit positivem Anlass, gleichsam „ohne erkennbaren Grund" (aus Sicht des Kunden) – eben ein reines *Betreuungs*telefonat. Nach der erfolgreich abgeschlossenen Finanzierung einer neuen Maschine ruft der Betreuer den Unternehmer an und erkundigt sich, wie der neue Produktionsprozess läuft oder nach der Zufriedenheit bei der Abwicklung dieser Investitionsfinanzierung.

In den meisten Fällen werden die Firmenkunden von dieser Art der Betreuung angenehm überrascht sein. An solche Gespräche werden sie sich gerne erinnern – sie wirken positiv nach.

Das vorrangige Ziel einer systematischen Nachbetreuung heißt daher: Die *Bindung* des Firmenkunden an das Institut *festigen*, *sichern* und *verstärken*. Durch ein nachhaltiges After-Sales-Service sollen die eigenen Kunden gegen Abwerbungsversuche anderer Kreditinstitute immunisiert werden. Für eine *regelmäßige Kontaktpflege* sind für die einzelnen Kundensegmente eigene *Betreuungsstandards* festzulegen, wobei folgende Fragen von Relevanz sind:

1. Wann können die Firmenkunden angesprochen werden?
   Betreuungsanlässe
2. Wie kann der Kontakt hergestellt werden?
   Möglichkeiten der Kundenansprache
3. Wie oft soll der Kunde kontaktiert werden?
   Betreuungsintensität

Die Art der follow up-Aktivitäten umfasst ein breites Spektrum, wie zum Beispiel
- Einladung zu Kundenveranstaltungen
- Zusendung aktueller Produktinformationen
- Übermittlung von Kundenbroschüren
- Zurverfügungstellung von Branchenberichten
- Einladung zum Geschäftsessen
- Betriebsbesichtigung
- usw.

Derartige Kontakte stärken nicht nur die Kundenbindung, sondern liefern auch Signale für das Anbieten neuer Bankleistungen und können damit den Ausgangspunkt für einen erneuten Vertriebsprozess bilden. Wertvolle Unterstützung für eine effiziente Kundenbetreuung bietet ein EDV-gestütztes *Kontakt- und Terminsteuerungssystem*. Durch so genannte „To Do-Listen" erhält der Betreuer eine EDV-mäßige Unterstützung seiner Terminevidenzen (z. B. ablaufende Produkte), wodurch die *Planung der Kundenkontakte* erleichtert wird.

Fasst man diese Gedanken zusammen, so erhält man folgende „Erfolgsformel":

▶ Umfassende Kundenbetreuung führt zu Kundenzufriedenheit und Kundenbindung.
▶ Kundenbindung ermöglicht Geschäftsausweitung und Geschäftsintensivierung.
▶ Geschäftsintensivierung bringt höhere Deckungsbeiträge.

Laufende Kreditüberwachung

Im Hinblick auf die Besonderheiten der Kreditfinanzierung bei mittelständischen Firmenkunden spielt bei der Kundenbetreuung auch das Thema *„Kreditüberwachung"* eine große Rolle. In einem sich immer rascher ändernden wirtschaftlichen Umfeld können selbst erfolgreiche Unternehmen innerhalb relativ kurzer Zeit in wirtschaftliche Schwierigkeiten geraten.

Zur *Reduzierung der Risikokosten* ist es daher notwendig, die Bonität des Kunden nicht nur vor der Kreditzusage zu prüfen, sondern auch *während der Kreditlaufzeit* systematisch zu überwachen. Risikooptimierende Firmenkundenbetreuung bedeutet daher, Risiken möglichst frühzeitig zu erkennen, damit noch genug Zeit für Gegensteuerungsmaßnahmen bleibt.

Dabei kann man grundsätzlich zwischen anlassbezogener und nicht anlassbezogener Überwachung unterscheiden.

Vielfach tritt der Kunde während der Laufzeit eines Krediten mit einem bestimmten Wunsch an die Bank heran. Dabei handelt es sich beispielsweise um folgende Entscheidungssituationen:

- Kreditprolongation
- Kreditaufstockung
- Überziehung
- Konditionenentscheidungen
- Änderung der Rückzahlungsart
- Stundungen
- Sicherheitentausch
- Sicherheitenfreigabe
- usw.

Jede dieser Entscheidungssituationen bildet einen Anlass zu einer eingehenden Analyse der Kreditbeziehung mit dem Ziel, eventuell vorhandene „Frühwarnsignale" aufzuspüren.

Das Wesen der *nicht anlassbezogenen Kreditüberwachung* besteht darin, dass es keinen vom Kunden initiierten Anlass zur Überprüfung des bestehenden Engagements gibt. Der Kundenbetreuer wird hier mit Hilfe eines *EDV-gestützten Frühwarnsystems* auf Bonitätsverschlechterungen aufmerksam gemacht. Dabei werden die kritischen Kreditengagements mit Hilfe von *EDV-gestützten Frühwarnindikatoren* erfasst.[16]

2.9 Vertriebs-Controlling

Eine strukturierte Vorgehensweise im Vertrieb ist ein permanenter *Lernprozess*. Basis hierfür ist ein systematischer Informations- und *Controllingprozess*. Sowohl der Firmenkundenbetreuer selbst als auch die für den Vertrieb verantwortlichen Führungskräfte benötigen in regelmäßigen Abständen eine transparente *Standortbestimmung*.

Im Mittelpunkt des *Verkaufs-* und *Vertriebscontrollings* steht die Frage, inwieweit die in der Vertriebsplanung erarbeiteten Ziele erreicht wurden. Wie bereits im Kapitel IV dargestellt, können prinzipiell zwei Controllingbereiche unterschieden werden:
- das Maßnahmencontrolling
- das Ergebniscontrolling

Damit soll die Qualität des Vertriebsprozesses sichergestellt und weiterentwickelt werden.

3. Strukturierte Beratungshilfen

Eine wichtige Voraussetzung für eine ganzheitliche und bedarfsorientierte Beratung ist eine Systematisierung der Bedürfnisanalyse und ein systematischer Gesprächsaufbau. Um dies zu erreichen, sind *strukturierte Beratungshilfen* für die Kundenbetreuer zweckmäßig. Im Folgenden werden einige erfolgreiche Beispiele aus dem Firmenkundengeschäft vorgestellt.

3.1 „Business Check"

Das erste Beispiel stammt aus der österreichischen Sparkassengruppe, die für die Gespräche mit Firmenkunden eine zukunftsorientierte Analyse- und Beratungsunterlage mit der Bezeichnung „*Business Check*" entwickelt hat.[17] Mit diesem Instrument soll der Unternehmer gemeinsam mit dem Firmenkundenbetreuer seinen eigenen Betrieb kritisch durchleuchten. Das Ergebnis bildet der sog. „*Strategiestern*", der ein Stärken-Schwächen-Profil des Betriebes zeigt. Darauf aufbauend sollen jene Bereiche herausgearbeitet werden, in denen die Bank mit ihren Leistungen Unterstützung und Hilfestellung bieten kann *(„Bedarfsbereiche aufspüren")*.

3.1.1 „Marktbezogene" und „betriebsinterne" Unternehmensbereiche

Damit alle wesentlichen Unternehmensbereiche erfasst werden, beinhaltet der Strategiestern vier „*marktbezogene*" sowie vier „*betriebsinterne*" Unternehmensbereiche:

- „*Die Zielmärkte*" geben Auskunft über die Marktstruktur sowie über die Marktposition des Unternehmens. Gleichzeitig werden die Erwartungen hinsichtlich der zukünftigen Marktentwicklung hinterfragt.
- Im Bereich „*Kommunikation*" wird erfasst, mit welchen Marketing- und Werbemaßnahmen der Markt bearbeitet wird. Von Interesse ist auch, die eigenen Marketingstrategien mit jenen der Konkurrenz zu vergleichen.
- Um die Produkte und Dienstleistungen am Markt abzusetzen, bedarf es einer entsprechenden Vertriebsorganisation (Vertreter, Filialen, Großhändler usw.). Im Analysebereich „*Vertrieb*" wird daher besprochen, wie die Produkte verkauft werden.
- Ziel der zu „*Produkten und Dienstleistungen*" gestellten Fragen ist es, den Nutzen der angebotenen Produkte und Dienstleistungen für die Kunden festzustellen. Dabei gilt es, die Vorteile und Unterscheidungsmerkmale gegenüber den Konkurrenzprodukten herauszuarbeiten.
- Beim Punkt „*Unternehmensziele*" soll der Unternehmer aus Visionen und Idealvorstellungen konkrete Unternehmensziele formulieren und Strategien zur Zielerreichung ableiten.
- Beim „*Management*" wird durchleuchtet, ob im Unternehmen klare Verantwortungsbereiche definiert sind. Außerdem ist in diesem Zusammenhang von Interesse, wie Zielvereinbarungen umgesetzt und kontrolliert werden.
- Im Bereich „*Betrieb*" werden einerseits die technische Ausstattung des Betriebes (z. B. Maschinenpark) und andererseits die Verwaltungs- und Arbeitsabläufe hinterfragt.
- Der Unternehmer soll die „*Erträge*" des Betriebes selbst einschätzen sowie die Ergebnisse der einzelnen Produkte und Dienstleistungen darstellen.

3.1.2 Aufbau der Kundenunterlage

Für das Strategiegespräch wird eine strukturierte Kundenunterlage mit der Bezeichnung *„Business Check"* verwendet, die vier Abschnitte umfasst:
a) Beschreibung der Ziele des Strategiesterns
b) Analysebereiche
c) Bedarfsbereiche und Leistungsangebot
d) Persönlicher Strategiestern
   (Ergebnis der Zuordnung durch den Kunden)

Für jeden der acht Analysebereiche ist eine eigene Seite vorgesehen, die nach folgender Systematik aufgebaut ist:

- Kurzdefinition des Unternehmensbereiches
- Fragen an den Unternehmer
- Zuordnungsfelder für die Eigenbewertung
- Anmerkungen für den Kundenbetreuer

Die Abbildung 118 zeigt beispielhaft das Analyseblatt für den Bereich „Zielmärkte".

Wie aus der Abbildung ersichtlich ist, erfolgt die Bewertung der jeweiligen Unternehmensbereiche auf einer *fünfstufigen Skala*. Die Zuordnung erfolgt nun in der Weise, dass dem Unternehmer für seine Einschätzung fünf Formulierungen vorgegeben sind, die qualitative Unterschiede (von *„optimal"* bis *„noch viel Potenzial"*) ausdrücken.

Abbildung 118: Ausschnitt aus dem Business Check (Analyseblatt „Zielmärkte")

3.1.3 Das Gespräch mit dem Unternehmer

Wie bereits erwähnt, wird der Strategiestern vom Unternehmer gemeinsam mit dem Kundenbetreuer erarbeitet. Dabei hat die Praxis gezeigt, wie wichtig es ist, im Kundengespräch systematisch und nach einem *fixierten Ablauf* vorzugehen. Nachdem der Firmenkunde für das Strategiegespräch motiviert wurde (Zielsetzungen erklären und „Neugierde wecken"), erfolgt das Gespräch nach folgender Struktur:

1. Dem Unternehmer den Gesprächsablauf erläutern
2. Das Strategiegespräch durchführen
3. Gesprächsergebnisse auf dem Stern präsentieren (Visualisierung)
4. „Überleitungsfragen" für den Verkauf stellen
5. Bedarfsbereiche des Kunden herausarbeiten
6. Produktangebot

Der Firmenkundenbetreuer *moderiert* das Gespräch – ohne aber zu werten.

Die Bewertungsskala ist durch fünf konzentrische Kreise dargestellt, die durch die acht Unternehmensbereiche unterteilt sind. Die Einstufung bei den einzelnen Themenbereichen erfolgt durch den Unternehmer selbst. Mit der Visualisierung fertigt er sich sein eigenes Gesprächsprotokoll an, das seine Meinung widerspiegelt. Der „Strategiestern" ist also das Ergebnis des Kunden und liefert als „Stärken-Schwächen-Profil" wertvolle Ansatzpunkte für eine detaillierte Betrachtung einzelner Positionen und für weiterführende Fragen, die wiederum für die anschließende Bedarfsanalyse wichtig sind.

Abbildung 119: Visualisierung der Gesprächsergebnisse im Strategiestern

Ein Beispiel eines ausgefüllten Strategiesterns zeigt die obenstehende Abbildung.

3.1.4 Verkaufsansätze aufspüren

Ein wesentliches Ziel des Business Check-Gespräches besteht darin, *Geschäftspotenziale aufzuspüren* und in der Folge *Verkaufsabschlüsse* zu tätigen. Eine der wichtigsten Voraussetzungen dabei ist eine *detaillierte Bedarfsermittlung:* „Welche Bedürfnisse hat der Unternehmer?" und „Was braucht er momentan wirklich?" lauten die zentralen Fragestellungen.

Der Business Check mit dem Strategiegespräch bildet somit eine wahre „Fundgrube" für vertriebsorientierte Anhaltspunkte. Durch das Strategiegespräch soll der Unternehmer
- die *Stärken und Potenziale* seines Betriebes möglichst objektiv einschätzen und dadurch
- gleichzeitig *den eigenen Bedarf* für bestimmte Bankprodukte erkennen.

Die Verkaufsphilosophie mit dem Strategiestern lautet daher:

> *Nicht verkaufen durch den Betreuer,*
> *sondern den Kunden zum Kauf motivieren!*

Im Strategiegespräch muss der Firmenkundenbetreuer daher besonders auf die Beantwortung der einzelnen *Detailfragen* bei den Analysebereichen achten. Denn nicht die Bewertung der einzelnen Unternehmensbereiche, sondern die *Antworten* des Unternehmers im Gespräch liefern die Ansatzpunkte für den Verkauf.

Auf Grund der Antworten bzw. Bemerkungen des Kunden während des Strategiegesprächs stellt der Betreuer nach der Visualisierung der Gesprächsergebnisse auf dem Stern die „*Überleitungsfragen in den Verkauf*". Mit dieser Vorgehensweise hat der Kundenbetreuer die Brücke vom individuellen Kundenwunsch zum konkreten Leistungsangebot geschlagen. Jetzt ist er in der Lage, dem Unternehmer *individuelle Angebote* zu unterbreiten, die seinen Wünschen und Vorstellungen *tatsächlich* entsprechen.

Zur Unterstützung für die Gesprächsführung sind dazu in der Kundenunterlage Checklisten enthalten, die nach folgenden Gesichtspunkten gegliedert sind:
a) „Ihre Bedarfsbereiche sind:"
b) „Um Ihre Ziele zu erreichen, haben Sie Bedarf an."
c) „Unser umfangreiches Leistungsangebot steht Ihnen zur Verfügung."
Einen Ausschnitt aus dieser Leistungsübersicht zeigt die Abbildung 120.

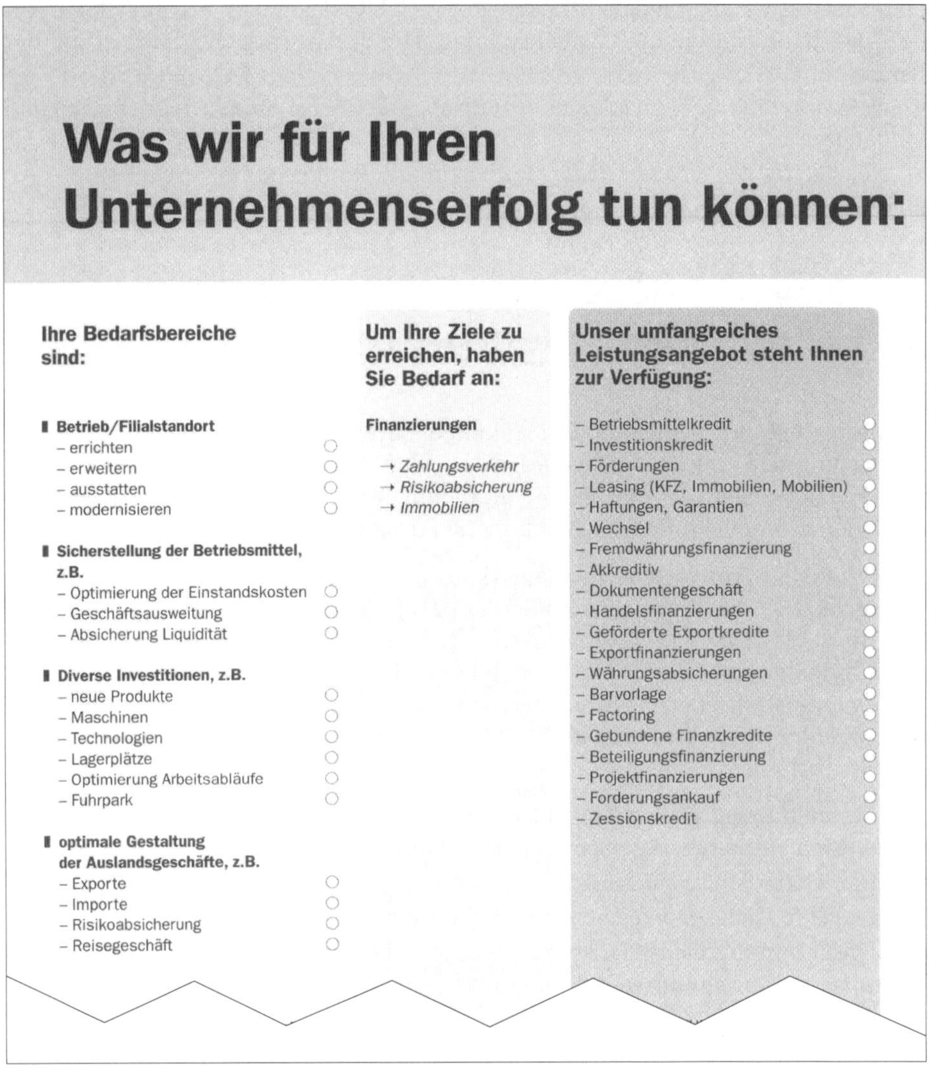

Was wir für Ihren Unternehmenserfolg tun können:

Ihre Bedarfsbereiche sind:

- **Betrieb/Filialstandort**
  - errichten
  - erweitern
  - ausstatten
  - modernisieren

- **Sicherstellung der Betriebsmittel, z.B.**
  - Optimierung der Einstandskosten
  - Geschäftsausweitung
  - Absicherung Liquidität

- **Diverse Investitionen, z.B.**
  - neue Produkte
  - Maschinen
  - Technologien
  - Lagerplätze
  - Optimierung Arbeitsabläufe
  - Fuhrpark

- **optimale Gestaltung der Auslandsgeschäfte, z.B.**
  - Exporte
  - Importe
  - Risikoabsicherung
  - Reisegeschäft

Um Ihre Ziele zu erreichen, haben Sie Bedarf an:

Finanzierungen
→ Zahlungsverkehr
→ Risikoabsicherung
→ Immobilien

Unser umfangreiches Leistungsangebot steht Ihnen zur Verfügung:

- Betriebsmittelkredit
- Investitionskredit
- Förderungen
- Leasing (KFZ, Immobilien, Mobilien)
- Haftungen, Garantien
- Wechsel
- Fremdwährungsfinanzierung
- Akkreditiv
- Dokumentengeschäft
- Handelsfinanzierungen
- Geförderte Exportkredite
- Exportfinanzierungen
- Währungsabsicherungen
- Barvorlage
- Factoring
- Gebundene Finanzkredite
- Beteiligungsfinanzierung
- Projektfinanzierungen
- Forderungsankauf
- Zessionskredit

Abbildung 120: Bedarfsbereiche und Leistungsangebot (Ausschnitt)

Aus Sicht der *Bank* ist das Strategiegespräch zweifelsohne auch ein Weg zur Ertragssteigerung. Dieser Weg kann aber nur dann erfolgreich beschritten werden, wenn der *Kunde* einen für ihn sichtbaren Nutzen erlebt und das Instrument von den *Betreuern* auch akzeptiert wird.

Der größte Erfolg wird somit dann erzielt, wenn der Firmenkundenbetreuer erkennt, dass er mit dem Einsatz des Business Checks selbst erfolgreicher wird und gleichzeitig den Anforderungen der mittelständischen Kunden und des Bankbetriebes noch besser gerecht wird.

3.2 Verkaufssystem „BBS"

3.2.1 „Beratung und Betreuung mit System" der Haspa

Das zweite Praxisbeispiel für eine strukturierte Vorgehensweise beim Beratungs- und Verkaufsgespräch stammt von der Hamburger Sparkasse (Haspa). Dort arbeiten die Firmenkundenbetreuer seit 2001 mit einem von der Beratungsfirma *Gerhard Wonney*[18] (Böblingen) entwickelten Beratungs- und Verkaufssystem, das die Bezeichnung *„Beratung und Betreuung mit System"* (BBS) trägt.

BBS ist eine ganzheitliche Vertriebslösung mit integrierten Qualitätsstandards und vernetztem Verkaufscoaching. Bereits mit der Namensgebung sollen die Grundprinzipien des BBS zum Ausdruck gebracht werden:
- Verkaufserfolg mit System
- Kundenanalyse mit System
- Kundenansprache mit System

So wie beim Business Check steht auch hier ein ganzheitlicher Beratungsansatz im Mittelpunkt der Konzeption. Für eine systematische Bedarfsanalyse enthält das BBS sieben Schlüsselfragen:
– Was ist dem Kunden wichtig?
– Was plant der Kunde?
– In welchen Zeiträumen plant der Kunde?
– In welchem Umfang plant der Kunde?
– Wer ist Entscheidungsträger im Unternehmen?
– Welche Produkte der Haspa nutzt der Kunde bereits?
– Welche Produkte nutzt der Kunde bei anderen Instituten?

Die Ergebnisse der Analyse werden für jedes Bedürfnisfeld auf einem Erfassungsbogen dokumentiert und im EDV-System mit Zustimmung des Kunden hinterlegt. Das alles geschieht immer im Hinblick auf die generelle Zielsetzung einerseits kundenorientiert zu beraten und andererseits die Cross Selling-Quote zu verbessern.

Die Strukturierung des Kundengespräches und damit auch die Kundenunterlagen erfolgt in drei Ebenen:
- Partnerschaftsebene
- Erste Bedürfnisebene
- Zweite Bedürfnisebene

3.2.2 Partnerschaftsebene

Das BBS geht von der Grundüberlegung aus, dass ein wesentlicher Schlüssel zum Verkaufserfolg darin liegt, die Denkwelt des Firmenkunden zu verstehen. Nur wenn der Betreuer die Ziele, Pläne und Wünsche der Unternehmer kennt, kann er maßgeschneiderte Lösungen und individuelle Produktangebote entwickeln. Daneben ist es für den Aufbau einer langfristigen Kundenbeziehung wichtig zu wissen, worauf der Kunde Wert legt, d.h. was für ihn bei der Zusammenarbeit mit dem Kreditinstitut wirklich wichtig ist.

Diese Gedanken werden im BBS auf der Partnerschaftsebene angesprochen, die beispielsweise folgende Botschaften bzw. Informationen enthält:
- „Bei uns steht der Kunde mit seinen Wünschen, Plänen und Zielen im Mittelpunkt."
- „Unser Konzept für Sie"
- „Unsere Zusammenarbeit mit Ihnen"
- „Unser Erfolgsweg für Sie"
- „Betreuung aus einer Hand"

Abbildung 121: BBS – Partnerschaftsebene

Mit diesen Elementen soll klar zum Ausdruck gebracht werden, dass die oberste Zielsetzung des BBS die Steigerung des Kundenerfolgs ist. Gleichzeitig werden hier die Eckpfeiler und Spielregeln für eine partnerschaftliche Zusammenarbeit offen angesprochen und festgelegt. Bereits in dieser Phase des Gesprächs erhält der Firmenkundenbetreuer wichtige Informationen vom Kunden (zum Beispiel über dessen familiären Hintergrund) oder bespricht die Bekanntheit und das Nutzungsinteresse der konzernverbundenen Partner.

3.2.3 Erste und zweite Bedürfnisebene

Die *erste Bedürfnisebene* ist in acht Bedürfnisfelder aufgeteilt und bildet die gesamte „Kundenwelt" ab. Die optische Aufbereitung im BBS erfolgt in Form von bunten Kugeln, wobei jedem Bedürfnisfeld eine eigene Farbe zugeordnet ist. Auf diese Weise entsteht ein visuelles Navigationssystem (siehe Abbildung 122). Diese durchgängige Konzeption ist daher eine ansprechende Kundenunterlage und gleichzeitig eine Beratungshilfe für den Betreuer, der auf diese Weise einen „roten Faden" für seine Gesprächsführung erhält.

Die erste Bedürfnisebene umfasst folgende Bereiche:

- Finanzierungsstrategie
- Unternehmensstrategie
- Private Finanz- und Zukunftsplanung
- Risikomanagement
- Existenz- und Firmengründung
- Auslandsgeschäft
- Kontoservice
- Anlage- und Vermögensplanung

Abbildung 122: BBS – Bedürfnisebene

Diese Bedürfnisfelder werden in der *zweiten Bedürfnisebene* spezifiziert und konkretisiert. So werden beispielsweise im Bereich Finanzierungsstrategie (erste Ebene) folgende Themen detailliert erörtert (zweite Ebene):
- Investitionsplanung
- Eigenfinanzierung
- Fremdfinanzierung
- Liquiditätsplanung
- Absicherung

3.2.4 Durch Vernetzung der Lösungsfelder Mehrwert schaffen

Das Wesen einer ganzheitlichen Beratung besteht darin, dass nicht der (isolierte) Produktverkauf, sondern die umfassende Problemlösung im Mittelpunkt steht. Der Mehrwert dieses Beratungsansatzes wird dem Firmenkunden durch die sichtbare und nachvollziehbare Vernetzung der Lösungsfelder deutlich. Mit dieser Vorgehensweise und mit der Art der Gestaltung erlebt der Unternehmer das BBS gleichsam als „Navigationssystem durch sein finanzielles Leben".

Wie eng die einzelnen Themenbereiche miteinander verzahnt sind, zeigt folgendes Beispiel: Die Aufnahme eines neuen Produktes in die Produktpalette eines Betriebes ist zweifelsohne eine wichtige geschäftspolitische Entscheidung (Bereich „Unternehmensstrategie"). Die dafür erforderlichen Investitionen für die neue Produktserie lösen einen Finanzierungsbedarf aus, den es zu decken gilt (Bereich „Finanzierungsstrategie). Schließlich gilt es die mit diesen Entscheidungen verbundenen Risiken zu reduzieren (Bereich „Risikomanagement").

Derartige Zusammenhänge und Vernetzungen sollen dem Kunden mit Hilfe des BBS deutlich und sichtbar gemacht werden. Gleichzeitig ist das eine wertvolle Chance, systematisch Cross Selling-Ansätze

Abbildung 123: BBS – Vernetzung der Bedürfnisfelder

aufzuspüren und Kundenlösungen vernetzt zu verkaufen. Das Ende des Gespräches ist daher gekennzeichnet durch die Vereinbarung eines *Betreuungsplans* und der damit möglicherweise verbundenen neuen Terminvereinbarung. Hier werden vom Firmenkundenbetreuer jene Punkte vorbereitet und besprochen, die im Erstgespräch noch offen geblieben sind.

Das BBS-Verkaufssystem kann grundsätzlich in *jeder* Beratungssituation angewendet werden, nicht nur bei Strategie- oder Ratinggesprächen. Es ist so flexibel aufgebaut, dass in einem Beratungsgespräch entweder alle „Kugeln" als Komplettanalyse, oder nur eine oder zwei „Kugeln" bei speziellen Bedürfnissen des Kunden behandelt werden. Außerdem ist mit diesem Instrument die optimale Vernetzung zur privaten Finanz- und Zukunftsplanung des Unternehmers möglich.

3.2.5 EDV-Unterstützung

Das Medium EDV zur Unterstützung des Betreuungsprozesses mittels BBS bildet die Vertriebssoftware „*Kunden-Betreuungs-Programm*" (KBP) sowie die „*Beratermappe Online.*" In dieser IT-gestützten Beratermappe findet der Kundenbetreuer alle wichtigen Infos für den Markt und die Kundenbetreuung wie zum Beispiel Kundenunterlagen, diverse Ansprechpartner, Konditionenübersichten usw. Auch in diesem Instrument findet sich die BBS-Systematik (z. B. Bedarfsfelder, Farbsymbolik) wieder und bildet damit die Basis für die Struktur der Beratermappe Online.

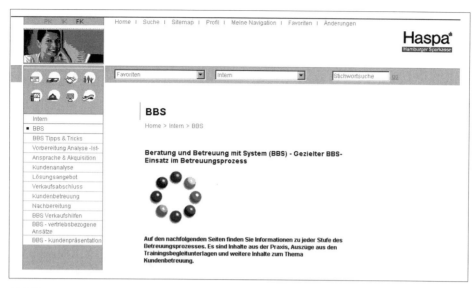

Abbildung 124: Beratermappe Online – BBS-Einstiegsseite
(Quelle: Hamburger Sparkasse)

Für jede Phase der Kundenberatung nach der BBS-Systematik findet der Kundenbetreuer entsprechende Informationen und Tipps für die Gesprächsvorbereitung, die Kundenanalyse, Verkaufsansätze usw. Die wesentlichen Inhalte der Kundengespräche werden im KBP mit Hilfe der Vorlage *„Gesprächsnotiz"* erfasst (siehe Abbildung 116). Der Aufbau folgt auch hier der BBS-Logik mit den verschiedenen Ebenen und den Bedürfnisfeldern. Für jedes Bedürfnisfeld („Kugel") wird eine eigene Gesprächsnotiz erstellt (siehe Abbildung 125). Die Erfassung der konkreten Gesprächsergebnisse (z. B. „Interesse des Kunden", „Produktabschluss" oder „kein Bedarf") erfolgt mit einer separaten Eingabemaske.

Auf diese Weise werden alle im Rahmen des BBS erhobenen Daten und Informationen in *einem* EDV-System (nämlich KBP) erfasst. Damit kann der Kundenbetreuer oder sein Vertreter jederzeit schnell auf die relevanten Kundeninformationen zugreifen. Durch diese EDV-mäßige Erfassung wird außerdem die Grundlage für diverse Auswertungen (z. B. nach Verkaufsergebnissen, Produktnutzung, Produktinteresse usw.) geschaffen, was wiederum für die Vertriebssteuerung von besonderer Relevanz ist.

3.2.6 Positives Kundenecho

Die Entwicklung und institutsweite Umsetzung eines so umfassenden Beratungs- und Betreuungssystems ist mit einem entsprechenden Aufwand verbunden. Daher ist es für die Vertriebsverantwortlichen wichtig zu wissen, wie diese Konzeption von den Firmenkunden aufgenommen bzw. angenommen wird. Aus diesem Grund wur-

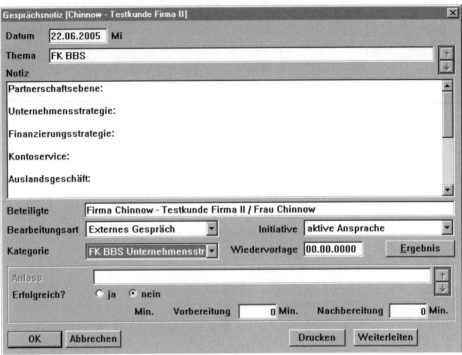

Abbildung 125: Gesprächsnotiz nach der BBS-Logik
(Quelle: Hamburger Sparkasse)

de das BBS als ein eigener Themenbereich in die *Kundenzufriedenheitsanalyse* der Haspa (siehe Kapitel II) aufgenommen.

In diesem Zusammenhang wurden den Firmenkunden unter anderem folgende Fragen gestellt:
❑ Wurde bereits ein Beratungsgespräch nach der BBS-Konzeption geführt?
❑ Welche Bedarfsfelder wurden angesprochen bzw. erörtert?
❑ Führte das Gespräch zu einem Vertragsabschluss?
❑ Wurde „Beratung und Betreuung mit System" im Gespräch anschaulich präsentiert?
❑ Wie wird das Beratungssystem insgesamt beurteilt?
❑ Stellt BBS gegenüber herkömmlichen Beratungsgesprächen einen Fortschritt dar?

Nach Angaben der Firmenkunden lagen die Schwerpunkte der besprochenen Themen in den Bereichen Geldanlage, private Altersvorsorge sowie Investition und Finanzierung. Die Detailauswertung dazu ist aus der Abbildung 126 ersichtlich.

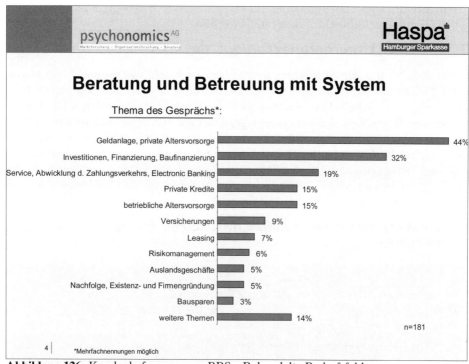

Abbildung 126: Kundenbefragung zum BBS – Behandelte Bedarfsfelder
(Quelle: Hamburger Sparkasse)

Aus vertrieblicher Sicht sind die mit dem Beratungssystem erzielten Verkaufsabschlüsse von besonderem Interesse. Die Befragung zeigte, dass BBS bei etwas mehr als der Hälfte der Befragten zu einem Vertragsabschluss führte. Zusammenfassend lässt sich feststellen, dass dieser strukturierte Beratungsansatz von den Firmenkunden positiv angenommen wurde. Von etwas mehr als einem Drittel der Befragten wurde das BBS auf einer fünfstufigen Skala mit den Kriterien „ausgezeichnet" bzw. „sehr gut" bewertet. Für knapp die Hälfte der Firmenkunden bedeutet „Beratung und Betreuung mit System" einen Fortschritt gegenüber herkömmlichen Beratungsgesprächen.

Die Ergebnisse der Kundenbefragung boten somit eine wichtige Standortbestimmung für das Vertriebsmanagement und lieferten wertvolle Ansatzpunkte für die Weiterentwicklung dieser Vertriebskonzeption.

3.3 „Unternehmer*Dialog*"

Die Steigerung der Cross Selling-Quote steht auch bei den Genossenschaftsbanken im Mittelpunkt der Firmenkunden-Vertriebsstrategie. Um vorhandene Vertriebschancen gezielt herauszuarbeiten und zu nutzen werden auch hier strukturierte Beratungshilfen eingesetzt, von denen im Folgenden einige Beispiele aus dem deutschen Genossenschaftssektor dargestellt werden.

3.3.1 Der „Unternehmer*Dialog*" der GGB

Unter dem Motto *„Sie entscheiden heute über den Erfolg von morgen"* wurde von der *GGB-Beratungsgruppe* aus Stuttgart[19] die Betreuungskonzeption „Unternehmer*Dialog*" entwickelt. Die Geschäftsbeziehung mit Firmenkunden wird als eine Partnerschaft gesehen, die permanent gegenseitige Hinweise und Impulse erfordert. Der „Unternehmer*Dialog*" soll dazu beitragen, die Gedanken und geschäftspolitischen Überlegungen des Firmenkunden besser kennen zu lernen, um ihn bei der Umsetzung seiner Vorhaben tatkräftig zu unterstützen. Damit soll einerseits die künftige Zusammenarbeit sichergestellt und andererseits die Geschäftsbeziehung ausgeweitet werden.

Unter dem Aspekt einer ganzheitlichen Betreuung wurden folgende fünf Bedarfsfelder festgelegt:

- Investition und Finanzierung
- Betriebswirtschaftliche und strategische Beratung
- Risikomanagement
- Rund ums Konto (Zahlungsverkehr)
- Private Vermögensbildung/Vermögensanalyse

Diese Felder bilden im „Unternehmer*Dialog*" jeweils einen eigenen Themenbereich, für den es spezielle Checklisten bzw. ein eigenes Arbeitsblatt gibt. Darin werden die mit dem entsprechenden Bedarfsfeld verbundenen Fragen spezifiziert.

Eine Übersicht über die Themen bei diesen Beratungsschwerpunkten im Unternehmer*Dialog* gibt die Abbildung 127.

Abbildung 127: Der Unternehmer*Dialog* (Quelle: GGB-Beratungsgruppe)

3.3.2 „Elektronischer Unternehmer*Dialog*" der VB Weinheim

Um die angestrebte Qualität einer ganzheitlichen Beratung auf Dauer zu sichern, hat die *Volksbank Weinheim* den Unternehmer*Dialog* verfeinert sowie eine EDV-gestützte Version entwickelt. Damit wird dem Firmenkundenbetreuer der Bank ein Instrument in die Hand gegeben, um dem Unternehmer als kompetenter *„Sparring-Partner"* zur Seite zu stehen, der in der Lage ist, konkrete Tipps und Hilfestellungen bei der Bewältigung der unternehmerischen Herausforderungen zu bieten.

Der *elektronische* Unternehmer*Dialog* ist modulartig aufgebaut, sodass der Kundenbetreuer je nach Bedarf des Unternehmens zu den verschiedensten Fragestellungen Lösungen aufzeigen kann. Gleichzeitig können Umfang und Intensität der Beratung in Abhängigkeit von der Kundenattraktivität festgelegt werden, wodurch die Produktivität und Ergebnisorientierung im Vertrieb signifikant gesteigert werden kann.

So wie in der Papierversion findet sich auch auf der Startmaske für den elektronischen Unternehmer*Dialog* das Bild eines Schachbretts mit fünf Schachfiguren (siehe Abbildung 128). Jede Schachfigur symbolisiert einen der fünf Beratungsschwerpunkte (Bedarfsfelder). Beim Anklicken einer Figur öffnen sich die für den jeweiligen Beratungsbereich hinterlegten *Beratungsunterlagen und Beratungsleitfäden*. Dabei gibt es bei jedem Bedarfsfeld eine mit Bildern aufgelockerte Einstiegsseite. Die Abbildung 129 zeigt beispielhaft den Themenbereich „*Private Vorsorge*" des Bedarfsfeldes *„Der Unternehmer als Privatperson"*.

Bestimmte Symbole signalisieren dem Betreuer, dass für das jeweilige Spezialthema Unterlagen zur Beratungs- und Verkaufsunterstützung vorhanden sind. Dabei handelt es sich um elektronisch gespeicherte Beratungsprospekte, Checklisten oder Rechentools. Diese im System hinterlegten Verkaufshilfen stellen für die Vertriebsmitarbeiter eine enorme Erleichterung dar: Der Betreuer hat einen „elektronischen Leitfaden", sodass im Kundengespräch keine relevanten Themen übersehen oder vergessen werden können. Gleichzeitig hat er alle Beratungsunterlagen optisch aufbereitet auf seinem Laptop, ohne dicke Beratungsmappen oder Kundenordner mitschleppen zu müssen. Die verschiedenen Checklisten und Rechenhilfen erleichtern einerseits die Gesprächsführung und bieten andererseits die Möglichkeit, alle relevanten Daten (z. B. für die Investitionsplanung) im Kundengespräch unmittelbar zu erfassen. In diesem Sinn ist der „Unternehmer*Dialog*" der Volksbank Weinheim praktisch ein *„elektronisches Beraterhandbuch"*, das zu den einzelnen Produkten die Produktbeschreibung sowie die jeweils aktuellen Konditionen enthält.

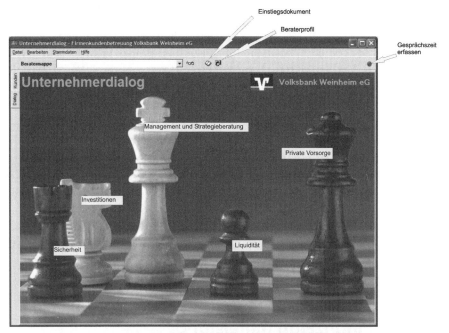

Abbildung 128: Startmaske für den „elektronischen Unternehmer*Dialog*" der VB Weinheim

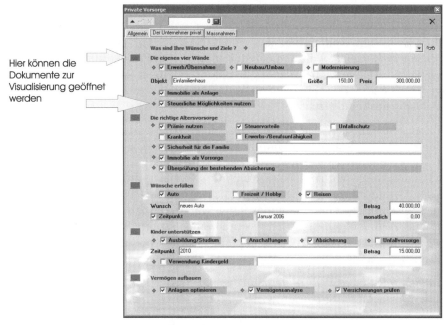

Abbildung 129: Elektronischer Beratungsleitfaden („Der Unternehmer privat")
(Quelle: Volksbank Weinheim)

Die mit dem Firmenkunden getroffenen Absprachen werden im jeweiligen Bedarfsfeld mit einer eigenen Eingabemaske dokumentiert. Damit werden alle wesentlichen Gesprächsinhalte sowie die *Gesprächsergebnisse* mit Erledigungsdatum und Zuständigkeit festgehalten. Auch die für Spezialberatungen erforderlichen Spezialisten (inklusive Verbundpartner) werden hier erfasst. Auf diese Weise wird durch den „Unternehmer*Dialog*" die für die Steigerung der Vertriebsleistung notwendige *Verbindlichkeit* erreicht.

Die gezielte Vertriebsorientierung zeigt sich nicht zuletzt darin, dass bei jedem geplanten und vorbereiteten Kundengespräch bei dem der elektronische Unternehmer*Dialog* zum Einsatz kommt ein konkreter *Verkaufsabschluss* angestrebt wird. Zur weiteren Unterstützung des Vertriebsprozesses bietet dieses Instrument auch ein automatisches *Wiedervorlagesystem* sowie eine *Impulssteuerung* für Vertriebsaktivitäten.

Für eine konsequente Vertriebssteuerung besteht weiterhin die Möglichkeit, bei jedem Kundengespräch die Gesprächszeit automatisch zu erfassen. Auf diese Weise kann die für einen Kunden während des Jahres aufgebrachte Gesamtberatungszeit „auf Knopfdruck" ermittelt werden, was wiederum wertvolle Informationen für das *Vertriebscontrolling* liefert.

3.4 „VR-FinanzPlan Mittelstand"

Ein weiteres Beispiel aus dem deutschen Genossenschaftssektor bildet der *„VR-FinanzPlan Mittelstand"*. Die Basis dazu bildet der *„VR-CheckUp Business",* der bereits seit einiger Zeit das zentrale Beratungs- und Vertriebsinstrument der bayerischen Volks- und Raiffeisenbanken bildet.[20] Ausgehend von diesem *„VR-CheckUp Business-Konzept",* wurde in einem bundesweiten Projekt unter Koordination des Bundesverbandes der Volks- und Raiffeisenbanken (BVR) der *„VR-FinanzPlan Mittelstand"*[21] erarbeitet, der ab Mitte 2006 allen deutschen Genossenschaftsbanken zur Verfügung steht.

Als *Zielgruppe* für den *„VR-FinanzPlan Mittelstand"* wurden vor allem Gewerbekunden und mittelständische Unternehmen definiert. Dieses Instrument soll das Kernstück einer umfassenden Vertriebskonzeption bilden, die vielfältige Bausteine umfasst und bereits vorhandene Instrumente so weit wie möglich integriert. Es fußt auf den Grundprinzipien einer ganzheitlichen und bedarfsorientierten Beratung von mittelständischen Firmenkunden unter Einbeziehung der Verbundpartner. Die generelle *Zielsetzung* besteht darin, durch einen strukturierten Betreuungs- und Vertriebsprozess eine bessere Ausschöpfung der vorhandenen Geschäftspotenziale zu erreichen und damit die Erträge im Firmenkundengeschäft zu erhöhen.

Mit dem *„VR-FinanzPlan Mittelstand"* erhält der Firmenkundenbetreuer ein Instrument um komplexe betriebswirtschaftliche Zusammenhänge zu strukturieren und die Bedarfssituation des Kunden systematisch zu analysieren. Daher weist dieses Konzept einen modularen Aufbau auf, wobei fünf *Bedarfsfelder* definiert wurden:

- Liquidität und Zahlungsverkehr
- Investition und Finanzierung
- Risiko und Absicherung
- Vermögensanlage
- Betriebliche Altersvorsorge

Zusätzliche Schwerpunkte bilden die Bereiche
- Existenzgründung und Neukunden sowie
- Unternehmensnachfolge

Jeder der Beratungsbausteine ist in sich abgeschlossen, sodass der Betreuer gemeinsam mit dem Firmenkunden individuelle Schwerpunkte setzen kann. Im Ergebnis ist der *„VR-FinanzPlan Mittelstand"* somit ein in sich *schlüssiges* und *aufeinander aufbauendes* Beratungs- und Vertriebskonzept, das jeder Bank jedoch gleichzeitig die Möglichkeit gibt, inhaltlich und organisatorisch durchaus eigene Akzente zu setzen.

Systematischer Marktbearbeitungsprozess

Aufbauend auf den Vertriebszielen im Firmenkundengeschäft werden aus dem Firmenkundenportfolio der Bank jene Kunden ermittelt, die im Rahmen des *„VR-FinanzPlan Mittelstand"* in einem bestimmten Zeitraum angesprochen werden sollen. Am Beginn des Beratungsprozesses steht der Dialog mit dem Kunden über die wirtschaftliche Situation des Unternehmens, seine Stärken und Schwächen sowie die Pläne und Prioritäten des Unternehmers im betrieblichen wie auch im privaten Bereich. Anlass für ein derartiges *Strategiegespräch* kann beispielsweise das Bilanz- oder Ratinggespräch oder ein konkretes Investitionsvorhaben sein. Eine wertvolle Unterstützung in dieser Phase bietet das EDV-gestützte *„Strategiegespräch mit Exposé".* Als Ergebnis der Analysephase erhält der Kunde ein auch optisch aufbereitetes Exposé, inklusive Ratingergebnis. In dieser speziell für mittelständische Unternehmen erstellten Unterlage sind nicht nur die aktuellen Vermögens-, Finanz- und Ertragskennzahlen des Unternehmens eingeflossen, sondern auch Faktoren wie Markt- und Wettbewerbssituation, die Qualität der internen Planungs- und Kontrollsysteme, sowie der Risiken und deren Absicherung.

Auf Basis dieser umfassenden Unternehmensanalyse können nun der individuelle *Handlungsbedarf* sowie die Prioritäten für die Bearbeitung der verschiedenen Bedarfsfelder herausgearbeitet werden. Gleichzeitig können mit dem Unternehmer die weitere Vorgehensweise und die *Terminplanung* der Kundengespräche (ggf. unter Einbeziehung von Spezialisten) fixiert werden. Einen Überblick über die Phasen des Marktbearbeitungsprozess bietet die Abbildung 130.

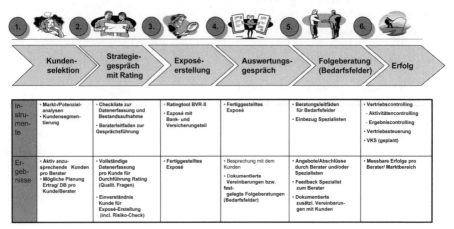

Abbildung 130: Marktbearbeitungsprozess auf Basis „*VR-FinanzPlan Mittelstand*"
(Quelle: Bundesverband der Deutschen Volks- und Raiffeisenbanken)

Instrumente und Hilfsmittel

Zur Vertriebs- und Beratungsunterstützung umfasst der „*VR-FinanzPlan Mittelstand*" eine Reihe von Instrumenten und Hilfsmittel für den Kundenbetreuer, wie zum Beispiel

– Kundenbroschüren
– Checklisten
– Gesprächsleitfäden im Internet
– Rechentools

Für jedes Bedarfsfeld gibt es eine eigene *Kundenbroschüre,* in der alle für den Themenbereich relevanten Sachverhalte überblicksartig und in verständlicher Sprache aufbereitet werden. Dabei wurde bewusst die Bedarfssituation des Kunden sowie die Lösungskompetenz der Volksbank Raiffeisenbank in den Vordergrund gestellt und weitgehend auf produktspezifische Details verzichtet. Diese Unterlagen (z.B. Broschüre „Liquidität und Zahlungsverkehr") sowie die themenbezogene Checkliste (z.B. „LiquiditätsCheck") helfen dem Unternehmer, sich auf das Gespräch mit seinem Betreuer vorzubereiten und alle erforderlichen Informationen zusammenzustellen.

Dem *Firmenkundenbetreuer* stehen für seine Vorbereitung auf das Kundengespräch *themenbezogene Gesprächsleitfäden* zur Verfügung, die im *Internet* (für Benutzungsberechtigte) abrufbar sind. Diese Tools enthalten neben fachlichen Hintergrundinformationen vor allem Anregungen für Fragen, die mit dem Kunden erörtert werden sollten. Darüber hinaus liefern sie dem Mitarbeiter Argumentationshilfen, die es ihm erleichtern, auf die individuelle Situation des Unternehmers einzugehen und ihm mögliche Lösungen vorzuschlagen. Schließlich erhält der Betreuer Hinweise auf weitere produktübergreifende Themen, die ihm zusätzliche Cross Selling-Ansätze bieten.

Die Abbildung 131 zeigt beispielhaft den Gesprächsleitfaden „*Risiko und Absicherung*", wie er für die Firmenkundenbetreuer über eine Extranet-Plattform abrufbar ist. Die Tipps bzw. Hilfsmittel sind hier nach folgender Systematik aufgebaut:
- Vorbereitung
- Ansprache
- Anlässe
- Vorgehensweise
- Einwandbehandlung
- Versicherungsüberblick
- Formblatt Versicherungs-Check

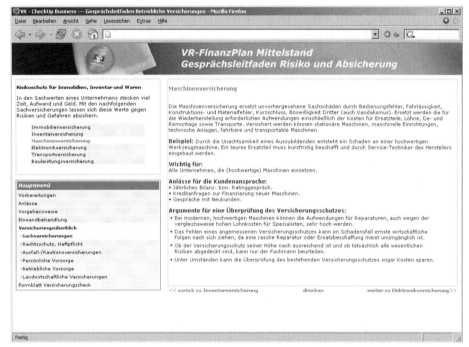

Abbildung 131: EDV-gestützter Beratungsleitfaden – Ausschnitt
(Quelle: Bundesverband der Deutschen Volks- und Raiffeisenbanken)

Bei jedem dieser Themen kann mit einfacher Navigation die nächste Ebene mit detaillierten Erläuterungen erreicht werden. So beinhaltet zum Beispiel der „*Versicherungsüberblick*" die Darstellung der Sachversicherungen/Rechtsschutz und Haftpflicht/Ausfall- und Kautionsversicherungen/Persönliche Vorsorge/Betriebliche Vorsorge/Landwirtschaftliche Versicherungen, die beim nächsten Anklicken weiter unterteilt werden. Das hinterlegte Formblatt „VersicherungsCheck" (das der

Checkliste in der Kundenbroschüre entspricht) dient dem Betreuer ebenfalls als Orientierung und kann bei Bedarf an Spezialisten weitergeleitet werden.

Kundenorientierte Beratungsgespräche zeichnen sich auch dadurch aus, dass dem gewerblichen Unternehmer betriebswirtschaftliche Sachverhalte anhand von Beispielen anschaulich erläutert werden. Dafür stehen im „*VR-FinanzPlan Mittelstand*" eigene *Rechentools* als Beratungsunterstützung zur Verfügung. Anhand von *Beispielrechnungen* kann die Argumentation des Betreuers für den Firmenkunden sehr viel anschaulicher und überzeugender gestaltet werden. Diese Beispielrechnungen können dem Unternehmer als Ergänzung zur Gesprächsdokumentation mitgegeben werden, wodurch ein zusätzlicher Beratungsmehrwert geboten wird.[22]

Darüber hinaus können die Rechentools – neben der Veranschaulichung grundlegender betriebswirtschaftlicher Zusammenhänge – auch genutzt werden, um gerade die Inhaber kleiner Unternehmen für den Nutzen eines angemessenen betrieblichen Rechnungswesens zu sensibilisieren.

Vertriebsunterstützung

Um den „*VR-FinanzPlan Mittelstand*" am Markt entsprechend zu positionieren werden in der Kundenkommunikation zielgruppenspezifische Publikationen, Kundenveranstaltungen sowie Anzeigen in Fachmedien eingesetzt werden. Bankintern soll durch zielgerichtete Weiterbildungsveranstaltungen und Trainings sowie Coaching der Führungskräfte der Kompetenzaufbau im Firmenkundengeschäft weiter forciert werden. Schließlich wird die bundesweite Implementierung des „*VR-FinanzPlan Mittelstand*" durch entsprechende Instrumente der Vertriebssteuerung intensiviert werden. Eine schematische Zusammenfassung der Gesamtkonzeption bietet die Abbildung 132.

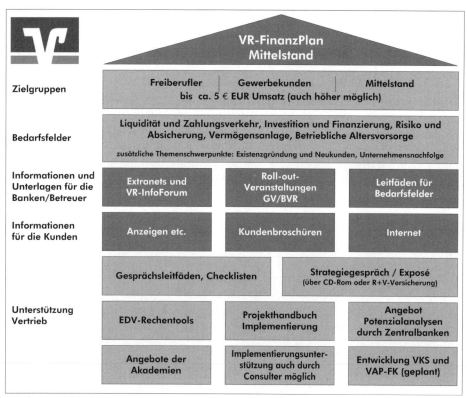

Abbildung 132: Gesamtkonzeption „*VR-FinanzPlan Mittelstand*"
(Bundesverband der Deutschen Volks- und Raiffeisenbanken)

4. Rating im Vertrieb

4.1 Rating – Basis für eine neue Qualität der Kundenbeziehung

Die neuen Ratingverfahren erfordern von den Kreditinstituten in Zukunft nicht nur verfeinerte Analysemethoden, sondern auch einen *Umdenkprozess bei der Firmenkundenbetreuung*. Unter diesem Aspekt bildet das Rating einen neuen Baustein einer erfolgreichen *Vertriebskonzeption* im mittelständischen Firmenkundengeschäft. Der Ratingprozess darf daher nicht isoliert und ausschließlich unter Risikogesichtspunkten gesehen werden, sondern muss sich gezielt in das Vertriebskonzept einfügen.

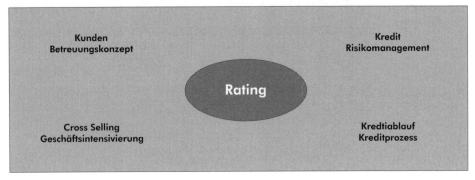

Abbildung 133: Rating – Element des Gesamtsystems

Die Rolle des Firmenkundenbetreuers im Ratingprozess

Inwieweit es gelingt, die Idee der Kundenpartnerschaft im Ratingprozess in die Praxis umzusetzen, hängt in sehr hohem Ausmaß vom Firmenkundenbetreuer ab. Er muss den Unternehmern die Neuerungen von Basel II vermitteln und sie für die neuen Herausforderungen sensibilisieren. Dabei gilt es, die *gemeinsamen Ziele* deutlich herauszuarbeiten: Denn zwischen dem Informationsbedürfnis des Unternehmers und jenem der Bank besteht grundsätzliche Übereinstimmung. Beide benötigen fundierte Grundlagen, um die künftige Entwicklung des Unternehmens abschätzen zu können. Die vielfältigen Aufgaben des Firmenkundenbetreuers im Ratingprozess sind aus der Abbildung 134 ersichtlich.[23]

Sensibilisierungsphase
• Den Unternehmer auf die Bedeutung des Themas aufmerksam machen • Transparenz des Ratingprozesses vermitteln • Nutzen für den Firmenkunden vermitteln
Informationsbeschaffung
• Sichtung der bankinternen Daten/Unterlagen • Einfordern der Kundenunterlagen (Jahresabschluss usw.) • Einholen diverser Unterlagen von dritter Seite
Informationssammlung „vor Ort"
• Das Unternehmergespräch: Erläuterung der Ratingkriterien • Betriebsbesichtigung • Persönliche Eindrücke sammeln bzw. fehlende Informationen einholen
Bewertungsphase
• Beurteilung der Soft Facts • Abstimmung mit Marktfolge/Risk Manager • Eventuell „Overriding"
Dokumentation
• Endgültige Einstufung in eine Ratingklasse • Stellungnahme
Der Ratingdialog
• Dem Unternehmer das Ratingergebnis präsentieren und erklären • Betriebliche Stärken und Schwächen herausarbeiten • Handlungsbedarf ableiten
Das Beratungs-Gespräch
• Tipps für Ratingverbesserungen geben • Produkt- und Dienstleitungsangebot • Cross Selling-Ansätze nützen

Abbildung 134: Die Aufgaben des Firmenkundenbetreuers im Ratingprozess

4.2 Ratingberatung als Bankdienstleistung

Im Rahmen des Ratingprozesses werden eine Vielzahl von Daten und Informationen gesammelt, aufbereitet und bewertet. Aus den daraus gewonnenen Erkenntnissen sollen nun die entsprechenden Schlussfolgerungen gezogen und Maßnahmen abgeleitet werden. Obwohl aus Sicht der Bank beim Rating der Risikoaspekt zweifelsohne im Vordergrund steht, wäre es kurzsichtig, die Vertriebsperspektiven nicht zu sehen. Der Ratingprozess und das darauf aufbauende Ratinggespräch bieten eine willkommene Gelegenheit die *Beratungsqualität* der Bank unter Beweis zu stellen. Gleichzeitig bieten sich durch das Rating wertvolle *Chancen für Cross Selling-Ansätze*. Unter diesem Aspekt umfasst das Rating folgende Aspekte:

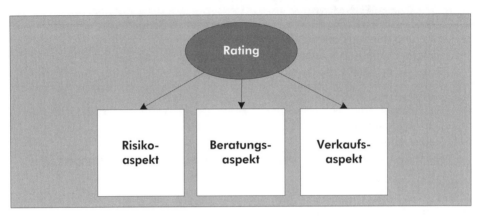

Abbildung 135: Rating – Chancen für Beratung und Vertrieb

In der Praxis kann man beobachten, dass manche Banken mit den Themen „Basel II" und „Rating" noch sehr zurückhaltend umgehen – und dadurch interessante Chancen für den Vertrieb ungenutzt lassen. Um aus dem Rating vertriebsintensivierende Ansätze abzuleiten ist es notwendig, das Thema *offensiv* und *kundenorientiert* anzugehen. Die Ratinggespräche bieten dann vielfältige Möglichkeiten, aus dem bankinternen Analyseinstrument eine marktwirksame Beratungsleistung zu machen. Mit dieser Zielsetzung sind in den letzten zwei bis drei Jahren unterschiedliche, teils elektronisch gestützte Instrumente (vielfach unter dem nahe liegenden Begriff RatingDialog) entstanden.

Eine als Dienstleistung konzipierte Ratingberatung umfasst im Wesentlichen drei Phasen[24]:

1. Grundlagengespräch
Dem Unternehmer werden der Aufbau des Ratings, die Bewertungskriterien sowie der Ratingprozess erläutert.

2. Stärken-Schwächen-Analyse
Die Auswertungen und Ratingergebnisse werden präsentiert, besprochen und analysiert. Darauf aufbauend werden die wichtigsten Schlussfolgerungen sowie der aktuelle Handlungsbedarf abgeleitet.

3. Maßnahmen/Handlungsempfehlungen
Das Analysegespräch bildet die Basis für Tipps zur Verbesserung des Ratings und damit zur Stärkung der Wettbewerbsfähigkeit des Unternehmens.

Wegen der Komplexität der Materie ist es wichtig, den Kunden entsprechende Unterlagen zur Verfügung zu stellen. Eine erste Orientierung bieten spezielle *Ratingbroschüren*, wie sie mittlerweile von allen Kreditinstituten eingesetzt werden. Um dem Unternehmer Anhaltspunkte für den Ratingprozess zu geben, sollten in diesen Broschüren die für ihn wesentlichen Fragen angesprochen werden.
– Was bedeutet das Rating für Unternehmen und Bank?
– Was sagt das Rating aus?
– Wie beeinflusst das Ratingergebnis die Kreditkonditionen?
– Wie soll sich der Unternehmer auf das Rating vorbereiten?
– Welche Informationen benötigt die Bank über das Unternehmen?
– Wie kann das Ratingergebnis positiv beeinflusst werden?
– Welche Chancen ergeben sich aus dem Ratingprozess für das Unternehmen?

Damit die Betreuer in der Lage sind, mit ihren Firmenkunden ein *strukturiertes Ratinggespräch* zu führen, ist der Einsatz eines entsprechenden *Gesprächsleitfadens* äußerst hilfreich. Ein Beispiel für ein derartiges Instrument ist der von der Stuttgarter *GGB-Beratungsgruppe* konzipierte *„RatingDialog"*. Anhand dieser Unterlage werden mit dem Unternehmer folgende Themenbereiche erörtert:

❑ Im ersten Teil werden der Aufbau und die Struktur des Unternehmens erfasst sowie Fragen nach bestehenden Bankverbindungen mit deren Kreditlinien gestellt.

❑ Im „Unternehmenskonzept" werden Fragen zum Leistungsangebot des Unternehmens sowie zu seinem Stärken- und Schwächen-Profil besprochen.

❑ Im Abschnitt „Umsetzung und Position" geht es um die Absatz- und Lieferbeziehungen des Unternehmens sowie um Marktstellung und Wettbewerbsposition.

❑ Der vierte Bereich umfasst Fragen zum Management, zur Unternehmensplanung und -steuerung sowie zur Risikoabsicherung des Unternehmens bzw. des Unternehmers.

❑ Fragen zur aktuellen Unternehmensentwicklung und zur Auftragssituation bilden schließlich den fünften Abschnitt.

Ausschnitte aus dem Rating*Dialog*, den etliche deutsche Genossenschaftsbanken verwenden, sind in der Abbildung 136 ersichtlich.

Abbildung 136: Kundenunterlage „Rating *Dialog*" (Quelle: GGB-Beratungsgruppe)

Ratingberatung in der Volksbank Pforzheim

Ein Beispiel für den hier skizzierten Vertriebsansatz bietet die V*olksbank Pforzheim,* die den „Rating*Dialog*" gezielt in der Marktkommunikation einsetzt.[25] So heißt es beispielsweise in der Unterlage für die Firmenkunden: „Der Rating*Dialog* ist eine professionelle Beratungsleistung, mit der wir Sie von der Analyse über die Strategie-Entwicklung bis zur operativen Umsetzung begleiten möchten." Auch auf der Homepage der Bank wird die Ratingberatung aktiv beworben (siehe Abbildung 137). Dass diese Beratungsleistung von den Firmenkunden sehr gut angenommen wird zeigt nicht zuletzt die Tatsache, dass sie bereit sind, dafür einen Preis von EUR 500,– zu bezahlen.

4.3 Ratinggespräch

Bonitätsanalyse und Bonitätsbeurteilung sind für die Kreditwirtschaft keine neuen Themen. Neu sind aber nun die gewährte *Transparenz* der Verfahren sowie die *Offenheit,* mit der über die Bewertungsergebnisse gesprochen wird.[26] Ein sinnvolles Ergebnis sowie ein Nutzen für alle Beteiligten können nur in einem engen *Dialog* entstehen.

Dies erfordert auch auf Bankenseite neue Verhaltensweisen, die deutlich machen sollen, dass „Kundenpartnerschaft" ernst genommen wird. Der Kunde muss für das

Abbildung 137: Ratingberatung – aktiv anbieten
(Quelle: Homepage der Volksbank Pforzheim)

Rating eine Menge an Informationen liefern und kann daher mit Recht erwarten, über das *Ratingergebnis* entsprechend informiert zu werden. Das ist dem Kunden gegenüber fair und liegt gleichzeitig im ureigensten Interesse der Bank. In zahlreichen Broschüren werden die mittelständischen Unternehmer darauf hingewiesen, dass sie an einer guten Bonität mitarbeiten können (und sollen). Das ist allerdings nur möglich, wenn der Kunde auch weiß, „wo er steht".

Das *Ziel des Ratingdialoges* besteht somit darin,
- die Stärken und Schwächen des Unternehmens aufzuzeigen und
- herauszuarbeiten, wo die Bank mit ihren Leistungen Unterstützung und Hilfestellung bieten kann.

4.3.1 Über Stärken und Schwächen offen sprechen

Der Firmenkunde soll die für ihn wesentlichen Informationen erhalten und erfahren, wie die Bank zum Ratingergebnis gekommen ist. Er soll überblicksartig informiert werden, welche Faktoren und Kriterien der Unternehmensbeurteilung in das Rating eingeflossen sind. Dabei muss der Firmenkundenbetreuer betonen, dass es sich hier um eine Standortbestimmung handelt – um einen betriebswirtschaftlichen „Business Check", der die Basis für erfolgreiche Weiterentwicklung bildet.

Im Ratinggespräch wird der Firmenkundenbetreuer in Erfahrung bringen, wo die Bank die spezifischen Chancen und Risiken des Unternehmens sieht. Bei der Interpretation der Ergebnisse der Hard Facts und der Soft Facts sollen natürlich auch die *Stärken* des Unternehmens bewusst betont werden. Das sind jene Bereiche, die der Kunde gezielt ausbauen soll, um seine Wettbewerbsfähigkeit weiter zu sichern. Umgekehrt darf der Betreuer keine Scheu haben, auch die erkannten *Schwachstellen* klar anzusprechen. Erst dadurch erhält der Unternehmer die Chance, betriebliche Verlustquellen bzw. Risikopotenziale zu entdecken. Diese Schwachstellenanalyse schafft wiederum die Voraussetzung, um kritischen Entwicklungen rechtzeitig gegenzusteuern und Verbesserungsmaßnahmen zu ergreifen.

Es ist klar, dass der Firmenkundenbetreuer einer Bank weder Unternehmensberater noch Steuerberater ist und auch nicht sein kann. Vielmehr hält er als neutraler Beobachter dem Unternehmer eine Art „Spiegel" vor, in dem dieser die Zusammenfassung des Gesamtzustandes des Unternehmens erkennt.

4.3.2 Das Ratingergebnis kundenorientiert aufbereiten

Um den Ratingdialog wirkungsvoll zu unterstützen, sollten entsprechende Demonstrationsmittel eingesetzt werden. Dadurch können abstrakte Sachverhalte leichter „begreifbar" gemacht werden. Dazu einige Beispiele:

Grafische Darstellungen

In allen Kreditinstituten existieren heute elektronische Bilanzauswertungen, die auch für das Ratinggespräch herangezogen werden können. Dieser EDV-Ausdruck soll optisch gut gegliedert sein. Eine willkommene Erleichterung für die Kunden sind *grafische Darstellungen:* Block- und Kreisdiagramme erleichtern im Unterschied zu einem „Kennzahlenfriedhof" das Erkennen von betriebswirtschaftlichen Zusammenhängen.

Eine weitere Möglichkeit, die Zahlen „zum Leben zu erwecken" wird dadurch erreicht, dass neben dem innerbetrieblichen Zeitvergleich auch Daten für einen *zwischenbetrieblichen Vergleich* (Branchenvergleich) vorliegen. Auf diese Weise können die Kennzahlen des Unternehmens mit einem Maßstab (Benchmarks) gemessen werden.

Ratingprofil

Für eine ganzheitliche Situationsanalyse, die auch die qualitativen Merkmale einschließt, können zur Visualisierung Stärken-Schwächen-Profile herangezogen werden. Als Beispiel soll in Abbildung 138 das Ratingprofil aus der Broschüre der Deutschen Sparkassengruppe gezeigt werden.

„Ampel-Methode"

Eine andere Form der Visualisierung ist die Darstellung der Ergebnisse in Form einer „Ampel-Methode" (siehe Abbildung 139). Wie bei einer Verkehrsampel werden dem Unternehmer folgende Signale gegeben:

Grüner Bereich: ausgezeichnete/gute Ergebnisse
Gelber Bereich: befriedigend/verbesserungswürdig
Roter Bereich: Schwächen/Gefährdungspotenziale

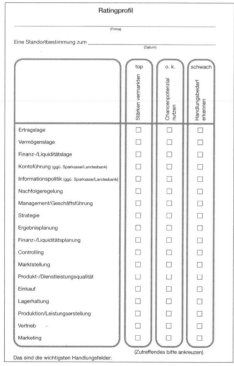

Abbildung 138: Ratingprofil
(Quelle: Deutsche Sparkassen)

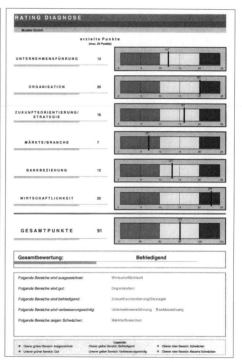

Abbildung 139: Ratingsdiagnose
(Quelle: Hübner & Hübner
Unternehmensberatungs Ges.m.b.H)

4.3.3 Tipps für Ratingverbesserungen

Der Ratingprozess darf allerdings nicht bei der bloßen Bestandsaufnahme bzw. Bewertung stehen bleiben. Denn der Unternehmer wird wissen wollen, wie er das Ergebnis verbessern kann und dadurch zu günstigeren Konditionen kommt.[27]

Wichtig ist es, dem mittelständischen Firmenkunden klar zu machen, dass er die eigene Bonität (und damit die Höhe der Kreditkosten) durch gezieltes Vorgehen selbst beeinflussen kann. Dabei wäre es allerdings sehr kurzsichtig, die betrieblichen Verbesserungsansätze nur im Hinblick auf das Rating zu sehen. In erster Linie soll die *wirtschaftliche Wettbewerbsfähigkeit* des Unternehmens gestärkt und der Unternehmenswert gesteigert werden. Das dient der langfristigen Unternehmenssicherung und ist daher im ureigensten Interesse des Unternehmers.

Umgekehrt verbessert eine gute Bonität des Unternehmens auch die Risikosituation der Bank. Es ergibt sich eine „*Win-win-Situation*" – beide Seiten profitieren. Dieses gemeinsame Überlegen von Firmenkunde und Kundenbetreuer, wie die Bonität eines Unternehmens verbessert werden kann, ist ebenfalls Ausdruck einer neuen Qualität der Kunde-Bank-Beziehung.

Im Wesentlichen handelt es sich bei der Steuerung der Bonität um vier Aktionsfelder, bei der die Bank Unterstützung und Hilfestellung bieten kann:[28]

- Finanzierungsberatung i.e.S.
- Aktives Liquiditätsmanagement
- Bilanzstrukturmanagement
- Optimierung der Kunde-Bank-Beziehung

4.4 Rating – Chance für Cross Selling

In Verbindung mit den soeben dargestellten Beratungsleistungen bieten sich durch das Rating wertvolle Chancen für ein gezieltes Cross Selling. Der Ratingprozess verfolgt ja das Ziel, sich ein möglichst umfassendes und aktuelles Bild über die wirtschaftliche Situation des Unternehmens zu machen. Dies sollte man gleich zum Anlass nehmen, um Art und Umfang der gesamten Geschäftsverbindung zu analysieren, um noch nicht genutzte Geschäftsmöglichkeiten zu entdecken.[29]

Beim Ratingdialog geht es auch darum, bisher nicht genutzte Kundenbedürfnisse aufzuspüren, um auf diese Weise *neue Geschäftspotenziale* zu nutzen.

Dabei ergeben sich die Cross Selling-Ansätze
- entweder unmittelbar aus der Ratinganalyse
- oder das Ratinggespräch bildet lediglich den „Aufhänger" für eine Intensivierung der Geschäftsbeziehung.

Die Abbildung 140 zeigt beispielhaft Anhaltspunkte zur Geschäftsintensivierung im Zuge der Ratingberatung. Mit all diesen Überlegungen soll nochmals deutlich gemacht werden: Rating ist mehr als nur ein Instrument des Risikomanagements und der Preisfindung. Vielmehr handelt es sich um einen Beratungsansatz, um dem Unternehmer Lösungsmöglichkeiten für die neue Situation aufzuzeigen und ihm Wege zur Verbesserung seines Ratings zu liefern. Die im Rahmen der Ratingermittlung vorgenommene Unternehmensanalyse bietet gleichzeitig wertvolle Vertriebsansätze und damit Möglichkeiten zur Steigerung der Kundenprofitabilität.

> Die Kunst besteht somit darin, den auf Risikobegrenzung ausgerichteten Ratingprozess mit den *vertrieblichen Anforderungen* zu verbinden.

Ratingberatung	Cross Selling-Ansätze
Verbesserung der Bilanzstruktur	• Leasing • Sale-and-Lease-Back
Liquiditätsverbesserung	• Forderungsmanagement • Factoring • Zahlungsverkehr (Electronic Banking) • Cash Management
Eigenkapitalstärkung	• Beteiligungsfinanzierung • Vermittlung Beteiligungskapital • Mezzaninfinanzierung
Nachfolgeregelung	• Nachfolgebörse • Beratungspaket „Betriebsübernahme" • Existenzgründungsfinanzierung (für Nachfolger)
Absicherung betrieblicher Risiken	• Betriebsunterbrechungsversicherung • Sachversicherung • Versicherungs-Check
Private Vorsorge	• Personenversicherungen • Polizzenanalyse • Altersvorsorge
Absicherung Währungsrisiken Absicherung Auslands-, Inlandsforderungen	• Devisensicherungsgeschäfte • Akkreditive • Kreditversicherung
Betriebswirtschaftliche Unternehmensführung (Planung/Controlling/Rechnungswesen)	• Vermittlung Unternehmensberatung • Kooperation mit Kammer-Institutionen

Abbildung 140: Cross Selling-Ansätze im Ratinggespräch (Beispiele)

5. Das Akquisitionskonzept

5.1 Elemente des Akquisitionssystems

Im Firmenkundenportfolio einer Bank gibt es laufend Verschiebungen: Firmenkunden, die schon länger mit dem Institut zusammengearbeitet haben, wandern ab, Betriebe werden geschlossen bzw. an Nachfolger übergeben – neue Unternehmen werden gegründet. Die Kunden sind gleichsam ständig „in Bewegung". Neben den von der Kundenseite ausgehenden Initiativen kann es aber auch aus Sicht der Bank Firmenkunden geben, die aus Bonitäts- oder Ertragsüberlegungen für das Institut nicht mehr interessant sind.

Jede dieser Veränderungen bedeutet zwangsläufig eine Verringerung der Kundenanzahl. Um Marktanteile zu halten, ist es notwendig, die nicht mehr vorhandenen Firmenkunden durch neue zu ersetzen. Neben der Intensivierung bestehender Geschäftsverbindungen ist daher die Gewinnung *neuer* Firmenkunden das zweite Standbein einer systematischen Marktbearbeitung.

Welche Faktoren entscheiden nun über den Erfolg bei der Firmenkunden-Akquisition?
Eine Frage, die auf Grund ihrer Komplexität nicht allzu leicht zu beantworten ist, was auch mit dem Begriff „Akquisitions-*System*" zum Ausdruck gebracht werden soll. Als Beispiel aus der Praxis soll hier das Akquisitionskonzept der *Sparkasse Oberösterreich* dargestellt werden, das aus folgenden Elementen besteht:[30]

- Wichtige Einflussfaktoren sind beispielsweise die sparkasseninternen Rahmenbedingungen, wie die Geschäftspolitik der Sparkasse, die vorherrschende Verkaufskultur sowie die Vertriebsorganisation.

- Ein wesentlicher „Baustein" ist die Akquise-Datenbank, wo sämtliche Unternehmensdaten sowie die „Kontakthistory" und die Ergebnisse erfasst werden. Der Kriterienkatalog sowie Instrumente zur Bewertung von Wunschkunden wie auch die Betreuungsstandards bilden weitere Elemente.

- Vor diesem Hintergrund agieren die handelnden Personen in der Sparkasse: Im Mittelpunkt stehen die Firmenkundenbetreuer, bei denen die Hauptverantwortung für die Neukundengewinnung liegt. Das bedingt entsprechende Personal- und Schulungsplanung sowie eine gezielte Ressourcenplanung. Auf Grund der herausfordernden Aufgabenstellung benötigt der Betreuer Unterstützung durch ein effizientes Back-Office sowie eine entsprechende Marketing-Unterstützung.

Die Themenbereiche stehen nicht isoliert nebeneinander, sondern sind ineinander verzahnt und voneinander abhängig. Einen Überblick über die einzelnen Tools und deren Zusammenwirken in einem vernetzten System gibt die Abbildung 141.

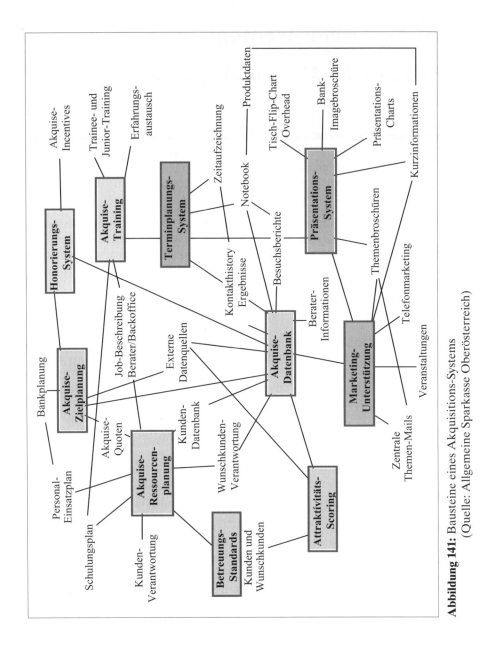

Abbildung 141: Bausteine eines Akquisitions-Systems (Quelle: Allgemeine Sparkasse Oberösterreich)

5.2 Systematische Vorgehensweise in der Akquisition

Entscheidend für den Erfolg ist neben dem Instrumentarium („Tools") eine entsprechende *Systematik* bei der Vorgehensweise. Die einzelnen Phasen von der Zielplanung über die Marktanalyse und Informationssammlung, die Kontaktplanung bis hin zur Umsetzung in konkrete Verkaufsmaßnahmen sind daher klar zu definieren. Dabei hat sich in der Praxis der in Abbildung 142 dargestellte Ablauf bei der Neukundengewinnung bewährt.

Wie die Praxis zeigt, ist es eher die Ausnahme, wenn der erste Gesprächstermin bei einem Wunschkunden sofort zu einem größeren Geschäftsabschluss führt. Vielfach ist es so, dass es nach der Angebotsphase erst in gesonderten Folgegesprächen zu einem Verkaufsabschluss kommt. Erfahrungen haben gezeigt, dass für einen Neukunden eine intensive Bearbeitung von bis zu 18 Monaten benötigt wird. Dabei ist der Einstieg in eine neue Geschäftsbeziehung üblicherweise die Nebenbankverbindung.

Das bedeutet:

> Akquisition im Firmenkundengeschäft erfordert
> Ausdauer, Geduld – und vor allem Beharrlichkeit.

Diese Besonderheiten der Akquisition haben unmittelbare Auswirkungen auf das Anforderungsprofil eines Vertriebsmitarbeiters. Im Kampf um die Neukundengewinnung spielt die Persönlichkeit des Verkäufers eine entscheidende Rolle. Neben den Fähigkeiten, sehr rasch einen Zugang zur Welt des Unternehmers zu finden und eine Beziehungsebene aufzubauen, benötigt der Akquisiteur die Fähigkeit, Misserfolge (z. B. bei Terminvereinbarungen oder beim Abschluss) wegstecken zu können. Er darf sich von Enttäuschungen und Problemen nicht entmutigen lassen, sondern muss sie als neue Herausforderungen sehen, die es zu bewältigen gilt. Wie bei einem Sportler benötigt auch ein Akquisiteur einen starken Willen zum Sieg sowie einen festen Glauben an den Erfolg.[31]

1. Erhebung des Marktpotenzials	

- Anzahl der Unternehmen im Einzugsgebiet
- Struktur des Firmenkundenmarktes (Unternehmensgröße, Branchen usw.)
- Bisherige Marktausschöpfung
- Vergleich der eigenen Kundenstruktur mit der Marktstruktur

2. Akquisitions-Zielplanung

- Ausgangspunkt: Gesamtbankplanung
- Erarbeiten der Akquisitions-Jahresziele
- Ressourcenplanung

3. Aufbau der Akquisitionsdatenbank

- Einspeicherung von Nichtkundendaten aus eigenen Datenbanken
- Zukauf externer Daten (Adressenbeschaffung)
- Betreuer-Kennzeichen

4. Selektion Wunschkunden: Attraktivitäts-Scoring

- Auswahl und Kennzeichnung der Wunschkunden
- Bewertung der Attraktivität (Scoringbewertung)
- Festlegung der Bearbeitungs-Prioritäten
- Erfassung aller Bewertungen in der Datenbank

5. Ermittlung der Zielpersonen

- Recherche über Ansprechpersonen
- Erfassung Name/Anrede/Adresse

6. Kontaktplanung

- Festlegung der Betreuungsstandards
- Quartalsplanung der Akquisitionskontakte (Terminplanungssystem)
- Bestimmen der Kontaktformen

7. Akquisitionsbrief

- Aufmerksamkeit/Neugierde wecken
- Briefgestaltung/Brieferstellung
- Versand

8. Akquisitionstelefonat

- Telefonleitfaden
- Terminvereinbarung

Abbildung 142: Systematische Vorgehensweise bei der Neukundengewinnung

9. Akquisitionsgespräch
• Gesprächsvorbereitung • Potenzialanalyse/Bedarfserhebung • Präsentationsunterlagen • Erstbesuch im Unternehmen
10. Nachbetreuung
• Bestätigungsbrief   (Dank/Ergebnis) • Eingabe Besuchsbericht in Datenbank • Planung der nächsten Schritte
11. Angebotserstellung/Folgetermin
• Erarbeitung des individuellen Angebots • Angebotsübermittlung • Folgegespräch (in der Firma oder in der Bank)
12. Follow up/Kontaktpflege
• Einladung zu Veranstaltungen • Zusendung von Broschüren, Ratgebern usw. • Übermittlung aktueller/anlassbezogener Unterlagen • Kontaktpflege gemäß Betreuungsstandards
13. Abschluss
• Verkaufsabschlüsse • Ergebnisdokumentation in der Datenbank
14. Controlling
• Ergebniscontrolling • Maßnahmencontrolling

Abbildung 142: Systematische Vorgehensweise bei der Neukundengewinnung (Fortsetzung)

5.3 Akquisitionsplanung

5.3.1 Trichter-Effekt

Bei der Entwicklung einer Akquisitionsstrategie muss man überlegen, wie viele *Wunschkunden* man ansprechen muss, um einen Neukunden zu gewinnen. Für die Ermittlung des erforderlichen Bedarfes an Wunschkunden ist nun der Umkehrschluss von Interesse: Wenn man x neue Firmenkunden gewinnen will, muss man y potenzielle Wunschkunden in der Akquisitionsdatenbank haben.

In diesem Zusammenhang kann man von einem *„Trichter-Effekt"* sprechen. Dies bedeutet: In den „Akquisitionstrichter" muss man oben wesentlich mehr hineinschütten, damit unten (langsam aber stetig) ein zufrieden stellender Gesamterfolg (ausreichende Neukundengewinnung) herauskommt. Die Abbildung 143 zeigt den

Trichter-Effekt der Neukundengewinnung mit entsprechenden Erfahrungswerten aus der Praxis der Sparkasse Oberösterreich.

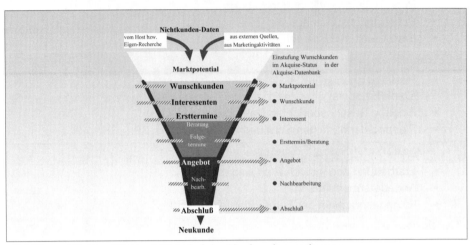

Abbildung 143: Der Trichter-Effekt bei der Neukundengewinnung

Beispiel:

Akquisestatus	Quote in %	Stückzahl
Marktpotenzial		5.000
Wunschkunde	40 %	2.000
Interessant	25 %	500
Ersttermin	50 %	250
Angebot	50 %	125
Abschluss	80 %	100

5.3.2 Attraktivitäts-Scoring zur Auswahl der Wunschkunden

Ein wesentlicher Erfolgsfaktor für eine systematische Akquisitionsstrategie ist die Auswahl jener Nichtkunden, die für eine Bank von besonderem Interesse sind. Daher ist es erforderlich, eine institutseinheitliche Vorstellung von „Wunschkunden" zu entwickeln und Kriterien für die Attraktivität der angestrebten Kundenbeziehung zu definieren. Zur Beantwortung dieser Frage wurde in der Sparkasse Oberösterreich ein eigenes „*Attraktivitäts-Scoring*" ermittelt.

Von möglichen Bewertungskriterien für Firmenkunden wie zum Beispiel
- Unternehmensgröße (Firmenumsatz)
- Branche
- Rechtsform
- Unternehmensalter
- Auslandstätigkeit
- Umsatzwachstum
- Bonität

wurden auf Grund institutsinterner Tests die Faktoren „Firmenumsatz" (25 %), „Auslandstätigkeit" (25 %) und „Bonität" (50 %) für das Attraktivitäts-Scoring herangezogen. Für die Ausprägung des jeweiligen Bewertungsbereiches wurden bestimmte Punktewerte vergeben (z. B. mehr als 50 % Exportanteil: 10 Punkte). Außerdem erfolgte eine Gewichtung der Faktoren untereinander, wobei das Bonitätskriterium mit 50 % am stärksten gewichtet war.

Die auf diese Weise ermittelten Scoringwerte stellen eine erste Einstufung dar und schaffen die Basis für eine grobe *Prioritätenreihung* aller Nichtkunden im Marktgebiet. Im nächsten Schritt wurden bei etwa 40 % der attraktivsten Unternehmen durch subjektive Einschätzung des Akquisiteurs (auf Grund seiner regionalen Marktkenntnis und Erfahrungen) daraus etwa 25 % ermittelt, die das höchste Chancenpotenzial aufweisen. So wie beim Rating müssen diese Werte des Attraktivitäts-Scorings einmal jährlich überprüft werden. Auf diese Weise kann das *„Wunschkunden-Portfolio"* an die sich ändernden Marktgegebenheiten angepasst werden.

5.3.3 Betreuungsstandards und Ressourcenplanung

Bei der Betreuung bestehender Firmenkunden existierten in vielen Banken bereits Standards für die Kundenbetreuung sowie Richtwerte für die Betreuungsintensität. Im Gegensatz dazu fehlen bei den Akquisitionskonzepten derartige *Betreuungsstandards*. Für eine systematische Neukundengewinnung müssen daher folgende Fragen beantwortet werden:

- Wann kann man die Wunschkunden ansprechen?
  Die Anlässe
- Wie kann man den Kontakt herstellen?
  Die Kontaktformen
- Wie oft sollen Wunschkunden kontaktiert werden
  Die Betreuungsintensität

Die Basis für die Festlegung der *Betreuungsintensitäten* bildet die Kategorisierung der Wunschkunden auf Grund des Attraktivitäts-Scorings. Auf Basis der Einstufung in die Kategorien „höchste", „mittlere" und „geringe" Attraktivität wird eine abgestufte Intensität der einzelnen Akquisitionskontakte (z. B. Anzahl der Telefonate) festgelegt.

Ressourcenplanung

All die bisher behandelten Themen sind vor dem Hintergrund von zwei zentralen Fragen zu sehen:
- Wie viel Zeitkapazität steht für die Neukundengewinnung zur Verfügung (Anteil an der Anwesenheitszeit eines Betreuers)?
- Wie viel Zeitaufwand ist für die einzelnen Wunschkunden-Kategorien erforderlich?

Das Ziel dieser Überlegungen besteht darin, grobe Anhaltspunkte zu finden, wie viele Akquisitionsadressen einem Kundenbetreuer zugeordnet werden sollen bzw. wie viele Wunschkunden er kapazitätsmäßig „verkraften" kann.

Die Grundlage für die Ermittlung des erforderlichen Zeitaufwandes bilden die Betreuungsstandards, die sowohl die Art der Betreuungsaktivitäten als auch die Kontakt-Frequenz je Aktivität festlegen. Anhand von Erfahrungswerten sowie auf Grund der Diskussionen mit den Firmenkundenbetreuern wurde der durchschnittliche Zeitaufwand für jede Wunschkunden-Kategorie ermittelt bzw. geschätzt. Abbildung 144 zeigt beispielsweise den veranschlagten Zeitbedarf, den ein Firmenkundenbetreuer für einen „Wunschkunden mit höchster Attraktivität" benötigt.

	Wunschkunde „höchste Attraktivität"			
		Häufigkeit p.a.	Zeitbedarf pro Kontakt	Jahresbedarf in Stunden
1	Chancenkonzept	1	4	4,0 h
2	Persönliche Besuche	2	4,5	9,0 h
3	Telefonate	4	0,15	0,6 h
4	Produktangebote	2	0,25	0,5 h
5	Angebotserstellung	1	1	1,0 h
6	Follow up-Kontakte	6	0,5	3,0 h
			Summe:	18,1 h

Abbildung 144: Betreuungsbedarf für einen A-Wunschkunden (Beispiel)

5.4 Akquisitionsdatenbank

Als Informationsgrundlage für eine effektive Neukundengewinnung hat es sich in der Praxis bewährt, eine eigene *Akquisitionsdatenbank* einzurichten. In der Sparkasse Oberösterreich wird beispielsweise eine Datenbank im Excel-Format verwendet, die folgende Informationen über die Wunschkunden beinhaltet:

> ❑ Firmenname
> ❑ Firmenadresse (Straße, PLZ, Ort)
> ❑ Firmenregistrierung
>   (Firmen-ID, FB-Nr., Gründungsjahr, KSV-Firmennummer, Rechtsform)
> ❑ Kommunikationsdaten
>   (Telefonnummer, Mobiltelefonnummer, Faxnummer, E-Mail-Adresse, Internetadresse)
> ❑ Firmendaten und Tätigkeiten
>   (Umsatz aktuell, Umsatz alt, Mitarbeiter, Hauptbranche, Tätigkeitsbeschreibung, Import/Export, Exportländer)
> ❑ Bankdaten (Bankverbindung, KSV-Rating)
> ❑ Personendaten
>   (Vor- und Nachname, Titel, Abteilung in Firma, Ansprache, Geschlecht)
> ❑ Chancenpotenzial lt. Firmenkundenbetreuer
>   (Umsatzanteil Import/Export, Akquisestatus, Wunschkundenstatus, Geschäftspotenzial)
> ❑ Kontakt-Ansprechpartner/Details
>   (Abteilung, Telefondurchwahl, Mobiltelefonnummer, E-Mail-Adresse, Hobbys)
> ❑ Kontaktplanung je Quartal – erledigt oder geplant
>   (Besuchs-, Angebots-, Mailing-, Event-, Telefonkontakt)

Abbildung 145: Akquisitionsdatenbank – Inhalte

Diese Datenbank bildet auch eine wichtige Grundlage für das *Maßnahmencontrolling*. Dabei gilt es vor allem zu überprüfen, ob die festgelegten Betreuungsstandards auch eingehalten werden. Dafür ist die Erfassung und Auswertung der Kontakte in der Akquisitions-Datenbank sehr wichtig.

Die Auswertungen der Kontakt-History ergeben beispielsweise

- Wie viele und welche Kontakte sind bei den jeweiligen Wunschkundensegmenten erfolgt (Kontaktversuche)?
- Wie viele Nichtkunden wurden erreicht (Kontaktquote) bzw. welche Reaktionen auf die Kontakte erfolgten?
- Wie viele Gesprächstermine konnten vereinbart werden?
- Welcher Fortschritt war in den Akquisitionsbemühungen zu verzeichnen (Änderungen der Einstufung im Wunschkunden-Status)?

Beim *Ergebniscontrolling* stehen naturgemäß die tatsächlich erzielten Abschlüsse sowie die Abschlussquote (Anzahl der Abschlüsse im Verhältnis zur Zahl der Kundengespräche) im Mittelpunkt. Darüber hinaus ist hier die Cross Selling-Quote von Interesse, d.h. wie viele Bankprodukte und Dienstleistungen ein neu akquirierter Firmenkunde nach einem Jahr bzw. nach eineinhalb Jahren in Anspruch genommen hat.

Anmerkungen

1 Vgl. *Bleckmann/Bruno:* Systematische Vertriebssteuerung und Kampagnen-Management, S. 305; *Schöler/Weiss:* Sparkassen-Finanzkonzept, S. 423; *Siebald/Muggenthaler/Hettler:* Stärkung der Vertriebskraft, S. 516
2 *Vahldieck/Lubberich:* Vertriebsintensivierung, S. 47
3 *Schmoll:* Praxis der Firmenkundenbetreuung, S. 240
4 ebenda, S. 180 ff.
5 *Spreiter:* Strukturiert beraten bringt Erfolg, S. 55; *Homann-Wenig:* Beratungsmehrwert im Firmenkundengeschäft. S. 8
6 Vgl. beispielsweise *Galka/Bader:* VR-Finanzplan, S. 28
7 Vgl. *Karner/Lucius:* Finacial Planning für gehobene Privatkunden, S. 22
8 Vgl. *Vahldieck/Lubberich:* Vertriebsintensivierung, S. 48
9 Vgl. *Grunwald:* Potenzialorientierte Betreuung von Firmen- und Gewerbekunden mit Musterkundenportfolios (Sparkassenzeitung vom 12. Dezember 2004)
10 Vgl. hierzu beispielsweise *Schimmelschmidt:* Die Kunst des Verkaufens, S. 77 f.
11 Vgl. *Traninger:* „Keilen" versus „aktiv verkaufen", S. 15
12 Vgl. *Schimmelschmidt:* Die Kunst des Verkaufens, S. 81
13 Bezüglich der Besuchsberichte vgl. *Winkelmann:* Vertriebskonzeption, S. 353
14 Vgl. *Krauß:* Veränderungsprozesse im Firmenkundengeschäft, S. 192; *Ronzal:* Trends für den Bankvertrieb, S. 313: „Verkaufen beginnt eigentlich erst nach dem Abschluss. Die Kundenbetreuung ist entscheidend für den Wiederkauf."
15 Vgl. *Geyer/Ronzal:* Führen und Verkaufen, S. 47
16 Vgl. hierzu *Pulai/Schmoll:* Kreditüberwachung, S. 27 f.
17 Vgl. hierzu die Ausführungen von *Genser/Schmoll:* Business Check für Firmenkunden, S. 367 f.; *Schmoll:* Business Check für Unternehmer, S. 24 f.
18 WONNEY® Beratung und Training für Unternehmensentwicklung, Bahnhofstraße 7, 71034 Böblingen
19 *GGB Beratungsgruppe,* Industriestraße 3, 70565 Stuttgart
20 Vgl. hierzu *Homann-Wenig:* VR-CheckUp Business. Beratungsmehrwert im Firmenkundengeschäft bieten, S. 9; *Dehne:* Das profitable Firmenkundengeschäft kehrt zurück; S. 22 f.; *Homann-Wenig:* Aktiv im Firmenkundengeschäft, S. 16 f.
21 Vgl. *Dehne:* Das profitable Firmenkundengeschäft kehrt zurück. Die Entwicklung des „VR-FinanzPlan Mittelstand", S. 21 f.
22 Vgl. *Homann-Wenig:* Aktiv im Firmenkundengeschäft, S. 18; *Homann-Wenig:* VR CheckUp Business, S. 9
23 Vgl. hierzu *Schmoll:* Ratingprozess – Ratingkultur – Ratingdialog. Der Firmenkundenbetreuer – ein zentraler Erfolgsfaktor, S. 390
24 Zur Ratingberatung vgl. *Bank Austria* (Hrsg.): Unternehmensfinanzierung im Wandel (2003), S. 32: „Die Ratingberatung ist als Dienstleistung konzipiert. Der Einsatz von Produkten steht hinter dem Basisziel, die bonitätsmäßigen Rahmenbedingungen unserer Kunden aufzuzeigen und Alternativen zu offerieren." vgl. auch *Prehofer:* RatingBeratung der Bank Austria Creditanstalt, S. 395; Ein

ähnlicher Ansatz stellt der Ratinreport der *Investkredit AG* dar. Vgl. weiters *Hosseini/Spee:* Basel II als Chance im Vertrieb, S. 36

25 Vgl. *Behrens/Bührer:* Chancen nutzen, S. 21 f.

26 Vgl. *Gehrke:* Beizeiten kommunizieren, S. 27; *Henrich/Schmitt:* Ratinggespräche als Vertriebsansatz, S. 16; *Felden/Hartung:* Transparenz im Rating-Gespräch, S. 658 f.; *Nordsieck/Brezski/Kinne:* Ratingkommunikation, S. 432 f.

27 Vgl. hierzu *Ahnert/Olschok:* Risiko-Pricing, S. 9: „In das Zentrum seines Interesses rückt die Frage, wie er das Ratingergebnis aus seiner Sicht positiv beeinflussen kann. Hierdurch wird die Kommunikation zwischen Kunde und Kreditinstitut intensiviert, weil der Kunde durch die Verbesserung des Rating den Preis für seine Kredite senken möchte."

28 Praxisorientierte Tipps zur Ratingverbesserung finden sich beispielsweise bei *Bruckner/Masopust/Schmoll:* Basel II, S. 57 ff.; *Bonitz/Ostermann* (Hrsg.): Ratingvorbereitung und Ratingverbesserung, S. 244 f.

29 Vgl. *Wöhry:* Basel II, S. 8: „Bei einem Rating-Gespräch sollte es immer auch darum gehen, bisher nicht entdeckte Kundenbedürfnisse aufzuspüren und somit bisher ungenutzte Geschäftsfelder für die Bank zu erschließen." *Berre/Strothe:* Ratingeinführung, S. 41; *Ruland:* Rating klärt das Verhältnis, S. 29; *Henrich/Schmitt:* Rating-Gespräch als Vertriebsansatz, S. 17 f.

30 Vgl. *Gutmayer/Schmoll:* Systematische Akquisitionsstrategie, S. 22 f.; zum Akquisitionsprozess vgl. auch *Renker:* Relationship Marketing, S. 187 ff.

31 Vgl. *Ronzal:* Vertrieb stärken, S. 56

VI

Führen im Vertrieb

*„Management ist nichts anderes als die Kunst,
andere Menschen zu motivieren."*
(Lee Iacocca)

1. Der Vertriebsmanager als Führungskraft
   1.1 Grundlagen
   1.2 Die Rolle der Führungskraft bei der Entwicklung der Verkaufskultur
2. Coaching im Verkauf
   2.1 Coaching – was ist das?
   2.2 Direktes Führen im Verkauf
   2.3 Feed-back richtig einsetzen
   2.4 Verkaufsschulung
3. Mitarbeitergespräche als Coachingelement
   3.1 Zielvereinbarungsgespräch
   3.2 Mitarbeiter-Orientierungsgespräch
4. Sales Meeting
   4.1 Ziele von Sales Meetings
   4.2 Verkaufsleistung gemeinsam steigern
   4.3 Sitzungen effizient gestalten
   4.4 Sitzungsmoderation
5. Leistungsorientierte Vergütung
   5.1 Leistungsorientierte Entlohnung als Teil des Anreizsystems
   5.2 Anforderungen an eine leistungsorientierte Vergütung
   5.3 Praxisbeispiel aus dem Sparkassensektor
   5.4 Praxisbeispiel aus dem Genossenschaftssektor

1. Der Vertriebsmanager als Führungskraft

1.1 Grundlagen

1.1.1 Stellenwert der Führungsaufgabe

Bei der Auseinandersetzung mit den vielfältigen Fragen des Vertriebsmanagements standen bisher die betriebswirtschaftlichen Steuerungsinstrumente, die Gestaltung des Vertriebsprozesses sowie die organisatorischen Aspekte im Vordergrund. Zweifelsohne sind dies wesentliche Themen für eine effiziente Vertriebssteuerung und ein wirkungsvolles Vertriebscontrolling – aber sie stellen eben nur einen Teil des gesamten Themenkomplexes dar.

Einen – und wie die Erfahrung immer wieder bestätigt – sehr bedeutsamen Erfolgsfaktor bilden die im Vertrieb tätigen *Führungskräfte*. Den Vertrieb zielorientiert zu steuern und entsprechende Ergebnisse zu erzielen bedeuten heute angesichts der wirtschaftlichen Rahmenbedingungen hohe Herausforderungen. Die Vertriebsziele sind allerdings nur dann zu erreichen, wenn auch die Aufgaben der *Mitarbeiterführung* bewusst wahrgenommen werden. Empirische Untersuchungen zeigen beispielsweise deutlich den Zusammenhang zwischen Führungsstil und Absatzerfolg. Diesen Erkenntnissen steht allerdings die Tatsache gegenüber, dass dem Thema *Führen im Vertrieb* häufig noch zu wenig Bedeutung beigemessen wird.[1] Je höher eine Führungsposition hierarchisch angesiedelt ist, desto komplexer ist die Führungsaufgabe und desto dringender ist das Erfordernis, sich von einigen sachorientierten Tätigkeiten zu lösen.

In diesem Zusammenhang geht es beispielsweise um folgende Fragen:
- Wie viel Zeit wird im Alltag der Mitarbeiterführung gewidmet?
- Wie wichtig ist diese Aufgabe den Vertriebsführungskräften?
- Wie werden sie auf ihre Führungsaufgaben vorbereitet?

1.1.2 Die Führungskraft im Schnittpunkt unterschiedlicher Erwartungen

Gibt es den „geborenen" Vertriebsmanager? Die ideale Führungspersönlichkeit – geradezu am Reißbrett entworfen – kann es nicht geben. Die verschiedenen Situationen im Bankenalltag und die individuellen Mitarbeiterpersönlichkeiten verlangen jeweils nach einer anderen „idealen" Führungspersönlichkeit. Auf der einen Seite sollen Führungskräfte sensibel sein, auf der anderen Seite robust und konfliktfähig. Zum einen sollen sie Einfühlungsvermögen besitzen und für die Anliegen der Mitarbeiter aufgeschlossen sein – gleichzeitig aber die Unternehmensziele konsequent verfolgen. Diese Überlegungen können noch weitergeführt werden – eines zeigen sie aber bereits jetzt sehr deutlich: Eine Führungskraft im Vertrieb steht vor der Aufgabe, diesen unterschiedlichen Erwartungen gerecht zu werden.

Jede Vertriebsführungskraft steht mit zahlreichen anderen Organisationseinheiten in Beziehung, sodass sich ein verzweigtes Beziehungsnetz ergibt. So beinhaltet die

Funktion eines Vertriebsmanagers *innerhalb* der Bank beispielsweise Kontakte zum Vorstand (Geschäftsleitung), zu Vertriebsmitarbeitern und Kollegen sowie Beziehungen zu zahlreichen Fach- und Stabsabteilungen der Bank. Bei den *bankexternen* Beziehungen sind für den Vertrieb zweifelsohne jene zu den Firmenkunden von elementarer Bedeutung. Daneben spielen am Markt noch weitere Bezugsgruppen wie Meinungsbildner, öffentliche Institutionen oder Mitbewerber für den Vertriebsmanager eine Rolle. Schließlich sollte auch das private Umfeld (Partner, Kinder, Vereinsmitglieder, Freunde etc.) berücksichtigt werden.

Jede dieser Beziehungen trägt an die Rolle eines Vertriebsmanagers bestimmte *Erwartungen* heran. Auf Grund der Unterschiede dieser sozialen Bezugsgruppen handelt es sich dabei naturgemäß auch um zum Teil sehr *unterschiedliche Anforderungen*. So fordert die Geschäftsleitung der Bank die Umsetzung der herausfordernden Unternehmensziele – die eigenen Mitarbeiter haben unter Umständen ganz andere Vorstellungen. Die Mitarbeiter erwarten sich Unterstützung und Verständnis, die Vorgesetzten erwarten Leistungsorientierung sowie Ertrags- und Kostenorientierung. Insgesamt wird von Vertriebsmanagern Einsatzbereitschaft und ein hohes zeitliches Engagement verlangt – häufig in Verbindung damit, dass Ehepartner und Kinder sich über die geringe Zeit für die Familie beklagen.

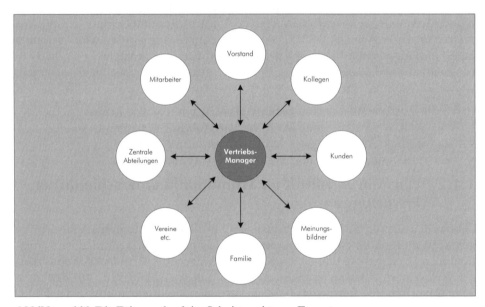

Abbildung 146: Die Führungskraft im Schnittpunkt von Erwartungen

Wie die Abbildung zeigt, steht der Vertriebsmanager gleichsam im „Schnittpunkt von Erwartungen".[2] Vertriebsmanagement bedeutet daher immer *Interessenausgleich*: Ausgleich zwischen den Zielen der Kunden, der Mitarbeiter und der Bank. Das erfordert eine stabile Persönlichkeit, die in der Lage ist, mit diesen unterschiedlichen Erwartungen zu leben.

1.1.3 Anforderungsprofil einer Führungskraft im Vertrieb

Um im Wettbewerb längerfristig bestehen zu können, sind für eine Bank qualifizierte, engagierte sowie service- und verkaufsorientierte Mitarbeiter unverzichtbar. Solche Mitarbeiter brauchen aber auch eine andere Art der Führung als in der Vergangenheit.

Die „Amtsautorität" des „Vor-gesetzten" zählt heute immer weniger. Gefragt ist viel mehr eine ausgeprägte *Führungskompetenz* – und hier in besonderem Maße Kommunikations- und Motivationsfähigkeit. Vor dem Hintergrund eines sich immer rascher ändernden Bankenumfeldes und vor dem Hintergrund selbstbewussterer und kritischerer Mitarbeiter zeichnet sich heute ein *Rollenwandel* für Führungskräfte im Vertrieb ab:

> Vom Vorgesetzten zum Berater, Mentor und Coach von Mitarbeitern.

Die geläufigen Fragestellungen „Wie kann ich meine Mitarbeiter besser motivieren?" oder „Welche Führungsinstrumente kann ich dabei einsetzen?" müssen ergänzt werden um die Überlegung:

> Wie muss ich als Führungskraft agieren, damit meine Mitarbeiter motiviert sind?

Eine wesentliche Voraussetzung für erfolgreiche Führung im Vertrieb liegt sicherlich in der persönlichen *Einstellung* zur Führungsaufgabe. Ein Vertriebsmanager muss einen klaren Führungswillen besitzen, der sich darin zeigt, den eigenen Verantwortungsbereich zu gestalten. Die eigenen Vorstellungen basieren auf einem klaren *Wertesystem* und werden mit Engagement vertreten.

Besonders wichtig ist: Die Aufgabe und der Umgang mit Menschen müssen Freude machen. Wer Mitarbeiter für die Umsetzung von Zielen begeistern und motivieren („movere" – bewegen) möchte, muss von seinem eigenen Tun überzeugt sein. Die Quelle für die Fähigkeit, andere für Vertriebsaufgaben zu begeistern, ist eine hohe *Eigenmotivation,* die auch auf die Mitarbeiter ausstrahlt. Der Kirchenlehrer Augustinus hat diesen Gedanken schon zusammengefasst, wenn er meint:

> „In dir muss brennen, was du bei anderen entzünden willst!"

Diese Gedanken lassen bereits eines erkennen: Es sind hohe fachliche, unternehmerische und führungsmäßige Qualifikationen erforderlich, um die Herausforderungen des Vertriebes erfolgreich bewältigen zu können. Die Anforderungen an einen Vertriebsverantwortlichen sind daher ungleich höher als in der Vergangenheit.[3] Um zu einem systematischen Überblick zu gelangen, sind die wichtigsten Schlüsselqualifikationen in der folgenden Abbildung zu einem *„Anforderungsprofil"* zusammengefasst:

Unternehmerische Kompetenz

- Denken in Gesamtzusammenhängen
  (Blick über den eigenen Verantwortungsbereich hinaus)
- Beachtung der übergeordneten Unternehmensziele
  (Handeln im Sinn der Gesamtbankstrategie)
- Gestaltungswille
- Bereitschaft, Verantwortung zu übernehmen
- Wille zum Führen
- Handeln aus eigenem Antrieb
  (von selbst aktiv werden)
- Entscheidungsbereitschaft
  (Entscheidungen nach Abwägung der wesentlichen Faktoren eigenständig treffen)

Strategische Kompetenz

- Orientierung am Unternehmensleitbild sowie an den Leitlinien im Firmenkundengeschäft
- Vernetztes Denken
  (Zusammenhänge und Konsequenzen von Entscheidungen für andere Bereiche erkennen)
- Innovationsfähigkeit
  (Aufgeschlossenheit für Neues)
- Visionen entwickeln
  (langfristige Trends/Entwicklungen beachten)
- Fähigkeit zur Entwicklung von Vertriebsstrategien im regionalen Markt
- Ideenreichtum
  (Verkaufsideen)

Markt-, Verkaufs- und Kundenorientierung

- Kundenorientierung als Maxime
  (Kundenbedürfnisse, Kundennutzen stehen im Mittelpunkt)
- Alle Aktivitäten konsequent nach dem Markt ausrichten
- Serviceorientierung
- Qualitätsbewusstsein (Orientierung an Qualitätsstandards)
- Bedarfsorientierter Verkauf als Vertriebsleitlinien
- Kontaktfähigkeiten

Abbildung 147: Anforderungsprofil Vertriebsmanager

Ergebnisorientierung

- Zielorientierung
  (Konsequente Verfolgung gesetzter Ziele)
- Ertragsorientierung
- Leistungsorientierung
  (Willen zur Leistung zeigen und Leistung einfordern)
- Ergebnisorientierter Ressourceneinsatz
- Kostenbewusstsein

Führungskompetenz

- Vermittlung von Zielvorstellungen, die gemeinsam erreicht werden sollen
- Motivationsfähigkeit
- Begeisterungsfähigkeit
- Förderung der Mitarbeiter
  (Coaching-Kompetenz)
- Entwicklung von Verkaufsorientierung bei den Vertriebsmitarbeitern
- Umfassende und zeitnahe Informationsweitergabe
- Kooperativer Führungsstil
- Teamkompetenz
  (Teamerfolg ist gemeinsamer Erfolg)
- Vorbild für Mitarbeiter

Sozialkompetenz

- Interesse am Umgang mit Menschen
- Wertschätzung/gegenseitige Akzeptanz
- Offenheit/Fairness/Toleranz im Umgang miteinander
- Tragfähige Beziehungen/Vertrauen aufbauen
- Kommunikationsbereitschaft
  (für offene Meinungsbildung sorgen)
- Kommunikationsfähigkeit
  (aktives Zuhören/verständliche, klare Ausdrucksweise)
- Kritikfähigkeit
  (Mut zur offenen und konstruktiven Kritik bzw. konstruktive Kritik akzeptieren)
- Konfliktfähigkeit/Konfliktlösungskompetenz

Abbildung 147: Anforderungsprofil Vertriebsmanager (Fortsetzung)

- Auf ein Betriebs- bzw. Bereichsklima achten, das den Mitarbeitern Freude an der Arbeit vermittelt
- Eigenmotivation
  (hohe Einsatzbereitschaft, die auf die Mitarbeiter ausstrahlt)
- Belastbarkeit
  (in Druck-, bzw. Stresssituationen handlungsfähig und ruhig bleiben)

Organisationskompetenz

- Systematische Planung von Aufgaben
- Strukturiertes Lösen komplexer Vorhaben
- Fähigkeit, Schwachstellen von Geschäftsprozessen zu erkennen und Lösungsansätze zu entwickeln
- Sitzungsorganisation
  (Beherrschen der Methoden der Sitzungstechnik)
- Moderationsfähigkeit
- Eigenes Zeitmanagement
- Prioritäten setzen
  (Blick für das Wesentliche)

Fachkompetenz

- Solides Basiswissen im Firmenkundengeschäft
- Für Entscheidungen notwendige funktionsspezifische Kenntnisse
- Vorhandensein von breitem Allgemeinwissen und betriebswirtschaftlichen Kenntnissen
- Erkennen von gesamtwirtschaftlichen Zusammenhängen
- Lernbereitschaft
- Rasche und systematische Einarbeitung in neue Themenbereiche
- Weiterbildung in zeitgemäßen Managementmethoden

Abbildung 147: Anforderungsprofil Vertriebsmanager (Fortsetzung)

1.2 Die Rolle der Führungskraft bei der Entwicklung der Verkaufskultur

Zwischen Führung und Vertriebskultur besteht ein unmittelbarer Zusammenhang. Durch ihr Verhalten personifizieren und symbolisieren die Führungskräfte im Vertrieb bestimmte Werthaltungen. Damit tragen sie die ureigentliche Verantwortung für die Entwicklung und Gestaltung der Verkaufskultur.

1.2.1 Klare Zukunfts- und Wertvorstellungen entwickeln

Führungskräfte im Vertrieb bestimmen nicht nur die Richtung und den Kurs im Vertriebsgeschehen, sondern beeinflussen viele Mitarbeiter im Vertrieb. Die besondere Herausforderung des Führens im Vertrieb besteht darin, „durch die Mitarbeiter hindurch zu wirken", um konsequent auf die Vertriebsziele hinzuarbeiten.[4] Erfolgreiche Vertriebsführungskräfte verstehen es, ihren Mitarbeitern den *Sinn* und die Ziele einer konsequenten Markt- und Vertriebsorientierung klar zu vermitteln. Sie haben die Fähigkeit, aus dem Leitbild der Bank Vorstellungen für das Verkaufen herauszudestillieren, die gleichzeitig einfach, leicht verständlich und inspirierend sind. Es gilt daher im Firmenkundengeschäft ein möglichst klares Bild von der *gewünschten Zukunft zu entwickeln,* um das *Engagement* aller Mitarbeiter im Vertrieb auf ganz bestimmte Erfolgsfaktoren zu konzentrieren.

Zukunftsvorstellungen sind untrennbar mit *Wertvorstellungen* verbunden. Von den Werten hängt es letztlich ab, was im Firmenkundenvertrieb als *„wünschens-wert"* angesehen wird. Führen im Verkauf darf sich nicht darauf beschränken, sich nur mit Zahlen und Statistiken auseinander zu setzen. Gefragt und gefordert ist auch die bewusste Auseinandersetzung mit Fragen der Wertvorstellungen. Einige wenige klar formulierte Werte, die aber eine fortlaufende Bestätigung erfahren, bilden nicht nur das Fundament für die Identifikation der Vertriebsmitarbeiter, sondern vermögen auch ihr Verhalten und ihre Entscheidungen zu leiten.

Aus der Vielfalt möglicher Werte sollen beispielhaft jene herausgegriffen werden, die für die Gestaltung einer markt- und ergebnisorientierten Vertriebskultur besonders wesentlich sind:

- Kundenorientierung – Partnerschaft mit dem Kunden
- Qualitäts- und Serviceorientierung
- Dienstleistungsorientierung
- Verkaufsorientierung
- Ertragsorientierung
- Risikoorientierung
- Einsatzbereitschaft und Leistungswille
- Kooperationsbereitschaft
- Offenheit und Ehrlichkeit

1.2.2 Vor-leben, Vor-bild

„Kundenorientierung", „Serviceorientierung" oder „Ertragsorientierung" sind inhaltsleere, gleichsam „blutleere" Schlagworte: Es gilt, sie im Verkaufsalltag mit Leben zu füllen.

Durch ihr Verhalten personifizieren Vertriebsführungskräfte bestimmte Werthaltungen. Durch ihre Tätigkeit vermitteln Führungskräfte bestimmte Signale, die bei den Mitarbeitern (positive oder negative) Reaktionen auslösen.[5] Das bedeutet:

> **Führungskräfte haben Vorbildfunktion**

Das Verhalten der Vertriebsmitarbeiter wird nicht davon geprägt, was in Leitsätzen oder Leitbildern auf Hochglanzpapier gedruckt ist, sondern durch das Wirken der Führungskräfte im Alltag. Wenn „Kundenorientierung" erwartet wird, kann nicht der Auseinandersetzung mit Statistiken höhere Priorität eingeräumt werden als der Teilnahme an Kundengesprächen. Oder wenn die Mitarbeiter bei Verkaufsmeetings pünktlich sein sollen, ist die Führungskraft gefordert, nicht zu spät zu kommen.

1.2.3 Wertorientierte Kommunikation

Die noch so intensive Beschäftigung mit Ziel- und Wertvorstellungen ist letztendlich nutzlos, wenn es nicht gelingt, sie anderen zu *vermitteln*. Wenn die Führungskraft mit ihren Ideen und Vorstellungen nicht allein „übrig bleiben" will, muss sie andere dafür gewinnen, den eingeschlagenen Weg mitzugehen.

Wertvorstellungen lassen sich nicht durch Anweisungen oder Aktenvermerke in die Tagesarbeit umsetzen. Markt- und verkaufsorientierte Werte können nur durch Menschen im direkten Kontakt mit anderen vermittelt werden. Der Weg dazu heißt daher schlicht und einfach: *Persönliche Kommunikation*. Der Erfolg der Bemühungen, eine durchgehende Vertriebskultur zu entwickeln und zu gestalten, hängt in hohem Ausmaß von der *Kommunikationsfähigkeit* der Führungskräfte ab.

Wertorientierte Kommunikation ist mehr als die bloße Übertragung von Informationen – im Kern geht es um einen *Bewusstmachungsprozess*. Der entscheidende Ansatzpunkt liegt daher weniger auf der rationalen Ebene, sondern überwiegend im Gefühls- und Erlebnisbereich. Signale und Botschaften der Verkaufskultur den Mitarbeitern in den Vertriebseinheiten nahe zu bringen, erfordert daher auch einen bestimmten *Kommunikationsstil*. Erfolgreiche Vertriebsführungskräfte verstehen es, den Sinn einer Verkaufsphilosophie klar herauszustellen und zu kommunizieren.

Eine entsprechende Verkaufskultur wird auch dadurch geschaffen, dass bewusst und kontinuierlich über „*Verkaufen*" bzw. über den „*Verkauf*" gesprochen wird. Dieser Hinweis klingt auf den ersten Blick banal. Doch ein Blick in den Bankenalltag zeigt, dass „Verkaufen" in Banken noch immer ein schlechtes Image hat. Beispielsweise wird häufiger von „Kundenberatern" oder „Kundenbetreuern" gesprochen als von „Verkäufern". Dabei ist jedem klar (bzw. müsste klar sein), dass die Bank (und damit alle Mitarbeiter) vom Verkaufen lebt.

Das *aktive Verkaufen* umfasst alle drei Komponenten: Kunden betreuen, sie beraten und in der Folge Abschlüsse zu tätigen. Es liegt daher an den Vertriebsführungskräften das *Image der Verkäufer* zu verbessern bzw. darauf einzuwirken, dass dem Thema Verkauf ein höherer Stellenwert beigemessen wird. Bei allen Sitzungen, Besprechungen sowie in der schriftlichen Kommunikation muss daher der Verkauf entsprechend betont und positioniert werden.[6] So wie auch in anderen Branchen muss den Vertriebsmitarbeitern signalisiert werden, wie wichtig ihr Aufgabengebiet für den Erfolg der Bank ist. Verkaufserfolge müssen erkannt, anerkannt und belohnt werden. Damit wird „Verkauf" stärker mit Begriffen wie *„Erfolg"* und *„Leistung"* assoziiert.

2. Coaching im Verkauf

2.1 Coaching – was ist das?

Wie bereits beim Rollenwandel der Führungskräfte deutlich wurde, ist Coaching im Vertrieb heute ein wichtiger Teil der Führungsarbeit. Der heute vielfach verwendete Begriff „Coach" hat über den Sport seinen Einzug in die Welt des Managements gefunden.

Coaching als ein Aspekt der Führungsaufgabe ist daher mehr als die bloße Ansammlung von „Führungstechniken" – vielmehr geht es hier um Fragen des Menschenbildes – um persönliche Einstellung und innere Haltung. Die Kernaufgabe des Coaching besteht darin, die Mitarbeiter zu *befähigen* und zu *entwickeln*. Somit hat Coaching stets zwei Aspekte: Auf der einen Seite soll das vorhandene Potenzial der Mitarbeiter an Fähigkeiten erkannt und für die Bank produktiv eingesetzt werden – auf der anderen Seite soll gleichzeitig wichtigen Erwartungen der Mitarbeiter entsprochen werden.[7]

> Coaching ist Teil der Führungsaufgabe, der beim Mitarbeiter einen Lern- und Entwicklungsprozess in Gang setzt und fördernd begleitet, mit dem Ziel, das Potenzial der Mitarbeiter für die Bank und für ihn selbst optimal zu nutzen.

In diesem Sinn ist die Führungskraft Berater und Mentor – aber auch Herausforderer und kann damit im Vertrieb den Selbststeuerungs- und Motivationsprozess der Mitarbeiter mit Methoden des Coaching beeinflussen. Mitarbeiter können jedoch langfristig nicht von außen motiviert werden. Die Selbstmotivation muss prinzipiell im Mitarbeiter vorhanden sein. Ein Firmenkundenbetreuer, der keine starke Eigenmotivation für persönliche Verkaufsoptimierung hat, wird kaum von der Führungskraft zum Topverkäufer entwickelt werden können. Vertriebsführungskräfte

können aber sehr wohl jene notwendigen angemessenen *Rahmenbedingungen* schaffen, die zum Verkaufserfolg führen, aus dem die Verkäufer ihre langfristige *Motivation* ziehen.[8] Basierend auf dem Prinzip „*Fördern und Fordern*"[9] geht es somit beim Coaching im Verkauf darum,
- realistische Erwartungen zu formulieren,
- Ziele für den eigenen Verantwortungsbereich aus den Unternehmenszielen abzuleiten und gemeinsam mit dem Mitarbeiter konkrete Verkaufsziele zu vereinbaren,
- Verantwortung zu übertragen und Handlungsspielräume zu schaffen,
- die Selbstständigkeit und Eigeninitiative zu fördern,
- durch die Steuerung der Vertriebsaktivitäten auf die Verkaufsziele hinzuarbeiten,
- die Leistungserbringung laufend zu beobachten und Feed-back zu geben,
- regelmäßige Standortbestimmung über den Zielerreichungsgrad vorzunehmen,
- gute Leistungen bewusst anzuerkennen und Fehler in fairer Weise zu kritisieren,
- für die kontinuierliche Weiterentwicklung des Mitarbeiters zu sorgen,
- in schwierigen Situationen Unterstützung und Hilfeleistung anzubieten,
- für leistungsorientierte Vergütungssysteme zu sorgen.

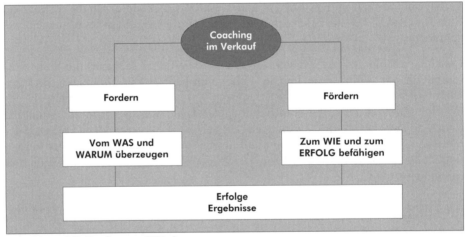

Abbildung 148: Fordern und Fördern

2.2 Direktes Führen im Verkauf

Die Führungskraft im Vertrieb ist der ständige Begleiter des Firmenkundenbetreuers auf seinem Weg zum „Profiverkäufer". Diese Aufgabe ist nicht delegierbar, denn niemand setzt sich dauerhafter und intensiver mit den Mitarbeitern auseinander als die unmittelbare Führungskraft. *Herndl* spricht in diesem Zusammenhang von „direkter Führung", deren Wesen darin besteht, „möglichst nahe am Verkäufer Führungs- und Entwicklungsarbeit zu leisten"[10].

Das Führungsinstrument, in dem diese Coaching-Funktion unmittelbar erfüllt wird, ist das *Mitarbeitergespräch*. So bildet das *Zielvereinbarungsgespräch* das Fundament für den weiteren Leistungsprozess. Feed-back-Gespräche sowie das *Mitarbeiterorientierungsgespräch* ermöglichen eine Standortbestimmung des Mitarbeiters im Hinblick auf die tatsächliche Leistungserbringung und die erzielten Ergebnisse. Dieses Beurteilungsgespräch bildet dann auch die Basis für das Arbeits- und Entwicklungsprogramm der nächsten Periode. Außerdem ist es die Grundlage für die leistungsorientierte Vergütung. Die Verzahnung dieser Instrumente der Mitarbeiterentwicklung und -förderung ist aus der folgenden Abbildung ersichtlich.

Abbildung 149: Verzahnung der personalwirtschaftlichen Instrumente

Auf das Zielvereinbarungs- und Mitarbeiterorientierungsgespräch sowie auf die Kernelemente der leistungsorientierten Vergütung wird unter Punkt 3 noch näher eingegangen, weil diese Elemente wichtige Faktoren für den Vertriebserfolg darstellen.

Unterstützung geben

Coaching im Vertrieb bedeutet aber nicht nur darüber zu sprechen, *was* zu tun ist, sondern Hilfestellung beim *„Wie"* zu geben. Auf diese Weise entwickeln Führungskraft und Mitarbeiter eine gemeinsame Sicht über die notwendigen *Schritte* sowie über die möglichen *Mittel* und *Wege*, die für erfolgreiches Verkaufen erforderlich sind.

Direktes Führen im Verkauf bedeutet daher, *konkrete Unterstützung* bei der *Verbesserung von Verkaufstechniken* zu geben. Dazu einige Beispiele:

- Beim Unternehmer-Jahresgespräch bzw. beim „Business Check" kommt – wie bereits erwähnt – der *Gesprächsvorbereitung* ein besonderer Stellenwert zu. Coaching bedeutet dann beispielsweise, nicht nur die Anzahl der Business Check-Gespräche zu vereinbaren oder die Kundenauswahl zu kontrollieren, sondern den Betreuer bei der Vorbereitung dieser Kundengespräche zu unterstützen.
  - Wurde systematisch vorgegangen?
  - Wurden Verkaufspotenziale erkannt?
  - Wurden konkrete Verkaufsansätze herausgearbeitet?
  - Wurden zugkräftige Argumente bzw. Verkaufsaufhänger formuliert?
  - Wurde der Kundennutzen klar und verständlich herausgearbeitet?

  Das sind nur einige Fragen, die die Führungskraft mit dem Betreuer anhand konkreter Firmenkunden bespricht.

- Zielerreichung im Vertrieb sowie zufriedene Kunden sind das Ergebnis von professionell geführten Beratungs- und Verkaufsgesprächen. Eine Verbesserung der Gesprächsführung ist dann am ehesten möglich, wenn jemand da ist, der zeigt, hilft und Rückmeldung gibt. Und genau das ist die Aufgabe der Führungskraft als Coach. Vertriebsführungskräfte sollten daher in bestimmten Abständen hinausgehen und ihre Betreuer zu Kundenterminen begleiten. Vor allem bei kritischen Gesprächsterminen ist diese unmittelbare Unterstützung besonders wichtig.

  Natürlich muss diese *Begleitung zu Kundengesprächen* zwischen Führungskraft und Mitarbeiter vorher genau abgesprochen werden. Wird das nicht beachtet, empfinden die Vertriebsmitarbeiter diese Situation sehr leicht als Kontrolle, die den ohnehin vorhandenen Stress bei einem kritischen Kundengespräch noch zusätzlich erhöht. Je klarer Ziele und Rollenverteilung vor dem Gespräch festgelegt werden, desto sicherer wird sich der Mitarbeiter fühlen.

  Bei der Teilnahme an Kundengesprächen geht es nicht um eine „Vorzeigesituation". Die Führungskraft nimmt vielmehr die Rolle des Beobachters ein, um nach dem Kundentermin eine umfassende Rückmeldung geben zu können. Daher muss im Anschluss an den gemeinsamen Kundentermin ein ausführliches *Feed-back-Gespräch* stattfinden, in dem die Stärken und Schwachstellen der erlebten verkäuferischen Leistung diskutiert werden. Wenn das in entsprechender Form passiert, wird der Mitarbeiter diese unmittelbare Form des Führens nicht als (unliebsame) Kontrolle, sondern als Chance sehen – als Chance, durch Feedback das eigene Verkaufsverhalten zu professionalisieren.[11]

- Neben der Gesprächsvorbereitung oder der Begleitung zu Kundenterminen ist es auch möglich, in der Phase der *Gesprächsnachbearbeitung* Unterstützung zu bieten. Die Führungskraft bespricht mit dem Betreuer beispielsweise nach dem Business Check den Gesprächsverlauf sowie das Ergebnis. Wie bereits erwähnt, geht es bei der Vertriebssteuerung nicht darum, nur die Anzahl der Kundengespräche zu vereinbaren – entscheidend ist vielmehr die Qualität dieser Gespräche.

Zweifellos bringt diese Form der direkten Führung auch nicht zu unterschätzende *Herausforderungen für die Führungskräfte* mit sich. Wie die Beispiele bereits zeigen, erfordert Vertriebscoaching eine intensivere Kommunikation mit den Firmenkundenbetreuern. Das Schaffen der entsprechenden Rahmenbedingungen für den Verkauf bedeutet ebenfalls erheblichen Einsatz. Auch richtiges Feed-back-Geben ist nicht immer leicht. Um professionelles Feed-back-Verhalten auch in schwierigen Situationen zu beherrschen, brauchen die Vertriebsführungskräfte eine entsprechende Ausbildung im Hinblick auf Mitarbeitercoaching.[12] All diese Anstrengungen und Mühen sind aber gut investiert, weil sie letztlich ein wesentliches Element für einen dauerhaften Vertriebserfolg darstellen.

2.3 Feed-back richtig einsetzen

Eines der wichtigsten Instrumente im Coachingprozess ist das Feed-back. Dieser im Zusammenhang mit Managementmethoden häufig verwendete Begriff hat seinen Ursprung in der Kybernetik als Lehre von Regelungsprozessen. Beim Feedback im Vertriebsführungsprozess handelt es sich um eine kontinuierliche *Rückmeldung* über die Vertriebsleistung bzw. über das Verkaufsverhalten. Durch die Feed-back-Methode wird dem Vertriebsmitarbeiter klar, wie ihn seine Führungskraft sieht. Eine derartige Rückmeldung hat daher für ihn eine dreifache Funktion.[13]

- Information
- Motivation
- Lernprozess

Inwiefern Feed-back zu einem Erfolg (im Sinne persönlicher Weiterentwicklung) führt, hängt einerseits von der sozialen Reife des Mitarbeiters ab und andererseits von der Art und Weise *wie* die Führungskraft Rückmeldungen vermittelt. Und natürlich – was vielleicht das Wichtigste ist – vom gegenseitigen *Vertrauen*. „Vertrauen" bedeutet in diesem Zusammenhang, dass sich einer *traut*, ehrliches Feed-back zu geben und der andere sich *getraut*, es vorbehaltlos anzunehmen.

Richtiges Feed-back durch die Führungskraft hat viel mit „Fingerspitzengefühl" zu tun. Führungskräfte im Vertrieb müssen professionelles Feed-back-Verhalten beherrschen, um auch in schwierigen Situationen erfolgreich bestehen zu können. Wird Feed-back zum richtigen Zeitpunkt und mit Respekt und Wertschätzung gegeben, kann dies sehr wesentlich zu einer positiven Weiterentwicklung des Mitarbeiters beitragen.

Im Wesentlichen sind zwei Arten von Feed-back zu unterscheiden:[14]

Das Positiv-Feed-back
informiert den Mitarbeiter über das, was er gut gemacht hat und gibt ihm Anerkennung dafür. Zweck ist es gute Leistungen zu verstärken („Verstärker-Feed-back").

Das Entwicklungs-Feed-back
gibt dem Mitarbeiter Rückmeldung über das, was zu verbessern ist und wie er bessere Ergebnisse erzielen kann.

Die positiven und leistungssteigernden Effekte des Feed-back lassen sich allerdings nur erreichen, wenn folgende Regeln beachtet werden:[15]

- Ich-Formulierungen verwenden
  (an Stelle allgemein gehaltener Ausdrücke).
- Die Rückmeldung sollte möglichst zeitnah gegeben werden
  (z.B. unmittelbar nach einem gemeinsamen Kundengespräch).
- Feed-back soll keine Interpretation sein, sondern sich auf eine konkrete Situation beziehen.
- Eine Rückmeldung bewertet nicht – sie beschreibt.
- Auch unangenehme Mitteilungen klar und unmissverständlich geben.
- Negativ-Botschaften vermeiden.

Wegen der Bedeutung der permanenten Rückmeldung in Form von Anerkennung und Lob auf der einen Seite und Kritik auf der anderen Seite soll auf diese Aspekte nun noch näher eingegangen werden.

Richtig loben

„Wenn ich nichts sage, ist alles in Ordnung, wenn etwas nicht stimmt, werde ich mich schon bemerkbar machen." Auch wenn diese Aussage nicht repräsentativ ist – auf eines weist sie deutlich hin: Allzu viele Vertriebsmitarbeiter hören lange Zeit kein anerkennendes Wort von ihrem Vorgesetzten. Bei Fehlern oder schlechten Verkaufsleistungen wird rasch eingegriffen und Kritik ausgesprochen. Gute Leistungen werden viel zu oft als selbstverständlich hingenommen. Dabei wird eines übersehen: Wer keine Anerkennung erhält, wird gleichgültig – und schraubt seine Leistung zurück. Daher einige Tipps für richtiges Loben:[16]

- *Sofort anerkennen*
  Anerkennung muss möglichst bald nach einer besonderen Leistung ausgesprochen werden. Verzögerte Anerkennung kann beim Mitarbeiter den Eindruck erwecken, als sei die erbrachte Leistung doch nicht so von Bedeutung gewesen. Daraus folgt: Spitzenleistungen im Verkauf sofort würdigen – nicht erst bei der nächsten Verkaufsbesprechung.
- *Ausdrücklich anerkennen*
  Mit Lob sollte man maßvoll umgehen, weil sonst die positive Wirkung verloren geht. Anerkennung will „dosiert" und abgewogen eingesetzt sein. Sie muss aber deutlich und ausdrücklich ausgesprochen werden.

- *Gezielt anerkennen*
  Es soll konkret das hervorgehoben werden, was lobenswert ist. Das Leistungsziel soll dabei klar zum Ausdruck kommen. Differenzierte und nicht globale Anerkennung hebt das Selbstwertgefühl des Mitarbeiters. Er sieht, dass sich seine Führungskraft bewusst mit seiner Arbeit befasst hat.
- *Unter vier Augen*
  Die Anerkennung soll in der Regel unter vier Augen ausgesprochen werden. Denn das Loben eines Mitarbeiters vor seinen Kollegen kann auch Nachteile mit sich bringen. Die Nichtgelobten fühlen sich zurückgesetzt – der Teamgeist kann getrübt werden.
- *Öfter Loben*
  Dieser Hinweis ist von allen sicherlich der einfachste – und zugleich der wichtigste. Erfolgreiche Führungskräfte nehmen jeden Tag eine außergewöhnliche Leistung wahr: Sie „ertappen" ihren Mitarbeiter bei guten Leistungen und bestätigen diese in Form von Anerkennung.

Durch Lob und Anerkennung wird den Vertriebsmitarbeitern klar gemacht, dass gute Leistungen im Verkauf auch bemerkt werden. Sie werden die als positiv empfundenen Verhaltensweisen verstärken und beibehalten. Und was nicht zu unterschätzen ist: Anerkennung baut das Selbstwertgefühl der Vertriebsmitarbeiter auf – und gibt damit Sicherheit zum erfolgreichen Verkaufen.

Konstruktive Kritik

So wie der Mitarbeiter für gute Leistungen Anerkennung erhalten soll, soll er auch erfahren, was seinem Vorgesetzten nicht gefällt. Ist schon richtig vorgebrachtes Lob gar nicht so leicht – noch viel schwieriger ist das richtig geführte Kritikgespräch. Auch hier gilt es einige Grundregeln einzuhalten, damit dieses Feed-back konstruktiv empfunden wird. Daher auch einige praktische Tipps für konstruktive Kritik.

- *Positiver Rahmen*
  Eine wichtige Rahmenbedingung ist eine angenehme, aggressionsfreie Gesprächsatmosphäre. Ablehnende Haltung, Drohgebärden oder boshafte Anspielungen sind unbedingt zu vermeiden.
- *Wertfreie Darstellung*
  Der als negativ empfundene Sachverhalt soll offen und sachlich angesprochen werden. Eine Führungskraft sollte stets mit Fakten und Tatsachen operieren und eine klare Sprache verwenden. Unbedingt zu vermeiden sind Vorwürfe oder pauschale Vorurteile.
- *Klärung der Situation*
  Der Mitarbeiter muss die Möglichkeit haben, seine Sicht zum Sachverhalt darzulegen. Diese Darstellung gilt es mit der eigenen Meinung sachlich abzuwägen. Daher darf kritisches Feed-back nie zu einem Monolog ausarten.
- *Lösungsvereinbarung*
  Nach Klärung des Sachverhaltes sind mit dem Mitarbeiter klare Lösungsvereinbarungen zu treffen. Je konkreter und präziser diese sind, umso weniger Miss-

verständnisse wird es in der Zukunft geben. Die getroffenen Vereinbarungen müssen in der Folge auch konsequent kontrolliert werden.
- *Positiver Ausklang*
  Das Feed-back-Gespräch sollte, so wie es begonnen hat, konstruktiv und die weitere Zusammenarbeit betonend, beendet werden.

2.4 Verkaufsschulung

2.4.1 Zusammenhang von Schulung und Führung

Neben dem unmittelbaren Coaching durch die Führungskraft bildet die *Aus- und Weiterbildung* ein weiteres Element einer gezielten Entwicklung der Vertriebsmitarbeiter. Das Bildungskonzept darf jedoch nie isoliert – losgelöst von den strategischen Erfordernissen – gesehen werden. Personalentwicklung ist kein Selbstzweck, sondern Pfeiler der Marktstrategie, die sich an den Unternehmens- und Vertriebszielen zu orientieren hat. Aufbauend auf diesem Zielsystem sowie auf dem Anforderungsprofil der Firmenkundenbetreuer (siehe Kapitel III) sind sinnvollerweise Vorgaben für das Ausmaß, die Inhalte und Methoden der Aus- und Weiterbildung abzuleiten.

Um das Bildungsangebot konsequent an die aktuellen und zukünftigen Anforderungen auszurichten, haben sich in der Praxis *funktionsspezifische Ausbildungswege* für die Vertriebsmitarbeiter im Firmenkundengeschäft bewährt. Diese sind in Form von Lehrgängen modulartig aufgebaut und stellen bestimmte Qualifizierungsstufen (z.B. „Basisstufe Firmenkundenberatung" – „Qualifizierte Firmenkundenberatung" – „Firmenkundenbetreuung") dar.

Das Bildungskonzept muss im Zusammenwirken von Vertriebsführung und Personalentwicklung erarbeitet werden. Dadurch werden mehrere Ziele erreicht:
- Die Akzeptanz der Arbeit der Personalentwicklung wird erhöht, weil die Vertriebslinie daran aktiv mitgearbeitet hat.
- Die Ausbildungsziele werden unmittelbar mit den Erfordernissen der Vertriebsstrategie verzahnt.
- Der Praxisbezug der Ausbildungsmodule ist gewährleistet.
  (Es wird nicht „am Markt vorbeiproduziert".)
- Die Anteilnahme und das Interesse der Führungskräfte an der Entwicklung der Mitarbeiter werden verstärkt.

2.4.2 Verkaufskompetenz der Kundenbetreuer gezielt stärken

Führungskräfte im Vertrieb haben in diesem Zusammenhang vor allem darauf zu achten, dass die *verkäuferische Kompetenz* der Vertriebsmitarbeiter gezielt gestärkt wird. Traditionellerweise wird im Bankenbereich sehr viel Wert auf Sach- und Fachkompetenz gelegt. Die Schwerpunkte der Aus- und Weiterbildungsmaßnahmen sind daher oftmals auf die Entwicklung der fachlichen Kenntnisse und Fähigkeiten ausgerichtet. Durch die veränderten Rahmenbedingungen und Wettbewerbsverhältnisse am Firmenkundenmarkt haben aber auch die Dimensionen *Verkaufskompetenz* und *Sozialkompetenz* spürbar an Bedeutung zugenommen. Um im Vertrieb die angestrebten Erfolge zu erreichen, müssen alle Personalentwicklungsmaßnahmen dazu beitragen, die Mitarbeiter im Firmenkundengeschäft zu echten *Verkäufern* zu entwickeln.[17]

Damit wird deutlich:

> Nur durch das Zusammenwirken von Führung und Schulung wird eine ausgeprägte Vertriebskultur erreicht.

Neben der positiven Grundeinstellung zum Verkaufen muss das Bildungsangebot den Kundenbetreuern das entsprechende „Rüstzeug" dafür zur Verfügung stellen. Etliche Vertriebsmitarbeiter haben nach wie vor Ängste beim Verkaufen, wie zum Beispiel die Angst
- vor einem „Nein" des Kunden
- vor Fragen der Firmenkunden, die sie nicht unmittelbar beantworten können
- vor den Konditionenverhandlungen
- vor möglichen Misserfolgen.

Derartige Ängste blockieren naturgemäß das aktive Verkaufen, d.h. Firmenkunden werden nicht angerufen oder angesprochen. Gemildert bzw. abgebaut werden können die inneren Barrieren nur durch intensives Üben.[18] Erst durch die gezielte Schulung des „Wie" beim Verkaufen erhalten die Kundenbetreuer jene Sicherheit bzw. jenes Selbstbewusstsein, das für erfolgreiches Agieren am Markt erforderlich ist.

Aus Vertriebssicht können für die Verkaufsausbildung beispielsweise die *Schwerpunktthemen* in Abbildung 150 abgeleitet werden.

Neben der zentralen Verkaufsausbildung durch Verkaufsseminare und Workshops gibt es eine Reihe ergänzender Personalentwicklungsmaßnahmen, die individuelle und inhaltlich flexible Verkaufsausbildungsmöglichkeiten bieten. Dabei handelt es sich beispielsweise um dezentrale Ausbildungsmaßnahmen direkt am *Arbeitsplatz des Firmenkundenbetreuers* oder um *job rotation* in anderen Abteilungen.

- Aktive Kundenansprache
- Betreuungsanlässe bei Firmenkunden erkennen
- Festlegung der Betreuungsintensitäten auf Basis der Kundensegmentierung
- Kaufmotive identifizieren
- Systematische Potenzialanalyse bei Firmenkunden
  (z.B. verkaufsorientierte Bilanzanalyse; Business Check)
- Cross Selling-Ansätze
  (inkl. Privatbereich des Unternehmers)
- Telefonate mit Kunden und Nichtkunden
- Vorbereitung der Kundengespräche
- Struktur und Ablauf von Beratungs- und Verkaufsgesprächen
- Nutzenformulierungen
- Preisverhandlung
- Abschlussorientierung
- Möglichkeiten zur Steigerung der Kundenzufriedenheit
- Kundenbeziehungen erfolgreich gestalten
- Der richtige Umgang mit Kundenbeschwerden
- Vorgehensweise bei der Akquisitionsstrategie
- „Türöffner" bei der Neukundengewinnung
- Persönliche Ziel- und Maßnahmenpläne
- Zeitmanagement

Abbildung 150: Schwerpunktthemen für die Verkaufsausbildung

2.4.3 Unterstützung des Lernprozesses durch die Führungskraft

Mehrfach wurde bereits betont, dass Personalentwicklungsarbeit nicht delegierbar ist. Die Führungskraft als Coach trägt die Verantwortung für umfassende Entwicklung ihrer Mitarbeiter. Daher gilt es folgende Aufgaben wahrzunehmen:

- Im Rahmen der jährlichen Arbeits- und Entwicklungsvereinbarung sind neben den Aufgabenstellungen und Zielvereinbarungen gleichzeitig auch die zur Zielerreichung notwendigen Entwicklungsmaßnahmen zu vereinbaren. Ein wesentlicher Bestandteil davon ist es, für jeden Mitarbeiter einen *individuellen Aus- und Weiterbildungsplan* zu erstellen.
- *Vor* dem Besuch einer Bildungseinheit sollte die Führungskraft den Sinn dieser Maßnahme und die *Erwartungen* an den Mitarbeiter erörtern.
- Um einen effizienten und nachhaltigen Lerntransfer zu gewährleisten, sollte unmittelbar *nach der Schulung* ein Mitarbeitergespräch stattfinden. Dabei sollten neben den Inhalten des Workshops vor allem konkrete *Umsetzungsmaßnahmen* besprochen werden. Eventuell werden auch neue Ziele vereinbart, durch die das aufgenommene Know-how sowie der Transfer in die Praxis verstärkt werden.

Aufgabe der Vertriebsführungskraft ist es, den Kundenbetreuer bei der praktischen Umsetzung „on the job" zu begleiten.
- Nach der Ausbildung ist auf eine regelmäßige *Weiterbildung* zu achten. Neben der Aktualisierung des Fachwissens geht es hier um die gezielte Weiterentwicklung der verkäuferischen Leistung. Beim Verkaufen ist es wie bei jeder Sportart: Erst durch regelmäßiges und konsequentes Training werden Spitzenleistungen erzielt. Jeder Firmenkundenbetreuer sollte daher circa fünf Tage pro Jahr verkäuferisch trainiert werden.

Durch diese hier beispielhaft aufgezeigten Maßnahmen wird das individuelle Coaching durch die Führungskraft deutlich. Aus- und Weiterbildungsmaßnahmen können den Mitarbeitern lediglich neue Kenntnisse vermitteln. Nur Übung führt aber zur Verinnerlichung und Anwendung der erlernten Fertigkeiten. Die Förderung und Kontrolle der verkäuferischen Umsetzung in den Vertriebsalltag ist Aufgabe der Führungskraft vor Ort. Denn Einstellungen und Verhaltensweisen können nur durch die unmittelbare Führungskraft verändert werden.

3. Mitarbeitergespräche als Coachingelement

3.1 Zielvereinbarungsgespräch

3.1.1 Zielvereinbarung statt Zielvorgaben

Wie bereits im Kapitel IV dargelegt, sind *Ziele* ein wesentliches Instrument bei der Steuerung des Vertriebsprozesses. Eine zentrale Aufgabe der Führungskräfte ist daher, für Zielklarheit und Zielverbindlichkeit zu sorgen.

Ein modernes Vertriebsmanagement arbeitet jedoch nicht mit *Zielvorgaben*, sondern mit *Zielvereinbarungen*. Dies ist auch Ausdruck des geänderten Rollenverständnisses der Führungskräfte im Vertrieb, in dem das *„Führen mit Zielen"* einen wichtigen Stellenwert einnimmt. Die angestrebten Jahresziele werden somit von Führungskraft und Mitarbeiter in Form eines *„Zielvereinbarungsgespräches"* gemeinsam erarbeitet. Dadurch wird ein stärkerer Fokus auf die *Ergebnisorientierung* gelegt, statt sich auf Tätigkeiten zu beschränken. Für den Mitarbeiter wie auch für die Führungskraft bieten solche Gespräche folgende in Abbildung 151 angeführten *Vorteile*.

Zielvereinbarungsgespräch	
Vorteile für den Mitarbeiter	Vorteile für die Führungskraft
• Er weiß exakt, was seine Führungskraft von ihm erwartet – wofür er verantwortlich ist. • Es erleichtert die eigene Arbeitsplanung und Aufgabeneinteilung (Erledigung der Aufgaben/Prioritätensetzung) • Erleichtert die Selbstkontrolle. • Abweichungen zum vorher festgelegten SOLL werden besser bewusst – während der Arbeit und durch – Initiierung eines Gespräches mit dem Vorgesetzten. • Er erhält Unterstützung, wo er sie benötigt.	• Er weiß exakt, was er an welchen Mitarbeiter delegiert hat. • Es erleichtert die eigene Arbeitsplanung und Arbeitseinteilung (Personalsteuerung). • Es erleichtert die Ergebniskontrolle. • Abweichungen zum vorher festgelegten SOLL werden besser bewusst – durch die laufende Beobachtung und – Feed-back-Gespräche (Steuerungsmaßnahmen können zeitgerechter ergriffen werden). • Erleichtert die Potenzialeinschätzung des Mitarbeiters.

Abbildung 151: Vorteile des Zielvereinbarungsgespräches für Mitarbeiter und Führungskraft

Richtig geführte Zielvereinbarungsgespräche besitzen somit ein hohes *Motivations- und Anreizpotenzial,* da der Vertriebsmitarbeiter in den Prozess eingebunden ist. Solche Gespräche schaffen Klarheit und *Transparenz* der Leistungserwartungen.

Durch diesen bewusst gestalteten Kommunikationsprozess wird eine weitaus höhere *Akzeptanz* des angestrebten *SOLL-Zustandes* erreicht als bei einem mehr oder weniger schematischen Herunterbrechen der Gesamtbankziele auf Einzelziele. Wenn jemand im Zielbildungsprozess mitgewirkt hat, übernimmt er auch die Mitverantwortung für die Zielerreichung. Zielvereinbarungsgespräche fördern somit eine Vertriebskultur, bei der *Eigenverantwortlichkeit* eine tragende Säule darstellt. Unter dem Coachingaspekt geht es neben den Zielvereinbarungen auch darum, *Potenziale* der Mitarbeiter aufzuspüren und eventuell notwendige Fördermaßnahmen zu erörtern.[19] Sowohl das Zielvereinbarungsgespräch als auch das Beurteilungsgespräch sind dann Instrumente zur gezielten Personalentwicklung.

Im Mittelpunkt des Zielvereinbarungsgespräches steht daher die Erörterung folgender Themen:

- Konkrete Aufgabenstellung/Schwerpunkte im laufenden Jahr
- Jahresziele des Mitarbeiters
- Erwartete Leistungen und Ergebnisse
- Anforderungen an das Verhalten
- Förder- und Entwicklungsmaßnahmen

3.1.2 Phasen im Zielvereinbarungsgespräch

Das Gespräch über die Zielvereinbarung erfordert einen professionellen Ablauf.[20] Um das zu erreichen, bedarf es einer entsprechenden *Vorbereitung* von beiden Seiten. So soll der Mitarbeiter für das Gespräch *eigene* Zielvorstellungen entwickeln und für sich selbst eine Standortbestimmung bezüglich der Zielerreichung in der letzten Periode vornehmen.

Die Auswertung der Verkaufsergebnisse liefert die Basis, um den Grad der Zielerreichung bei den einzelnen quantitativen und qualitativen Zielen zu besprechen. Gute Zielerreichungsgrade sollen bewusst angesprochen und anerkannt werden. Bereits an anderer Stelle wurde darauf hingewiesen, dass im positiven Feed-back bzw. im Lob durch die Führungskraft eine große Chance liegt, auf einfache Art zur Mitarbeitermotivation beizutragen. Im Falle von Zielabweichungen ist es im Hinblick auf einen permanenten Lernprozess wichtig, die Ursachen für die Abweichungen zu analysieren und daraus entsprechende Schlussfolgerungen abzuleiten.

Die Basis der Zielvereinbarungen mit dem Mitarbeiter sind die übergeordneten Ziele der Bank. Die Mitarbeiter müssen über den Zielrahmen der Gesamtbank sowie über die Bereichsziele entsprechend informiert werden. Nur dann wird ihnen klar, wohin die Bank gehen will und wie die Zielstruktur aussieht. Von diesen Grundlagen ausgehend sind nun die Führungskraft und der Mitarbeiter gefordert, die konkreten Zielvereinbarungen zu erarbeiten. Wichtig ist dabei, dass nicht nur über Zielgrößen und Zahlen diskutiert wird – vielmehr müssen auch die notwendigen *Rahmenbedingungen* zur Zielerreichung erörtert werden. Die Diskussion wie und mit welchen Aktivitäten und Maßnahmen die Ziele erreicht werden können, sind daher ebenso wichtige Elemente des Zielvereinbarungsgespräches.

In diesem Zusammenhang wird auch besprochen, welche Unterstützung bzw. Hilfestellung der Mitarbeiter von seiner Führungskraft erwartet. *Coaching im Verkauf* bedeutet daher nichts anderes, als den Mitarbeiter beim Weg zur Zielerreichung zu begleiten und zu unterstützen. Die geplanten Förder- und Entwicklungsmaßnahmen sind daher auch in das Zielvereinbarungsgespräch aufzunehmen. Einen zusammenfassenden Überblick über die einzelnen Phasen des Zielvereinbarungsgespräches und die damit verbundenen Themenbereiche bietet die Abbildung 152.

Phasen	Schwerpunkte und Themen
Organisatorische Vorbereitungen	• Rechtzeitige Information des Mitarbeiters • Vorbereitung und Übergabe der Unterlagen • Festlegung der organisatorischen Rahmenbedingungen • Terminvereinbarung

Gesprächsvorbereitung	• Was soll im Gespräch erreicht werden (Gesprächsziel)?
	• Welche Themen müssen angesprochen werden?
	• Was ist über den Mitarbeiter bekannt?
	  – seine Stärken/Schwächen?
	  – Was bewegt ihn?
	  – Hauptaufgaben?
	  – Zielerreichung?
	• Was sind die Zielvorstellungen für die nächste Periode?
	• Wie kann der Mitarbeiter unterstützt/gefördert werden?

Gesprächseinstieg	• Ziel des Gesprächs kurz erläutern • Bedeutung des Aufgabenbereiches des Mitarbeiters hervorheben
Der Blick zurück	• Wie wurde die berufliche Situation in der letzten Periode empfunden? • Was ist bei der Aufgabenerfüllung besonders gut gelungen? • Was ist weniger/nicht gelungen? • Was hat am meisten Freude gemacht?
Zielerreichung in der Vorperiode	• Bewertung der Zielerreichung durch den Mitarbeiter • Gemeinsame Festlegung des Zielerreichungsgrades • Welche außergewöhnlichen Einflüsse hat es gegeben? • Wo liegen die Ursachen für Abweichungen? (Was hat die Zielerreichung behindert) • Gute Zielerreichung bewusst anerkennen und Lob aussprechen.

Abbildung 152: Ablauf/Phasen des Zielvereinbarungsgespräches

Zielstruktur darstellen	- Strategische Herausforderungen der Bank im kommenden Jahr - Die Jahresziele der Gesamtbank - Die übergeordneten Bereichsziele im Firmenkundengeschäft - Die Teamziele der Vertriebseinheit (z.B. Firmenkunden-Center) - Wichtige Projekte/Vorhaben im nächsten Jahr - Wie sieht der Mitarbeiter diese Zielhierarchie? - Wie weit wird sie akzeptiert?

Persönliche Ziele des Mitarbeiters erörtern und vereinbaren	- Vorschläge des Mitarbeiters erörtern
	- Zielvorstellungen der Führungskraft darlegen
	- Konkrete und überprüfbare Ziele
	   – Quantitative Ziele
	   – Qualitative Ziele vereinbaren
	- Prioritäten der einzelnen Ziele herausarbeiten

Unterstützungsmaßnahmen klären	- Wie schätzt der Mitarbeiter die Chancen zur Zielerreichung ein? - Wo sieht er eventuelle Hindernisse? - Aktivitäten diskutieren, wie die Ziele erreicht werden können - Unterstützung durch die Führungskraft erörtern - Weiterbildungs- und Entwicklungsmaßnahmen festlegen
Gesprächsabschluss	- Zusammenfassen der Vereinbarungen - Gesprächsergebnisse schriftlich dokumentieren - Wie hat der Mitarbeiter das Gespräch erlebt? - Wie hat die Führungskraft das Gespräch erlebt? - Dank/Motivation
Nachbereitung	- Gespräch bewerten (Wurde das Gesprächsziel erreicht?) - Standortgespräche (Checkgespräche) zur Überprüfung der Zwischenergebnisse vereinbaren - Umsetzungsprozess begleiten

Abbildung 152: Ablauf/Phasen des Zielvereinbarungsgespräches (Fortssetzung)

3.2 Mitarbeiter-Orientierungsgespräch

3.2.1 Ziele und Themenbereiche des Mitarbeiter-Orientierungsgesprächs

Neben dem Zielvereinbarungsgespräch bildet das „Mitarbeiter-Orientierungsgespräch" (MOG) eine weitere wichtige Maßnahme der Mitarbeiterförderung.[21]

- Grundsätzlich soll durch diese Art der Mitarbeiterförderung das vorhandene Potenzial an Fähigkeiten erkannt und für die Bank produktiv eingesetzt werden.
- Gleichzeitig soll damit den Erwartungen der Mitarbeiter entsprochen werden. Mitarbeiter wollen Leistungsanreize erhalten, sie wollen in ihrem Beruf gefordert werden und durch Erfolgserlebnisse zur Arbeitszufriedenheit (und damit auch zu einer inneren Zufriedenheit) gelangen.

Der größte Erfolg mit dem Mitarbeiter-Orientierungsgespräch wird dann erzielt, wenn es gelingt, den Anforderungen der Bank, der Führungskräfte und der Mitarbeiter gleichermaßen gerecht zu werden:

Der Mitarbeiter
- erhält Auskunft, wie die unmittelbare Führungskraft die erbrachten Leistungen einschätzt
- bekommt Feed-back über erkannte Stärken und Schwächen
- erhält einen Überblick über Entwicklungsmöglichkeiten und Förderungsmaßnahmen und
- hat die Möglichkeit, die Vertrauensbasis zum Vorgesetzten zu stärken.

Die Führungskraft
- erkennt, was der Mitarbeiter leistet
- kann Potenziale feststellen
- erhält objektivere Grundlagen für Gehaltsgespräche und
- hat die Möglichkeit, die Vertrauensbasis zum Mitarbeiter zu stärken.

Die Bank
- erhöht die Leistungsbereitschaft ihrer Mitarbeiter
- kann Leistungsergebnisse und Potenziale ermitteln
- kann den Personaleinsatz besser planen und
- stärkt die Identifikation mit dem Institut.

Ausgangsbasis für das Gespräch sind die Funktionsbeschreibung, in der die wichtigsten Aufgaben des Firmenkundenbetreuers festgelegt sind sowie das daraus abgeleitete Anforderungsprofil. Ein besonderer Stellenwert kommt der Dokumentation des Zielvereinbarungsgespräches zu, da hier die verschiedenen quantitativen und qualitativen Ziele für einen bestimmten Zeitraum festgelegt wurden.

Unter dem Aspekt der Mitarbeiterförderung ist eine ausführliche Standortbestimmung erforderlich. Zunächst werden daher die Arbeitsleistung und das Ausmaß der Aufgabenerfüllung in der vergangenen Periode gemeinsam beleuchtet. Anschließend wird anhand bestimmter Kriterien zu den Themenbereichen „Leistungs- und

> **Struktur des Mitarbeiter-Orientierungsgesprächs**
>
> **I. Ausgangsbasis**
> 1. Grundlagen
>   a) Stellenbeschreibung/Anforderungsprofil
>   b) Zielvereinbarungen
>
> 2. Gemeinsamer Rückblick
>   - Was gefällt dem Mitarbeiter an seinen Aufgaben gut/weniger?
>   - Was wurde bisher erreicht/nicht erreicht?
>   - Ursachen für Abweichungen?
>   - Besonderheiten im letzten Jahr?
>
> **II. Standortbestimmung**
> 1. Besprechung der Beurteilungskriterien
>   a) Leistungen
>   b) Sozialverhalten
>
> 2. Stärken/Schwächen
>   erkennen und herausarbeiten
>
> **III. Systematische Förderung**
> 1. Handlungsbedarf ableiten
> 2. Durch zielgerichtete Förderung die berufliche Weiterentwicklung unterstützen
> 3. Entwicklungsvereinbarungen festlegen
>
> **IV. Zukünftige Ziele**
> 1. Zukünftige Arbeitsschwerpunkte
> 2. Weitere Ziele vereinbaren
>
> **V. Rückmeldungen an die Führungskraft**
> 1. Zukünftige Erwartungen
> 2. Verbesserungsvorschläge
> 3. Feed-back zur Gesprächsführung
> 4. Aufwärtsfeed-Back

Abbildung 153: Struktur des Gesprächsbogens

Sozialverhalten" herausgearbeitet, was dem Mitarbeiter gut gelungen ist und was ihm besondere Freude gemacht hat. Ebenso offen muss über jene Aufgabenbereiche gesprochen werden, die weniger oder nicht gut umgesetzt werden konnten. Diese Einschätzung bildet wiederum die Grundlage für zukünftige Förderungsmaßnahmen sowie für die Festlegung der Arbeitsschwerpunkte und Ziele in der folgenden Periode.

Für eine gezielte und strukturierte Erörterung dieser Themen bedarf es entsprechender Hilfsmittel. Ein nützliches Instrument ist ein *Gesprächsbogen,* der als Unterlage für das Orientierungsgespräch dient. Gleichzeitig soll dieses Instrument dazu beitragen, die individuelle Standortbestimmung des Mitarbeiters objektiver zu gestalten. Der Aufbau einer derartigen Gesprächsgrundlage ist aus der Abbildung 153 ersichtlich.

3.2.2 Standortbestimmung durch einheitlichen Kriterienkatalog

Beurteilen heißt „Beobachten", „Interpretieren" und „Bewerten" von Leistung und Verhalten. Um zu einer vergleichbaren Mitarbeiterbeurteilung zu gelangen, empfiehlt sich an Stelle einer rein verbalen Beschreibung eine strukturierte Vorgehensweise anhand eines einheitlichen Kriterienkataloges.

Sowohl die Anzahl als auch die Auswahl der Beurteilungskriterien müssen sorgfältig ermittelt und aufeinander abgestimmt werden. Jedes Beurteilungskriterium muss eindeutig definiert sein. Im Institut muss jedem klar sein, was unter dem jeweiligen Kriterium (z.B. „Kundenorientierung") verstanden wird. Ist diese Voraussetzung nicht erfüllt, führt dies in den Gesprächen zwischen Führungskraft und Mitarbeiter unweigerlich zu Missverständnissen. Es empfiehlt sich daher, die wichtigsten Kriterien im Gesprächsbogen verständlich zu interpretieren und zu erläutern. (Siehe die Beispiele in Abbildung 154 und 155.)

A. Leistungen am Arbeitsplatz				
	− −	−	+	+ +
1. Kundenverhalten, -orientierung	❑	❑	❑	❑
1.1 Auf Kundenbedürfnisse eingehen	❑	❑	❑	❑
1.2 Freundlichkeit				
1.3 Geschäftspotenziale erkennen und ausschöpfen				
2. Leistungsverhalten	❑	❑	❑	❑
2.1 Arbeitseinteilung	❑	❑	❑	❑
2.2 Eigeninitiative/Engagement				
2.3 Belastbarkeit				
3. Fachkompetenz und Fertigkeiten	❑	❑	❑	❑
3.1 Vorhandene Qualifikationen	❑	❑	❑	❑
3.2 Lernbereitschaft/Weiterbildung				

Abbildung 154: Beispiel eines Kriterienkatalogs zur Standortbestimmung des Vertriebsmitarbeiters (Ausschnitt)

> **1. Kundenverhalten/Kundenorientierung**
>
> 1.1 Auf Kundenbedürfnisse eingehen
> - Besteht die Bereitschaft, das Anliegen des anderen verstehen zu wollen?
> - Hat der Mitarbeiter die Fähigkeit Kundenbedürfnisse zu erkennen?
> - Werden Kundenbedürfnisse systematisch analysiert und Kundennutzen gestiftet?
>
> 1.2 Freundlichkeit
> - Wie höflich, freundlich und kooperativ sind die Umgangsformen gegenüber Kunden?
> - Wie ausgeprägt ist die Serviceorientierung des Mitarbeiters?
>
> 1.3 Geschäftspotenziale erkennen und ausschöpfen
> - Wie wählt der Mitarbeiter seine Intensivierungskunden aus?
> - Wie gezielt plant der Mitarbeiter die Geschäftsbeziehung zu diesen Kunden?
> - Wie ausgeprägt ist die Verkaufs- und Abschlussorientierung?

Abbildung 155: Beispiele für Detailbeschreibungen von Leistungskriterien (Ausschnitt)

3.2.3 Partnerschaftliche Kommunikation: Dialog statt Noten

Die Mitarbeiter erwarten von ihren Vorgesetzten möglichst objektiv beurteilt zu werden. Das erfordert von den Führungskräften eine seriöse Gesprächsvorbereitung. Der Vorgesetzte muss die ihm anvertrauten Mitarbeiter bei deren Leistungserbringung beobachten (z.B. bei Kundengesprächen), um bei der Beurteilung auf Fakten zurückgreifen zu können.

Ob ein Mitarbeitergespräch gut verläuft oder nicht, hängt von sehr vielen Faktoren ab. Von Anfang an muss daher darauf geachtet werden, dass keine „Situation der Zeugnisverteilung" wie in der Schule entsteht. An die Stelle eines Rituals der Abhängigkeit sollte ein Dialog zwischen mündigen Menschen treten. Die wesentlichste Grundlage dafür ist eine vertrauensvolle Beziehung zwischen Führungskraft und Mitarbeiter. Nur wenn es gelingt, das Vertrauen des Mitarbeiters zu gewinnen, können auch heikle Themen ohne Probleme angesprochen werden. Mitarbeiter haben eine feine Antenne dafür, ob der Vorgesetzte an ihrer Person echtes Interesse hat und ob sie ernst genommen werden.

Für ein konstruktives Gespräch muss sich ein entsprechendes Gesprächsklima entwickeln. Wichtig ist ein ausgewogenes Verhältnis der Redezeit zwischen Führungskraft und Mitarbeiter. Der Vorgesetzte sollte den Mitarbeiter dazu motivieren, zunächst seine eigene Einschätzung vorzutragen. Auf diese Weise erfährt die Führungskraft etwas darüber, wie der Mitarbeiter denkt und seine eigene Leistung sieht (Selbstbild). Die Aufgabe der Führungskraft besteht dann darin, dem Mitarbeiter konstruktives Feed-back zu geben (Fremdbild). Dazu werden die einzelnen Beurteilungskriterien systematisch besprochen und die Gründe für die jeweilige Bewertung anhand von Fakten und Beispielen erläutert. In jenen Bereichen, wo zwischen Eigen- und Fremdbild größere Diskrepanzen bestehen, sollte gemeinsam analysiert werden, wie beide zu ihrem Ergebnis gekommen sind. Ein Mitarbeiter wird eine von der Führungskraft vorgenommene schlechtere Beurteilung eines Punktes eher akzeptieren, wenn er sie nachvollziehen kann.

Im Kern ist aber nicht so sehr die lückenlose Übereinstimmung in allen Punkten wichtig, sondern vielmehr der grundsätzliche Konsens über die weitere Arbeitsbeziehung und die gegenseitigen Erwartungen. Das Orientierungsgespräch ist daher keine rückwärtsgerichtete Kontrolle, sondern auf die Verbesserung der Leistungen und des Verhaltens in der Zukunft ausgerichtet. Daher soll auch eingehend darüber gesprochen werden, wie Stärken weiter ausgebaut und Schwachstellen abgebaut werden können. Zum Abschluss des Gesprächs müssen konkrete Maßnahmen vereinbart werden, die geeignet sind, die Weiterentwicklung des Mitarbeiters zu fördern. Mögliche Fördermaßnahmen sind beispielsweise Seminare zur beruflichen Qualifikation oder Persönlichkeitsentwicklung, *job rotation* in anderen Abteilungen oder Mitarbeit bei Projekten.

4. Sales Meeting

4.1 Ziele von Sales Meetings

Neben den Gesprächen mit Mitarbeitern bilden regelmäßige Besprechungen über Vertriebsfragen ein wichtiges Instrument der Verkaufsförderung. Bei diesen *Vertriebsmeetings* der Vertriebsführungskräfte und Vertriebsmitarbeiter sollten ausschließlich *Verkaufsthemen* behandelt werden. Dieser Hinweis ist insofern wichtig, weil viele Mitarbeiterbesprechungen von „bankinternen Themen" wie ablauforganisatorische Änderungen, internen Anweisungen usw. dominiert werden – und das Thema Verkauf dann zu kurz kommt.

Bei Verkaufsbesprechungen stehen daher ausschließlich folgende Ziele im Mittelpunkt:
- Verbesserung der verkäuferischen Fähigkeiten
- Der gemeinsame Lernprozess
- Austausch von Erfolgsfaktoren
- Die Nutzung des Kreativitätspotenzials einer Gruppe
- Die Motivation der Vertriebsmitarbeiter

Bedeutsam ist, dass diese Treffen *regelmäßig* stattfinden und konsequent „durchgehalten" werden. Im Hinblick auf die Sitzungsfrequenz findet man in der Praxis verschiedene Vorgehensweisen wie zum Beispiel
- die wöchentliche Verkaufsbesprechung oder
- das monatliche Vertriebsmeeting.

Die wöchentliche Verkaufsbesprechung

Bei jenen Banken, bei denen sich die Führungskräfte mit den Kundenbetreuern *wöchentlich* treffen, findet die Verkaufsbesprechung üblicherweise am Beginn der Woche statt und dauert rund eine Stunde. Dabei berichten die Kundenbetreuer über ihre Vertriebsaktivitäten der Vorwoche sowie über die Vorhaben der kommenden Woche. Auf diese Weise erhalten alle Mitarbeiter einen Überblick über wichtige Kundenkontakte und können gleichzeitig wertvolle Verkaufstipps austauschen. Darüber hinaus wird auch über die aktuelle Markt- und Konditionensituation sowie über die Aktivitäten der Mitbewerber diskutiert.

Bei manchen Banken bilden auch die Ergebnisberichte über die aktuelle Zielerreichung einen fixen Tagesordnungspunkt. Voraussetzung für diesen wöchentlichen SOLL-/IST-Vergleich ist allerdings, dass die Jahreszielvereinbarungen auf *Wochenziele* heruntergebrochen werden und die Zahlen über die Verkaufsergebnisse auch wöchentlich zur Verfügung stehen.[22] Eine zeitnahe Gegenüberstellung der erbrachten Vertriebsleistung mit den zeitanteiligen Verkaufszielen schafft für die Kundenbetreuer einerseits eine klare Orientierung und bietet den Führungskräften die Möglichkeit, bei Planabweichungen (Verkaufsdefiziten) mit den Mitarbeitern rasch entsprechende Maßnahmen zu vereinbaren.

Von den Vertriebsmanagern ist darauf zu achten, dass immer möglichst *alle* Vertriebsmitarbeiter einer Vertriebseinheit (z.B. Betreuungs-Center) an den Besprechungen teilnehmen. Dadurch wird die Bedeutung und Ernsthaftigkeit dieser „Sales Meetings" unterstrichen.

Im Folgenden soll nun auf das monatliche Vertriebsmeeting näher eingegangen werden.

4.2 Verkaufsleistung gemeinsam steigern

Verkäufermeetings bieten enorme Möglichkeiten zur Stärkung der Verkaufskraft eines Teams. Führungskräfte sollten diese Chance, mit einer Gruppe von Verkäufern *zu arbeiten,* gezielt nutzen. Die Verkaufsmeetings sind daher so zu gestalten, dass die Kundenbetreuer einen möglichst großen Nutzen für ihr Verkaufsverhalten daraus ziehen.[23] Daher muss jeder Verkäufer-Jour fixe neben einem Informationsteil immer auch einen *Praxisteil* enthalten, bei dem Verkaufsstrategien gemeinsam erarbeitet bzw. Verkaufstechniken trainiert werden. Dazu einige Praxisbeispiele:

- Bei *Verkaufsaktionen*, bei denen alle Kundenbetreuer eingebunden sind, ist der *institutionalisierte Erfahrungsaustausch* besonders wichtig. Hier werden beispielsweise folgende Fragen besprochen:
  - Wie viele Firmenkunden konnten im letzten Monat kontaktiert werden?
  - Was waren brauchbare „Türöffner" bzw. „Aufhänger"?
  - Welche Verkaufsargumente sind bei den Unternehmern besonders gut angekommen?
  - Wo gab es die größten Barrieren bzw. Hemmnisse?
  - Welche Kundenkontakte sind im nächsten Monat geplant?
- Durch diesen Austausch von Erfahrungen aus der Verkaufspraxis profitieren die Kundenbetreuer von Ideen, die andere bereits mit Erfolg anwenden. Umgekehrt ist es auch wichtig über Schwierigkeiten offen zu sprechen. Das bietet nämlich die Chance, Lösungsansätze in der Gruppe gemeinsam zu erarbeiten.
- Ein wichtiger Themenblock bei Verkaufsmeetings bildet die *Realisierung geplanter Verkaufsaktionen*. Die strategischen Ziele sind im Vertriebsplan fixiert, die Kunden- und Betreuerunterlagen vom Marketing aufbereitet – jetzt geht es um die Umsetzung – um das „Wie". Nach einer kurzen Einführung über Ziele und Hintergründe einer Vertriebskampagne durch die Führungskraft ist es ratsam die grundsätzliche Vorgehensweise, Argumente, Fragen an den Kunden usw. *gemeinsam* zu erarbeiten. Das gibt den Verkäufern nicht nur Sicherheit, sondern verstärkt auch die Identifikation mit dieser Aktion.
- Auch bei der *Suche von Verkaufsideen* bietet der Verkäufer-Jour fixe eine wertvolle Plattform: Gemeinsam werden in der Gruppe Möglichkeiten zur Geschäftsintensivierung *(„Potenzialanalyse")* erarbeitet. Ein Kundenbetreuer präsentiert zu diesem Anlass einen seiner Intensivierungskunden („Potenzialkunden") vor dem Team. Jeder Mitarbeiter erhält dann die wichtigsten Kundenunterlagen wie zum Beispiel Strukturdaten des Unternehmens, bisherige Produktnutzung sowie die EDV-Bilanzauswertung. Anschließend werden in Kleingruppenarbeit Intensivierungs- und Verkaufsideen entwickelt.
Dieses *Brainstorming* darf von keinerlei Vorgaben eingeschränkt werden. Jede Frage, jeder Gedanke ist zulässig und es ist darauf zu achten, dass keine der vorgebrachten Ideen vorzeitig eliminiert wird. Vielmehr kommt es darauf an, „ausgefahrene Gleise" zu verlassen und möglichst viele Intensivierungsansätze zu finden. Das regelmäßige Zusammentreffen garantiert jedem Betreuer die Möglichkeit, einen seiner Firmenkunden zu präsentieren und „durchleuchten" zu lassen. Sämtliche bei diesen Meetings erarbeiteten Ideen müssen schriftlich festgehalten werden, sodass im Laufe der Zeit eine *praxisorientierte Ideenliste* entsteht, die allen Kundenbetreuern Anregungen für die eigene Potenzialanalyse liefert.
- Verkäufermeetings eignen sich auch dafür, *Verkaufstechniken* zu wiederholen und zu vertiefen. Es ist wie bei einer Sportart: Erfolg kommt durch Trainieren. So können beispielsweise beim Jour fixe bestimmte Verkaufssituationen in Form von Rollenspielen geübt und analysiert werden. Auch wenn diese Art am An-

fang „holprig" (und vielleicht mit Scheu) abläuft – umso öfter so etwas gemacht wird, desto routinierter (und lockerer) wird dieses Training sein.

Diese wenigen Beispiele zeigen bereits deutlich: Die Möglichkeiten, Verkäufermeetings lebendig zu gestalten, sind vielfältig. Weitere Themen für Vertriebsmeetings finden sich in der Abbildung 156.

- Institutionalisierter Erfahrungsaustausch
- Informationen über geschäftspolitische Schwerpunkte
- Verkaufsergebnisse der abgelaufenen Periode besprechen und analysieren
- Erarbeiten von Verkaufsargumenten (z.B. bei neuen Produkten)
- Geeignete Aufhänger für Kundenansprachen finden
- Erarbeitung der Vorgehensweise für neue Verkaufsaktionen
- Vorbereitung der nächsten Vertriebsaktivitäten (gemäß Vertriebsplan)
- Diskussion über die Verkaufsergebnisse der letzten Periode (Zielerreichung)
- Erörterung der Verkaufsziele der kommenden Periode
- Informationsaustausch über die aktuelle Marktsituation (Konkurrenzaktivitäten, Zinsentwicklung)
- Überblick über die Entwicklung der Gesamtbank
- Situationsbericht über das Geschäftsfeld „Firmenkunden"
- Vorstellen neuer Produkte
- Diskussion mit Marktfolge

Abbildung 156: Themen für Verkaufsmeetings

4.3 Sitzungen effizient gestalten

„Schon wieder ein Meeting – als ob wir nichts anderes zu tun hätten!" Aussagen, die im Bankenalltag öfter zu hören sind. Warum werden auch Verkaufsmeetings oft als unangenehm empfunden? Warum führen manche Verkäuferbesprechungen nicht zum gewünschten Erfolg?

Zweifelsohne sind die Ursachen vielfältig. Eines zeigt sich in der Praxis aber immer wieder: Acht von zehn Misserfolgen haben die gleiche Ursache: mangelhafte Vorbereitung.

Sitzungsvorbereitung

Eine gute *Vorbereitung* der Verkaufsmeetings ist eine höchst rentable Investition. Man muss sich nur die Kosten dieser regelmäßig stattfindenden Verkaufs-Jour fixes vor Augen führen, ganz abgesehen von der Demotivation der Vertriebsmitarbeiter durch schlecht organisierte Treffen. Die Checkliste in Abbildung 157 liefert daher einige Anregungen zur Sitzungsplanung.

Die ersten Informationen für die Sitzungsteilnehmer sind *Einladung* und *Tagesordnung*. Damit sich alle Mitarbeiter umfassend und rechtzeitig auf das Verkaufsmeeting vorbereiten können, sind folgende Punkte zu beachten:
- Rechtzeitige Einladung (zwei Wochen vor dem Treffen)
- Eindeutige Tagesordnung (Handelt es sich um einen Informations- oder Entscheidungspunkt?)
- Klare Themenstellung
- Unterlagen/Beilagen zur Vorbereitung aussenden?
- Hinweis auf Art und Umfang der Vorbereitung, die von den Vertriebsmitarbeitern erwartet wird

Themen	Anmerkungen
❏ Welche Ziele sollen im Verkaufsmeeting erreicht werden?	
❏ Welche Entscheidungen sind zu treffen?	
❏ Welche Themen müssen behandelt werden?	
❏ Welche Probleme sind zu lösen?	
❏ Müssen Themenblöcke in Teilthemen zerlegt werden?	
❏ Wie viel Zeit steht für die einzelnen Tagesordnungspunkte zur Verfügung? (Zeitplanung)	
❏ Wer sollte neben den Firmenkundenbetreuern noch an der Sitzung teilnehmen?	
❏ Wann müssen die Teilnehmer eingeladen werden?	
❏ Welche Unterlagen benötigen die Teilnehmer vor dem Meeting?	
❏ Welche Punkte müssen vor der Sitzung erörtert werden?	
❏ Wer wird das Protokoll anfertigen?	

Abbildung 157: Checkliste für die Vorbereitung von Verkäufermeetings

4.4 Sitzungsmoderation

Im Hinblick auf die Effizienz von Verkaufsmeetings kommt es darauf an, verbindliche Spielregeln zu vereinbaren – und sich auch daran zu halten.

Die einladende Führungskraft muss selbst *rechtzeitig* zum Meeting kommen (Vorbildfunktion) und *pünktlich beginnen*. Das zeigt einerseits Wertschätzung gegenüber den Mitarbeitern und ist gleichzeitig ein deutliches Signal für die zu spät Gekommenen. Bei der Eröffnung sollte auf eine *positive Einstimmung* geachtet werden, indem beispielsweise folgende Punkte angesprochen werden:

- Gemeinsame Ziele
  (Was soll bei diesem Meeting erreicht werden?)
- Überblick über die Tagesordnung

- Bedeutung/Hintergründe des Treffens
- Skizzieren der Art der Vorgehensweise
- Zusicherung der Zeitabsprache (Sitzungsende)
- Festlegung der Protokollführung

Bei der Behandlung der einzelnen Tagesordnungspunkte ist vor allem folgender Hinweis wichtig: Die Verkäuferbesprechung muss tatsächlich eine *Besprechung* der *Mitarbeiter* über wichtige Verkaufsthemen sein und kein Führungskräfte-Monolog.[24] Den Führungskräften muss es gelingen, „aus Betroffenen Beteiligte" zu machen.

Die Ergebnisse zu den einzelnen Tagesordnungspunkten werden in einem *Protokoll* festgehalten. Daraus muss klar hervorgehen, *wer was* bis *wann* zu erledigen hat. Die Protokolle sollten möglichst bald nach der Verkaufsbesprechung angefertigt und den Teilnehmern rasch (z.B. mittels E-Mail) zugestellt werden, weil sonst wichtige Vereinbarungen vergessen werden.

Das Verkaufsmeeting sollte nicht nur pünktlich beginnen, sondern auch pünktlich beendet werden. Nach der Zusammenfassung der wichtigsten Ergebnisse sollte sich die Führungskraft für die Ideen und das Engagement der Mitarbeiter bedanken und das Meeting mit einem positiven und optimistischen Schlusswort schließen.

5. Leistungsorientierte Vergütung

5.1 Leistungsorientierte Entlohnung als Teil des Anreizsystems

Der unter Punkt 3 beschriebene Ansatz „Führen mit Zielen" erfordert auch neue Wege in der Vergütungspolitik. Die Wirkung von Zielvereinbarungen wird wesentlich erhöht, wenn mit der Zielerreichung auch ein leistungsorientiertes Anreizsystem verbunden ist. Finanzielle und nicht-finanzielle Arbeitsanreize sollen für die Vertriebsmitarbeiter einen Ansporn bieten, um ihren Einsatz und ihr Verhalten auf jene Ziele hin auszurichten, die von der Bank als wichtig erachtet werden.

Sowohl bei den nicht-finanziellen als auch bei den finanziellen Anreizen geht es um die Anerkennung besonderer Leistungen. Dafür soll der Mitarbeiter entsprechendes Lob erhalten. Neben dieser (nicht-finanziellen) Motivation kann „LOB" aber auch als „**L**eistungs**o**rientierte **B**ezahlung" interpretiert werden:

In diesem Zusammenhang werden in der Praxis auch Bezeichnungen wie *„Leistungsorientierte Entlohnung"* oder *„Leistungsorientierte Vergütung"* verwendet. Im Kern weisen all diese Systeme folgende gemeinsame Merkmale auf:[25]
- Finanzielle Anreize sind die Umsetzung eines leistungsfördernden Entlohnungsmodells.
- Die erbrachte Leistung sowie das Engagement der Mitarbeiter sollen spürbar belohnt werden.

- Durch leistungsorientierte Anreize soll den tatsächlich erzielten Ergebnissen der Mitarbeiter mehr Rechnung getragen werden.
- Die Mitarbeiter konzentrieren sich stärker auf die vereinbarten Vertriebsziele.
- Die leistungsorientierte Entlohnung kann als wirkungsvolles Führungsinstrument bei der Vertriebssteuerung eingesetzt werden.

5.2 Anforderungen an eine leistungsorientierte Vergütung

In der Praxis haben sich heute zum Teil sehr unterschiedliche Anreizsysteme herausgebildet. Variable Entlohnung, Prämien-, Tantiemen- oder Bonusmodelle sind Beispiele dafür, wobei verschiedene Bemessungsgrundlagen für die Erfolgsmessung herangezogen werden.

Eine wesentliche Grundlage für eine leistungsorientierte Vergütung sind *klare Zielvereinbarungen* mit dem Mitarbeiter (siehe Kapitel IV). Erst wenn konkrete Ziele bestehen, kann am Ende einer Periode festgestellt werden, welches Ergebnis erzielt wurde. Anhand dieses SOLL-/IST-Vergleiches erfolgt die *Leistungsmessung*, die wiederum die Basis für die finanzielle Vergütung bildet.

Neben klaren Zielvereinbarungen muss es sich bei der Festlegung der leistungsorientierten Bestandteile um einen *transparenten Prozess* handeln: Die Leistungskriterien, die Bemessungsgrundlagen sowie der Berechnungsmodus müssen für die Mitarbeiter verständlich sein, denn nur so wird ein neues System auch akzeptiert. Nur wenn die Vorgehensweise auf breiter Basis Akzeptanz findet, kann mit einem Anreizsystem auch die beabsichtigte Wirkung erzielt werden.

Soll eine Prämie für Vertriebsmitarbeiter einen echten Anreiz bieten, sind beispielsweise folgende Fragen zu klären:
- Wie hoch ist die durchschnittliche Prämie pro Mitarbeiter?
- In welchem Bezug steht die Höhe der Prämie zum fixen Monats- bzw. Jahresgehalt?
- Wie hoch ist die maximal erreichbare Prämie?
- In welchen Fällen erhalten Mitarbeiter keine Prämie?

Prinzipiell sollten alle im Vertrieb tätigen Personengruppen von der leistungsorientierten Vergütung erfasst werden. Dies sind neben den Führungskräften (Bereichsleiter, Centerleiter) die Firmenkundenbetreuer und die Vertriebsassistenten. Besonders letzte Gruppe wird manchmal in der Praxis „stiefmütterlich" behandelt. Ihr Einsatz und ihr Engagement für die Erreichung der Vertriebsziele dürfen jedoch nicht unterschätzt werden. Durch das bewusste Einbeziehen der Assistenten in das Prämiensystem wird zudem der *Teamgedanke* bewusst gestärkt.

5.3 Praxisbeispiel aus dem Sparkassensektor

Als Beispiel einer leistungsorientierten Entlohnung wird im Folgenden das Modell der Kärntner Sparkasse AG dargestellt.[26]

Dotation des Prämientopfes

Jede Vertriebseinheit der Sparkasse (wie z.B. Firmenkunden-Center) erhält auf Grund geschäftspolitischer Vorgaben einen bestimmten Budgetrahmen für die Prämienverteilung. Zur Ermittlung dieser Teamprämie werden Ertrags-, Stück- und Volumensziele herangezogen, die entsprechend gewichtet werden. Bei der Berechnung des Teambudgets, das zur Verteilung kommt, spielt der *Zielerreichungsgrad des Teams* eine wichtige Rolle. Ausgeschüttet wird eine Teamprämie nämlich erst ab einer Zielerreichung von 50%. Überschreitet das Team das vereinbarte Ziel (z. B. mehr als 105%) wird der „Prämientopf" mit 120% dotiert.

Vorgehensweise bei der Prämienausschüttung

Die Verteilung der Prämien orientiert sich an dem Grundgedanken, dass neben der persönlichen Leistung auch der Teamgedanke gefördert werden soll. In einem ersten Schritt wird daher der Prämientopf nach folgenden Grundsätzen aufgeteilt:
- *Teamleistung*
  Ein Drittel des Prämienbudgets wird als „Kopfquote" für jeden Mitarbeiter des Vertriebsteams gleich ausgeschüttet.
- *Persönliche Leistung*
  Zwei Drittel des Budgets werden anhand der persönlichen Zielerreichung verteilt. Dabei werden die Funktionen im Center unterschiedlich gewichtet, d.h. die Firmenkundenbetreuer erhalten einen Gewichtungsfaktor von „2" und die Verkaufsassistenten einen Gewichtungsfaktor von „1".

Ermittlung der Zielerreichung beim Mitarbeiter

Um den persönlichen Anteil bei der Prämienausschüttung ermitteln zu können, wird von der Führungskraft der Zielerreichungsgrad jedes einzelnen Mitarbeiters ermittelt. Die Ausgangsbasis bilden die beim Zielvereinbarungsgespräch festgelegten Kriterien, wobei die quantitativen Ziele („Hard Facts") mit 80% und die qualitativen („Soft Facts") mit 20% gewichtet werden.

Gelingt es einem Firmenkundenbetreuer, das vereinbarte Ziel zu erreichen, entspricht dies einem Zielerreichungsgrad von 100%. Durch die Multiplikation des Zielerreichungsgrades des Einzelzieles mit dem jeweiligen Gewichtungsfaktor ergibt sich der gewichtete Einzel-Zielerreichungsgrad. Die Summe ergibt den gesamten Zielerreichungsgrad eines Mitarbeiters, der dann einer bestimmten Stufe der Prämienstaffel zugeordnet wird (siehe Abbildung 158).

Gewichteter Zielerreichungsgrad	%-Wert für die Ausschüttung
0–59,9 %	0
60–69,9 %	25
70–79,9 %	50
80–89,9 %	75
90–99,9 %	100
100–109,9 %	120
110–119,9 %	140
	160

Abbildung 158: Staffel für die Verteilung der „Individualprämie"

Weist ein Firmenkundenbetreuer beispielsweise einen gewichteten Zielerreichungsgrad zwischen 90 % und 99,9 % auf, erhält er eine 100 %ige Ausschüttung. Wie die Tabelle zeigt, liegt die „Leistungsuntergrenze" bei 60 %. Darunter gibt es keine Prämienausschüttung. Ab einem gewichteten Zielerreichungsgrad von 120 % wurde als Obergrenze für die Ausschüttung 160 % angesetzt.

Die Vorgehensweise für die Berechnung der Zielerreichung wird anhand eines Firmenkundenbetreuers in der folgenden Abbildung gezeigt:

Mitarbeiter:		Zielerreichung	gewichtet
16%	Kundenausschöpfung	95%	15,20%
8%	Business-Check	70%	5,60%
40%	DB (vor Risiko)	97%	38,80%
16%	DB (nach Risiko)	105%	16,80%
80%	„Hard facts"	Zielerreichung	76,40%
20%	„Soft facts"	Zielerreichung	20,00%
		Zielerreichung gesamt	96,40%
		Zielerreichung lt. Staffel	100,00%

Abbildung 159: Berechnung des Zielerreichungsgrades eines Mitarbeiters (Beispiel)

5.4 Praxisbeispiel aus dem Genossenschaftssektor

Das zweite Beispiel stammt aus dem deutschen Genossenschaftssektor. Unter der Bezeichnung „LOVE" *(Leistungsorientierte Vergütung)* wird in der *Volksbank Pforzheim* seit 2003 ein leistungsorientiertes Anreizsystem umgesetzt.[26]

Den Ausgangspunkt bilden auch hier die individuellen *Einzelziele* sowie die Teamziele, die im Zuge der jährlichen Zielvereinbarungsgespräche fixiert werden. Dabei wird auch im Firmenkundengeschäft zwischen quantitativen und qualitativen Zielen unterschieden.

Quantitätsziele

Diese umfassen die beiden Bereiche „*Marktergebnis*" und „*Risikoentwicklung*". Als wichtige Erfolgsfaktoren für das Marktergebnis werden das *bilanzwirksame Geschäft* (Zielgröße ist der Konditionsbeitrag aus dem Aktiv- und Passivgeschäft) sowie das *provisionswirksame Geschäft* definiert. Zielgröße bildet hier die Summe der Erträge aus der Vermittlung von Bausparverträgen, diversen Versicherungsprodukten, Wertpapieren, Leasing sowie Immobilien.

Zur konsequenten Umsetzung der *Risikopolitik* im Firmenkundengeschäft wurden unter anderem folgende Schwerpunkte definiert:
– Strikte Einhaltung des Kreditlimitsystems
– Reduktion von Blankoanteilen bei schlechten Bonitäten
– Abbau von Überziehungen
– Ausbau der risikoorientierten Bepreisung
– Frühzeitige Überleitung an die Sanierungsberatung

Erfasst wird das Ergebnis der Risikoentwicklung einerseits durch den Stand der Einzelwertberichtigungen (in Prozent vom Aktivvolumen) sowie durch die Strukturverbesserung beim Kreditbestand in den kritischen Bonitätsklassen (Entwicklung des Kreditvolumens, Entwicklung der Blankoanteile).

Qualitätsziele

Im Bereich der qualitativen Ziele geht es einerseits um die besondere Beachtung der strategischen Geschäftsfelder sowie die Umsetzung der definierten Qualitätsanforderungen. Bei den *strategischen Schwerpunkten* im Firmenkundengeschäft handelt es sich beispielsweise um die „betriebliche Altersvorsorge", um die „Neukundengewinnung" sowie den „Rating Dialog".

Bei den *Qualitätsanforderungen* geht es um Punkte wie
– Kundenzufriedenheit
– Arbeitsqualität
– Umsetzung des Kundenbetreuungsplanes
– Einhaltung von Terminen
– Ordnungsgemäße Bearbeitung von Listen

- Datenqualität
- Einhaltung von rechtlichen Anforderungen (z.B. § 18 KWG)
- Unterstützung neuer Kollegen

Berechnungsmodus

Die Summe der quantitativen und qualitativen Ziele ergibt die *„persönlichen Ziele"* eines Firmenkundenbetreuers. Jeder Vertriebsmitarbeiter hat zu den Stichtagen 30.6. und 30.12. einen Bericht über die Zielerreichung zu verfassen und eventuelle Sonderfaktoren, die das Ergebnis wesentlich beeinflusst haben, zu dokumentieren.

Die Ausschüttungen der leistungsorientierten Vergütung erfolgen ab einer Zielerreichung (ZE) von 50 % bei den quantitativen Zielen nach folgender Staffelung:

ab ZE 50 %	→	10 % Ausschüttung
ab ZE 60 %	→	25 % Ausschüttung
ab ZE 70 %	→	50 % Ausschüttung
ab ZE 80 %	→	80 % Ausschüttung
ab ZE 81 %	→	lineare Fortführung

Neben den Individualzielen gibt es bei diesem Modell auch ein *Bereichsziel für das Firmenkundengeschäft* sowie ein *Gesamtbankziel*. Über die Erreichung des Bereichszieles entscheiden der Ressortvorstand und der Bereichsleiter. Die Entscheidung über das Erreichen des Gesamtbankzieles liegt beim Gesamtvorstand.

Beide Ziele machen je 10 % der Gesamtausschüttung an den Mitarbeiter aus. Ausbezahlt werden diese zusätzlichen Prämien allerdings nur an diejenigen Mitarbeiter, die mindestens 50 % ihres Individualzieles erreicht haben. Einen zusammenfassenden Überblick über diese Form der leistungsorientierten Vergütung bietet die Abbildung auf der folgenden Seite.

Führen mit Zielvereinbarungen in Kombination mit einer leistungsorientierten Entlohnung bringen naturgemäß erhöhte Anforderungen an das Vertriebsmanagement mit sich. Es erfordert von den Führungskräften vor allem eine intensivere Kommunikation mit ihren Firmenkundenbetreuern. Wie aber bereits dargestellt wurde, bieten derartige Gespräche sowohl für den Mitarbeiter wie auch für die Führungskraft eine Reihe von Vorteilen.

In Summe gehen von dieser Vorgehensweise wesentliche leistungssteigernde Effekte aus, sodass gilt:

> Zielvereinbarungen und leistungsorientierte Anreizsysteme sind wirkungsvolle Führungs- und Steuerungsinstrumente im Vertrieb.

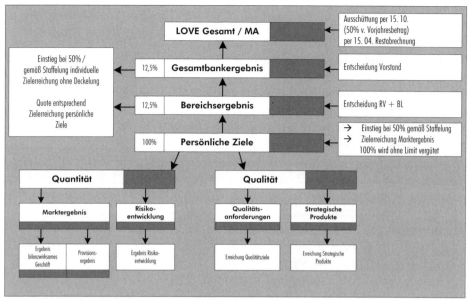

Abbildung 160: Zusammensetzung „LOVE" für Firmenkundenbetreuer
(Quelle: Volksbank Pforzheim)

Anmerkungen

1. Vgl. *Ronzal:* Filialen aktivieren und führen, S. 328
2. Vgl. *Herndl:* Führen im Vertrieb, S. 73
3. Zum Anforderungsprofil von Vertriebsmanagern vgl. *Winkelmann:* Vertriebskonzeption, S. 38 f.; *Dorsch:* Die Rolle der Führungskraft als Coach, S. 236
4. Vgl. *Herndl:* Führen im Vertrieb, S. 161; *Geyer/Ronzal:* Führen und Verkaufen, S. 299
5. Vgl. *Kampmann/Garczorz:* Erfolgreiche Sparkassen pflegen vertriebliche Führung, S. 361 f.; *Renker:* Relationship Marketing, S. 139 f.; *Geyer/Ronzal:* Führen und Verkaufen, S. 299
6. Vgl. *Ronzal:* Vertrieb stärken, S. 56; *Ronzal:* Bessere Verkäufer, S. 52
7. Zum Wesen des Coaching vgl. beispielsweise *Buchner/Schmelzer:* Führen und Coachen, S. 19; *Ball:* Coaching als PE-Instrument, S. 48; *Spreiter:* Führungskraft als Coach, S. 58
8. *Herndl:* Führen im Vertrieb, S. 13 bzw. S. 28; *Spreiter:* Verkaufsergebnisse steigern, S. 148
9. Vgl. *Waltle/Hopfner:* Vertriebssteuerung, S. 305; *Schlosser:* Der Turbo für den Vertrieb, S. 34
10. *Herndl:* Führen im Vertrieb, S. 83
11. *Herndl:* a.a.O., S. 42; *Göbel:* Der mobile Vertrieb, S. 82; *Dorsch:* Führungskraft als Coach, S. 238

12 *Spreiter:* Führungskraft als Coach, S. 59; *Ball:* Coaching, S. 51 f.
13 *Sonntag:* Zielvereinbarungen, S. 46
14 *Buchner/Schmelzer:* Führen und Coaching, S. 57
15 *Spreiter:* Führungskraft als Coach, S. 59; *Gerlof* u.a.: Gibt es den Verkäufer schlechthin, S. 52
16 Vgl. *Geyer/Ronzal:* Führen und verkaufen, S. 275 sowie 293
17 Vgl. *Ronzal:* Bessere Verkäufer, S. 52
18 Vgl. *Ronzal:* Filialen aktivieren und führen, S. 337
19 Vgl. *Herndl:* Führen im Vertrieb, S. 94
20 Hinsichtlich der Vorgehensweise bei Zielvereinbarungsgesprächen vgl. *Sonntag:* Zielvereinbarungen, S. 46; *Herndl:* Führen im Vertrieb, S. 92 ff; *Schlüter:* Wissen wohin, S. 43
21 Vgl. *Schmoll:* Orientierungsgespräche, S. 60 f.
22 Bezüglich der Verkaufsbesprechungen vgl. *Ronzal:* Trends für den Bankvertrieb, S. 316; *Ronzal:* Bessere Verkäufer, S. 396;
23 Vgl. *Herndl:* Führen im Vertrieb, S. 54
24 Vgl. *Geyer/Ronzal:* Führen und Verkaufen, S. 283
25 *Genser/Schmoll:* Zielvereinbarungen und leistungsorientiertes Anreizsystem, S. 387 f.; S. 387 f.; weitere Beispiele finden sich bei *Göttens:* Effiziente Steuerung durch transparente Leistung, S. 38 f.; *Kaiser/Kehr:* Ziele setzen, Wandel fördern, S. 30 f.
26 Zum Vertriebskonzept der Volksbank Pforzheim vgl. *Kunadt:* Vertriebsarbeit im Retailgeschäft einer Genossenschaftsbank, S. 156 f.

Literaturverzeichnis

Ackerschott, H.: Strategische Vertriebssteuerung, 3. Aufl., Wiesbaden 2001

Ahnert, S., Olschol, M.: Ratings und Risiko-Pricing, in: Kreditpraxis 3/2001

Angenendt, P.: Best-Practice-Lösungen für das Aktivitäten- und Vertriebscontrolling, in: Betriebswirtschaftliche Blätter 6/2005

Ball, T.: Veränderung ermöglichen. Modernes Coaching als PE-Instrument, in: Bank Information 3/2004

Bartels, G., Djouimai, J.: Eckpfeiler langfristiger Kundenbindung, in: Erfolgreiche Vertriebsstrategien in Banken (Hrsg.: D. Effert/W. Ronzal), Wiesbaden 2005

Basler Bankenvereinigung (Hrsg.): Rentabilisierung des Firmenkundengeschäfts, Bern – Stuttgart – Wien 2000

Baumgart, E., Bitterwolf, M.: Die Balanced Scorecard, in: Genossenschaften in Baden 3/2004

Baumgart, E.: Pragmatische Umsetzung in der Kundengeschäftssteuerung, in: Genossenschaften in Baden 3/2005

Behrens, M., Bührer, F.: Chancen nutzen. Das Thema Rating im Firmenkundengespräch offensiv angehen, in: Bank Information 7/2003

Beike, R., Lüders, U.: Etablierung einer Holkultur im Vertrieb. Schlagkraft durch konsequente Aktivitätensteuerung steigern, in: Bank Information 7/2003

Benölken, H., Gerber, E., Hertenstein, K. H.: Balanced Scorecard als Ausgangsbasis für Erfolg versprechende Strategien, in: Betriebswirtschaftliche Blätter 2/2004

Benölken, H.: Neue Strategien für das Firmenkundengeschäft in Banken und Sparkassen. Risikosteuerung, Marketing und Prozessmanagement, Wiesbaden 2002

Berre, S., Strothe, G.: Ratingeinführung erfolgreich meistern, in: Bank Information 3/2003

Bertram, U., Ohm, M.: Gut gerüstet. Kreditgenossenschaften haben viel Potenzial für das Firmenkundengeschäft, in: Bank Information 4/2005

Beutin, N., Klenk, P.: Erfolgreiches Cross Selling. Potenzialen auf der Spur, in: Die Bank 5/2005

Biermann, Th.: Kundenbeziehungen profitabel gestalten, in: Bankmagazin 8/2004

Bleckmann, U., Bruno, E.: Systematische Vertriebssteuerung und Kampagnen-Management, in: Betriebswirtschaftliche Blätter 6/2003

Boehm-Bezing, C. L.: Zukunftsstrategien im europäischen mittelständischen Firmenkundengeschäft, in: Handbuch Firmenkundengeschäft (Hrsg.: K. Juncker/E. Priewasser), 2. Aufl., Frankfurt am Main 2002

Bonitz, F., Ostermann, P.: Handbuch zur Ratingvorbereitung und Ratingverbesserung, Wien 2004

Börner, C.: Konzeptioneller Rahmen: Strategisches Management und Strategieparameter, in: Bankstrategien im Firmenkundengeschäft, (Hrsg.: C. Börner/H. Maser/T. Schulz), Wiesbaden 2004

Borns, R.: Fit für den Vertrieb, in: Die gewerbliche Genossenschaft 5/2005

Borns, R.: Nahe am Kunden, in: Die gewerbliche Genossenschaft 7/2004

Borns, R.: Das Kunden-Rating im Volksbankenverbund. Ein Beispiel für gelebte Kundenpartnerschaft, in: Basel II (Hrsg.: B. Bruckner/A. Schmoll/R. Stickler), Wien 2003

Brakensiek, Th.: „Vorsorge" als strategisches Geschäftsfeld der Banken, in: Österreichisches Bankarchiv 3/2005

Braun, S. u. a.: Bedarfsorientierte Segmentierung sichert Kundenzufriedenheit, in: Betriebswirtschaftliche Blätter 3/2003

Brockmann, M., Hommel, U.: Jenseits des Kredits. alternative Finanzierungsformen werden auch für Mittelständler attraktiv, in: Bank Information 12/2005

Bruckner, B., Masopust, H., Schmoll, A.: Unternehmen – Finanzierung – Rating. Handbuch zur erfolgreichen Ratingvorbereitung Wien 2004

Bruckner, B., Schmoll, A., Stickler, R. (Hrsg.): Basel II. Konsequenzen für das Kreditrisikomanagement, Wien 2003

Brüggestrat, R.: Der bankinterne Ratingprozess, in: Bank Information 7/2003

Brunner, W.: Eckwertplanung in der Kapazitäts- und Kostenplanung, in: Handbuch Bankcontrolling (Hrsg.: H. Schierenbeck/B. Rolfes/St. Schüller), 2. Aufl., Wiesbaden 2001

Buchner, D., Schmelzer, J.: Führen und Coachen, Wiesbaden 2003

Christians, U.: Strategische Geschäftsfeldplanung, in: Handbuch Bankcontrolling (Hrsg.: H. Schierenbeck/B. Rolfes/St. Schüller), 2. Aufl., Wiesbaden 2001

Dehne, Th.: Das profitable Firmenkundengeschäft kehrt zurück. Die Entwicklung des „VR-FinanzPlan Mittelstand", in: Bank Information 2/2005

Dirsch, P., Riekeberg, M.: Integratives Konzept von Verkaufsmanagement und -steuerung in mittleren Kreditinstituten, in: Erfolgreiche Vertriebsstrategien in Banken (Hrsg.: D. Effert/W. Ronzal), Wiesbaden 2005

Duhnkrack, Th.: Wertorientierte Steuerung des Firmenkundengeschäftes, in: Handbuch Firmenkundengeschäft (Hrsg.: K. Juncker/E. Priewasser), 2. Aufl., Frankfurt am Main 2002

Effert, D., Ronzal, W. (Hrsg.): Erfolgreiche Vertriebsstrategien in Banken, Von den Besten profitieren, Wiesbaden 2005

Effert, D., Köhler V. (Hrsg.): Wettbewerb der Vertriebssysteme. Strategien und Lösungen für das Privatkundengeschäft der Banken, Wiesbaden 2004

Ehresmann, H. J.: Über Kundenorientierung zum Qualitätsmanagement im Firmenkundengeschäft der Vereinsbank, in: Qualitätsmanagement-Report der Banken (Hrsg.: St Duvvuri., T. Schäfer), Wien 1998

Eichelmann, T., Juchem, K.: Strategieimplementierung im Firmenkundengeschäft, in: Bankstrategien im Firmenkundengeschäft, (Hrsg.: C. Börner/H. Maser/T. Schulz), Wiesbaden 2004

Evers, J.: Kredite für Kleinunternehmen. Effiziente Betreuungssysteme von Banken, Frankfurt am Main 2002

Felden, B., Hartung, St.: Stärken-Potenzial-Profil sorgt für Transparenz im Rating-Gespräch, in: Betriebswirtschaftliche Blätter 12/2005

Fischer, O.: Führen im mobilen Vertrieb, in: Die Bank 10/2005

Flechsig, R.: Dezentrales Unternehmertum in der Vertriebssteuerung, in: Handbuch Bankcontrolling (Hrsg.: H. Schierenbeck/B. Rolfes/St. Schüller), 2. Aufl., Wiesbaden 2001

Flesch, J., Kutscher, R., Lichtenberg, M.: Das Barwertkonzept in der Unternehmenssteuerung, in: Handbuch Bankcontrolling (Hrsg.: H. Schierenbeck/B. Rolfes/St. Schüller), 2. Aufl., Wiesbaden 2001

Florian, F. H. Vorsorgehit 2005: Betriebliche Altersversorgung, in: Bank Information 4/2005

Franke, J., Schwarze, F.: Kreditgeschäft: Prozessen Beine machen, in: Bankmagazin 9/2005

Fröhlich, A., Brehm, B., Hurcks, K.: Potenzialorientierte Steuerung (I), in: Betriebswirtschaftliche Blätter 8/2000

Galka, R., Bader, Th.: Wege zum Langzeit-Kunden. VR-FinanzPlan: Ein Vertriebskonzept für Volksbanken und Raiffeisenbanken, in: Bank Information 6/2003

Gehrke, D.: Beizeiten kommunizieren. Die Volksbank Hildesheim drückt bei der Kommunikation des Themas Rating auf die Tube, in: Bank Information 7/2003

Genser, E., Schmoll, A.: Business-Check für Firmenkunden mit dem Strategiestern, in: Betriebswirtschaftliche Blätter 8/2001

Genser, E., Schmoll, A.: Zielvereinbarungen und leistungsorientiertes Anreizsystem, in: Betriebswirtschaftliche Blätter 8/2004

Gerber, E., Müller, K.: Die Kenntnis der Teilmärkte ist eine wichtige Erfolgsbasis, in: Betriebswirtschaftliche Blätter 9/2005

Gerlof, W., Hoppenkamps, J., Hoyer, U.: Gibt es den Verkäufer schlechthin?, in: Bank Information 10/2004

Germann, U.: Mehr Ertrag im Vertrieb, in: Bankmagazin 9/2004

Geyer, G., Ronzal, W.: Führen und verkaufen in der Zweigstelle. Erfolgreiche Geschäftsbeziehungen aufbauen und sichern, Wien 2002

Göbel, K. B.: Der mobile Vertrieb im Firmenkundengeschäft, in: Vertriebsoptimierung in Banken (Hrsg.: M. Spreiter), Wiesbaden 2000

Göbel, K. B.: Mobiler Vertrieb: Geprägt von Verantwortung und Selbstbestimmung, in: Bankmagazin 6/2004

Göbel, K. B.: Auf neuen Wegen der Finanzierung (Bilanzstrukturmanagement), in: Bankmagazin 10/2004

Goedeckemeyer, K. H.: Mit Vertriebsoffensiven Erträge steigern, in: Bankmagazin 1/2005

Gosper, G.: Strategieumsetzungsprozess – von der Strategieentwicklung zur Umsetzung der Balanced Scorecard, in: Strategisches Management in Genossenschaftsbanken (Hrsg.: I. Kipker), Wiesbaden 2004

Göttens, St.: Effiziente Steuerung durch transparente Leistung. Chancen einer LEV, in: Bank Information 8/2004

Groß, Th., Michaelis, H.: Wertschöpfungskettenmanagement im Firmenkundengeschäft der Bank, in: Handbuch Firmenkundengeschäft (Hrsg.: K. Juncker/E. Priewasser), 2. Aufl., Frankfurt am Main 2002

Gruber, W.: Aufbau neuer elektronischer Marktplätze, in: Neue Wege zum Kunden (Hrsg.: A. Schmoll/W. Ronzal), Wien 2001

Gumpinger, J., Schatz, G.: Von der Bankkultur zur Verkaufskultur, in: Die gewerbliche Genossenschaft 2/2004

Gutmayer, G., Schmoll, A.: Systematische Akquisitionsstrategie. Mit System und Ausdauer neue Kunden gewinnen, in: Betriebswirtschaftliche Blätter 1/2005

Hamm, M., Siems, S.: Effizient beraten, in: Bankmagazin 4/2003

Hamm, M.: Strukturen verändern, in: Bankmagazin 12/2003

Hans, N.: Mit den Augen des Kunden sehen (Customer Competition Performance), in: Bankmagazin 5/2004

Happe, G.: Vertriebssteuerung mit der Balanced Scorecard, in: Innovatives Vertriebsmanagement (Hrsg.: M. Pufahl/G. Happe), Wiesbaden 2004

Heinke, E., Hentrich, H.: Der Aufbau eines controlling-orientierten Ergebnisinformationssystems, in: Handbuch Bankcontrolling (Hrsg.: H. Schierenbeck/B. Rolfes/St. Schüller), 2. Aufl., Wiesbaden 2001

Heinrich, P.: Auf konsequentem Weg zur Vertriebssparkasse, in: Sparkasse 5/2004

Heintzeler, F.: Die Firmenkundengeschäftsstrategie einer großen Regionalbank, in: Handbuch Firmenkundengeschäft (Hrsg.: K. Juncker/E. Priewasser), 2. Aufl., Frankfurt am Main 2002

Henrich, L., Schmitt, M.: Rating-Gespräche als Vertriebsansatz, in: Bank Information 6/2004

Herndl, K.: Führen im Vertrieb, Wiesbaden 2003

Hillers, S., Schwind, K.: Nachhaltige Mobilisierung der Vertriebsorganisation, in: Betriebswirtschaftliche Blätter 6/2005

Hinterberger, G.: Integrationsmodelle im Verbund – Privatkundenvertrieb im Multikanalsystem, in: Wettbewerb der Vertriebssysteme (Hrsg.: D. Effert/V. Köhler), Wiesbaden 2004

Homann-Wenig, S.: VR-CheckUp Business. Beratungsmehrwert im Firmenkundengeschäft bieten, in: Genossenschaftsblatt 2/2005

Homann-Wenig, S.: Aktiv im Firmenkundengeschäft und neue Ertragspotenziale erschließen, in: Genossenschaftsblatt 6/2005

Homburg, C., Klenk, P.: Vertriebsstark in die Zukunft, in: Genossenschaften in Baden 1/2005

Homburg, C., Schäfer, H., Schneider, J.: In jeder Hinsicht höchste Präzision, in: Bankmagazin 10/2001

Hosseini, H., Spee, A.: Basel II als Chance im Vertrieb nutzen, in: Bankmagazin 7/2004

Jacobs, B., Krauß, C.: Vertrieb, Vertrieb und noch mal Vertrieb, in: Bank Information 7/2005

Jakli, R.: Im Trend: Betriebliche Altersvorsorge immer wichtiger, in: Bank Information 11/2004

Jakob, K., Wohlert, D.: Was sich alles ändert (MaK), in: Bankmagazin 1/2003

Jöhnk, T., Bruns, A.: Hybride Wettbewerbsstrategien mit Hilfe der Balanced Scorecard, in: Betriebswirtschaftliche Blätter 1/2005

Juncker, K., Lippmann, I.: Firmenkundenbank der Zukunft – ein Szenario, in: Handbuch Firmenkundengeschäft (Hrsg.: K. Juncker/E. Priewasser), 2. Aufl., Frankfurt am Main 2002

Kaiser, A., Kehr, J.: Ziele setzen, Wandel fördern, in: Bank Information 9/2003

Kalab, R., Moser, I.: Grundsätze der Vertriebsstrategie, (Hrsg.: Österreichischer Genossenschaftsverband), Wien 2004

Kampmann, St., Garczorz, I.: Erfolgreiche Sparkassen pflegen vertriebliche Führung, in: Betriebswirtschaftliche Blätter 7/2004

Karner, G., Lucius, O.: Financial Planning in: Banktechnik 10/2004

Kauermann, K.: Kennzahlenorientierte Produktivitätsanalyse, in: Handbuch Bankcontrolling (Hrsg.: H. Schierenbeck/B. Rolfes/St. Schüller), 2. Aufl., Wiesbaden 2001

Keller, M.: Unternehmensnachfolge aus Bankensicht. Frühzeitig vorsorgen, in: Die Bank 8/2005

Keser, T., Pankrath, L., Marker, A.: Hohe Verkaufsleistungen mit einem innovativen Realtime-Controllingsystem, in: Betriebswirtschaftliche Blätter 4/2004

Kipker, I., Rücker, M.: Potenziale heben, in: Bank Information 12/2004

Kipker, I., Siekmann, A., Wildhagen, E.: Nutzen, Verbreitung und Erfolgsfaktoren bei der Auswahl von Balanced Scorecard-Software, in: Betriebswirtschaftliche Blätter 3/2003

Kipker, I.: Die unausgeschöpften Potenziale der Strategie in Genossenschaftsbanken, in: Strategisches Management in Genossenschaftsbanken (Hrsg.: I. Kipker), Wiesbaden 2004

Kirchhoff, A., Günther, M. J.: Rentabilitäts-Analyse. Wie wertvoll ist der Kunde?, in: die Bank 8/2004

Kirmße, St., Madritsch, P.: Europäische Bankenstudie 2004, in: Österreichisches Bank Archiv 9/2005

Koch, C., Lehmann, St.: Volles Verständnis. Mit der Marktpotenzialanalyse Märkte verstehen und gezielt bearbeiten, in: Bank Information 7/2004

König, P., Quast, W.: Die Rolle des Bankcontrollers – Selbstverständnis und Anforderungen, in: Handbuch Bankcontrolling (Hrsg.: H. Schierenbeck/B. Rolfes/St. Schüller), 2. Aufl., Wiesbaden 2001

Körnert, J.: Vieles spricht für eine stärkere Modifizierung der Balanced Scorecard, in: Betriebswirtschaftliche Blätter 4/2004

Krah, E.: Den Kunden als Ganzes sehen, in: Bankmagazin 8/2004

Krauß, C., Jacobs, B.: Mehr PS im Vertrieb, in: Bank Information 11/2001

Krauß, C.: Change Management im Vertrieb. „Wer sich nicht ändert, wird verändert", in: Bank Information 11/2002

Krauß, C.: Chancen und Risiken möglicher Veränderungsprozesse im Firmenkundengeschäft ostdeutscher Kreditgenossenschaften, Berlin 2003

Krüger, M.: Früh dran sein. Den Wandel im Firmenkundengeschäft frühzeitig antizipieren, in: Bank Information 3/2004

Kubla, R.: Für dauerhafte Erträge müssen die Voraussetzungen stimmen, in: Sparkasse 8/2004

Kunadt, R.: Erfolgreiche Vertriebsarbeit im Retailgeschäft einer Genossenschaftsbank, in: Erfolgreiche Vertriebsstrategien in Banken (Hrsg.: D. Effert/W. Ronzal), Wiesbaden 2005

Layr, W., Dahlem, C.: Gelebte Kundenpartnerschaft, in: Neue Wege zum Kunden (Hrsg.: A. Schmoll/W. Ronzal), Wien 2001

Lehmann, St.: Entwicklung nachvollziehbar machen. Vertriebskennzahlensystem gestartet, in: Bank Information 3/2005

Lippl, M., Schmidt, J., Uebing, M.: Geschäftsbereichsrechnung als Instrument der Erfolgssicherung, in: Betriebswirtschaftliche Blätter 9/2004

Löcker, M., Mennenga, Th.: Erst der Kunde, dann der Ertrag. Vertriebscontrolling bei der Volksbank Braunschweig, in: Bank Information 3/2005

Macke, H.: Fachwissen allein reicht nicht (mehr). Auf dem schwierigen Weg zu einer „neuen" Vertriebskultur, in: Bank Information 7/2004

Mehl, H. J.: Den strategischen Wandel meistern – die Balanced Scorecard im Einsatz bei einer Primärbank, in Strategisches Management in Genossenschaftsbanken (Hrsg.: I. Kipker), Wiesbaden 2004

Meyer zu Selhausen, H.: Interne Leistungsverrechnung in der Profit Center-Rechnung, in: Handbuch Bankcontrolling (Hrsg.: H. Schierenbeck/B. Rolfes/St. Schüller), 2. Aufl., Wiesbaden 2001

Möller, A., Schneider, K., Vomhoff, St.: In einem Zug. (Vertriebsaktivierung), in: Bank Information 8/2004

Moschner, A.: Herausforderungen an das integrierte Banking-Angebot für Privat- und Geschäftskunden, in: Wettbewerb der Vertriebssysteme (Hrsg.: D. Effert/V. Köhler), Wiesbaden 2004

Müller, W.: Markt- und ertragsorientierte Ausrichtung der Firmenkundenbetreuung, in: Betriebswirtschaftliche Blätter 1/2004

Muthers, H.: Mehr Zeit für den Kunden, in: Bankmagazin 2/2004

Nordsieck, C., Brezski, E., Kinne, K.: Ratingerstellung und -kommunikation in der Praxis, in: Betriebswirtschaftliche Blätter 8/2005

O. Vf.: Mittelstandsoffensive. Kundenpartnerschaft im Verbund gemeinsam umsetzen, in: Die gewerbliche Genossenschaft 8/2004

O. Vf.: Kosten der Überregulierung zehren an den Gewinnen der Banken, in: Österreichisches Raiffeisenblatt 11/2005

Oechsler, W.: Zielführend. Organisatorische und rechtliche Aspekte von Zielvereinbarungen, in: Bank Information, 9/2003

Paul, St., Stein, St.: Rating, Basel II und die Unternehmensfinanzierung, Köln 2002

Pleister, Chr.: Zur optimalen Organisation von Controllingprozessen in Verbundsystemen, in: Handbuch Bankcontrolling (Hrsg.: H. Schierenbeck/B. Rolfes/St. Schüller), 2. Aufl., Wiesbaden 2001

Pleister, Chr.: Networking als Chance für Genossenschaftsbanken, in: Handbuch Firmenkundengeschäft (Hrsg. K. Juncker/E. Priewasser), 2. Aufl., Frankfurt am Main 2002

Poehls, A., Siedentopf, H., Hiendlmeier, St., Lange, T.: Strategische Neuausrichtung mit der Balanced Scorecard, in: Betriebswirtschaftliche Blätter 9/2005

Prehofer, R.: Die RatingBeratung der Bank Austria Creditanstalt, in: Bankarchiv 6/2003

Presber, R., Röskens, T., Schenck, M.: Chance für Banken (Unternehmensnachfolge), in: Bankmagazin 11/2004

Pufahl, M.: Vertriebscontrolling. So steuern Sie Absatz, Umsatz und Gewinn, Wiesbaden 2003

Pufahl, M., Happe, G. (Hrsg.): Innovatives Vertriebsmanagement, Wiesbaden 2004

Pulai, H., Schmoll, A.: Kreditüberwachung. EDV-System hilft Risiken früh erkennen, in: Kreditpraxis 4/2001

Recht, A., Holm, R.: Grundelemente der Vertriebssteuerung im Firmenkundengeschäft, in: Bankstrategien im Firmenkundengeschäft, (Hrsg.: C. Börner/H. Maser/T. Schulz), Wiesbaden 2004

Rehberg, M.: Die Mischung machts. Vertriebssteuerung: wertorientiert oder aktivitätenorientiert – oder etwa beides?, in: Bank Information 8/2004

Renker, C.: Relationship Marketing, Wiesbaden 2005

Renker, C.: Firmenkunden sind wieder im Fokus, in: Bankmagazin 10/2005

Richter, K., Sterk, T.: Stellhebel kennen, Wirkung entfalten. Erfolgreiche Vertriebsaktivierung muss langfristig wirken, in: Bank Information 5/2004

Ries, A., Scheuplein, T.: Integration des Value Based Management in die Balanced Scorecard, in: Die Bank 10/2004

Riess, W., Schmied, C.: Alternative Finanzierungsformen in: Basel II (Hrsg.: B. Bruckner/A. Schmoll/R. Stickler), Wien 2003

Ringel, J.: Controllingorganisation in Banken, in: Handbuch Bankcontrolling (Hrsg.: H. Schierenbeck/B. Rolfes/St. Schüller), 2. Aufl., Wiesbaden 2001

Rohn, G., Steenweg, K.: Vertriebsausrichtung optimieren: Vertrieb heißt nicht vertreiben, in: Erfolgreiche Vertriebsstrategien in Banken (Hrsg.: D. Effert/W. Ronzal), Wiesbaden 2005

Rolfes, B.: Das Firmenkundengeschäft – ein „Wertevernichter"?, in: Handbuch Firmenkundengeschäft (Hrsg.: K. Juncker/E. Priewasser), 2. Aufl., Frankfurt am Main 2002

Rometsch, S.: Firmenkundengeschäft – Wertvernichter der Banken?, in: Die Bank 12/1999

Ronzal, W.: Filialen aktivieren und führen. Mehr Erfolg durch besseres Management, in: Neue Wege zum Kunden (Hrsg.: A. Schmoll/W. Ronzal), Wien 2001

Ronzal, W.: Vertrieb stärken – Wettbewerb gewinnen, in: Bank Information 7/2003

Ronzal, W.: Den Wettbewerb der Banken gewinnt, wer die besseren Verkäufer hat, in: Wettbewerb der Vertriebssysteme (Hrsg.: D. Effert/V. Köhler), Wiesbaden 2004

Ronzal, W.: Bessere Verkäufer für mehr Erfolg, in: Bankmagazin 3/2004

Ronzal, W.: Zehn Prognosen und Trends für den Bankvertrieb der Zukunft, in: Erfolgreiche Vertriebsstrategien in Banken (Hrsg.: D. Effert/W. Ronzal), Wiesbaden 2005

Ruland, I.: Rating klärt das Verhältnis zwischen Bank und Unternehmen, in: Betriebswirtschaftliche Blätter 1/2005

Sauer, H.: Strategien realisieren mit der Balanced Scorecard, in: Betriebswirtschaftliche Blätter 7/2001

Schämann, J.: Professionelles Finanzmanagement, in: Bankmagazin 12/2005

Schäper, J., Hohnsel, C., Küls, A.: Erfolgreiches Controlling von Beratung und Vertrieb, in: Betriebswirtschaftliche Blätter 5/2005

Schierenbeck, H., Hölscher, R.: Die Marktzinsmethode als entscheidungsorientiertes Konzept der Ergebnismessung von Einzelgeschäften, in: Handbuch Bankcontrolling (Hrsg.: H. Schierenbeck/B. Rolfes/St. Schüller), 2. Aufl., Wiesbaden 2001

Schierenbeck, H., Wiedemann, A.: Das Treasury-Konzept der Marktzinsmethode, in: Handbuch Bankcontrolling (Hrsg.: H. Schierenbeck/B. Rolfes/St. Schüller), 2. Aufl., Wiesbaden 2001

Schierenbeck, H.: Das Duale Steuerungsmodell, in: Handbuch Bankcontrolling (Hrsg.: H. Schierenbeck/B. Rolfes/St. Schüller), 2. Aufl., Wiesbaden 2001

Schierenbeck, H.: Geschäftspolitische Herausforderungen für die Banken im Firmenkundengeschäft, in: Rentabilisierung des Firmenkundengeschäfts, (Hrsg.: Basler Bankenvereinigung), Bern – Stuttgart – Wien, 2000

Schimmelschmidt, C.: Erfolgreiches Beratungsgespräch. Die Kunst des Verkaufens, in: Die Bank 5/2005

Schlosser, Ch.: Auf Hochleistung trimmen. Das BVR-Vertriebsinitiativprogramm, in: Bank Information 10/2003

Schlosser, Ch.: BVR-Vertriebsinitiativprogramm. Der Turbo für den Vertrieb, in: Genossenschaften in Baden 1/2004

Schlüter, H. J.: Wissen wohin, wissen warum. Wirksame Zielvereinbarungen sind Grundlage für die leistungsorientierte Vergütung, in: Bank Information 9/2003

Schmoll, A.: Vertriebskonzepte im Firmenkundengeschäft, in: Bank Information 4/2000

Schmoll, A.: Betreuungscenter für Firmenkunden, in: Betriebswirtschaftliche Blätter 8/2000

Schmoll, A.: Profitables Geschäft durch Zielgruppenmanagement, in: Die Bank 11/2000

Schmoll, A.: Vertriebskonzepte im Firmenkundengeschäft, in: Neue Wege zum Kunden (Hrsg.: A. Schmoll/W. Ronzal), Wien 2001

Schmoll, A.: Analyse und Steuerung des Kreditportefeuilles, in: Handbuch Bankcontrolling (Hrsg.: H. Schierenbeck/B. Rolfes/St. Schüller), 2. Aufl., Wiesbaden 2001

Schmoll, A.: Aktives Beziehungsmanagement im mittelständischen Firmenkundengeschäft, in: Bank Information 8/2001

Schmoll, A.: Die Praxis der Firmenkundenbetreuung. Geschäftsbeziehungen erfolgreich intensivieren, 2. Aufl., Wien 2002

Schmoll, A.: Erfolgreiches Marketing für Management und Vertrieb, in: Bankmagazin 2/2002

Schmoll, A.: Kundenbindungsstrategien im mittelständischen Firmenkundengeschäft, in: Die Bank 5/2002

Schmoll, A., Gutmayer, G.: Die GO! Gründeroffensive der österreichischen Sparkassen, in: Betriebswirtschaftliche Blätter 8/2002

Schmoll, A.: Die Unternehmensdiagnose als Beratungsleistung, in: Bankmagazin 7/2002

Schmoll, A.: Business-Check für Unternehmer, in: Bankmagazin 3/2003

Schmoll, A.: Gefordert – Eine neue Ratingkultur in Banken, in: Bankmagazin 6/2003

Schmoll, A.: Ratingprozess – Ratingkultur – Ratingdialog, in: Basel II (Hrsg.: B. Bruckner/A. Schmoll/R. Stickler), Wien 2003

Schmoll, A.: Durch Rating kann die Kundenbindung intensiviert werden, in: Bank Information 8/2003

Schmoll, A.: Rating Dialog erfordert Sozialkompetenz. Kommunikation ist zentraler Faktor, in: Bank Information 12/2003

Schmoll, A.: Der Ratingprozess: Herausforderungen für den Firmenkundenbetreuer, in: Die Bank 1/2004

Schmoll, A.: Mit Orientierungsgesprächen Mitarbeiter gezielt fördern, in: Bankmagazin 1/2004

Schmoll, A.: Firmenkundengeschäft mit System. Bausteine zur Optimierung des Vertriebserfolgs, in: Bank Information 6/2004

Schmoll, A.: Vertriebsprozesse im Firmenkundengeschäft optimieren, in: Erfolgreiche Vertriebsstrategien in Banken (Hrsg.: D. Effert/W. Ronzal), Wiesbaden 2005

Schmoll, A.: Qualitative Ziele für den Firmenkundenbetreuer, in: Bankmagazin 3/2005

Schmoll, A.: Mehr als bloßer Kreditverkauf. Ertragssteigerung im Firmenkundengeschäft durch gezieltes Cross Selling, in: Bank Information 7/2005

Schneider, M., Käser, B.: Wege zur Ertragssteigerung im Kommerzkundengeschäft. (Schlussfolgerung aus der zeb/-Kommerzkundenstudie), in: Banktechnik 3/2005

Schöler, M., Weiss, Th.: Sparkassen-Finanzkonzept Geschäftskunden kommt sehr gut an, in: Betriebswirtschaftliche Blätter 8/2005

Schöne, K., Pahner, R., Brabeck, R.: Mit Analysen zu mehr Kundenbindung, in: Bankmagazin 1/2002

Schröder, G. A.: Portfolio-Analyse im Kundengeschäft, in: Handbuch Bankcontrolling (Hrsg.: H. Schierenbeck/B. Rolfes/St. Schüller), 2. Aufl., Wiesbaden 2001

Schüller, St. Stückkostenkalkulation mit Hilfe der prozessorientierten Standard-Einzelkostenrechnung, in: Handbuch Bankcontrolling (Hrsg.: H. Schierenbeck/B. Rolfes/St. Schüller), 2. Aufl., Wiesbaden 2001

Schulz, C.: Neue Finanzierungsformen für mittelständische Unternehmen, in: Sparkasse 3/2004

Schulz, T.: Strategische Segmentbildung im Firmenkundengeschäft der Banken, in: Bankstrategien im Firmenkundengeschäft, (Hrsg.: C. Börner/H. Maser/T. Schulz), Wiesbaden 2004

Schumacher, M., Grabau, M.: Mindestanforderungen an das Kreditgeschäft der Kreditinstitute – Eckpunkte und Zielrichtung, in: Betriebswirtschaftliche Blätter 5/2003

Schürg, M.: Mit Vertriebskampagnen die Erträge steigern, in: Betriebswirtschaftliche Blätter 6/2004

Schuster, B.: Integrierte Softwarelösungen für das Bankcontrolling, in: Handbuch Bankcontrolling (Hrsg.: H. Schierenbeck/B. Rolfes/St. Schüller), 2. Aufl., Wiesbaden 2001

Siebald, R., Muggenthaler, H., Hettler, R.: Stärkung der Vertriebskraft durch striktes Monitoring, in: Betriebswirtschaftliche Blätter 9/2005

Simon, St.: Es lohnt sich. Volksbank Hamm und R+V beraten Firmenkunden bei Stärken-Schwächen-Analyse, in: Bank Information 1/2005

Singer, H., Schlemminger, R.: Führen mit Zielen eine pragmatische Alternative zur Balanced Scorecard?, in: Betriebswirtschaftliche Blätter 9/2004

Sonntag, K.: Zielvereinbarungen erfolgreich umsetzen, in: Bank Information 9/2003

Spath, D. (Hrsg.): Banken im Aufbruch. Eine empirische Studie zu Trends und Entwicklungen im Front- und Backoffice-Bereich von Banken in Deutschland (Fraunhofer Institut für Arbeitswirtschaft und Organisation); 2. Aufl., Stuttgart 2004

Spreiter, M.: Verkaufsergebnisse steigern, in: Vertriebsoptimierung in Banken (Hrsg.: M. Spreiter), Wiesbaden 2000

Spreiter, M.: Gemeinsame Ziele für eine viel versprechende Zukunft, in: Bankmagazin 3/2001

Spreiter, M.: Die Führungskraft als erfolgreicher Coach, in: Bankmagazin 7/2003

Spreiter, M.: Strukturiert beraten bringt Erfolg, in: Bankmagazin 6/2004

Stadler, W. (Hrsg.): Venture Capital und Private Equity. Erfolgreich wachsen mit Beteiligungskapital, Köln 2000

Stringfellow, M.: Mezzanine-Finanzierung für Wachstumsunternehmen, in: Venture Capital und Private Equity (Hrsg.: W. Stadler), Köln 2001

Strothe, G., Berre, S.: Mehr Risikobewusstsein im Mittelstandsgeschäft, in: Bank Information 2/2003

Theewen, E., Schlemminger, R., Fröhlich, J.: Mindestanforderungen an das Kreditgeschäft. Welche Herausforderungen bleiben, in: Die Bank 9/2005

Thiesler, E.: Dienstleistungserträge im Firmengeschäft steigern, in: Bank Information 2/2005

Traninger, M.: „Keilen" versus „aktiv verkaufen". Gedanken zum Unterschied, in: Österreichisches Raiffeisenblatt 4/2004

Trost, St. Erfolgsfaktor Vertriebssteuerung – Controlling im Dienste des Markterfolges, in: Die gewerbliche Genossenschaft 5/2004

Vahldieck, V., Lubberich, St.: Vertriebsintensivierung und risikoorientierte Firmenkundenbetreuung, in: Betriebswirtschaftliche Blätter 1/2005

Viehmann, H.: Mit der BSC den strategischen Wandel herbeiführen, in: Strategisches Management in Genossenschaftsbanken (Hrsg.: I. Kipker), Wiesbaden 2004

Virnich, R., Bach, A., Bunz, A.: Firmenkunden offensiv ins und im Ausland begleiten, in: Betriebswirtschaftliche Blätter 1/2005

Wagner, R.: Professionelles Verhandeln mit Firmenkunden, in: Betriebswirtschaftliche Blätter 8/2004

Waltle, K., Hopfner, W.: Vertriebssteuerung in einem dezentralen Bankensektor, in: Neue Wege zum Kunden (Hrsg.: A. Schmoll/W. Ronzal), Wien 2001

Weddrien, O., Weigel, K.: Eine Option mehr für den Mittelstand. DZ Equity Partner bietet Mezzanine-Kapital an, in: Bank Information 3/2004

Weigel, St.: Erhöhte Markttransparenz. Identifikation von Absatzpotenzialen durch analytisches CRM, in: Bank Information 6/2004

Welling, T., Klaus, A.: Rating als Herausforderung für die Informationspolitik, in: Betriebswirtschaftliche Blätter 2/2003

Werner, J.: Onlinebanking für Firmenkunden, in: Handbuch Firmenkundengeschäft (Hrsg.: K. Juncker/E. Priewasser), 2. Aufl., Frankfurt am Main 2002

Wiedemann, A.: Balanced Scorecard als Instrument des Bankcontrolling, in: Handbuch Bankcontrolling (Hrsg.: H. Schierenbeck/B. Rolfes/St. Schüller), 2. Aufl., Wiesbaden 2001

Wiedmann, K., Buckler, F., Siemon, N.: Der richtige Schlüssel für Ertragspotenziale, in: Bankmagazin 11/2003

Wiedmann, K., Buxel, H., Siemon, N.: Mit der Scorecard erfolgreich im Kundenmanagement, in: Bankmagazin 11/2004

Wings, H., Benölken, H.: Konsequent Kurs halten. Balanced Scorecard als Basis für die Umsetzung eines Gesamtstrategie, in: Bank Information 4/2004

Winkelmann, P.: Vertriebskonzeption und Vertriebssteuerung. Die Instrumente des integrierten Kundenmanagements (CRM), 2. Aufl., München 2003

Wöhry, W.: Basel II – Rating als Chance, in: Gewerbliche Genossenschaft 3/2003

Zeller, O.: Der „UnternehmensCheck". Eine Möglichkeit zur Umsetzung der Kundenpartnerschaft, in: Die gewerbliche Genossenschaft 4/2004

Zimmermann, Y.: Kontrolle ist besser (Kundengeschäftssteuerung), in: Bank Information 1/2004

Zumpfe, S.: Die Balanced Scorecard-Strategien erfolgreich umsetzen!, in: Die gewerbliche Genossenschaft 4/2000

Für zahlreiche Unterlagen sowie anregende Gespräche danke ich:

GGB-Beratungsgruppe GmbH
www.ggb-bg.de

H&T SOFTWARE GmbH
www.ht-software-gmbh.de

INSTITUT FÜR DEMOSKOPIE ALLENSBACH
www.ifd-allensbach.de

ORGAPLAN Beratung + Software
www.orgaplan.de

zeb/rolfes.schierenbeck.associates
www.zeb.de

Stichwortverzeichnis

ABC-Analyse 66 f., 252
Ablauforganisation
Abschlussquote 167
After Sales-Service 263 f.
Akquisitionsdatenbank 307
Akquisitionskonzept 299 f.
Aktivitätencontrolling 148, 159, 162, 165 f., 168, 228
Aktivitätensteuerung 153, 198, 228
Altersvorsorge, betriebliche 88
Asset-Backed-Securities 86
Auslandsgeschäft 87 f.

Balanced Scorecard
–, Grundkonzept 45, 75
–, im Firmenkundenvertrieb 78
–, Perspektiven 76 f.
Bankenumfeld 16, 47
Barwertkonzept 177, 192
Basel II 17, 20, 26, 128, 137, 294
Bedarfsanalyse 216, 243, 245, 257, 266, 268, 282
Benchmarkvergleich 211
Beratungsgespräche 168, 243 f.
Beratungshilfen, strukturierte 243, 265 f., 280
Beratungsquote 167
Betreuer-Erfolgsbilanz 189, 191
Betreuungs-Center 102, 104
Betreuungsintensitäten 154 f., 157, 267, 309
Betreuungsqualität 60
Betreuungsstandards 154, 263, 305
Betreuungstelefonat 263
Bilanzanalyse, verkaufsorientierte 241 f.
Break-even-Kondition 174, 179
Business Check 270 f.

Certified Financial Planner 244
Coaching, im Vertrieb 148, 168, 321
Consulting-Banking 89

Controllingprozess 188
Corporate Finance 86
Cost-Income-Ratio 78, 147, 165
Cross Selling 31, 50, 69, 79 f., 89, 237, 258, 290, 296
Customer Relationship Management 18

Data Warehouse 247
Deckungsbeitragsrechnung
–, allgemein 174
–, barwertige 192 f.
–, Betreuerebene 189
–, DB III-Rechnung 175
–, fünfstufige 176
–, stufenweise 19, 172, 187
Dienstleistungserträge 182

Eigenkapitalkosten 20
Ergebniscontrolling 148, 162, 169, 209, 307
Ergebnisinformationssystem 169
Ergebniswürfel 171
Ertragsmanagement 26
Ertragsorientierung 31, 169
Ertragspotenziale 48, 49, 154
Existenzgründungsberatung 88 f.

Factoring 85, 248, 253
Feedback 324 f.
Finanzberatung 89, 256
Finanzierungsmöglichkeiten 14
Finanzplan 89, 250
Firmenkundenbefragung
–, persönliche 58
–, schriftliche 53, 55
–, telefonische 55, 57, 277
Firmenkundenbetreuer
–, Anforderungsprofil 31, 127 f.
–, als Beziehungsmanager 130
–, Aufgaben 70, 123 f., 289

–, ergebnisorientierte Steuerung der 186
–, Verkaufskompetenz 328
–, Zeitprofil 132 f.
Firmenkundenbetreuung
–, ertragsorientierte 81
–, ganzheitliche 31, 82, 90
–, Qualitätsstandards der 154
Firmenkunden-Center 103 f., 171, 185
Firmenkundengeschäft
–, Bedarfsfelder 84 f.
–, geschäftspolitische Leitlinien 44
–, Herausforderungen 22
–, Rentabilitätssteigerung 24, 45
–, Stellenwert 21
–, Strategieprozess im 42
–, strategisches Geschäftsfeld 19, 41, 45
–, Wertvernichter 19
Firmenkundenportfolio 68, 71, 154, 183, 231
Firmenkundenvertrieb
 siehe Vertrieb
Frühwarnsysteme 25
Führungskräfte, im Vertrieb
 siehe Vertriebsmanager
Führungsverhalten 108

Geschäftsbereichsrechnung 20
Geschäftsfeldsteuerung 198
Geschäftsfeldstrategie 42
Gesprächsnotiz, EDV-gestützte 276

Imageforschung 51
Intensivierungskunden 230
Intensivierungsziele 229
Internet 18, 284

Kalender, elektronischer 205
Kampagnenmanagement 159, 206, 220 f.
Kapitalbeteiligungsgesellschaft 86
Kaufsignale 258
Kernbedarfsfelder 217
Kommunikation
–, wertorientierte 320

–, partnerschaftliche 339
Kompetenz-Center 28
Konditionenmarge 172
Konkurrenzanalyse 61
Kontakthistorie 201, 261
Kontaktmanagement 158, 268
Kontaktquote 167
Kostenmanagement 24
Kreditportfoliomanagement 25
Kreditprozess 24, 100, 136
Kreditüberwachung 25, 264 f.
Kritik, konstruktive 327
Kundenakt, elektronischer 203 f.
Kundenanalyse, potenzialorientierte 69
Kundenansprache, aktive 168, 236
Kundenbedürfnisse 84
Kundenbefragung
 siehe Firmenkundenbefragung
Kundenbericht 201, 218, 260 f.
Kundenbetreuer
 siehe Firmenkundenbetreuer
Kundenbeziehung
–, allgemein 15, 92, 130, 296
–, Steuerung der 173, 181
Kundenbindung 52, 256
Kundendatei 236
Kundendeckungsbeitrag 180 f.
Kundengeschäftssteuerung 177
Kundengespräch
–, Gesprächsführung 256 f., 267, 286
–, Gesprächsleitfaden 284, 259
–, Gesprächsvorbereitung 215, 234 f., 324
–, Nachbearbeitung, 263
–, strukturiertes 247
Kundenkalkulation 180 f.
Kundenkontakte 154, 166, 216, 234
Kundenorientierung 46, 61
Kundenpartnerschaft 202
Kundenportfoliomanager 71, 198 f., 250
Kundensegmentierung
–, ertragsorientierte 32, 63
–, Feinsegmentierung 66
–, Kriterien 64 f.

–, Systematisierung 65
–, Ziele 62
Kundenstruktur 184
Kundenzufriedenheitsanalyse 52, 276
Kundenzufriedenheits-Management 59, 60

Leasing 85, 248
Loben 326

Margencontrolling 192
Marktanteile 50
Marktattraktivität 48
Marktentwicklungskennzahl 210, 213
Marktfolge 99, 124, 136
Marktplätze, elektronische 18
Marktpotenzialanalyse 47
Marktzinsmethode 172
Mezzaninfinanzierung 86, 259
Mindestanforderungen für das Kreditgeschäft 100, 136
Mitarbeiterentwicklung 323
Mitarbeiter-Orientierungsgespräch
–, Gesprächsbogen 337
–, Leistungskriterien 328
–, Ziele 336
Mitarbeitersteuerung 148
Multi-Channel-Banking 18
Musterkundenportfolio 254 f.

Nettovertriebszeit 134
Neukundengewinnung
 siehe Akquisition

Organisationsstruktur, marktorientierte 106

Portfoliosteuerung 185, 198
Potenzialanalyse 216, 237 f., 248, 252, 342
Pricing, risikoadäquates 26
Private Equity 86
Produktnutzungsprofil 232, 238, 254
Produktvorkalkulation 173

Profit Center-Rechnung 185
Provisionsgeschäft 81, 182, 252

Qualitätsstandards 100, 137, 151, 275

Rating 15, 288 f.
Ratingberatung 289 f., 293, 298
Ratingdialog 291, 293
Ratingergebnis, Darstellungen 294 f.
Ratingprozess 88, 123, 292 f.
Ressourcenmanagement 132
Return on Equity 19
Risikokosten 16, 23
Risikomanagement 17, 136

Sales Meeting 340 f.
Sanierungsspezialisten 140
Shareholder-Value-Ansatz 19
Sitzungsmoderation 344
Spezialisteneinsatz 92, 200, 283, 286
Standardrisikokosten 175
Strategiegespräch 272, 283
SWOT-Analyse 42 f.

Terminevidenz 263
Terminsteuerung 158, 205, 264
To do-Listen 159, 167, 264
Tourenplanung 159

Unternehmen, mittelständische
–, Beratungsbedarf 128
–, Finanzwirtschaft 14
–, Rahmenbedingungen 13
Unternehmensnachfolge 88 f., 255
Unternehmer, als Privatperson 90, 241, 280
Unternehmerdialog 277 f.

Vergütung, leistungsorientierte
–, Anforderungen an 346
–, Charakteristik 345
–, Praxisbeispiele 347
Verkaufen
–, aktives 78, 207

367

–, Image des 321
–, kundenorientiertes 83, 261
Verkaufsaktivitäten 158
Verkaufsansätze
–, allgemein 82 f., 239
–, EDV-gestützte 247, 251, 253
–, produktspezifische 239
Verkaufsausbildung 328, 330
Verkaufscoaching
 siehe Coaching
Verkaufscontrolling 207
Verkaufsleistung 192
Verkaufsmeeting
 siehe Sales Meeting
Vertrieb
–, Effizienzsteigerung im 153, 255
–, Erfolgsfaktoren 26, 31
–, Fokussierter 101
–, mobiler 107 f.
–, signalgesteuerter 206
–, Stellenwert des 26
–, strategische Neuausrichtung 26, 30
–, Wertschöpfungskette im 147
Vertriebsaktivitäten 153
Vertriebsassistenten 137 f., 139
Vertriebsausschuss 121
Vertriebscontrolling
–, Betreuerebene 193
–, Funktionen des 160 f., 208, 265
–, Stellhebel im 162
Vertriebskennzahlen 148, 164, 167, 193, 221
Vertriebskultur 30, 35
Vertriebsmanagement
–, allgemein 25, 34, 59, 72, 109, 131
–, operatives 46
–, strategisches 41, 43
Vertriebsmanager
–, Anforderungsprofil 315 f.
–, Aufgabenbereiche 112 f.
–, Beziehungsgeflecht 117
–, Erwartungen an 314
–, Verantwortungsbereiche 110 f.

Vertriebsorganisation 32, 99, 104
Vertriebsorientierung 30
Vertriebsprozess
–, allgemein 27, 32, 92, 165, 213, 215
–, Phasen 231, 283
–, Ziele 227
Vertriebsqualität 187
Vertriebsreport 163, 186
Vertriebsressourcen
Vertriebssteuerung
–, integrierte 147, 149, 219
–, potenzialorientierte 75, 151
–, Steuerungsobjekte 161, 172
–, strategische 75
Vertriebsstrategien 78
Vertriebsstruktur 100 f., 105, 213
Vertriebssystem, Elemente des 33
Vertriebstechnologie 31, 34, 197 ff.
Vertriebsunterstützung 118 f., 148, 200, 212, 286
Vertriebswege 102 f.
Vorkalkulation 26, 177 f.
VR-FinanzPlan Mittelstand 286 f.

Wertvorstellungen 315, 319
Workflow-Steuerung 199
Wunschkunden 304 f.

Zeitmanagement 135
Zielgruppen-Banking 99
Zielgruppenmanagement 116
Zielvereinbarungen
–, Arbeitsziele 148, 331
–, Ergebnisziele 148
–, Kriterien bei 150
–, qualitative 151 f.
–, quantitative 151 f.
–, Steuerungsinstrument 149
Zielvereinbarungsgespräch
–, allgemein 331 f.
–, Phasen 333
Zinskonditionenbeitrag 175
Zinsmarge 16